史话东明

陈银生 著

中国人民政治协商会议
东明县委员会 编

中国文史出版社

《史话东明》编委会

序　言

孙延园

　　黄河汤汤，白云悠悠，沧海桑田，历久弥新。由东明县政协组织编写的《史话东明》成功付梓，这是我县文化发展史上的一项里程碑式文化工程，必将为奋力谱写中国式现代化东明篇章注入强大精神力量。

　　习近平总书记指出："历史是从昨天走到今天再走向明天，历史的联系是不可能割断的，人们总是在继承前人的基础上向前发展的。古今中外，概莫能外。"东明历史悠久、文明灿烂，是中华民族发祥地之一。我国上古时期著名的部落首领大禹就曾活动在这一地区，先后治理了古代被称作四渎的黄河和济水，谱写出中华文明辉煌乐章的伟大序曲。东明人杰地灵、名人辈出，先秦思想家文学家庄子、西汉丞相陈平、唐初军事家徐懋公、唐朝宰相刘晏、晋代名相卞壸、北宋名相张齐贤等众多历史文化名人彪炳史册。东明几度沿革、源远流长，秦始皇、汉武帝、王莽、汉光武帝，四次易名，三次设置，两次废除，一次迁徙，中原文化、黄河文化、齐鲁文化在这里交相辉映、融合发展。民主革命时期，东明是著名革命老区之一，一大批志士仁人抛头颅，洒热血，前仆后继，英勇奋斗，为中华民族独立和中国人民解放事业做出了巨大贡献，建立了不朽功勋，谱写了历史华章。《史话东明》一书，从不同层面、不同视角，记录记述了东明发展进程全貌，为全县广大干部群众奉献了一部历史与文化的璀璨盛宴。

　　盛世修志，古今通例。中华人民共和国成立之后，历届党和国家领导人都高度重视史料编辑与整理工作，并善于学习历史、研究历史，从中汲取养料，史料的社会功能得到有效运用。近年来，县政协充分发挥政协文史资料"存史、

资政、团结、育人"作用，先后组织力量征集、整理、编辑，出版多部专题、专辑、资料，不断为东明县文化大发展大繁荣贡献力量、增色添彩。

前事不忘，后事之师。当前，我县正处在全面贯彻党的二十届三中全会精神、进一步全面深化改革的关键期，更要深入系统了解历代先贤、近代楷模的光辉业绩，学习他们的优良品德，继承他们的光荣传统，更好地传承中华优秀传统文化，进一步坚定理想信念，增强文化自信，奋力为发展社会主义先进文化、加强社会主义精神文明建设做出应有贡献。

谨以此为序。

（孙迁国，系中共东明县委书记）

2024 年 11 月于东明

引 言

刘涛

《史话东明》是我县地方史研究的一项文化工程，从构想到初稿形成达4年之久。本书由上古至春秋战国时期、秦汉魏晋南北朝时期、隋唐五代十国时期、两宋金元时期、明清时期、近现代时期（上）、近现代时期（中）、近现代时期（下）组成，共30余万字，初步梳理了从古至今（截至新中国成立）历史文化发展前进的历程，宏观展示了东明地域政治、经济、文化、人文斗转星移的概貌。

一、编纂出版《史话东明》的意义

东明历史悠久，文化底蕴丰厚，东明文化在山东文化乃至中华文明发展史上有着特殊且重要的地位；这里是中华文明重要的发祥地之一，是中国春秋战国时期多个古邑地，是诸多历史文化名人的里籍，是中原文化、齐鲁文化、黄河文化等文化的交融之地。深入研究、系统挖掘、全面整理东明历史文化遗产，既是对中华文明研究的重要贡献，也是当代文化建设的重大任务。

习近平总书记指出："对历史文化，特别是传承下来的道德规范，要坚持古为今用，推陈出新，有鉴别地加以对待，有扬弃地予以继承。"近年来，中共东明县委、东明县政府高度重视文化建设，把文化建设提升工作纳入考核内容，各级党委、政府充分发挥优势，深入挖掘文化资源。东明厚重的历史文化基础，是我们建设文化名县的独特优势和根基。加强传统文化的挖掘、研究和宣传，是文化名县建设的客观要求，也是各级党委、政府和广大历史文化工作者义不容辞的责任。今天，文化建设发展面临着新机遇，肩负着新使命。我们必将以

高度的文化自信和自觉，努力塑造东明文化的魅力和特色，使文化成为展示东明形象的品牌和骄傲。

编纂出版《史话东明》，进一步挖掘和整理全县的文化资源，全面科学地总结和认识东明文化的发展进程、历史面貌、特色亮点，汲取精华，除其糟粕，必将有利于弘扬东明传统文化，建设好当代先进文化；有利于增强全县人民的文化认同感、自豪感，激发人民群众爱国家爱家乡的情怀；有利于保护文化遗产，打造文化特色品牌，提升文化软实力。这不仅为建设经济强县、文化名县提供了强有力的精神支撑和智力支持，也为更好地宣传东明、推介东明，使外界更好地了解东明，让东明更好地走向世界，为世人打开了一扇文化之窗。

从某种意义上讲，改革开放 40 多年来，东明历史文化研究已取得了较大的成绩，编纂出版了一些有较大影响的著作。但总体性研究还远远不够，"纵向"研究成果不多，综合性成果较少，多是些"块面""专题"之类的资料之作，编纂《史话东明》，可以在总体格局上解决东明文化研究目前存在的缺失。

编纂出版《史话东明》，主要基于以下的考虑和原因：一是，目前尚未有一部完整、全面反映东明历史文化发展面貌的志书。二是，多年来，已经发表和出版了一批东明文化的研究专著、论文，有了较充分的学术基础和成果储备。三是，县领导非常重视东明文化研究。正是在这样的背景条件下，《史话东明》的编纂出版工作得以顺利开展。

二、《史话东明》充分展示了区域文化的全貌

《史话东明》跨越数千年时空，较为完整全面地记述了东明历史文化的发展脉络。

远古至春秋战国时期，东明是中华民族祖源文化的交融之地和中华文明的重要发祥地之一。盘古开天辟地，女娲造人补天的故事开启了人类的起源。山川秀美，河流汤汤，禹王治理四渎，三过家门而不入。齐桓公励精图治，"尊王攘夷"，破山戎，救燕国，打退狄人，重建卫国，联合宋、陈、卫、郑等 8 国，讨伐楚国，成为中原第一霸主。闵子骞、公西华二贤大儒，千古流名。通玄真人文子、思想家哲学家文学家庄子古今传扬。古城邑，古战场，古代战斗的场地。多处古文化遗址的发现，标志着远在新石器时期就有人类在这里活动，繁衍生息，这里留下了先民们的足迹。

秦汉魏晋南北朝时期，秦嬴政罢六国，统一天下，尊称"始皇帝"，设郡县，由中央统一领导，曾五次出巡天下，第二次经过户牖邑时，遇到雾霾，筑台镇邪，史称秦台，后为东昏。汉武帝刘彻为加强中央集权，在山川郡阳武县的户牖邑建了一个直属中央管辖的小县东昏县。王莽当政，史称"新"，为表示和前朝格格不入，诏改了许多法令及其条文，并对已有的郡县名进行或相对，或重新命名的修改。东昏县就是以相对的形式改成了东明。济水时隐时现，直奔大海，位于济水北边的济阳县城内孕育了一代帝王汉光武帝刘秀，他出生时满城红光，长大后到南阳祖籍参加农民起义军，战昆阳、伐幽州、收赤眉、平睢阳、战青州，统一战火连年的中国。"风萧萧兮易水寒，壮士一去兮不复还。"荆轲在易水之畔告别燕太子丹，头也不回地踏上了刺杀秦王的悲壮之路。汉丞相陈平足智多谋，辅佐汉王刘邦平定天下，屡出奇计，被封为户牖侯、曲逆侯。东汉经学家刘昆，单纯朴实，深得皇上信任，入官为皇太子传授经书。杨伦三次辞官，皆为敢说真话，直言不苟。虞延执法如山，不畏权贵，敢于制止不正风气，维护国法。晋朝政治家卞壶，一门忠烈，明成祖朱棣写诗赞曰："父将一死报君恩，二子临戎忍自存。慷慨相随同日尽，千古忠孝表清门。"北魏才子温子升，执掌文翰。南朝文学家卞彬，放浪形骸。曾试云"谁谓宋远，跂予望之"，高帝闻之，大忤其意，废其数年，不得进士。

隋唐五代十国时期，唐朝邢国公刘政会，不满隋炀帝暴政，驻守太原，在李渊起兵太原时立下了汗马功劳。英国公李勣，金戈铁马，驰骋疆场，为大唐开疆拓域东征西讨，战功卓著。单雄信侠肝义胆，誓死不愿归唐，死后有衣冠冢葬于今东明县东明湖内（原老县衙后）。明朝诗人杨一清题诗曰："漂泊残魂土一丘，断碑千古共松楸。寒乌啼落陵前月，疑诉当年汗马愁。"后梁勇将庞师古，骁勇善战，屡立奇功。贾敦颐、贾敦实兄弟《棠棣碑》上传美名。唐朝理财家刘晏，在安史之乱后，掌管大唐的经济近二十年，为唐朝的中后期发展奠定了经济基础。刘濛、刘潼为东明最早的进士，分别官至度支郎中和西川节度使。"安史之乱"中的南华县令李萼，危难时刻去搬兵，说服平原郡守颜真卿派兵，解了清河郡之险，同时与郭子仪、李光弼形成了犄角之势，取得了平叛之胜。"待到秋来九月八，我花开后百花杀。冲天香阵透长安，满城尽带黄金甲。"这是唐末农民起义领袖黄巢的《不第后赋菊》。他于唐乾符二年（875）二月起事，到唐广明元年十二月十二日（881年1月15日）建立大齐，横刀立马，过淮河，饮马长江，赴浙江、福建，转战两广，经湖南、湖北，直捣大唐都城长安。唐中和四年（884）四月，他在唐朝大军和沙陀兵李克用的夹击下，六月兵败泰山狼虎谷，自刎而死。唐代高僧义玄法师，是中国禅宗临济宗的创始人。

两宋金元时期，宰相直臣名垂青史。张齐贤以布衣身份，献策于宋太祖马前，颇得太祖赏识，北宋太平兴国二年（997）中进士，被授予衡州通判之职，之后凭着他的才干和皇帝的知遇，步步高升，直至"四践两府（枢密院、中书省），九居八座（仆射、枢密使及六部尚书）"，并主动请缨镇守边关，统兵抗辽，文武兼备，有勇有谋，敢于担当。刘师道慷慨尚气，善谈世务，与人交敦笃官至枢密院直学士、左司郎中。宋仁宗嘉祐二年（1057）科举榜眼窦卞，官

至天章阁待制、判昭文馆、将作监，从三品。状元学士风雅倜傥。金科状元王鹗，金正大元年（1224），第一甲第一名，这一年他34岁。王鹗生于北宋败亡后统治中原的金国，凭才学成为状元，目睹了金国的衰败和灭亡，以囚徒之身受到蒙元将军张柔和皇帝忽必烈的礼遇，靠平生所学促进蒙元统治者的文化进步和国家治理，其历史贡献不可磨灭。金元两朝史册留名的张特立累官洛阳令、监察御史，执法严明，从不徇私情。并著有《易集说》《历年系事记》等。元朝翰林学士李好文，官至翰林院祭酒、翰林学士承旨、荣禄大夫，任《宋史》《金史》总裁官，一生著述颇多。活跃于金元之交，百余年间，在政治、军事、文化等方面为社会做出有益贡献的状元商衡、散曲家商道、王相商挺、御史商琥、画家商琦，祖孙三代被誉为金元商氏五杰。重大事件惊天动地。北宋王安石变法，东明县知县贾蕃篡改法令，并煽动东明县民众大闹宰相府，事后知县贾蕃遭贬。北宋靖康二年（1127），在徽、钦二帝被掳走的情况下，时任东明县知县宋晟仍坚守东明继续抗金，达4年之久，谱写了一曲抗金战歌。金朝初期，黄河决口改道，东明县境内堤防多处出现险情，东明县被黄河分为南北两部分，金正大元年（1224），曹州淹废，割东明县隶之，遂迁徙于黄河北冤句、南华故地（今东明县疆域），治所设在今东明集。

明清时期，东明人才荟萃。名宦重臣，循吏能员，名士学者，武官豪杰辈出；县令名吏，乡贤居士名留千古；大事要事，名胜古迹远播华夏。名宦重臣，石星官至明朝万历年间工部、户部、兵部尚书，加太子太保，御史刘怀恕廉洁耿介，崔邦亮刚直不阿，陈其猷为官清正，杨绍震《劾魏珰疏》震惊朝廷，督堂李思孝执法严明，政治家王永光公正廉明。循吏能员，明朝循吏董锦历任东阿县令、嘉祥县令，治县有方。掖县令杨思智，减轻徭役，创办义学，百姓交口称赞。历任夏县、洪洞县、寿光县三县县令的袁葵去世20年后，三县乡绅、民众请求将其列入名宦祠，享春秋祭祀。董三齐忠贞不贰，段尔发治巢县有方，范逢恩川东除弊治盗，刘雨田南汝光病故任上。名士学者，穆文熙诗文卓著，袁佑翰林编修，参与《明史》编纂；学者靳芳兰、教育家李浣声明远扬。武官豪杰，武状元吴德新力大无比，蓝翎带刀侍卫憨龙章护驾西行，西捻军领袖李谦血洒战场。县令名宦，区大伦劝善惩恶、修葺祭坛、刷新学官，杨日升为官清正，编写《乡约俗解》，修葺庄子观。乡居贤士，穆陈实两赈千金，刘依仁"字压八府"，李曾裕不第修《县志》，张复振出资刊《县志》，李佣、饼师捐资修书院。大事要事，明设东明军户二十六营，军垦280多年，山西洪洞移民，一场撕心裂肺的离别，悲壮绝唱。127年间历经乡绅名宦申请，东明县得以恢复重建。建文庙，兴儒学，增置泮池、棂星门、崇圣殿、名贤祠、敬一亭、尊经阁、魁星楼，建书院、设试院、社学，送学田弘扬教育。李化鲸抗清斗争坚持数年；明清时期水患，东明受灾频繁，黄河决口铜瓦厢祸及东明；清末捻军活动于东明，此起彼伏；《东明县志》编纂，历久弥新。名胜古迹，七十二牌坊，名扬中原，远播华夏；明清十二景吸引游客，流连忘返；逍遥八景，小东湖，千年古刹沙窝庙引人入胜。

近现代时期，是东明大变革大动荡的历史时期，东明人民进行了不屈不挠地斗争，辛亥革命，民国成立，王梦兰血洒汴京。兵灾匪患，军阀混战，蒋冯阎中原大战，给东明人民带来了深重的灾难。共产党员于绍孟、高韶亭，积极宣传马克思主义，盛国昌、盛国典，于1929年9月在夏营创建了鲁西南第一个农村党支部，红二十六军独立师，勒马中原，北向会师，血战马军营。农村党支部，城内党组织不断壮大，党的组织迅速增加。东明县国民政府欺压百姓，强制推行大盐，支寨盐民揭竿而起，组织了声势浩大的盐民运动。1937年7月7日，"卢沟桥事变"爆发，抗日救亡运动席卷全国，东明县教育界李宜亭、盛国昌、杨履谦与进步人士走向街头，宣传抗日救国。东明县工委、王浩屯抗日自卫队相继建立，红旗插上了东明城。腥风血雨，日军轰炸东明城，火烧五里铺，血洗东明集、王官营等，十大惨案触目惊心。抗日民主政府不断发展壮大，发动群众巩固抗日根据地，王高寨保卫战，日伪溃败，白马团黑马团威震黄河两岸，敌军闻风丧胆，军民合力大反攻，杜淑缴械投诚，东明抗日结束。保卫胜利果实，反击国民党反动派还乡团的报复，全力支持鲁西南战役，攻占东明城，活捉丁树本，东明县全境解放。黄河大抢险，惊心动魄，清剿残匪，支援淮海战役，迎接共和国的诞生，南下开辟新区，巾帼英雄彭惠、顿田、田兰阁视死如归，坚贞不屈，张岸县长为解放事业捐躯，传奇县长梁子庠远赴贵州建设大西南，张希钦率部进军大西北，剧作家王焕亭誉满燕赵。

纵观东明漫长的历史进程，有五次较为显著的大的文化辉煌时期，为中华民族的发展做出了重大贡献。

第一次，上古至春秋战国时期，现在东明的境域是中华文明发祥的一方重要区域。大禹曾在此治理四渎，有诸多古文化遗址，至战国时期形成了文化高峰，孕育了文子、庄子等具有影响力的思想家、哲学家和文学家。第二次，是在秦汉魏晋南北朝时期，秦始皇定名东昏，汉武帝刘彻设东昏县，王莽新政改东明县，涌现出了宰相陈平，经学家刘昆，政治家卞壶，文学才子温子升等。第三次，隋唐五代十国时期，这一时期经济发展，文化繁荣，李勣为唐朝开拓疆域，被封为英国公。神童理财家刘晏，为大唐安史之乱后的经济恢复做出了贡献。第四次，明清时期，东明北徙至现在的境域后，大力发展教育，县学社学连年增加，自石星之后，在明朝中后期形成了一个进士圈，诞生了一批政治家、文学家、史学家。第五次，近现代时期，从鸦片战争前后到新中国建立的

引言

百余年间，是我国民族觉醒和民主革命文化风起云涌的时代。东明广大志士仁人历尽艰辛，探索真理，救国图强，英勇奋斗，掀起了一浪高过一浪的民主革命浪潮，东明成为抗日战争、解放战争时期一方革命根据地，谱写出民主革命文化的壮丽篇章。

三、《史话东明》的编纂原则

编纂《史话东明》的基本要求和努力方向是质量、学术水平都必须努力达到上乘，坚持历史唯物主义和辩证唯物主义的立场，对历史、对后世负责，经得起时间的检验，以期使《史话东明》成为精品工程、传世之作。

1.科学性。坚持以马列主义、毛泽东思想、习近平文化思想为指导，运用辩证唯物主义和历史唯物主义观点看待历史文化现象，评判人物事件；坚持实事求是，不隐恶，不虚美，追求真实，还原历史；坚持当代立场，对未来负责，吸取精华，摒弃糟粕。对涉及领土、领海、民族、宗教等问题，坚持维护国家、民族利益，符合党和国家的民族、宗教政策，确保政治上可靠。

2.综合性。内容贯通古今，力求反映各个时期历史文化发展的进程，并注重人文与自然、精神与物质、政治与经济、家庭与社会、上层与民间、本土与域外等多方面的兼顾，多层面、多角度地展现县域文化面貌、文化特点。

3.资料性。在重视古籍文献资料的基础上，充分挖掘县内历代方志、家族史、族谱、文物、遗址、碑刻、民间传世诗文、民间故实、轶事等资料，进行全面搜集整理，以期达到资料的丰富性。

4.通俗性。行文用近代白话文写作，文字表达力求简明、通俗、易懂，达到学术性和可读性的统一，适合中等以上文化水平者阅读。

5.权威性。在学术成就、资料占有、编纂水平等方面都尽力代表较高水准，并在诠释论述、创新、规范等诸多方面全新提高。

《史话东明》是我县文化建设史上一大工程，史无前例，时间跨度长，内容浩繁，涉及面广，需要深入研究探讨的问题很多，加之我们的学识水平有限，书中遗漏错讹之处在所难免，敬请方家学者和热情的读者不吝赐教，以匡谬误。

（刘广珍，系政协东明县委员会主席 党组书记）

2024年11月

目 录 | Contents

目录

第六编　近现代时期（上）

第七编 近现代时期（中）

第八编　近现代时期（下）

目录

第一编

上古至春秋战国时期

概　述

东明县位于山东省西南部，北纬 34°58′—35°25′，东经 114°48′—115°16′。东连菏泽市牡丹区、鲁西新区，东南与曹县搭界，西南与河南省兰考县相接，西和北与河南省长垣市、濮阳县接壤。南北最长 55 千米，东西最宽 35 千米，总面积 1370 平方千米。

东明处在我国中东部的黄河冲积平原上，按星宿划分，地当营室东壁之野，按《禹贡》九州之分，为兖、豫二州之域。河流有中华"四渎"中的黄河、济水两条，以及其支流濮水、漆水、瀍水等，在此流淌滋润，奔腾东去，使得整个区域稳定在一个持续的暖湿气候环境里，雨量充沛，植物茂盛，动物繁多，十分适宜以渔猎为生的远古人类生存与繁衍。这些古河流，在为先民提供饮用渔猎之便的同时，也造成了一定程度的灾难，由于河水泛滥，泥沙淤积，几经变迁，或改道，或湮灭，有的只留下遗迹和传说。据有关文献记载和考古发掘研究，今东明境内的济水、濮水及其支流沮水、瀍水、漆水等两岸，布满先民的生活聚落痕迹——窦堌堆、荆台集、朱岗寺等文化遗址，反映出这一地区亦是远古先民文明的发祥地之一。远古传说中的先贤，如大禹曾在这一带治理过济水、濮水，带领先民创造了中华民族的初期文明。

东明历史悠久，开化较早，早在新石器晚期，境内就有先民繁衍生息。西周时属于卫国疆域，春秋时有仪邑封人请见处，有齐桓公会盟诸侯的五霸冈。战国时域属魏国，域内有多个古邑城，蒙漆园为庄周为吏处，今县境西部属魏国襄丘，南部属魏国煮枣，东部属魏国葭密。古东明境内地势平坦，沃野广袤，黄河咆哮，自设县以来，因黄河水患，县治多次兴废北移，自古就有许多美丽的传说和故事，至今广为流传。

第一节　起源传说

盘古开天辟地

关于人类的起源，有《圣经》中上帝造人的传说，也有拉马克的人起源于猿、达尔文的进化论等，而在东明流传最广的却是盘古开天辟地、女娲造人补天的传说。

相传，人类还没有出现之前，天和地是分不开的，四处一片黑暗浑浊，好像一个大鸡蛋，人类的老祖宗盘古就孕育在这里。大约经过一万八千年，这个神通广大、力大无穷的盘古突然醒来了。他什么也看不见，一气之下，抓来一把板斧，朝前用力一挥，只听"轰隆"一声巨

盘古开天辟地

响，"大鸡蛋"破裂开了。于是，轻而清的东西飘浮上升，慢慢形成了天空，重而浊的东西逐渐下沉凝结，最后形成了大地。天地就这样被盘古开辟出来了。但是，天地是变化无穷的，盘古怕它们再合拢起来，就用脚踩着大地，头顶着天空，站在当中。天每日升高一丈，地每天加厚一丈，盘古的身体也随着天地的变化而变化，一直撑在那里。又过了一万八千年，天越来越高，地越来越厚，盘古已身高九万里，如同一根粗壮的擎天柱。直到后来，天地的构造巩固时，盘古终于倒下死去了。

临死前，盘古把他呼出的气化作风和云彩，把声音变成雷电，把左眼变成太阳，右眼变成月亮，头发和胡子化作那闪闪发亮的星星。四肢五体变成大地的四季和五岳，血液化作江河，肌肉变成田土，就连那身上的汗毛，也都变成草木，使大地披上了绿装。

女娲造人补天

相传，自盘古开天辟地以来，大地荒无人烟，毫无生气。这景象使得另一位天神——女娲感到非常的孤独，似乎缺少了什么。

有一天，女娲找到一处清澈的水池，就在旁边蹲下来，拿起黄泥，按照自己的模样做了一个泥娃娃。当她把这个泥娃娃放到地面时，泥娃娃居然蹦蹦跳跳地活了过来。女娲心里很是欢喜，于是继续用黄泥和土，塑造出许许多多男人女人来。这些赤裸的人围着女娲欢呼跳跃，虔诚地感谢她，然后就分散到各地去了。可是，大地广阔无边，单靠抟土造人是很有限的。后来，女娲拿来一根草绳，伸入黄泥浆中，然后向地上一挥。说来也奇怪，溅落的泥点居然也变出许多人来。女娲觉得这样更加省事，就不停地造出无数的人来。不久，大地上就分布了许多人群，充满着生机，女娲再也不感到孤独了。然而，人总是要死的，为了不使人类灭绝，这位慈祥的人类之母就替人类建立了婚姻关系，命男女们互相找配偶，一代一代地繁衍下去。也有传说女娲和伏羲是一对夫妻，他们都是人头蛇身的神，人类是他们繁衍的结果。在汉代石刻画像中，就有蛇身缠绕相交的女娲和伏羲图。

女娲创造了人类，又为他们建立婚姻关系以后，人类一直过着平安快乐的日子。谁知有一年，宇宙间突然发生了一场空前的大灾难，天空塌了下来，漏出个大窟窿，地面破裂成一道道大深坑。洪水不断地从地下冒出来，大地几乎成了海洋，各种凶猛的野兽从山林中窜出来残害人们。整个世界如同活地狱，人类面临着绝境。女娲见此惨状，痛心极了。为了挽救她的孩子们，女娲不怕艰难困境，炼石补天。

女娲不远万里来到大江大河边，拾取了许多五颜六色的石子；又到深山中砍来木柴，烧起火来，不断地对那些五颜六色的石子进行熔炼。不知过了多少个日日夜夜，石子终于被炼成胶糊状。她用这些胶糊状液体陆续填补天空的窟窿。又经过了许多日子，天空居然被女

女娲抟土造人

娲修补完好了，远远看上去与原来并没有什么差别。女娲生怕以后天空再塌下来，就从遥远的天涯海角捕来一只特大的乌龟，斩下它结实的四脚，竖立在大地的四方，作为擎天大柱，把天空牢牢地撑住。从此，人类再也不用担心天塌下来了。

此后，女娲又去平息滔天的洪水，杀死了危害无穷的黑龙，赶走了各种猛兽。人类在这位伟大母亲的拯救下获得了重生，大地回春，出现了欣欣向荣的景象，人们又过上了太平的日子。

从以上叙述中可以看出，女娲被认为是创世的大神。女娲不仅补天、立地、息洪水，还是抟土造人，置人类婚姻之制的第一位"皋襟之神"。女娲之名较早见诸《楚辞·天问》和《山海经·大荒西经》。《楚辞·天问》中云，"女娲有体，孰制匠之?"《山海经，大荒西经》曰："有神十人，名曰女娲之肠，化为神，处栗广之野，横道而处。"意思是说，女娲的肉身死亡之后，其肠化作了十个神人，到西方的大荒广野当道而卧，守护人间生灵去了。

检索古代文献，可以看到女娲神话角色的多重转换及其衍生现象：

汉·应劭《风俗通》："俗说天地开辟，未有人民，女娲抟黄土作人，剧务，力不暇供，乃引绳于泥中，举以为人。"

宋·罗泌《路史·后记二》："女娲祷祠神，祈而为女媒，因置昏姻。行媒始此明矣。"

汉·刘安《淮南子·览冥训》："往古之时，四极废，九州裂；天不兼覆，地不周载；火爁炎而不灭，水浩洋而不息；猛兽食颛民，鸷鸟攫老弱。于是女娲炼五色石以补苍天，断鳌足以立四极，杀黑龙以济冀州，积芦灰以止淫水。"

历来人们对女娲形象的争议持续不断，但可以推测，女娲应是母系社会向父系社会过渡时期的一个有名字的代表人物，应是太昊图腾中的首领，因其族世代与伏羲族通婚，故被尊为继伏羲后的女皇。

第二节　山丘河流

丘阜山脉

东明县当河、济，介鲁、豫，西距太行 100 余千米，东望泰岳 200 余千米。现今是辽阔的大平原，并没有高山密林，但古籍记载东明境内有某某山多座，

应该是高达数十米的丘阜类的小土山。沧海桑田，陵谷变迁，东明处大河下游，多次因洪水泛滥而淤埋，原来所载的山川今不见踪迹也在常理之中。东明境内的几座小山，规模虽小，名气却不小，或因人而显，或因事而著，纵然山不高，林不深，但毕竟是客观存在的，故有必要作一简单介绍。《东明县志》记载的山主要有：

白云山　在县东北 10 千米左右。本郊原平旷之地，突起一座土山，隆然高耸。每当早晨，白云与山色互相辉映，岚气共霞光交织一片，蔚然可观，于是名之曰"白云"。有关史料记载，汉留侯张良辟谷于东昏之白云，即为此处。故东明有白云里，附近有怀良村。而白云寺旧传山前有张良洞，幽深神秘，别有洞天，"白云仙洞"因此成为"东明十二景"之一。后来因为黄河泛滥，淤陷靡常，仅余荒烟蔓草，风光不再。改革开放后，附近居民集资多次重修白云寺，使得胜景再现，成为人们旅游观光的景点。

龙光山　遗址在县东南 15 千米左右的大屯镇龙山集村附近。当时垒土为台，形势巍峨，经过数百年多次被大河淤垫，仍突然特起，迥然平原，颇为壮观。相传，元时有乡民曾见龙现于山上，赤光闪闪，大为惊异。后来每逢岁旱，人们往往相率祷雨于山旁，且非常灵验，遂称胜景，因此人们亦称此山为龙挂山。《东明县新志》记载："膏雨均沾，时慰三农之望；山林掩映，辄速牧樵之歌。每当虹消雨霁之时，益兴登高作赋之思。是一邑胜景，无右此山者也。"明清时期，"龙光耸翠"是"东明十二景"之一。遗憾的是，清朝咸丰、同治年间，因为两次大水，龙光山逐渐化为平地，胜景不再。今大屯镇龙山集村即因此山而得名。

南华山　遗址在东明县菜园集镇庄寨村北。相传，南华山自庄寨村北东北走向，蜿蜒 15 多千米，延伸至今牡丹区境内，风景秀丽。庄子自漆园辞职后，曾隐居南华山著书授徒。唐天宝元年（742），唐玄宗为庄子遗存下了一系列诏令。诏令称庄子为"南华真人"，其著作为《南华真经》，更其县名为"南华县"。此后，离狐县改为南华县，这一名称使用长达 427 年。清光绪元年（1875）四月，山东巡抚丁宝桢修筑黄河堤防时，工程人员把堤标定在庄子墓上，庄子的第七十代孙庄立固通过周旋，将堤标北移数十米，正巧定在南华山上。"压山不压墓"的传说一直流传至今。从此南华山也被削高就低，压在了黄河大堤下。

河流变迁

黄河河道自古以来多徙多变，下游变迁尤甚。据史书记载，三四千年中，下游决口、漫溢就有 1593 次，其中较大的改道 26 次，第 12 次和第 14 次

改道都曾经过东明。河道在东明境内也多有变迁，现行河道是第25次改道后的河道。

南宋建炎二年（1128），黄河在浚县、滑县以上地带决口，经延津、长垣、东明入梁山泊，由泗水、淮河入海，行河45年。金大定二十七年（1187）前后，黄河主道走长垣、东明、定陶、徐州，由淮河入海。金明昌五年（1194），"河决阳武故堤，灌封丘而东"，经封丘、长垣、东明，至徐州南汇淮入海，行河63年。河道略图表明，这期间，黄河流经东明的张寨、鱼窝、陆圈，入菏泽境。

元初，黄河走金大定年间河道，后逐渐南徙，流经今焦园、三春、马头（清为杜胜集）等乡镇入曹县界。元末黄河日趋北徙，逐渐靠近县城（今东明集）。元代在东明境内行河43年。

明洪武元年（1368），黄河流经今三春、刘楼、沙窝、张寨、鱼窝、武胜等乡镇，入菏泽县（今菏泽市牡丹区）地界。明代黄河决溢频繁，河道紊乱，大致于今县境东南、西北方向来回滚动达124年之久，经常泛滥成灾。明崇祯十五年（1642），河南巡抚高名衡为用黄河水淹李自成义军，掘开开封南堤，河水冲往汴城以南，东明境内河道干涸。

清顺治元年（1644），堵塞开封南堤，黄河又流归1368年的故道。

清咸丰五年（1855）六月，黄河在河南兰阳（今兰考县）铜瓦厢决口，溜分三股：一股由菏泽双河口入赵王河东流（后渐淤塞）；另两股由东明县南北分流，至张秋穿运河后复合为一股（以后北一股渐淤塞，南股成为干流），夺大清河由利津入渤海。当时清政府正忙于镇压太平天国，无暇顾及河事，对决口多年未加堵塞，造成黄河第25次大改道。在此期间，由于没有堤防，黄河在鱼窝至东明集之间来回滚动。至清同治二年（1863）秋，大河西徙，由李连庄至高村、黄庄入山东地界（该河道大体就是现行河道）。

1938年，国民党政府在郑州花园口扒开南岸黄河大堤，滚滚洪水经尉氏、扶沟、西华、淮阳、商水、项城、沈丘，至安徽进入淮河，使豫东、皖北、苏北的广大平原成为一片汪洋，东明境内黄河为之断流。这是黄河第26次改道，行河8年之久。

1946年，国民党反动派发动内战，企图使黄水回归故道，以水代兵，阻止解放军进攻。当时堤防年久失修，千疮百孔，黄河北解放区面临决堤危险。中国共产党领导广大人民奋力抗争，使国民党反动派的阴谋破产。1947年，国民党政府不顾人民的反对，一意孤行，在1月12日堵住花园口大堤，黄河复归东明故道。

济水　济水是一条古老的自然水系，曾经与长江、黄河、淮河齐名，并称

"四渎"。其实，济水属于黄河的支流，发源于今河南省济源市王屋山上的太乙池。济水故道有两支：一是自河南仪封县界流入曹县北30里，又东北经定陶县南，谓之南济；二是自东明县流入，经菏泽南，谓之北济，北济亦称沮水。南济与北济二水在巨野合流入巨野泽，经郓城县南，又东北入东平州界，再经大清河（当时的济水下段）入渤海。

南济水，经荥泽北，东过阳武县南，又东北流，经东昏县故城北阳武县户牖乡。《水经注》云："济渎自济阳县故城南，东经戎城北，……济水又东北，菏水东出焉。济水又东北，经冤句县故城南侧城东注，……又东北合于菏水，……济水自此东北流，出菏泽。"《水经注》记述的南济水流域，按当今地名流经东明界应是：经兰考县东北50里（即过东昏故城北，城在兰考东北25里），过东明县小井镇南（武父城南）、马头镇朱岗寺龙山文化遗址南（济阳故城南），又东流，过曹县庄寨、桃源镇北，最后入菏泽。

北济水，又称沮水，雷夏泽（即雷泽）的重要水源之一。《尚书·禹贡》中说"雷夏既泽，灉沮会同"，即此。《水经注》记载，北济当是《尚书·禹贡》中的沮水。沮水远古有之，宋末金初堙废。《水经注·济水》云："北济自济阳县北，东北经煮枣城南。"《郡国志》曰："冤句县有煮枣城，即此也。……北济又东北，经冤句县故城北，又东北经吕都县故城南，……又东北经定陶县故城北，……又东北与濮水（即灉水）合。"

《水经注·济水》："济水又东经济阳县故城南，故武父城（今东明境内）也，城在济水之阳，故以为名，王莽改之曰济前者也。光武（刘秀）生济阳宫，光明照室，即其处也。"《元和志》云："济阳故城在冤句县西南五十里。沮水从城西出济水经城北，往东北流，过煮枣城南。"《后汉书·郡国志》："冤句有煮枣。"《元和郡县图志》："煮枣城在县（冤句）西北四十里。沮水从其南四十里，往东北流。……经定陶故城北三十里东北流，与灉水（南濮水）合流，北入雷夏泽。"

北济水（沮水）流经今地名及流向大略如此：自东明县小井镇西出济水（北济）东北流，过小井裴子岩村北（济阳故城北），东北流过小井镇东境，北距东明县西台村文化遗址40里处（东北经煮枣城南）；沮水东北流15里，过东明集镇荆集龙山文化遗址南，沮水东北流15里，至大屯镇杨楼村南，过窦堌堆龙山文化遗址南，东流4里至牡丹区马陵岗八亩台龙山文化遗址北，吕都故城南（北济水又东北，经吕都故城南）沮水折而东南流5里，过寺西范村青丘龙山文化遗址北，……至都司镇北境，西汇灉水，沮、灉二水合流，过胡集镇尧陵龙山文化遗址西，北流数里入雷夏泽（即雷泽）。

濮水　古代水名，也是黄河支流，流经春秋卫地，即所谓"桑间濮上"之

濮。濮水上下游各有两支：上游一支首受济水于今河南省封丘县西，东北流；一支首受河（黄河）于今原阳县北，东流经延津县南。二支合流于长垣县西，然后经县北至滑县东南，此下又分为二：一支经山东东明县北，称北濮水，东北至鄄城县南注入瓠子河；一支经东明县南，又东经菏泽牡丹区北注入雷夏泽，又东入巨野泽。历代上下游各支，时或此通彼塞，时或此塞彼通，后因济水涸竭，黄河改道，故道渐堙。明清之际，余流犹残存于长垣、东明一带，俗称普河。《水经注》云：濮水"又东经浚城南，西北去濮阳（即今濮阳县西）三十五里。……濮水故道过濮阳南者也。濮水又东，经济阳离狐故城南。"《水经注》又载："濮水枝渠（古北濉水）又东北，经句阳县小成阳东、垂亭西，而北入瓠子河。"《庄子·秋水》载："庄子钓于濮水，楚王使大夫以往先焉。"即是此濮水。

响子口　口在县西南20里，即历代黄河之故道。当时其流奋激，声闻数十里，故名。今废。

济河　河在县南三里许。当时与洪河合流，故亦称洪河。盖二水合流之会，今已淤废。按：《水经》济水出于王屋，为中国"四渎"之一，名曰沇水，东流为济。历浪荡渠，经阳武、封丘，出东昏之故城北，即户牖乡。东过平丘之故城南，又东过济阳之南，以城在济水之南，故名，即春秋时古武父地，汉光武诞生处；自兹经冤句转煮枣，而出于陶丘北，会汶水而入于海。济水之性与它水不同，隐见靡常，水在地中行。故豫之济源，即王屋山所在地，东明原为济阳，亦以此水见故。今竟以黄河之决淤而涸，追至下游而复见于济宁、济南，亦属一大异事。

贾鲁河　河在县南断头堤，距城60里，元朝南北漕运所必由之处。至正间大司空贾鲁所开，故名。当时自断头堤东北流入山东境，今亦因黄河之变迁靡常而涸废。

枯河　河在县南60里杜胜集（今马头集），稍东南夹河内，为黄河之支流。清乾隆初即涸，故名曰枯河，今则河形犹具。

洪河　河在县东南3里许。当时至此地即与济水合流，折而东注入于海。查此水源出滑县之卫南坡，至此始与济合流。每值秋水聚至，自洪门村至十里铺，数十里俱患淹没，迭岁大凶役。明万历末，邑侯李遇知率民夫督工开凿，而还洪水于故道，民始安业。

濉河　河在县南50里李六屯村迤南，亦黄河之支流。《尚书·禹贡》云："水自河出为濉。"由西南之故黄河道而来，自屯前绕向东北，经范士屯前后复折之东南去，入山东界。清乾隆时即涸，迄今故道犹存。

濮河　河在杜胜集西北，由袁长营经袁旗营、赵官营等村东北流，与洪河合，抵张秋等处，转而入海。原系濮河，俗讹为普河，盖音之错误。河南濮阳县，山东濮县，皆缘此水而得名，而今亦湮废。

漆河　河在县北门外玉带桥下。西自漆堤，东北入洪河，抵张秋转入于海。东明得名最古者即此水，庄周为漆园吏，漆园即此。明清以来，县书院之名漆阳，盖亦本斯义，今则湮废。

第三节　先贤足迹

大禹治理四渎

人类经过千百万年的进化和部落大融合，到了尧帝时期，河水经常泛滥，滚滚的洪水吞噬了村庄，淹没了田野，还夺取了许多人的生命。鲧由四岳群臣的推荐，受命治水。

鲧用筑堤挡水的办法，见水就堵，越堵越糟，治了几年，水灾反倒更加严重。尧帝让舜检查鲧的工作，舜因鲧治水不力，将他杀死在羽山之上。尧帝死后，虞舜继位，他让禹与伯益、后稷等人带领部分百姓及服役的罪人一同治水。

禹，姒姓，夏后氏，名文命，字密，身长九尺三寸。父名鲧，封崇伯，母为有莘氏（今山东省曹县莘冢集）之女修己。据神话传说，修己婚后，先是见流星贯昴（星座名称），梦接意感，又吞神珠薏苡，胸裂而生禹。禹长大以后，娶涂山（在今曹县南，又名土山）氏女为妻。这位涂山氏之女，就是后来的夏后帝启的母亲。婚后的第四天，禹就接到了舜帝的命令，动身外出治水。临行前，妻子对他说："水性阴，故去下，宜顺其性分流而入漕，不可一味地筑堤阻挡。"

禹接受父亲的教训，采纳妻子的建议，治水中改用疏导的办法。他每到一地，便首先设立标记，观测水文高度，然后依地势挖掘疏通河道，逐步将洪水导入大海，禹在外治水 13 年，三过家门而不入。他风里来雨

汉石刻禹像

禹王商汉治水方案

里去，走遍了大江南北、黄河两岸，日夜谋划治水之策。禹不仅带领百姓解除了水患，而且"尽力乎沟洫"（《韩非子·五蠹》），开垦土地，发展农业生产。他以身作则，"身执耒臿，以为民先"（同上），带头劳作，把小腿上的汗毛都磨掉了。《庄子·天下》记载："昔禹之湮洪水，决江河而通四夷九州也。名山三百，支川三千，小者无数。禹亲自操橐耜而九杂天下之川，腓无胈，胫无毛，沐甚雨，栉疾风，置万国。禹大圣也，而形劳天下也如此。"因此，人民歌颂他的功绩："奕奕梁山，维禹甸之。"（《诗经·大雅·朝奕》）并称他为"大禹"，即"伟大的禹"，尊其为社神。

东明县位于黄河下游，当时属四渎泛滥最为严重的灾区，因而留下了大禹较多的足迹。四渎即长江、黄河、淮河、济水，其中黄河、济水皆流经东明，是大禹重点治理的地方。

大禹一行首先来到了今东明县的中部，疏通了濮河。濮河发源于今河南省的济源，为黄河的一个支流，进入东明后分为两支，一支北流称为濮水，一支南流称为济水。当时洪水满溢，无处储存，大禹一行到达后，先对濮水的水位进行了测试，然后根据水位落差，导濮水经今东明县马头镇西北、东明集镇袁长营、渔沃街道的赵官营等村向东北与洪河（洪河为南北走向流势）汇流，抵张秋等处，后转入大海。济水向东南进入山东曹县，入洪河。自此，这一地区的洪水退去，遍生漆树，成为漆树的生长地，故东明有古漆园之说。然后，他们又到了今东明的东南部，治理了瀍河和沮河。瀍河也是黄河的一个支流，古称瀍水，本源于今东明县马头镇的李六屯，经大禹治理，进入山东曹县，向东北经今山东菏泽市牡丹区、鲁西新区与沮河相汇入雷夏泽。瀍河后称赵王河，今改为洙赵新河，源头已改为东明县北部的菜园集镇境内，沮河易名清水河。这两条大河经大禹治理后，不仅使这一地区洪水退去，而且成了适于农耕桑蚕的富裕之地。

虞舜83岁那年，禹因治水有功，被推荐为虞舜的接班人。17年后，舜帝百岁而崩，禹让天子之位于舜之子高均，高均不肯接受。他便率领部属和妻子儿女离开涂山，前往父亲的封地阳城。天下的诸侯都来阳城朝拜，于是禹即天子位。

尧让位于舜，舜让位于大禹，这就是我国原始社会末期的禅让制度，距今已有四五千年了。到了禹的时候，制服了洪水，建造了灌溉工程，在低洼地推广种植水稻，还发明了凿井技术，生产力水平有了很大的提高。禹还把全国分为九个州，向各州征收贡品。九州稳定，四海升平，赋税既定，万国遵从，百姓有9年的储备，国家有30年的积蓄，朝廷和百姓都日益富庶。这时，各部落首领拥有的财富也越来越多。

私有制的发展意味着原始社会的崩溃。为了聚集更多的财富，禹发动了对

三苗部落的长期征战。在最后一次的对阵中，禹射中了三苗的首领。"苗师大乱，后乃遂几（衰亡）。"（《墨子·非攻下》）三苗打了个大败仗，之后就逐渐衰亡了。其中一部分逃入西北方向的崇山峻岭中，另一部分逃到江南去了，但也有不少人战败被俘，成了奴隶。在不断的对外战争中，禹加强了自己的统治地位。成千上万的部落为了讨好他，都来进献财物，哪个部落首领稍有差迟，禹就会把他杀掉。据《韩非子·饰邪》记载，大禹在会稽山上接见各国诸侯时，防风国的君主迟到了，大禹就令人将他推出去斩首。禹就这样一步步地成了至高无上的绝对权威，最后自称为王。禹先都成阳，即平阳，在今菏泽市牡丹区胡集东成阳故城；后迁阳翟，在今河南禹州市。《帝王世纪》记载："禹都平阳，或都安邑。"我国历史上第一个奴隶制国家夏朝建立了，禹就是它的开国之君。大禹建立夏朝的第四年，九州所贡之金（青铜）积累了许多，他想起从前黄帝轩辕氏功成铸鼎、鼎成仙去的传说，就打算铸九鼎。于是决定，哪一州所贡之青铜，就拿来铸哪一州的鼎，并将哪一州内的山川名物、奇禽异兽都铸在上面，意谓以镇山河。九鼎象征着九州，其中豫州鼎为中央大鼎，豫州即为中央枢纽。九鼎集中到都城阳城，借以显示大禹成了九州之主，天下从此一统。

禹到了老年，也像尧和舜那样，想找一个贤能的人做自己的继承人，各部落首领便推荐了皋陶。不久，皋陶因病去世，大家又推荐了曾与大禹一起驯服洪水的伯益。大禹死后，按照惯例，本应由伯益继承王位，但禹的儿子启却说天下是由他父亲奋斗得来的，王位应由他来继承。伯益认为启破坏了"禅让制"，起兵与他相抗争，结果被启用武力驱赶到箕山（今菏泽市鄄城县箕山乡境内）。于是启在钧台（亦名夏台，在今河南省禹州市南）举行大规模的宴会，公开宣布自己做了夏的第二代国王。从此，选贤任能的"禅让制"被父死子继或兄终弟继的世袭制替代，原始社会晚期氏族公社制度彻底瓦解。

黄河之畔禹王碑

古人云：中国之大，莫大于河；禹功之美，莫著于河。现存于东明县高村黄河碑林的禹王碑，就是歌颂禹王治河功绩的一座丰碑。

大禹建立大夏王朝，划分天下为九州，并铸九鼎，天下从此一统。九鼎继而成为"天命"之所在，是王权至高无上、国家统一昌盛的象征。大禹把九鼎称为镇国之宝，各方诸侯来朝见时，都要向九鼎顶礼膜拜。从此之后，九鼎成为国家最重要的礼器。

尧舜时代，洪水的危害极其严重。禹继承父业，担起了治水重任。他兢兢业业，长年奔波在外，风餐露宿13年，曾三次经过自己的家门口，都顾不上回

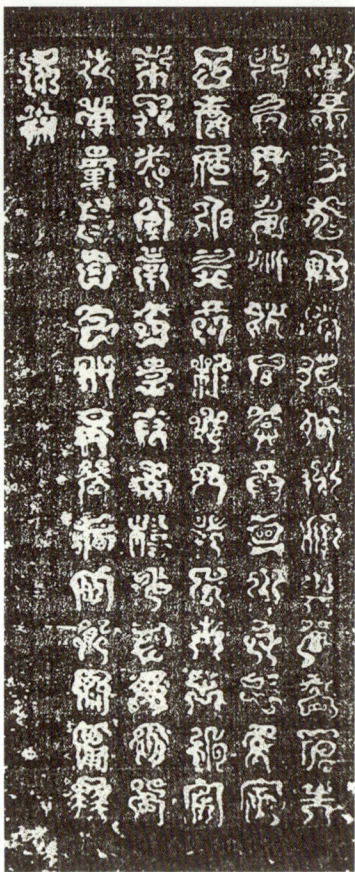

禹王碑拓片

去看一眼，这就是大禹治水"三过家门而不入"的故事。

禹不仅忘我地投身于治水事业，而且分析父亲治水失败的原因，改堵截为疏导，不再采用修堤筑坝的办法，而是改用修渠疏导的措施，因势利导，让滔滔的洪水顺势东流，注入大海。这样既顺应了水的特性，又避免了以邻为壑，终于取得了治水事业的成功。治水的成功也为禹带来了巨大的声誉。如今，在黄河源头青海省的梨花之乡贵德县界，仍然耸立着一座记载大禹治水事迹的功德碑。可见，生活在黄河源头的人们世世代代铭记着远古时期大禹治水的卓著功勋。这是黄河从青海高原巴颜喀拉山奔涌而出之后的第一座禹王碑。梨花伴着清波碧浪，禹王阅尽人间春色。

其实，记述禹王治水功绩的禹王碑在华夏大地上有很多，最著名的莫过于耸立于南岳衡山七十二峰之一云密峰的禹王碑，即岣嵝碑。此碑是后人附会为夏禹治水时所刻。南宋嘉定年间，何致曾到碑所，手摸碑文而刻之。碑文77字，似缪篆，又似符篆。昆明、成都、长沙、绍兴、南京栖霞山等处皆有摹刻。

黄河流域现存的禹王碑，据初步了解，至少有三通：一存于西安碑林，一存于开封禹王台，一存于今东明县高村黄河碑林。高村的这座禹王碑碑文也是77个字，字若鸾飞凤舞，笔法生动，既不同于甲骨、钟鼎，又不同于蝌蚪、篆、隶，很难辨认。由于原碑年深岁久，早已淹没，宋代以来，不断有人根据拓片临摹、翻刻。禹王碑原立于黄河下游南岸某地，碑冠、碑座都已散失，后经黄河河工将碑身保存，碑身原高1.9米，宽0.75米。该碑是清光绪十九年（1893）由马开玉摹刻而成。碑文记述了禹王竭心尽智、平定水患、疏导天下江河、为民造福的历史功绩。经有关专家考辨，禹王碑碑文如下：

承帝曰："咨，翼辅佐卿，洲渚与登，鸟兽之门，参身洪流，而明发而兴。"久旅忘家，宿岳麓庭，智营万折，心罔弗辰，往求平定，华岳泰衡，宗疏事衷，劳余伸湮，郁塞昏徙，南涛口亨，衣制食备，万国其宁，窜舞蒸奔（碑文见《金石草编》二）。

大意是：帝尧时期，洪水泛滥，淹没田园，道路不通，国土成了一片片水洲，鸟兽出没其间。帝乃和臣属左右商议，命臣下（禹）治理洪水，疏通河道。臣僚们常年在外而忘其家，每天在崇山峻岭间奔波食宿，劳神劳力，身体受尽折磨，但臣属们以天下为己任，终于制服了水患，使华夏得到安宁，万民得以繁衍生息，到处是一派丰衣足食的兴旺景象。

全国各地现存的禹王碑刻、拓片，虽都是摹刻而成，却也有着极为珍贵的历史价值。特别是耸立于东明黄河岸边的这块禹王碑，再次印证了"禹功之美，莫著于河"的远古往事。

齐桓公葵丘会盟

历史发展到了春秋时期，周桓王二十二年（前698），周武王军师太公望的封国世袭国君齐僖公死，齐襄公继位。

齐襄公是一个专横凶残、滥杀无辜的昏君，他的兄弟和大臣们纷纷出逃避难。襄公的弟弟公子小白在鲍叔牙的护卫下逃奔莒国（今山东莒县），襄公的另一位弟弟公子纠在管仲和召忽的护卫下逃到了鲁国。周庄王十一年（前686），齐国发生内乱，齐襄公被杀。齐国的大贵族高傒与公子小白关系好，就派人到莒国接他回国做国君。这时，鲁国也派军队护送公子纠回国抢夺君位，并派管仲率领军队去拦截从莒国来的公子小白。管仲赶到莒国的边境，正好遇见鲍叔牙和公子小白一行人。管仲不等双方摆开交战阵势，就举起弓箭向公子小白一箭射去，公子小白大叫一声，倒在车中。管仲以为公子小白已死，马上通知在鲁国的公子纠。公子纠闻风后，以为再没有人与自己争夺君位了，便慢吞吞地花了六天的时间才回到都城临淄。谁知公子小白并没有死，那支箭只射在公子小白腰间的带钩上，公子小白顺势倒下装死，抢先回国当了国君，他就是历史上著名的齐桓公。

齐桓公即位后，马上派军队出临淄打败了护送公子纠回国的鲁国军队。齐国胜利后，迫使鲁国杀掉公子纠，交出管仲。鲁庄公把管仲关在囚车里交给齐国。管仲一行人刚进入齐国，早在路边迎接的鲍叔牙把囚车中的管仲放出来，后来，在鲍叔牙的推荐下，齐桓公接纳了管仲，并拜为国相。齐桓公举贤任能，在管仲、鲍叔牙等贤俊的协助下，大胆改革，使本有渔盐之利的国家更加强大起来。当时，东北和西北的戎、狄等游牧部落常来侵犯中原，各国无力阻止。于是齐桓公提出"尊王攘夷"，号召诸侯在他的领导下抵御游牧部落的进攻。北方山戎经常侵犯燕国，掠夺财物人马，破坏生产，燕国向齐国求救。周惠王十三年（前664），齐桓公率领齐军北上追击山戎。追军在荒漠中迷了路，管

仲让老马在前引路，军队在后跟随，终于走出了迷途。齐军大破山戎，把攻占的 500 里地方送给燕国，燕国国君非常感谢。齐桓公率师回国时，燕国国君亲自送齐桓公出国境。卫国（在今河北省南部、河南省北部）当时也受到狄人的攻击。卫国的国君懿公很喜欢养鹤，给鹤吃上等的食品，修建豪华的住宅，出门时还让鹤坐在相当于大夫一级的豪华马车里。狄人来犯时，卫国国王让老百姓去打仗，老百姓就说："让鹤去替你打仗吧！"卫懿公只好硬着头皮亲自领兵上阵，结果兵败被杀，卫国为狄人所灭。狄人对卫人大肆杀戮，齐桓公愤而出兵，打退了狄人，并把卫国逃出来的人连同漆邑的人集中在卫国曹邑（今河南滑县西南），搭起草棚给他们住，另立戴公为卫国君，重新建立了卫国。这时，南方的楚国吞并了周围一些少数民族部落和华夏族小国，开始强大起来。周惠王二十一年（前656），齐桓公联合宋、陈、卫、郑等8个诸侯国讨伐楚国，大军抵达楚国边境。楚成王派了一名使者质问齐桓公："你在北，我在南，我们两国风马牛不相及，你带军队来我国何事？"管仲代答道："你们不向周王进贡祭祀时用的'包茅'（束扎起来的青茅），就应该受到讨伐。而且周昭王南征死在汉水里，也与你们楚国有关！"楚使者答道："不贡'包茅'，是我国不对，至于昭王南征不归，你最好还是去问汉水吧！"齐桓公见楚使态度强硬，就进军到陉地（今河南郾城南）。两军对峙数月，不分胜负。到这年夏天，齐楚两国在昭陵（今河南偃城东）结盟修好。

此后，齐桓公先后灭掉了30多个诸侯国，周襄王元年（前651），齐桓公大会诸侯于葵丘（今东明县陆圈镇五霸岗村）。鲁、宋、郑、卫等国派代表赴会，周天子派代表宰孔参加，表明周天子承认了齐桓公的霸主地位。

会盟那天，秋高气爽，乾坤朗朗。齐桓公同鲁、宋、郑、卫等各诸侯国使者衣冠楚楚，环佩锵锵，每个人的嘴上都照例涂抹着牲畜的鲜血，以表示诚意。诸侯使者们在齐桓公的带领下，先让周天子使臣升坛，然后依次而升。高高的祭坛上设有周天子虚位，齐桓公在前，各诸侯使者依次排列，行面见君主大礼，而后就其位。宰孔把祭肉赐给齐桓公说："周天子祭祀文王、武王，派遣我将祭肉赐给伯舅。"齐桓公走下台阶跪

葵丘集石门额

拜，宰孔说："还有以下的命令，天子派我说：'因为伯舅年纪大了，加上还有功劳，奖赐一级，不用下阶拜谢。'"齐桓公说："天子的威严就在面前，小白我岂敢贪受天子的命令而不下阶拜谢呢？不下拜，我唯恐从诸侯位上摔下来，给天子留下羞辱，岂敢不下阶拜谢？"

天下形势

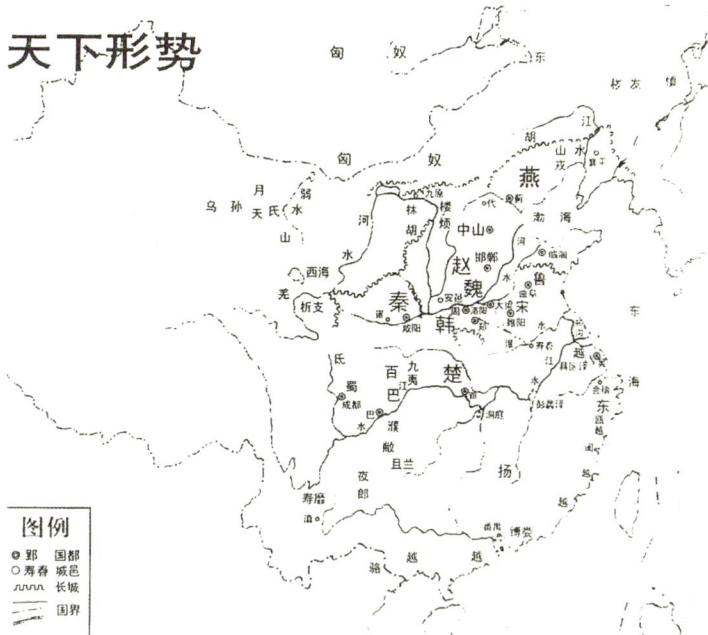

春秋战国时期天下形势图

说罢，他急步走下台阶，很庄重地跪拜、登堂，接受周王赐给的祭肉。在座的诸侯使者们都钦佩齐桓公有礼。齐桓公对在座的诸侯使者们说："今日会见，重温过去的盟约，进一步发展各国之间的友好关系，这样做是合于礼的。凡我同盟，信守盟誓，言归于好。"诸侯使者们信服齐桓公，认为他讲信义。

此次会盟规定：同盟国要言归于好，不可壅塞水源；不能阻碍粮食流通；不可改换嫡子；不可不让士大夫世袭官职；要尊贤育才等。这是齐桓公多次召集的诸侯会盟中最盛大的一次，确定了齐桓公的霸主地位，标志着齐国的霸业达到顶峰。至此，齐桓公成为中原的首位霸主，史学界将此次会盟称为"葵丘会盟"。

南北朝时期，有人迁入葵丘会盟地建村，并以"五霸岗"作为村名，延续至今，而"五伯盟坛"也因此成为明清"东明十二景"之一。明代诗人陈其猷曾赋诗曰："霸图竞相长，姬辙既已东。抵掌歃血事，萧瑟起悲风。"

孔门"二贤"

春秋时期，诸侯争霸，战争频繁，社会动荡，精通"六艺"的孔丘，经过多次挫折之后，决定对古代文化、典籍做一番整理和删订工作，并以此为教材教授弟子，后来被奉为儒家学派的经典，称为"六经"。传说他有弟子三千人，精通"六艺"者七十二人，闵子骞、公西华就是其中的佼佼者。

二贤故里牌坊

闵子骞，据《史记》载："闵损，字骞，少孔子15岁。孔子高足弟子，德行堪称表率者。"德行方面，《史记》仅列四人，有颜渊、闵子骞、冉伯牛、仲弓，闵子骞为其二，孔子称赞闵损为孝子，说："孝哉！闵子骞，人不间于其父母昆季之言。"

闵子骞早年丧母，父娶后母。继母偏爱自己亲生的二子，虐待闵子骞，子骞却不告知父亲，避免影响父母间的关系。冬天，继母用棉絮给自己的孩子做棉衣，而给他做的棉衣里填的是芦花。一日，闵子骞驾马车送父亲外出，因寒冷饥饿，无法驭车，马车滑入路旁沟内，被父亲呵斥鞭打，结果抽破衣服露出了芦花。父亲醒悟，想休掉妻子。子骞长跪于父亲面前，为继母求情："母在一子寒，母去三子单。"父亲便不再休妻，继母也痛改前非，待闵子骞如同己出，全家和睦。后人根据这一段故事，改编出戏剧《鞭打芦花》，并作为《二十四孝》中单衣顺母的主角。历代帝王因闵子骞的高尚德行，对其屡有追封：唐开元二十七年（739）追封其费侯，北宋大中祥符元年（1008）封琅琊公，南宋咸淳三年（1267）又称费公。闵子骞淡泊名利，不愿做官，《论语·雍也》载，当季氏请他当"费宰"时，他断然谢绝。《史记·仲尼弟子列传》也说他"不仕大夫，不食污君之禄"。闵子骞曾隐居于汶水，后又隐居于濮水、漆水间，死后葬在今东明县城西北20里处，有墓地50亩方圆，墓旁有祠，后被洪水冲没。

公西华，姓公西，名赤，字子华。据《史记》载：他少孔子42岁。他曾乘肥马，衣轻裘出使各国。《论语》中也记载了孔子问子路、曾皙、冉求与公西华各自志向的事。子路说，他三年可以治好一个千乘之国。冉求说让他治理一个六七十里的小国，三年可使百姓饱暖，并得到教化。公西华说他只想做一个主持祭祀的小礼相。孔子对公西华的谦虚很赞赏。可见公西华与闵子骞有共同的志趣，也是一个不愿做官的人。后来他出使齐国，孔子死后，鲁国大乱，遂逃离鲁国，访闵子骞于漆水、濮水之间，两人日夜相游，好不快活。死后也埋在今东明县城西北20里的地方，与闵子骞墓相连，墓堆土占地亦有50亩方圆，并建祠与闵子骞祠齐，后被洪水冲没。

为纪念表彰闵子骞、公西华的德行，清道光八年（1828），知县华浚在东明县衙前广场西边建有"二贤故里"牌坊，光绪十三年（1887）知县曹景郿重修。明清时期，"二贤胜景"成为"东明十二景"之一。民国二十二年（1933），时任东明县长任传藻在所修《东明县新志》中称赞骞华二贤时说："嗟嗟，高山仰止，景行行止，虽不能至，心向往之。若曰九原可作，执鞭是所欣从。"

通玄真人文子

文子，姓辛，名钘，号计然，自号渔父，葵丘濮上（今东明县东北武胜桥镇一带）人。他是道家创始人老子的弟子，商圣范蠡的老师，春秋后期著名的思想家、道家先贤，是老子、庄子之间承前启后的道家重要传人，世传其所著《文子》12卷为道家思想的经典著作，被称为《通玄真经》，文子被称为通玄真人。

辛钘本是"晋之公孙"，是晋国流亡的贵族，因家居葵丘濮上之文台，后人尊称他为文子，而文台就在今东明县东北境内。《东明县志》古迹卷载："文台，址在县东北数里许。或曰冤句县之故处也。又传晋文公游列国，由魏至齐经此地，饮酒乐，故名。"而《列士传》曰："隐陵君施酒之台，即此。"《战国策》有所谓"文台堕，垂都焚"之文台，亦即此。

范蠡所著的《范子》记载："计然者，葵丘濮上人，博学无所不通。为人有内无外（意即人品好、学问高、有修养，但是却没有与之匹配的相貌），形状似不及人，少而明，学阴阳，见微知著；其志沈沈，不肯自显；阴所利者七国，天下莫知，故称曰计然。"有的史书记载文子的年龄小于孔子，而有的学者研究认为，文子是春秋末年人，老子弟子，长孔子10岁以上。说法虽不一，但可以肯定文子与老子、孔子是同时代人。

文子博学多才，天文地理无所不通，虽外表貌似平庸、愚钝，但他自小非常好学，通览群书，就像人们常说的大智若愚。文子时常观察大自然，善于从事物刚露出端倪时，探知事物的发展规律，知道别人的想法。因为他品行刚直，酷爱山水，常泛舟出游，而不肯主动游说自荐于诸侯，所以尽管才冠当世，却不为天下知。

有史料记载，文子"师老子学，早闻大道"，后来游学于楚，得到楚平王的重视。《道教辞典》说："楚平王因用其所言道德，匡邪以为正，振乱以为治，化腐朽以为朴淳，使德复生，而天下洽。"可见文子的学说在楚国受到重视，并取得了显著成效。后来文子又游学于齐，将道家兼融仁、义、礼的思想带到齐国，彭蒙、田骈、慎到、环渊等当时的名士皆为其后学，随之形成了兴于齐地

的黄老之学。文子曾到南越一带游历，越国大夫范蠡卑身事之，于是文子传授范蠡治国"七策"。所谓"七策"，概括来说，一是知斗则修备，时用则知物，旱则资舟，水则资车，物之理也。二是平粜齐物，关市不乏，治国之道也。三是积著之理，务完物，无息币。四是以物相贸易，腐败而食之货勿留，无敢居贵。五是论其有余不足，则知贵贱。六是贵上极则反贱，贱下极则反贵。七是贵出如粪土，贱取如珠玉；财币欲其行如流水。文子所授"七策"，看似经商之策略，实为治国之道。适逢吴越之间战衅频起，越王勾践战败，被困会稽山，范蠡遂引文子晋见越王勾践，越王勾践对文子的治国七策十分佩服。于是，越王勾践在范蠡的辅佐下，用其中的五策"十年生聚，十年教训"，最后灭吴复国。吴国被灭之后，范蠡功成身退，隐居"天下之中"曹国陶丘经商，以文子所授"七策"为经商的理论指导。范蠡感慨地说：文子治国方略有七，"越用其五而得意"，既然他的计谋已经施行于国家，我就用它来治家吧。结果，范蠡经商大获成功，三散家财，三致千金，成为富可敌国的大富翁，被后世称为"儒商鼻祖"。越王勾践为报答文子，曾封其为上大夫，文子坚辞不就，遂隐居在吴兴余英禺山，后不知所终。有人考证，说文子又回到家乡葵丘濮水之间，并说《庄子·渔父》中的渔父就是文子。庄子在《庄子·渔父》中，描写了孔子拜见渔父以及和渔父对话的过程，文中的渔父一副道家隐士的形象，对孔子不在其位而谋其政的做法提出了批评，并向孔子提出"真"的含义，使孔子大有感触，对渔父表示了极大的谦恭和崇敬的态度。

文子作为老子的弟子，其《文子》一书继承并发展了老子"道"的观念。后世所存的《文子》，分12篇88章。12篇分别为：一道原，二精诚，三九守，四符言，五道德，六上德，七策明，八自然，九下德，十上仁，十一上义，十二上礼。其内容主要阐发老子思想，继承和发展了道家"道"的学说。

《文子》每篇皆以"老子曰"三字开头，表明与老子的师承关系。明朝学者宋濂称："子尝考其言，一祖老聃，大概道德经之义疏尔。"元代学者吴金节也称："文子者，道德经之传也。"但也有人认为，"老子曰"三字乃后人加入的。《文子》的首篇《道原》即开宗明义地解释老子"有物混成，先天地生"的"道"说："山以之高，渊以之深，兽以之走，鸟以之飞，麟以之游，凤以之翔，星历以之行，以亡取存，以卑取存，以退取先。"认为道是天地万物的起源。道先天地而生，窈冥无形，浑而为一，一分为天地，轻清者为天，重浊者为地，四时阴阳亦依此而生，万物乃得以生存活动。因此道是自然的究竟根本，自然万物皆循道而行。

文子认为，道是构成万物的原始材料，德是万物各得于道的一部分，蓄养成长为具体事物，道与德相辅相成。道是万物的主宰，以无为方式生养了万物，道使万物生长，而德使万物繁殖。道是整体，德是部分。《文子》中的《道德》《上德》《下德》诸篇都论述了道与德的问题。

《文子》对老子的无为思想也进行了发挥，认为无为并非绝对消极的不动，而是排除主观偏见，按规律办事，指出"所谓无为者，非谓其引之不来，推之不往，迫而不应，感而不动，坚滞而不流，卷握而不散也，谓其私都不入公道，嗜欲不枉正术，循理而举事，因资而立功，推自然之势也"。意思就是要顺应自然规律而成事。

文子认为道不仅是物之所原，而且也可以引向人事，为人之所由。《九府》篇中即多处论到养生之道。他指出："夫人所以不能终其天年者，以其生生之原。夫惟无以生为者，即所以得长生。"以为极力追求物质利益，拟情于声色，则不得终其天年，只有不追求这些东西，淡泊名利者，才可长生。又曰："所谓圣人者，因时而安其位，当世而乐其业，夫哀乐者，德之邪；好憎者，心之累；喜怒者，道之过。故其生也天行，其死也物化，静与阴合德，动与阳同波。"以为圣人，即得道之人，不贪求荣华富贵，依据自己所处的时代安居乐业，没有喜怒憎恨等情绪扰乱道的修行，因此他的生死都符合自然的规律，与万物变化一样。

此外，《文子》也肯定了世间矛盾的客观性，以为矛盾双方是互相依存、互相包含的，指出"阳中有阴，阴中有阳"。并肯定对立双方可以转化，指出"阳气盛变为阴，阴气盛变为阳"，"天道极即反，盈即损，日月是也。夫物盛则衰，日中则移，月满则亏，乐终而悲"，充满辩证思想的光辉。

秦吞并六国，建立封建君主制的中央集权统治后，施行文化钳制政策，《文子》被列入禁毁之列。汉朝建立后，西汉元朔五年（前124），汉武帝刘彻因见"书缺简脱"，下诏"广开献书之路"，《文子》在此时又得到了流传。《汉书·艺文志》将之著录于"道家"一类。唐代尊崇道教，《文子》也得到重视，不断有人为之作注。唐天宝元年（742），诏封文子为"通玄真人"，诏改《文子》一书为《通玄真经》，与《老子》《庄子》《列子》并列为道教四部经典，文子与老子、庄子、列子被称为道门四大真人。王充曾称"老子、文子，似天地者也"，对他极为推崇。《文子》主要解说老子之言，阐发老子思想，继承和发展了道家"道"的学说。《文子》一书阐明的哲学思想，发展了道家的学说，同时又吸收了同期其他学派的某些思想，进一步完善了老子的学说，在中国古代哲学史上占有一席之地。

1973年河北定县汉墓出土的竹简中，有《文子》的残简，其中与今本《文子》相同的文字有6章，还有一些不见于今本的内容，或系《文子》的佚文，从而确证了《文子》一书的存在。

庄子与庄子思想

庄子，姓庄，名周，字子休，战国时期宋国蒙（今山东东明）人。庄子的生卒年代难以确知，大约生活在周烈王七年（前369）至周赧王二十九年（前286），与梁惠王、齐宣王同时，年纪稍小于孟子。

庄子生活在战国中叶，这正是中国社会大发展大变革的时代，也是大动荡大战乱的时代。此时周天子的权威已丧失殆尽，各国诸侯相继称霸，诸侯国之间的战争也愈演愈烈。正如孟子所言："争地以战，杀人盈野；争城以战，杀人盈城。"

庄子作为一个没落贵族家庭出身的知识分子，学识渊博，精神敏感，生逢乱世，伤世忧生。他一生朋友不多，门徒有限，官场与学界名人中只有惠施与他时有往来，交流思想。他曾在蒙漆园（今东明县陆圈镇东裕州集）做过小官，但没多久就辞去，从事讲学与著述去了。他生活贫困，住在狭窄的小巷里，靠编草鞋过日子，常常饿得面黄肌瘦，有时不得不向别人家借粮。一次，庄子向监河侯借粮。监河侯说："行，我即将收取封邑之地的税金，打算给你三百金，好吗？"庄子听了，脸色骤变，愤愤地说："我昨天来的时候，有谁在半道上呼唤我。我回头看，原来是路上车轮碾压出的小坑洼里，有条鲫鱼在挣扎。我问它：'鲫鱼，你在干什么呢？'鲫鱼回答：'我是东海水族的一员，现在命在旦夕，你能不能赐我斗升之水，使我活下来。'我对它说：'行啊，我将到南方去游说吴王、越王，引西江之水来迎候你，可以吗？'鲫鱼变了脸色，生气地说：'我不在我经常生活的环境，没有安身之处。眼下我只求能得到斗升之水，以活下来，而你竟说出这样的话，还不如早点儿到干鱼店里找我！'"

一次，庄子身穿粗布补丁衣服，脚着草绳系住的破鞋，去拜访魏惠王。魏惠王见了他，说："先生怎么如此潦倒啊？"庄子纠正道："是贫穷，不是潦倒。士人身怀道德而不能够推行，这是窘迫；衣服坏了、鞋子破了，这是贫穷，而不是潦倒。这种

建于二十世纪八十年代的庄子观

情况就是所谓的生不逢时。大王没有发现那些擅长跳跃的猿猴吗？当它遇上楠、梓、豫樟这些高大的乔木，便可以攀缘树枝，自由自在地奔跃其间而称王称霸，即使是善射的后羿、逢蒙也拿它没有办法；可是，如果它穿行在柘、棘、枳、枸这类多刺的灌木丛中，就只能行动谨慎，时时小心翼翼，左顾右盼，内心震颤，恐惧发抖。这并不是筋骨有了变化而不灵活，而是处势不利，无法施展它的才能啊！如今处于君昏于上、臣乱于下的时代，士人怀抱道德不能见用，只能潜藏踪迹，趋利避害，要想不潦倒、不困顿，怎么可能呢？古代的比干忠心耿耿，却被剖心挖腹，就是一个明证啊！"

庄子经常与朋友惠施展开辩论。有一次，庄子和惠子一道在濠水的桥上游玩。庄子说："你看鱼儿游得多么悠闲自在，这就是鱼儿的快乐。"惠子说："你不是鱼，怎么知道鱼儿的快乐？"庄子说："你不是我，怎么知道我不知道鱼儿的快乐？"惠子说："我不是你，固然不知道你；你也不是鱼，你不知道鱼儿的快乐，也是完全可以肯定的。"庄子说："还是让我们顺着先前的话来。你刚才所说的'你怎么知道鱼儿的快乐'的话，就是已经知道了我知道鱼儿的快乐而问我，而我则是在濠水的桥上知道鱼儿快乐的。"

庄子与惠施虽然是学术的同道，但价值取向迥异。一次惠施由宋归魏途中，庄子正在孟渚泽钓鱼。庄子看见惠施从车百乘，就把多钓的鱼也扔进水里，以此表示对依附权贵以谋取多余之财的惠施的不屑。惠施在魏国做宰相。一天，有人报告说："庄周到梁城来了，是不是要夺取你的相位？"惠施听了，非常害怕，派人在国中搜查了三天三夜。事后庄子却亲自来见他，给他讲了一个故事。庄子说："南方有一种鸟，名为鹓鶵。这种鸟从南海出发，飞到北海，不是梧桐树，它不会停息，不是竹子的果实，它不会进食，不是甘美的泉水，它不会饮用。一只猫头鹰寻觅到一只腐烂了的老鼠，鹓鶵刚巧从空中飞过，猫头鹰急忙护住腐鼠，抬头看看鹓鶵，发出一声怒气：'吓！'如今你也想用你的魏国来'吓'我吗？"

惠施可以说是庄子唯一的朋友和对手。惠施去世后，庄子经过惠施的墓地，对跟随的人说："郢地有个人用白垩泥涂抹了他的鼻尖，像蚊蝇的翅膀那样薄，然后让石匠用斧子砍削掉这一小白点。石匠挥动斧子呼呼作响，漫不经心地砍削白点，此人鼻尖上的白泥完全削去，而鼻子却一点儿也没有受伤，郢地的人站在那里也若无其事，不失常态。宋元君知道了这件事，召见石匠说：'你为我也这么试试。'石匠说：'我确实曾经能够砍削掉鼻尖上的小白点。但我搭配的伙伴已经死去很久了。'自从惠施离开了人世，我就没有可以匹敌的对手了！我没有可以与之论辩的人了！"

庄子是一位真正的隐者，对统治者采取不合作的态度。一天，他在濮水边

垂钓，楚威王听说庄子贤而有才，派遣两位大臣前往致意，说："楚王愿将国内政事委托给您。"庄子拿着钓竿，头也不回地说："我听说楚国有一神龟，已经死了三千年了，楚王用竹箱装着它，珍藏在宗庙里。这只神龟是宁愿死去，留下骨骸而显示尊贵呢，还是宁愿拖着尾巴活在泥水里呢？"两位大臣说："宁愿拖着尾巴活在泥水里。"庄子说："你们走吧！我仍将拖着尾巴生活在泥水里。"

庄子鄙视那些投机钻营的人，有个拜会过宋王的人，宋王赐给他车马十乘，他在庄子面前炫耀。庄子说："河上有一个贫穷，靠编织苇席为生的人家，他的儿子潜入深渊，得到一枚值千金的宝珠。父亲对儿子说：'快拿石块砸坏这颗宝珠！价值千金的宝珠，必定出自深深的潭底的黑龙的下巴下面，你能轻易地获得这样的宝珠，一定是正赶上黑龙睡着了。倘若黑龙醒过来，你还想活着回来吗？'如今宋国的险恶，远不只是深深的潭底；而宋王的凶残程度，也远不止黑龙那样。你能从宋王那里获得十乘车马，也一定是遇上宋王睡着了。倘若宋王醒来，你也就必将粉身碎骨了。"

庄子的处世态度是外洒脱而内谨慎。一次，他带着学生行走于山中，看见一棵大树枝叶十分茂盛，但伐木的人停留在树旁，却不动手砍伐。他问他们是什么原因，他们回答说："因为它没有什么用处。"庄子说："这棵树就是因为不成材而能够终享天年啊！"庄子他们走出山来，留宿在朋友家中。朋友高兴，叫童仆杀鹅款待他们。童仆问主人："一只能叫，一只不能叫，请问杀哪只呢？"主人说："杀那只不能叫的。"第二天，弟子问庄子："昨日遇见的山中的大树，因为不成材而能终享天年；如今主人的鹅，因为不成材而被杀掉。先生你怎样看待呢？"庄子笑道："我将处于成材与不成材之间。处于成材与不成材之间，好像合于大道，却并非真的如此，仍然不能免于拘束与劳累。假如能顺其自然而天马行空，没有赞誉，没有诋毁；时而像龙一样腾飞，时而像蛇一样蛰伏，随着时间的推移而变化，而不偏滞于某一方面；时进时退，优游自得，生活在万物的初始状态，能役使外物，却不能被外物役使。如此怎会受到拘束和劳累呢？这就是神农、黄帝的处世原则。弟子们记住了，要获得自由，只有归于自然！"庄子认为保身的最好形式或最高境界是逍遥无为，这也是他所追求的生命的最高价值和最终目的。

庄子反对社会上实行仁义礼乐等社会道德与政治制度，他认为这些都是罪恶与祸害的根源。他认为自然的本性是最完善的，如果人为地加以改变，便会损害事物的本性。他以马为例：马的蹄子生来可以践雪，马的皮毛生来可以御风寒，它们吃草饮水，在野地上奔跑，这就是马的本性。可是，所谓善于治马的人削其蹄，剪其毛，给它配上鞍子，戴上辔头，甚至用鞭子抽打，这样马就很少有不夭亡的了。庄子认为好的政治，即所谓的"明王之治"，就是保持一种

"混沌"的自然状态，统治者最好糊里糊涂，不要对社会的自然状态人为地加以干涉。庄子心目中的理想社会是"至德之世"。庄子认为，上古时代是人类天性保留得最完善的时代，人们的行动总是那么协调自然，人们的目光又是那么专一而无所顾盼。正是在这个年代里，山野里没有路径和隧道，水面上没有船只和桥梁，各种物类共同生活，人类的居所相通却没有乡、县的差别。在那个人类天性保留得最完善的年代，人类跟禽兽和谐相处，跟各种物类聚合并存，哪里知道什么君子、小人呢？等到世上出了圣人，勉为其难地倡导所谓仁，竭心尽力地追求所谓义，于是天下开始出现迷惑与猜疑。人们放纵无度地追求礼乐的曲章、制度，以及繁杂琐碎的礼仪和法度，于是天下开始分离了。毁弃人的自然本性以推行所谓仁义，这就是圣人的罪过。

庄子的妻子死了，惠子前往吊唁，看到庄子正分开腿坐在地上，一边敲打瓦缶一边歌唱。惠子说："你跟妻子生活了一辈子，她为你生儿育女直至衰老而死，人死了，你不伤心哭泣也就算了，又敲着瓦缶唱起歌来，太过分了吧！"庄子说："不对。她刚死的时候，我怎么能不感慨伤心呢！然而仔细想一想，她原本就不曾出生，不只是不曾出生，而且本来就不曾形成元气。在恍恍惚惚的境域之中，变化而有了元气，元气变化而有了形体，形体变化而有了生命，如今变化又回到死亡，这就跟春夏秋冬四季运行一样。死去的那个人将安安稳稳地寝卧在天地之间，而我却呜呜地围着她啼哭，我认为这是未能通晓于天命的表现，所以也就停止了哭泣。"从这个故事可以看出，庄子认为生与死是自然的运动，可以相互转化，理应一视同仁。他提出生死只是天地之气造化万物的不同形式，人之生死为气之聚散，人死之后形神俱散，同归一气。而庄子的通达，正是建立在这种对世界的基本的认识之上的。

庄子快要死了，弟子们打算用很多的东西陪葬。庄子说："我把天地当作棺椁，把日月当作连璧，把星辰当作珠玑，万物都可以成为我的陪葬。我陪葬的东西难道还不完备吗？哪里用得着再加上这些东西！"弟子说："我们担忧乌鸦和老鹰啄食先生的遗体。"庄子说："弃尸地面将会被乌鸦和老鹰吃掉，深深埋在地下将会被蚂蚁吃掉，夺取乌鸦、老鹰的吃食再交给蚂蚁，怎能如此偏心！"

庄子对社会现实的黑暗与政治的险恶有着深刻的认识，对此采取了批判主义的态度。他说："窃钩者诛，窃国者侯。"对专治者发出沉痛的抗议。但另一方面又由于无力改变现实，看不到现实的希望和出路，他只好转向内心，寻求精神上的解脱。在人与自然的关系问题上，庄子只强调自然的作用和力量，看不到人的主观能动性及其对自然的影响，表现了他的消极一面。所以荀子批评庄子"蔽于天而不知人"。这是有道理的。

庄子对中国社会的影响是深远而复杂的。他关于道的理论是继老子之后对

中国哲学本体学说的深化，为提高中华民族的思维能力做出了贡献。他关于逍遥、齐物的论述是对世俗观念、日常意识的重大超越，这种玄想的超越与西方宗教超越相比，在理论上同样具有重要的意义。他关于生死问题的看法有助于人们破除对死亡的恐惧和焦虑，为后世中国无神传统的形成提供了思想资源。他关于社会政治文化的学说具有反抗专制制度和等级压迫的进步作用，对于人类社会纠正自身的文化偏向，清除异化，亦具有永恒价值。

庄子与《南华经》

庄子画像

庄子，战国中期宋国蒙（今山东东明）人，是我国古代著名的思想家、哲学家和文学家，也是道家学派重要的代表人物，庄子学说的开创者，著有《庄子》一书。唐天宝元年（742），玄宗诏封庄子为南华真人，诏称《庄子》为《南华真经》，所以《庄子》又称《南华经》，是道家学派重要经典之一。《汉书·艺文志》著录《庄子》52篇，但保存下来的只有33个篇目，其中《内篇》7篇、《外篇》15篇、《杂篇》11篇。《庄子》采用寓言故事表达哲学思想，涉及哲学、人生、政治、社会、艺术、宇宙生成论等诸多方面，蕴含的思想博大深邃，哲理奥妙无穷，对后世的影响广泛而深远。

庄子生活在我国战国中期社会大变革的时代。当时的中国刚从奴隶社会进入封建社会，阶级关系发生了很大变化。庄子出身于没落贵族家庭，他那对现实生活不满而又无可奈何的生活态度，在其著作中得到了充分的反映。

一是"舍是与非"的哲学观。庄子在复杂的社会矛盾面前无能为力，便表现为一愤世、二厌世，两者的统一，就形成了他自己的独立思考——齐物论。所谓齐物论，就是把客观存在的是与非、彼与此、物与我、夭与寿等都等同起来，认为二者之间根本没有什么差别，甚至连醒着也是做梦，都处在一种冥冥之中，"不知周之梦为胡蝶与，胡蝶之梦为周与"？既然客观存在没有区别，没有质的确定性，那么作为对客观存在的反映人的认识，自然也就无所谓是无所谓非了。所以，是非标准在庄子看来是没有什么意义的。

二是"绝圣弃智"的社会观。庄子认为，统治者都是无耻的、狡猾的，一切"有国者"都是特号大盗，与一般强盗的不同之处就在于他们不但盗财物，而且盗政权、仁义、真理和文明。无疑，这是庄子对建立在私有制基础上的一切政权的深刻揭露。庄子极为憎恶当时新建立的封建社会，但又对奴隶社会的灭亡无力挽回，因而便把思想转向了大自然。他继承和发展了老子"道法自然"的学说，认为道是无限的。他否定儒家所谓有意志的天，否定墨家所谓有能福善祸淫的鬼神，不承认天、鬼或某种精神实体主宰世界，而宣扬天道自然无为的观点。《庄子·人间世》说："知其无可奈何而安之若命，

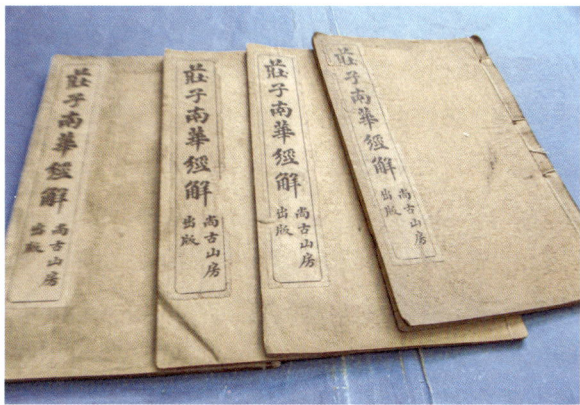

庄子《南华经解》

德之至也。"即认为人在"道"的面前是无能为力的，只有消极地听从摆布，至于"死生、存亡、穷达、贫富、贤不肖、毁誉、饥渴、寒暑，是事之变、命之行"，人是无法选择的。也就是说，一切都是命运的安排，否定了人的主观能动性。在滚滚向前的历史潮流面前，庄子没有与之俱进的勇气，只好后退、后退，再后退，一直退到洪荒时代，因而"绝圣弃智"便是其社会观的自然归宿。

战国时期，庄子的哲学并没有产生很大的影响，这与他所代表的阶级已经崩溃的现实是吻合的。但当封建地主阶级巩固了政权，确立了封建等级制度之后，情况就有了很大的变化。奴隶主阶级的意识形态被重新恢复，并被吸纳到上层建筑中去。于是庄子哲学在其死后影响渐渐大了起来，并在历代社会中发挥着作用。魏晋时期，庄子哲学几乎成了时代意识；而到了唐代，庄子则被封为"南华真人"。

庄子的哲学思想是复杂的，人们历来褒贬不一，众说纷纭，但作为文学家的庄周，在诸子百家中所具有的独特风格和突出的文学成就，数千年来一直备受推许。

《庄子·天下》中说，《庄子》一书的特点是"谬悠之说，荒唐之言，无端崖之辞"。虚构的故事，想象的情节，幻想的言辞，构成了庄子散文的浪漫主义特色。作者往往采用神话传说，用奇妙的想象和大胆的夸张进行描写，意境壮阔，文笔雄放，把哲理写得变幻迷离，形象具体，令人叹为观止。他的文章想象力丰富，构筑奇特，意气纵放，辞藻秀美，代表了先秦时期散文创作的最高水平。《庄子》一书几乎都是寓言，寓意深刻，有着很强的表现力。庄子常常用极端随便的方式阐发极端严肃的有关宇宙、人生的重大问题，一般人感到十分难以说得明白的哲理，他用讲故事、叙家常的方式就把道理讲透了，举重若轻，将哲学与文学熔为一炉。

庄子寓庄于谐，生动灵活地运用诙谐、谑弄、嘲讽的语言，给读者留下鲜

明的印象。如《庄子·列御寇》中所载宋人曹商使秦回国后与庄子的一段对话，尽管没有一句描写，却把曹商得意地向庄子夸耀自己本领的神色和庄子对曹商的蔑视、对社会恶劣风气的针砭表现得淋漓痛快，取得了传声绘神的效果。在庄子笔下，嬉笑怒骂皆成文章，难怪有人说："庄子如神仙下世，咳珠谑浪，皆成丹砂。"

作为文学作品，《庄子》一书的艺术成就是无可置疑的，对后世文学艺术的发展产生了较为深远的影响，正如闻一多所言："中国人的文化上永远留着庄子的烙印。"鲁迅先生在其《汉文学史纲要》中对此也曾给予过较高的评价："其文则汪洋捭阖，仪态万方，晚周诸子之作，莫能先也。"

荆轲刺秦王

"风萧萧兮易水寒，壮士一去兮不复还"，是战国时著名刺客荆轲在易水之畔告别燕太子丹，去秦国刺杀秦王时的慷慨悲歌。虽然岁月匆匆，沧海桑田，但这一悲壮感人的千古绝唱却至今流传。

荆轲，战国末期卫（今山东东明县西北部）人，也叫庆卿、荆卿。荆轲年轻时喜欢读书论剑，结交天下豪杰。他曾用剑术来游说卫元君，但未能得到卫元君的重用。荆轲还游历过鲁国，与当时一个叫鲁勾践的剑术名家谈论剑术。鲁勾践认为荆轲的剑术并不怎么高明，所以对荆轲也不以为意。

后来荆轲到了燕国，结交了高渐离、田光等一批人。正在这时，燕太子丹回到了燕国。原来，燕国的太子丹留在秦国当人质时，看到秦王有扫灭其他国家的企图，并吞并了燕国许多土地，便偷偷地逃回燕国，伺机报复秦王。他的打算是，派刺客先刺杀秦王，使秦国群龙无首、内外混乱，然后再乘机攻打秦国。为了实现这一方案，他与太傅鞠武商量，遭到鞠武反对。太子丹急于图秦，鞠武只好推荐田光，让太子丹与其商议。田光便推荐了他的朋友荆轲。太子丹见到荆轲后，便把刺杀秦王的想法告诉了荆轲。荆轲推辞不过，便答应下来。太子丹尊荆轲为上卿，让他住上等的馆舍，自己则天天到馆舍问候。每

石刻荆轲刺秦王

餐都给他准备牛、羊、猪三牲俱备的酒席，送来车、马、美女供他享用，以此使荆轲感恩戴德，舍身为燕。

秦王政十七年（前230），秦国灭掉了韩国，打开了东进诸侯的大门；十九年（前228），秦兵攻占了赵国的都城邯郸，直接威胁到燕国的生存。物伤其类，唇亡齿寒。太子丹非常焦急，深感燕国已成为秦国的刀俎之肉，不日将有灭顶之灾。因此，太子丹催荆轲赶快动身去秦。荆轲说："要想刺杀秦王，必须接近秦王。这就要向秦王奉献他最喜欢的东西，以便受到秦王的召见，并使他麻痹大意，疏于防范。秦国降将樊於期现在在燕国，秦王多次想捉拿他；燕国最肥沃的土地督亢（今河北涿州市一带），秦王对它垂涎三尺。请将樊将军的头和督亢的地图交给我，让我献给秦王。秦王必定因为高兴而召见我并忘乎所以，那时我才能接近并刺杀他。"

太子丹为荆轲准备了督亢的地图，访求天下最锋利的短剑，得到赵国徐夫人的匕首，并淬了剧毒；荆轲用言语激樊於期自杀，用木匣盛了樊於期的头。为了防止匕首被秦国人看见，荆轲特意将匕首包在了督亢的地图中。一切打点停当，太子丹和其他宾客以及荆轲的至交亲友穿着白衣服送荆轲到易水。在朋友高渐离的击筑声中，荆轲慷慨悲歌，毅然离燕赴秦。

荆轲携带樊於期的头和督亢的地图来到秦国，秦王大喜过望，立即在咸阳宫中召见他。荆轲昂然登殿，面见秦王。在秦王面前逐渐打开督亢的地图，乘秦王观看时，猛然抽出地图中的匕首，一把拽住秦王的衣袖，举手便刺。秦王惊得跳了起来，扯断了衣袖，绕着大殿的柱子飞跑，荆轲绕着柱子紧追。二人虽然都身怀武功，但不一会儿都累得气喘吁吁。这时，秦国大殿下虽然立有众多官兵和武士，但按秦国的规矩，没有秦王的命令，他们都不得上殿。秦王虽然身上有剑，但因剑太长，且情急之下，也拔不出来。秦国群臣急忙大喊"王负剑"。秦王政立刻把剑背起来，边绕柱跑边抽出了长剑。秦王的医生夏无且当时正在大殿上，他急中生智，用他所捧的药箱投击荆轲。就在荆轲用手挡击药箱的一刹那，秦王政回身一剑砍断了他的左腿。荆轲倒在地上，只好举起匕首投向秦王，作孤注一掷，但未能击中。荆轲没了武器，更兼左腿被砍断，已是羊入虎口，最后身中数剑，被秦王政击杀。

越勾践听到荆轲刺秦王的事后评论说：荆轲不懂得剑术的精妙，高明的剑客用剑于灵，在图穷匕首见的一瞬间，正是刺杀秦王的最佳时机，如失去最佳时机，没把握住剑的灵性，自然为秦王所乘。

荆轲死后，秦王憎恨燕国谋杀他，命令大将王翦攻伐燕国，攻陷了燕国的国都蓟城（今河北蓟州区）。五年后（前222），秦灭燕。

第四节　古邑古战

先秦古邑

东明地处黄河中下游的中原腹地，是中华民族开化最早的地区之一，远在上古时期就有人类居住，域有济、河二渎流经，为夏禹治水之确证，商有襄丘，为殷人所居。西周初年，姜子牙曾在此隐居，留下鱼窝垂纶之名胜。西周时有武父城、戎城、葵丘、平丘，为齐桓公和晋昭公会盟诸侯之所；春秋时建户牖邑，汉为陈平封地，后为县，实为东明之发端。战国时又在东明之域建煮枣、宛朐、漆园、济阳等城邑，彰显着东明的古老与繁荣。由于濒临黄河，水患频仍，历史古迹荡然无存，但也留下了诸多蛛丝马迹。现经查古籍，对照文献，实地勘察，对东明先秦古邑有了较清晰的认识。

户牖邑，始建于春秋时期，初属郑国。魏惠王十三年（前357），郑将户牖致于魏，遂为魏邑。《竹书纪年》卷十二载："周显王十二年（前357），郑厘侯使许息来致地：平丘、户牖、首垣诸邑及郑驰地。"秦王政二十二年（前225），秦灭魏，魏户牖邑成秦阳武县户牖乡。《东明县志》载："秦始皇二十八年（前219），东游至户牖，雾霾四塞，不能进，因名其地为东昏。"至此，户牖始有东昏之名。汉高祖六年（前201），封陈平为户牖侯。汉建元元年（前140），于户牖邑置东昏县。新莽元年（9），王莽以东昏名不嘉为由，改为东明，即为东明县得名之始。

冤朐，亦作宛朐、宛朐，宋曾改为宛亭，皆是同一地名。冤朐县初置于战国，魏于济阳东北50里建冤朐邑，秦立为县，属东郡，汉初属梁国，汉中元六年（前144）属济阴国，后元元年（前143）属济阴郡。宛朐曾一度为县侯国。因屡遭河患，治所多次废更。宛朐之得名，历来说法不一。《史记·封禅书》有"黄帝得宝鼎于宛朐"之说，黄帝时期尚非信史时代，是否那时就有宛朐之名，不能确定。但东明一带传说，宛朐得名与战国时期的庄子有关。庄子自比鹓鶵，是中国古代传说中的五凤之一，被认为是一种祥瑞之鸟。鹓鶵与宛朐形近而音同，当是宛朐得名之源头。

蒙漆园，《史记·老子韩非列传》载："庄子者，蒙人，名周。周尝为蒙漆园吏。"蒙漆园是庄子为吏之所。战国时期的漆园是诸侯国官营的漆制品生产、加工、管理营运园区，相当于现在的国有林场，甚至比现在的国有林场的功能还齐全。春秋战国时期，古东明地属兖、豫二州，处黄河流域，种有大量的漆树。《史记》记载，兖、豫二州所产之漆皆为贡品，亦是战略物资，诸侯国之间经常你争我夺，特别宋魏之间争夺激烈，蒙漆园时而属宋，时而归魏。蒙漆园本为宋有，但庄周为吏时已归魏国，不论归属于谁，蒙漆园的地址不会变动。庄周为吏的漆园古属冤句邑辖地，冤句属蒙，在今东明集镇以北，冤句北17里即为庄周为吏之蒙漆园，即今东明县陆圈镇裕州屯村一带。

葵丘，春秋古地名。据《史记·齐太公世家》记载，齐桓公三十五年（前651）夏，会诸侯于葵丘，秋复会诸侯于葵丘。葵丘遗址在今东明五伯岗，又名五霸岗。康熙版《东明县志》"古迹篇"记载："五霸岗在县东南50里，春秋屡会盟于此。""形胜篇"又载："五伯岗，在县东南30里，其地南错宋壤，东接鲁郊，北说齐封，西连晋鄙，世称春秋会盟之处。"是春秋古地，齐桓公时，曾两次会盟于葵丘，东明、考城古时均有葵丘之地，均载有齐桓公会盟于此，当时东北为鄄（今山东鄄城），齐桓公七年（前679），首会诸侯于鄄，东明东有桂陵，亦为齐国之地，东明之葵丘，当时为齐国之西陲。据《史记》记载，齐襄公十二年（前686），襄公即派连称、管至父戍边于葵丘，故东明之葵丘为齐桓公会盟之地可信。

襄丘，春秋古地名，又称襄牛，春秋为卫邑，曾遭韩国、楚国侵略，战国时已不属卫国，后属秦，为襄丘亭，汉后不见于史册。襄丘为邑于春秋，位于濮水南，时属卫国之域。春秋末卫国由公贬为侯，卫侯曾住在襄丘城。《史记·卫康叔世家》记载："成侯十六年（前346），卫国贬公号为侯。"《史记·晋世家》载："卫侯居襄牛（即襄丘）。"《集解》曰："卫地。"《竹书纪年》曰："襄王七年（前312），韩明师伐襄丘。九年（前310），楚庶章率师来会我，次于襄丘者也。"谭其骧《中国历史地图集》春秋战国图：襄丘位于濮阳南（今河南濮阳市南），约80里处。南70里处为战国济阳邑，位于济水北，襄丘西南约90里处是户牖邑（今河南兰考县城北），襄丘东南约35里是煮枣（今山东东明集镇），襄丘东约5里为今东明县，东约70里为今菏泽（今山东菏泽市牡丹区），东约60里为葭密（在今山东菏泽市牡丹区辖区内），西南约40里为长垣（今河南长垣市）。综上所述可知，襄丘古邑即位于今东明县以西5里至10里一带。

煮枣，春秋古邑，早于东昏、济阳、冤句等邑，秦末楚汉相争，城为樊哙所屠，城废，废城为冤句地，距漆园不远。康熙版《东明县志》载，煮枣城在今东明县城东10里。《史记》中苏秦说魏襄王曰："大王之国，东有煮枣。"徐广曰："在济阴冤句是也。"《史记·樊郦滕灌列传》卷九十五载："从攻项籍，屠煮枣。击破王武、程处军于外黄。"《郡国志》曰："冤句县有煮枣城，即此也。

汉高祖十二年（前195），封革朱为侯国。"《水经注》卷八济水条："北济自济阳县北，东北经煮枣城南。"欧阳忞《舆地广记》宛亭条下："有濮水、离狐、煮枣。"根据《史记》记载，煮枣城，为冤句辖地，秦末屠城，这是煮枣最后之城。按照《水经注》济水自济阳县北，东北流经煮枣城南，又东北经冤句县故城北，又东北流经吕都的记载，即济水自兰考流入东明的小井镇，又东北流经古煮枣南，又东北流经东明集镇北，再东北流入菏泽市牡丹区吕陵镇，煮枣的位置当在东明集镇西南一带。

武父城遗址，据《水经注》记载，位于济阳城西，文献依据是《水经》济水条："济水东经阳武县南，又东过封丘县北，又东过平丘县南，又东过济阳县北。"《水经注》："北济也，自武父城北。阚骃曰：在县西北，郑邑也。东经济阳县故城北，《陈留风俗传》曰：县，故宋地也。《竹书纪年》：梁惠王三十年城济阳。汉景帝中元六年（前144），封梁孝王子明为济川王。应劭曰：济川，今陈留济阳县是也。"此文献说明济阳位居北济水之南，武父城在济阳县之西。据《读史方舆纪要》载："武父城，在（东明）县西北。"《左传·桓公十二年》："公会郑伯，盟于武父。"杜预曰："济阳东北有武父城。"济阳，今见河南兰阳县，盖与东明县接境。邑志云：县东北二十里有故漆园城，昔时多树漆于此，因名。今其地亦曰漆园村。

由于水患的影响，武父城也迁徙不定，济阳亦有武父之称。经考证，武父城遗址有二：一是在济阳城西，今东明县小井一带；二是据《东明县志》记载：武父城与满城、济阳宫同地，在今东明县南10里许满城以西。

济阳，因位于古济水北而得名。济阳之地涉及古东昏北部和今东明县南部地区，依据不同文献可知，济阳城有多处遗址。《竹书纪年》载："周显王二十八年（前341），梁惠王城济阳即魏国在济水北筑济阳城。秦置县属砀郡，汉置县属陈留郡，刘秀父曾为济阳令，生秀于济阳，又名济阳宫。三国魏废东昏县并入济阳、冤句，济阳县属陈留国。晋时属陈留国，南北朝时属夏阳郡，隋朝时属济阴郡。唐时分冤句西境入济阳县，唐贞观元年（627）废济阳入冤句县。至此，济阳建县历840余年，因水患、战争常易其归属，疆域多变，辖区或大或小，县城或毁或屠，迁徙不定，几易其地。"据唐《史记正义》载：济阳在"冤句县西南三十五里"。宋《太平寰宇记》冤句条下载，济阳故城在"县西南五十里"。《清一统志》载："济阳在兰阳北50里。"清康熙版、乾隆版与民国版《东明县志》均载："济阳废县，在县西南10里许满城村迆西，即故武父城也。春秋时，诸侯会盟于此，而其城在济水之阳，故名焉。汉光武皇帝实生于是，所谓济阳宫者也。"《曹南文献录·济阳宫》载："济阳县故城，在河南兰仪县北50里。"谭其骧《中国历史地图集》显示，济阳位于户牖东北，煮枣西南，济水之北，位在今东明西南小井一带。

根据《水经注》《中国历史地图集》和上述有关济阳的文献，推断济阳遗址有多处：

（1）依据《中国历史地图集》，战国时，济阳邑位于济水之北，古襄丘（今山东东明）南约六十里处，今小井一带。

（2）依据《水经注》："济水自封丘县北东过平丘县南，又东过济阳县北，又东过冤句县南，又东过定陶县南。"按此流向，济阳在冤句西南，又在济水之南。推断魏晋时，济水北徙，或济阳南迁，如按济阳南迁，则是由济水之北迁于济水之南，遗址当在今东明县小井中、南部一带。

（3）依据唐《括地志》冤句北十七里是漆园，冤句在今东明集以北樊贵屯一带，再按《史记正义》济阳在冤句县南三十五里推断，济阳则在今东明县小井一带。

（4）按《太平寰宇记》济阳故城在冤句县西南五十里推断，则在小井南部与三春、马头交界处。

（5）按《史记地名考》《读史方舆纪要》"兰阳东北五十里为济阳城"的记载，兰阳立县于金，治于今兰考县北二十里，以此推断，济阳城亦在东明小井域。

（6）按《东明县志》康熙版、乾隆版等古志记载：济阳城、济阳宫在"县南十里许"，即今鱼窝的许满城、薛满城、王满城、曹满城一带。

桂陵之战

周显王十五年（前354），赵国侵卫，卫国不敌而臣服于赵。当时的卫国是魏国的附庸国，魏国当然不会坐视不管。第二年，魏惠王派庞涓率甲士8万攻打赵国，并让宋国出兵相助。宋国迫于魏国的强大，"举兵围赵境一城，而不肯深入。及齐救至，宋遂折而入于齐"。魏军攻势迅猛，很快包围了赵国都城邯郸，赵国危在旦夕，向齐国求救。

齐威王审时度势，决定出兵救赵，命田忌为大将，孙膑为军师，共同统军伐魏救赵。

围魏救赵

孙膑是春秋后期著名军事家孙武的后代，年轻时曾和庞涓一起在河南云梦山鬼谷子门下学习兵法。后来，庞涓当上了魏国的将军，他自知军事才能不及孙膑，生怕有朝一日孙膑会危及自己的前途，想伺机除掉孙膑。庞涓暗中派人把孙膑召到魏国。孙膑到魏都大梁后，庞涓便捏造罪名，对他施以刑法，残酷地削去了孙膑两腿的膝盖骨，又在他的脸上刺字涂墨，企图使他永远不能在世上露面。后来，齐国使者到了大梁，孙膑便以犯人的身份暗中求见，经过一番长谈，齐使确认孙膑是个军事奇才，就把他藏在车中偷偷地带回了齐国。齐国大将田忌很欣赏孙膑的才能，就把他推荐给了齐威王，他成为齐威王的军师。

孙膑随军出发，坐在有帷幔的辎车里面出谋划策。田忌准备率三军直奔邯郸，以解赵围。孙膑听了田忌的进攻计划，连连摇头，说不行不行。田忌不解地问："那么应如何应对？"孙膑说："想解开乱丝的人，不能紧握双拳生拉硬扯；解救斗殴的人，不能卷进去胡乱搏击。只要扼住争斗者的要害，争斗者因形势限制，就不得不自行解开。如今魏赵两国互相攻打，魏国的精锐军队必定在国外精疲力竭，老弱残兵在国内疲惫不堪，所以不如率领军队火速向魏东门户重镇大梁挺进，占据它的交通要道，攻击它的空虚的地方，魏国肯定会放弃赵国而回兵自救，这样一来，既可以解了赵国之围，而又可坐收魏国自行挫败的效果。"田忌听了，连称妙计！

田忌、孙膑率领齐国三军将士顶盔挂甲，金鼓震天，戈戟如林，浩浩荡荡地向魏国重镇大梁方向挺进。齐国大军进入魏国境内，是一望无垠的大平原，兵车驰骋在大平原上，车声辚辚，如轻雷震响，军威雄壮。

田忌和孙膑率齐军首先佯攻魏之"人众甲兵盛"的平陵（今河南开封东北），借以迷惑对方，使魏军产生他们威胁不大的错觉，继而趁魏军在赵久战疲惫，遣轻车，"西驰大梁"，以激怒庞涓，"攻其所必救"。

齐军出兵救赵、直捣大梁的消息，早已有人飞马快报庞涓。庞涓闻讯，大吃一惊，顾不得进攻邯郸的战斗正处于紧要关头，急忙率主力回国自救。庞涓不顾士卒疲乏饥渴，弃其辎重，亲率轻车精锐，日夜兼程，驰救大梁。当魏军行至桂陵（今东明县西）时，遭到齐军伏击。

桂陵道路狭窄，山陵树木荫蔽，植被丛密，且多杂桂树，人走车行非常困难，魏军突遭伏击，顿时陷入一片混乱，人车相挤，道路堵塞，发挥不了战斗力。道路两旁埋伏的齐军万箭齐发，魏军如羊入虎群，任人宰割，完全丧失了斗志，只顾各自逃命。曾经攻陷赵都邯郸，令赵人闻风丧胆的精锐魏军，几乎全军覆没，只有庞涓在几个贴身护卫的拼命保护下，侥幸逃脱。这便是历史上有名的"桂陵之战"，是孙膑效力齐国后谋划的第一个大胜仗。

马陵之战

桂陵之战，魏国虽失败，但魏惠王锐意图霸，内修其政，外求发展，魏国发展较快，不久便扭转了被动局势。魏惠王二十六年（前344），魏惠王邀集十二国诸侯来逢泽（今开封南）会盟，会后率诸侯朝周天子于孟津，俨然以中原霸主自居。

周显王二十七年，魏惠王二十八年（前342），魏惠王为了弥补在桂陵之战的损失，派庞涓为将，与赵国合谋攻打韩国，包围了韩国都城新郑，韩国危在旦夕，韩昭侯急忙向齐国求援。齐威王再以田忌为主将，田婴为副将，孙膑为军师，率兵攻魏救韩。

齐军从齐都出发，第二年进入魏国境内，驻扎在外黄（今东明县西南刘楼镇黄堌村一带）。孙膑深知魏兵强悍而轻敌，遂决定避其锋芒，用"减灶计"诱敌深入，然后利用有利地势设伏歼之。

魏惠王得知齐国攻魏，急命庞涓弃韩回援救魏，并让太子申以上将军的名义为监军，统兵十万迎战齐军。魏军经过外黄时，遇到在此隐居的高士徐子，太子申问计于徐子。外黄徐子是一位智者，以其智慧和战略眼光在历史上留下了深刻的印记。徐子告诉太子申，如果攻打齐国并取得胜利，最多只能增加国家的财富，而不能提升太子的地位；但如果战败，则可能导致国家灭亡。这种极端的风险评估，让太子申意识到战争的严重性，他决定撤退，以避免可能发生的灾难。

但庞涓对外黄徐子的话不以为然，扬言此次必歼齐军，活捉孙膑，以报当年桂陵之仇。他对太子申说："大王将三军交给太子，如今未见胜败，太子就匆匆下令撤军，这和战败逃脱有什么不同？"众将也都不想就此班师。太子申无奈，只好下令魏军继续深入，向齐军进攻。

田忌依孙膑之计，主动后撤，日减炊灶，一日10万，明日5万，又明日3万。庞涓急行军三天，看到齐军炊灶逐日锐减，高兴地说："我本来就知道齐军胆小怯懦，进入我国境内才三天，开小差的就超过了半数。"庞涓果然被孙膑

马陵之战

的"减灶法"迷惑，错误地认为齐军已疲惫不堪，所剩无几。于是把步兵和辎重弃在后面，只带部分精锐军队日夜兼程，追赶齐军。

齐军行至马陵（今河北大名东南）时，见道路狭窄，两边都是崇山峻岭，便于此埋伏。孙膑估计魏军的行程，觉得当晚他们可以赶到马陵，决定在此伏击魏军。田忌、孙膑将一万名善射的弓弩手埋伏在马陵道两边的山岭中，并把路旁一棵大树的树皮削去一块，露出白木，写上"庞涓死于此树之下"几个大字，约定晚上看见树下火光亮起，就万箭齐发。

庞涓率军赶到马陵时，已是傍晚时分。但见山陵险阻，道路狭窄，两旁古木参天，阴森肃穆，周围一片寂静，兵士们都有一种不祥的预感。而庞涓环顾地形后，忽然在车上哈哈大笑。部将问："将军笑什么？"庞涓说："我笑孙膑徒有虚名，并不知用兵。马陵地形如此险要，如果在此埋下一支伏兵……"

庞涓的话还没说完，忽有兵士相报："将军，前方道路被阻，兵车不能行走，路旁大树上有字诅咒将军。"庞涓忙跳下兵车，点亮火把，随士兵去看。只见大树上书"庞涓死于此树之下"几个大字，惊叫一声："不好，吾中孙膑之计也！"庞涓话音刚落地，只听周围一片喊杀声："不要放跑了庞涓！"接着齐军万弩齐发。魏军遭到突然袭击，顿时乱了阵势，争相逃窜，但道路狭窄，兵车相碰，魏军互相践踏起来。

庞涓自知无计可施，败局已定，自己终将被孙膑擒获受辱，便拔剑自刎，他临死前说："这回倒成就了孙膑这小子的名声！"庞涓至死都没觉悟，他落得如此下场，全是由于自己心胸狭窄、小肚鸡肠所致。

齐军乘胜追击，全歼魏军十万大军，俘获魏太子申。太子申害怕受齐人侮辱，在被押解前往齐国的路上自刎而死。马陵之战，齐军大获全胜，孙膑由此名扬天下。

第五节　古文化遗址

远古时期的东明，不仅是一片水乡泽园，而且濒临黄河，先民们为避水患和野兽的袭扰，便在高地上筑室而居，且不断地将住地加高。随着河水泛滥横溢，聚落也渐次增高，有的形成了高出周围地面许多的"堌堆"，有的被黄沙埋在了地下。其间出土有属于龙山文化的泥质方格灰陶片，有属于商代文化的泥质加细（砂）陶鬲口沿、泥质灰陶大口尊沿，也有属于战国至汉代的灰陶罐。这些遗址对于研究东明古代政治、经济、文化都有着重大价值。

窦堌堆古文化遗址 位于东明城东南 20 千米陆圈镇杨楼村北 767 米处，东 500 米与菏泽市牡丹区接壤。南距七里河 1500 米，北距贾河 2000 米。该堌堆呈覆锅状，南北长 76 米，东西宽 52 米，高约 2.5 米，占地约 3952 平方米。1976 年，菏泽地区文物工作队在此进行了调查性试掘，在

窦堌堆古文化遗址碑

其东北部开了一条南北长 10 米、东西宽 2 米的探沟。探沟东剖面共分五层：第一层是耕土层，厚 10 厘米—35 厘米；第二层为灰褐土，土质松软、纯净，厚 30 厘米—192 厘米，内有一座东汉砖室墓，随葬品除一枚铜质印章外，其他均为陶器；第三层仍为灰褐土，但稍硬，并含有少量陶片，厚 10 厘米—100 厘米；第四层为黄褐土，土质较硬，厚 20 厘米—90 厘米；第五层又为灰褐土，土质较硬，藏有大量灰陶、黑陶片和部分骨、蚌器、石刀、石斧等，但因地下水位较高而停止发掘，未到生土。整个遗址从其剖面分析，可分为三个时代，第二、三层为战国、秦、汉文化层，第四层为商、周文化层，第五层为龙山文化层。该遗址文化层堆积较厚，文化内涵十分丰富，延续时间长，保存状况基本完好。该遗址为县级重点文物保护单位。1992 年被山东省人民政府公布为第二批省级文物保护单位。

荆台古文化遗址 位于东明县城东南 21 千米东明集镇荆台集村东北隅，南 300 米临紫荆河。遗址高出地面约 1 米，南北长 56 米，东西宽 20 米，计 1120 平方米。文化堆积层约 6 米，地形南高北低，北部由于群众多年取土，形成一个 391 平方米的长方形土坑。曾采集标本 64 件，有属于龙山文化的泥质方格灰陶片、泥质蓝纹灰陶罐残片、泥质绳纹陶片、泥质磨光弦纹灰陶片；有属于商代文化的泥质加细（砂）陶鬲口沿、泥质灰陶大口尊口沿、泥质加细砂红陶鬲片（通体饰绳足尖层黑色）、泥质夹细砂陶鼎（通体细纹黑

荆台古文化遗址碑

色）。遗址原为一高台，人们称作"紫荆台"或"八亩台""晒经台"。1984年6月被东明县人民政府公布为县级文物保护单位。2013年10月被山东省人民政府公布为第四批省级文物保护单位。

朱岗寺古文化遗址　位于东明县城东南约35千米的马头镇赵街村西头，东距曹县安陵堌堆古文化遗址（太昊氏有城之墟）5千米，古济水北岸，南面紧靠王街村。此遗址由于群众取土，形成了凹凸不平的大坑。遗址南北长75米，东西宽45米，总面积3375平方米，文化堆积层1米左右，是新石器晚期（龙山文化）至汉代的文化遗址。采集的标本有夹砂红陶鼎片（饰粗绳纹）、泥质灰陶寰底罐（饰绳纹）。1984年6月被东明县人民政府公布为县级文物保护单位。

牛王庙古文化遗址　位于东明县城东北13千米武胜桥镇后张楼村西北350米处。原为台地，后被削平，曾有牛王庙，20世纪60年代末被拆除。遗址南北长60米，东西宽45米，计2700平方米，文化堆积层24米，距地表3米，由于遗址多次被深翻，暴露陶片较多，有商代陶片和汉代陶片，另有两件完整的器物，一是战国陶垒，二是汉代灰陶罐。

庄寨古文化遗址　在东明县城北12千米的菜园集镇庄寨村北200米处，北靠黄河大堤，西邻苇地，东部和南部均为耕地。遗址南北长80米，东西宽20米，计1600平方米。遗址北端有战国时期庄子墓；南端有庄子观，20世纪60年代末被拆除。文化堆积层距地表面1米，堆积厚度2米，距地表面1.2米—2.7米处为商代文化，距地表2.7米—3米处为新石器晚期龙山文化。2009年12月被菏泽市人民政府公布为第一批市级文物保护单位。

东台寺古文化遗址　在县城东北8千米的菜园集镇东台寺西北150米处，洙赵新河北岸台地上。20世纪60年代末期挖河时，遗址被挖掉。南北长55米，东西宽45米，计2475平方米。文化层距地表3米，堆积层不详，采集的标本有商代和汉代陶片。1984年6月被东明县人民政府公布为县级文物保护单位。

小东湖古文化遗址　位于东明县城北门里西侧200米处，南北长46米，东西宽24米，共1104平方米。文化层堆积层2米，共采集标本21件。根据标本考察，初步认定此遗址的年代为新石器时期晚期（龙山文化）至汉代。1984年6月被东明县人民政府公布为县级文物保护单位。该遗址疑为《左传》中所谓的襄丘。

来庄古文化遗址　位于县城东北9千米菜园集镇的来庄村东750米处，东西长50米，南北宽40米，面积2000平方米。文化堆积层2.3米，距地表0.7米—3米，从采集的标本看，该遗址的年代为春秋至汉代。1984年6月被东明县人民政府公布为县级文物保护单位。

沙堌堆古文化遗址　位于城东北15千米的武胜桥镇沙堌堆村东500米处，

堌堆高出地面 2.4 米，东西长 21 米，南北宽 16 米，共 336 平方米。文化堆积不详，出土文物有汉砖、战国陶垒等。该遗址的年代约在春秋至汉代。据清康熙十一年版《东明县志》记载："堌堆为白云山，是汉代张良辟谷之处。"1977 年 11 月被东明县人民政府公布为"县级文物保护单位"。2015 年被菏泽市人民政府公布为"菏泽市级文物保护单位"。

后张楼古文化遗址　在城东 12.5 千米，武胜桥镇后张楼村西北，遗址原为台地，人们称作"小土山"。南北长 74 米，东西宽 45 米，整个面积约 6000 平方米，文化堆积厚约 3 米，土色为灰黑状。已采商代夹砂红陶鬲残部，胎厚，表饰粗绳纹；汉代灰陶盆残部，宽折沿、方唇、表饰绳制、轮制；两件比较完整的灰陶罐；灰陶豆残部、汉板瓦等物。根据所采集标本考证，此遗址年代为商代至汉代。1984 年 6 月被东明县人民政府公布为"县级文物保护单位"，6 月 23 日被山东省人民政府公布为第三批"山东省级文物保护单位"。

第二编

秦汉魏晋南北朝时期

概　述

秦时，户牖邑属三川郡阳武县，故址在今兰考县城北20里。今县之西南属砀郡之济阳，东及东南属东郡之宛朐，北为东郡之濮阳，西为东郡之长垣。秦始皇横扫六合，一统天下，始皇帝二十八年（前219），东巡到泰山封禅，带着大队人马，浩浩荡荡，路过这一带，却见大雾弥漫，"霾雾四塞，不能进"，弄得他晕头转向，不辨西东，于是气急败坏，称此地为"东昏"，属三川郡阳武县，这是史上最早与"东明"有关联的名字。西汉武帝建元元年（前140），于户牖邑建东昏县，属陈留郡。这是第一个与东明有关联的县级行政单位。新莽始建国元年（9）改东昏县为东明县，这就是东明县得名之由来，故城在今兰考县城北20里。今之东明县西南属陈留郡之济阳，东及东南属济阴郡之冤句、吕都；北属东郡之离狐，西属陈留郡之长垣。东汉建立，光复旧物，尽废新莽的影响，东汉光武帝建武元年（25）改今兰考县城北20里的东明县为东昏县，属兖州陈留郡。今之东明县北境属西兖州济阴郡离狐县，东境属西兖州济阴郡句阳县，东南属西兖州济阴郡冤句县，西部属西兖州陈留郡之长垣县，西南属西兖州陈留郡之济阳县。

三国时期，魏文帝黄初四年（223），废今兰考县北20里的东昏县为东昏镇，将其地并入陈留国的外黄、济阳二县。今之东明县北、东及东南部属济阴郡的离狐、冤句，西及西南部属陈留国的长垣、济阳。晋朝疆域归属沿袭东汉，东昏镇归属与三国时同。今之东明县北、东及东南部属济阴郡的离狐、冤句，西部属陈留国之长垣，西南属陈留国之济阳。东晋时，东昏镇及今之东明县先后属于后赵、前燕、前秦、后燕等国。南北朝时地属北魏，今东明县西部属司州之济阳，东部属兖州之离狐、乘氏、冤句。今兰考县北20里之东昏镇归属不明。北周武帝宣政元年（578）改西兖州为曹州，今之东明县归属曹州冤句、离狐二县。

第一节　帝王与东明

秦始皇东巡命名东昏

秦王嬴政二十六年（前221），秦国灭亡齐国，最终完成统一中国的大业。嬴政自称始皇帝，废除封邦建国的分封制，实行中央集权的郡县制，划全国为三十六郡。为了加强对全国的控制，秦以京师咸阳为中心，陆续建了两条驰道，一条南达吴楚，一条东通燕齐。山东境内的驰道，从咸阳经定陶至邹城向北，经曲阜、泰安至济南，然后转齐国故都临淄，东达芝罘，驰道宽50步，车轨宽6尺。

从公元前220年到公元前210年的十年间，秦始皇曾五次大规模巡视全国各地，其中三次来到山东。公元前219年是秦始皇第一次东游。当时，齐国刚刚灭亡两年，秦始皇带领文武大臣以征服者的姿态沿驰道从咸阳出发，一路畅行无阻，途经河南濮阳后继续向东南行进。

秦始皇一路走来，风和日丽，翠辇霓旌，文武百官，前呼后拥，威风凛凛，好不气派。正当盛年的秦始皇，面对诸侯割据称雄刚刚结束，封建大一统态势确立伊始的良好局面，又是何等的踌躇满志啊！驰道每隔三丈一株的青松，是那样葱郁挺拔，车前并驾齐驱的几匹高头大马，也显得格外精神。这天，秦始皇一行行至兰考县北10千米的户牖乡，突然霾雾四塞，沙尘蔽日，昏天黑地，车从滚滚尘埃中去，人在昏昏雾中行。秦始皇的勃勃兴致一扫而空，似乎与他东巡封禅泰山的初衷相悖。秦始皇的龙颜立刻阴沉下来，他对随从的文武大臣说："此地处京师以东，又遇如此大雾，应该称作东昏。"旧《东明县志》记下了这段史实："秦始皇二十八年，帝东游至户牖乡，霾雾四塞，不能行，因名其地为东昏，筑台压之，名曰秦台。"从此，户牖即以东昏称之。

秦始皇一语即出，成为东昏地名之始。对此，历代文人多有吟咏，明代文人杨一清、何舜宾、孙子良、强晟、刘咸、董锦等均在此地留下凭吊感怀的诗篇，几多感叹，几多兴怀。其中祖籍云南安宁的明成化八年进士、太子太师杨一清在《户牖乡吟》一诗中写道：

雾锁天关与地阊，祖龙何事改东昏？
晴看白日中天在，废垒荒池莫更论。

风雨沧桑，乾旋坤转，东明县已抖落历史的尘埃，其建制已存在两千余年。纵使秦始皇这样强大的历史人物，也无法主宰时代的风云变幻。

汉武帝刘彻始置东昏县

公元前202年，汉王刘邦取得了垓下之战的胜利后，在定陶（今山东省菏泽市定陶区）称帝，后定都长安，正式建立了汉王朝。并杀白马为盟，规定："非刘氏而王，天下共诛之。"一连分封了几个同姓王侯，企图利用宗族关系来巩固汉朝的统治。

汉高祖刘邦在分封的这九个王侯中，有他的弟弟，也有他的儿子，起初他们都听从号令，按时朝拜，但时间长了，他们有的不仅不听从皇帝诏令，甚至出入仪仗也模仿天子，暴露出政治野心。吴王刘濞是他的侄子，势力非常强大，他的封地拥有三郡50多城，其间有铜山可以铸钱，又可以利用海水煮盐。吴国因经济实力雄厚，国内不收赋税，还给服徭役的百姓一定的报酬。这就吸引了其他郡国的人扶老携幼，纷纷流入吴国。于是，刘濞就越来越有恃无恐。一次，吴国的太子在长安陪伴皇太子刘启下棋饮酒，发生争执，被皇太子用博局（棋盒）砸死。刘濞心中怨恨，从此不再按时朝见皇帝，图谋叛乱。汉文帝三年（前177），济北王刘兴居乘文帝外出太原之机，发动武装叛乱。三年后，淮南王刘长又发动了对抗朝廷的武装叛乱。同姓王的种种表现引起了有识之士的忧虑。年轻的政治家贾谊向文帝上了《治安策》，指出诸侯王的土地应分封给他们的兄弟、子孙，以削弱其势力。后来，文帝将齐国一分为六，淮南国一分为三。时任太子家令的晁错更为激进，他建议文帝干脆削藩，把诸侯王的部分封地收归中央。文帝担心矛盾过于激化，没有采纳他的主张。到了景帝继位时，晁错升任御史大夫。他认为不管朝廷削不削藩，诸王一定会反叛，迟削不如早削。景帝刘启接受了晁错的意见，先后收回赵王刘遂的常山郡、胶西王刘卬的六个县、楚王刘戊的东海郡和薛郡。晁错的父亲特地从家乡赶来劝告晁错："你主张削藩，疏远刘家骨肉，必会招来杀身大祸。"晁错回答："如不削藩，天子的尊严受损害，国家也不得安宁啊！"父亲见晁错不听劝告，便离开长安回家，一到家就服毒自尽了。

汉景帝三年（前154）正月，一场声势浩大的"七国之乱"终于爆发了。吴王刘濞和楚王、胶东王、胶西王、济南王、淄川王、赵王等六王共同起兵反叛。刘濞为师出有名，打出"请诛晁错，以清君侧"的旗号。从此，"清君侧"就成了一切觊觎权力的野心家的口号。七国公开反叛的消息传到长安，景帝和晁错商议对策，晁错力主景帝亲自征伐。可是晁错的仇人吴相袁盎却对景帝说，吴

楚起兵完全由削藩引起，只要杀了晁错，归还诸侯王被削的封地，他们就会罢兵。景帝果真采纳了袁盎的意见，将晁错腰斩于市，晁错的全家老小也遭到杀害。晁错虽然被杀，刘濞却撕下了"清君侧"的伪装，继续反叛，并宣布自己已是"东帝"。景帝这才明白错杀了晁错，下决心发兵平乱。景帝派太尉周亚夫率军征讨。周亚夫是周勃的儿子，治军极严。文帝时，他驻守细柳营，以军纪严明而声名卓著，被文帝赞为"真将军"。周亚夫出征前接受了赵涉的建议，不从函谷关东出，改由蓝田经武关到洛阳，避开了刘濞的伏兵。周亚夫以重兵据险坚守，以轻兵断吴、楚粮道。吴、楚军连战无力，士气低落，供应短缺，不得不退走。周亚夫趁势追击，大败吴、楚兵。刘濞率千余人南逃至东越。刘濞逃到东越后被人杀死，楚王、赵王、胶西王兵败自杀，胶东王、淄川王、济南王伏诛。七国之乱前后仅两个月就彻底平息了。汉景帝在平定七国之乱后，借机把王国的行政权和官吏任免权收归中央，贬王国丞相为相，废除王国的御史大夫，进一步削弱了王国势力，加强了中央集权。

汉建元元年（前140），汉景帝的儿子刘彻继位，史称汉武帝。汉武帝为进一步削弱王国势力，实行政治、经济、军事改革，其中之一即为郡县制度的推行，以加强中央集权。汉景帝在各诸侯王国的土地上相继设了数百个由中央直辖的县，其中在三川郡阳武县户牖邑设立了东昏县，以加强中央集权的管理和控制。这是东明作为县级行政建制的开始。

王莽易东昏为东明

东明县的"东明"两个字，声音响亮，寓意美好，为人们所喜爱。现今有不少以"东明"命名的人名和街道等。可是鲜有人知道，"东明"作为县名，却是篡夺汉朝的王莽开始的。

西汉后期，社会矛盾日趋严重，国势日益衰落。此时，元帝皇后王政君一家的势力却不断显赫起来。王政君的父亲王禁被封为阳平侯，叔父王弘任乐卫尉，王禁去世后，长子王凤继承封爵。

汉竟宁元年（前33），汉元帝去世，王政君所生太子刘骜继位，是为汉成帝。王凤以帝舅身份任大司马、大将军，领尚书事，统揽了朝政大权。不久，另一帝舅王崇又被封为安成侯。五年后，成帝又在同一天封五个舅舅为侯，世称"五侯"。在显赫的王氏家族中，只有王政君的侄子王莽由于父亲王曼早死，没有受封，地位最为低下。王莽内心不满，却也无奈。他发愤读书，孝敬母亲和寡嫂，抚养孤侄，以博取名声。他使尽手腕，曲意奉承有权势的伯叔父们。一次，王凤生病，王莽亲尝汤药，一连几个月衣带不解，在旁侍候，由此讨得

王凤欢心，他让王莽在大将军属下当了射声校尉。此后几年，王莽的叔父王商以及戴崇、金涉等当世名士纷纷在成帝面前称赞王莽。永始元年（前16），王莽终于得到新都侯封爵，并担任了光禄大夫。王凤死后，王音、王商、王根相继出任大司马。西汉居摄三年（8），王根病重，准备辞掉大司马职位。当时最有希望继任此职的，是王莽的表兄卫尉淳于长。王莽为谋取大司马职位，处心积虑地打击淳于长。他老戏重演，在王根床前曲意侍候，并伺机说淳于长的坏话，挑拨他和王根的关系。王莽用各种办法打探淳于长的隐私，发现他收受已废许后的贿赂，便向成帝和太后告发。淳于长被罢官判罪，死于狱中。这样，王莽不仅当上了大司马，还获得了"忠直"的美名。王莽辅政仅一年多，成帝即病故。成帝的侄子刘欣继位为哀帝，朝政由丁、傅两家外戚把持，王莽被迫回到封地新野小住。这时，土地兼并和奴婢问题更加严重。哀帝接受师丹的建议，下令限田限奴，规定土地以30顷为限，奴婢不得超过300人。诏令一下，土地、奴婢价格立即大跌。但哀帝并不打算真正实行这个诏令。时隔不久，他一次就赏赐宠臣董贤土地2000顷。这样，限田限奴令自然就成了一纸空文。

汉哀帝元寿元年（前2），王莽返回长安。第二年哀帝病死，成帝年仅8岁的侄子刘衎即位，是为平帝。太皇太后王政君临朝，以王莽为辅政大臣，出任大司马，封"安汉公"，总揽朝政，诛杀异己，广植党羽，取得许多人拥护，实权完全掌握在王莽手中。元始五年（5），平帝夭折，王莽挑选宣帝玄孙、一个两岁的小孩孺子婴继位。他以周公自命，以摄政名义据天子之位，做了"摄皇帝"。西汉居摄三年（8），王莽终于撕掉"摄"字做了真皇帝，改国号为"新"。新始建国元年（9）正月初一日，王莽率领公侯卿士捧着新制的皇太后御玺，呈上皇太后，宣告顺从上天的符命，取消了汉朝的名号，进行新政。

王莽建立新王朝后，立即进行复古改制，改变郡县地名也是其改制的重要内容之一。王莽新朝更易了数百个郡县邑地名，其用意各有不同。有的属于标新立异，如秦汉时的界休县改为界美县，西汉时的祁县改为示县，西汉时的故道县改为善治县，等等。有的应是一种逆反现象，如改汉朝时的曲道县为顺县，改谷远县为谷近县，改无锡县为有锡县，改东昏县为东明县，等等。基本思路就是与汉朝对着干，你东我西，你顺我逆。还有的是行政降级，对那些他看不顺眼的一律由郡县降为亭，如将广都县降为就都亭，将揭阳县降为南德亭，将耒阳县降为南平亭，将相县降为吾符亭，将濮阳县降为治亭，等等，类似的例子有好几十个。有的是谐音变字，就是利用有些字音相近、形不同的特征，对一部分地名进行更改，如将襄城县改为相城县，将长安县改为常安县，等等。有的则有歧视性，表现出一种专制、跋扈现象，如改蓟县为伐戎县，改曲江县为除虏县，改富春县为诛岁县，改长沙国为填蛮郡。这些蛮横、暴力的地名凸

显了王莽新王朝的弊端，必然会激化阶级矛盾和民族矛盾，加深人民的苦难，最终导致王朝快速走向灭亡。这其中还有其他的一些原因，总之是要表现与汉朝的不同。正是在新莽时期，东明正式作为一个县级行政单位进入中华的版图。

王莽王朝灭亡之后，东汉几乎恢复了西汉时期的全部郡县地名，如今，要寻找到王莽改变地名留下的遗存不容易，只有东明县之名属王莽王朝遗存。王莽当时改东昏县为东明县，东汉建武元年（25）又改为东昏县，北宋时复改为东明县，这种情况也是绝无仅有。

刘秀出生济阳宫

西汉时，今东明县城西南 10 华里处有济水，济水"三隐三现"，独立入海，原和黄河、长江、淮河一起被称为中国古代的"四渎"。济水北面有济阳县城（在今山东省东明县满城村西），汉武帝刘彻曾在济阳县修建了一所"济阳宫"，作为自己巡视天下的行宫之一。汉元光三年（前132），黄河在今濮阳市郊的瓠子地发生了决口，向东南流入巨野泽（亦称大野泽）。之后，黄河夺泗水、冲淮水，导致十六个郡受到大灾。当时西汉的丞相武安侯田蚡是汉武帝的舅父，田蚡的封地就在决口附近的黄河北岸。黄河从南岸的瓠子决口，田蚡的封地再无黄河之忧了。田蚡就向汉武帝进谏曰："江河之决皆天事，未易以人力为强塞，塞之未必应天。"于是就对黄河放任自流了。22 年后的元封元年（前110），汉武帝第一次到泰山封禅，看到了灾区百姓的疾苦，心中有愧，于是决定封堵瓠子地决口。

汉武帝一生好大喜功、偏爱迷信、个性张扬、作风豪迈。他在 27 年内，十登泰山，六次封禅。文武百官，前呼后拥，浩浩荡荡，车马劳顿。因此，在沿途修建皇帝行宫是天经地义的事情，这应该就是"济阳宫"的来源。汉武帝在封堵瓠子地决口期间，也许就住在"济阳宫"。

据《菏泽文化简读》载："济阳县，古县名，置于秦，终废于唐贞观元年（627），约存在 840 年。"汉哀帝建平元年（前6）夏历十二月，汉高祖刘邦的第八世孙刘钦为济阳县令。刘钦的夫人樊氏已经怀孕十三个月了，将要临盆。刘钦嫌官署房屋阴冷潮湿，又不宽绰，就命人打开济阳宫后殿，让夫人住了进去。一日半夜，有人报说夫人生了一个男孩。并说，孩子出生时，赤光照堂，满城红光，明亮如昼。刘钦感到非常惊异。天亮之后，他让算卦先生王长为孩子算了一卦。王长避开众人，神秘地对刘钦说："好兆头啊！孩子将大富大贵，贵不可言！"正在这时，又传来阵阵锣鼓声，有人向刘钦报喜说："济阳宫附近有一位老农种的一棵谷子竟然秀出九个穗。"刘钦立刻命人备轿前去察看。到了老农家里，果见一棵谷子摆在神台前面供着。谷子枝粗叶厚，九个谷穗沉甸甸地耷拉着头，看起来甚是喜人。于是刘钦对老农说："好好看管，另外单打，明年当作种子用。"刘钦回到县衙，心中暗想：夫人今日生子，满城红光，又一谷秀出九穗，莫非这是上苍赐给刘家的贵人吗？于是，他又与算卦先生王长商量，得给孩子起个好名字。王长说："谷子抽穗扬花曰秀，今年又是一谷九穗，说不定这个孩子将来还真有天子命啊！"刘钦说："那就叫秀吧！他排老三，字就叫文叔吧！"

明人张溥编辑的《蔡中郎集·卷五》中有这样的记载："济阳有武帝行过宫，常封闭，帝将生，考以令舍下湿，开宫后殿居之。建平元年十二月甲子夜，帝生，时有赤光，室中皆明，使卜者王长卜之，长曰：此善事，不可言。岁有嘉禾，一茎生九穗，长于凡禾，因为尊讳。"这一段翻译成白话文就是：济阳有汉武帝的行宫，常年封闭着，刘秀帝快出生时，县衙的寝舍潮湿，刘钦县令一家住进了济阳宫后殿。建平元年十二月初一夜里，刘秀帝诞生了，当时天放红光，屋内通明，于是请占卜人王长算卦。王长说："这是大吉之事，神机不可外泄。"济阳当年长出了奇异的谷子，一棵谷上结了九个穗子，而且比一般的谷物高，因此取名为秀。

刘秀诞生地纪念碑

这件事一传十、十传百，很快就传遍了济阳城。不久又传到京城了。当时，皇帝年幼，权臣王莽当政。王莽听到后大为吃惊：莫非要出真龙天子不成？这对他伺机篡位当皇帝之事极为不利。于是，他就把刘钦传进京城询问："济阳县有没有一谷九穗这回事？"刘钦只好照实禀报。王莽听了，立刻怒目圆睁，并狠狠地说："简直是胡说八道，哪里会有这种怪事，这不是蛊惑人心吗？"刘钦马上明白王莽做贼心虚的心态，于是委婉地说："一谷九穗属于民间传说，有人说它象征着安汉公（王莽的封号）您辅佐幼主有功，这与诋毁朝廷毫无关系。"王莽听刘钦如此一说，才放下脸子说："那你为何给孩子起名叫秀呢？"刘钦说："我盼望儿子长大以后能忠心耿耿地报效朝廷。"王莽听后，无话可说，就摆摆手，让刘钦回去了。

刘钦还没有回到济阳县，王莽就派人到济阳县将那九穗的谷子从老农家拿出来，扔到大街上，当众用火烧掉了。

不久，王莽把刘钦调到南顿县（今河南省项城县西南）任县令，小刘秀随父亲去了南顿县。刘秀九岁的时候，父亲因病去世，母亲樊氏带领三男三女六个孩子，在刘钦的弟弟刘良的照顾下生活。刘秀长大以后，相貌堂堂，一表人才，皇族意识特别强，对王莽专权之事十分不满，时刻怀有夺取天下的志向。后来，他就参加了绿林、赤眉起义军，经过昆阳之战等数次战役，终于推翻了王莽新政王朝，建立了东汉。刘秀起兵反王莽，一开始战事不利，曾经逃回济阳宫，躲过一阵子。

刘秀称帝后，一直没有忘记出生地赋予他的灵秀之气，当年，即汉光武帝建武元年（25）又把王莽新政后易名的东明县改为东昏县。

两千多年来，东明大地上一直流传着不少关于刘秀的传说。

第二节　名相名臣

西汉丞相陈平

陈平（？—前178），阳武户牖乡（东明县故地）人，少时家贫，却胸有大志，酷爱读书，潜心探求治世之术。一次，陈平在村里主持祭神后分肉甚均，深得乡亲们称赞，陈平仰天长啸，深有感慨地说："使平得宰天下，亦如此肉矣！"

秦二世元年（前209），陈胜、吴广起义后，六国贵族也纷纷起兵，反秦义士群雄蜂起。陈平带领一群年轻人加入了魏王咎的反秦队伍，被任命为太仆，他多次向魏王咎献计献策，但魏王咎却不采纳，还听信小人谗言，猜忌陈平，于是陈平投奔了项羽。陈平随从项羽入关破秦，因有战功，被项羽赐爵为卿，封为信武君。但项羽目光短浅，任人唯亲，并不真的信任重用陈平，陈平感到在项羽处有志难伸，遂把将印和项羽赐金封好，命人送给项羽，独自逃离项营，投奔了汉王刘邦。陈平经好友魏无知引荐，面见了汉王刘邦，两人经过交谈，刘邦觉得陈平很有谋略，是个奇才，于是拜陈平为都尉，并兼任自己的侍卫和参谋，监护三军。后历任亚将、护军中尉。

陈平深得刘邦信任，其才能得到了很好的发挥。首先出计离间了项羽与其唯一谋士范增的关系，使范增被罢斥不用，背生痈疽而死，项羽势力从此由强转弱。汉高祖四年（前203），项羽为赢得喘息时间，向汉军求和，约定双方以鸿沟为界，鸿沟以西归刘邦，鸿沟以东归项羽，双方罢兵。项羽引兵东归后，陈平向刘邦献计道："楚军兵疲力尽，此正是上天亡楚之时，不如趁机而取之。"刘邦乃趁势进兵，追项羽至阳夏，双方形成对垒之势。陈平又向刘邦献"联齐灭楚"之计，与齐王韩信、梁王

户牖旧封牌坊图

彭越共击项羽，大败楚师，项羽自刎乌江，楚亡。不久，刘邦即皇帝位，国号"汉"，定都长安。

汉高祖十二年（前195），刘邦驾崩，子刘盈即位，是为惠帝，但汉惠帝生性懦弱，不喜权术，大权操在其母吕后手中。吕后以陈平为郎中令，傅教惠帝。惠帝六年（前189），陈平与王陵并为左、右丞相。吕后为人刚毅而狠毒，曾助刘邦诛杀韩信、彭越。吕后专权后，企图削弱刘家势力，杀了赵王如意后，又杀高祖之子赵幽王友、共王恢及燕灵王建。朝中大臣亦受到诸吕排挤，吕后首先剥夺了太尉周勃的兵权，又罢免了右丞相王陵，最后竟违背刘邦"非刘氏而王者，天下共击之"的约定，大力培植吕家势力，"遂立周吕侯子台为吕王，台弟产为梁王，建城侯释之子禄为赵王，台子通为燕王"。吕台、吕产、吕禄、吕通都封了王，连她的妹妹吕媭也被封为临光侯，诸吕权重一时，与刘姓诸王及朝中大臣形成相互对峙的局面。陈平虽被吕后擢为右丞相，但由于诸吕擅自专权，军队的统帅权又掌握在吕产手中，陈平的实权有限，一时治不了他们，只好依陆贾之计，先以千金交欢绛侯周勃，等待时机。

公元前180年，吕后死，陈平当机立断，用计夺得兵权，与朱虚侯刘章、太尉周勃等众大臣联合起来削弱吕家势力，"悉捕诸吕男女，无少长，皆斩之"，彻底肃清了吕后一手培植大的吕家势力，这是吕后在世时没能想到的。诸吕势力被诛灭后，由于刘姓势力的存在，封建割据的局面尚未打破，陈平与众大臣相谋拥戴刘姓入继大统，于汉文帝元年（前179），迎势力比较薄弱的代王刘恒进入长安，立为皇帝，即著名的汉文帝。汉文帝改革旧制，发展经济，刘氏政权得到了巩固，社会出现了稳定与繁荣的景象。陈平以他的聪明才智，抑楚兴汉，诛吕扶刘，实现了他当初分肉时的誓言。汉文帝二年（前178）陈平去世，

谥号"献侯"。

陈平一生奇计无数，有些只有他和刘邦知道，可惜这些精彩的计谋都随着他的去世而烟消云散，后人再也没有机会领略这些计谋的魅力。《史记》有《陈丞相世家》，旧时东明县衙有"户牖旧封"石碑，《东明县志》"乡贤"卷中也有关于陈平的记载。

陈平奇计六出

陈平是中国古代著名的谋略家，他自投靠刘邦以后，一心一意辅佐刘邦平定天下，六出奇计，屡建功勋，成为大汉丞相、开国功臣。

第一计：反间计

彭城之战后，陈平献反间计。他暗中派心腹潜入楚营，用重金收买项羽左右，散布流言说钟离眜等人功多赏少，心怀怨恨，准备联汉灭楚，分割其地称王。项羽一闻流言，果生疑心，遂派使者至汉，探察真伪，却又误中陈平的圈套。

陈平先故意备好上等的餐具，用"太牢"招待他，但一见楚使，又故作惊讶，窃声道："吾以为亚父使，乃项王使！"然后将好酒好肉撤走，换上"恶草"这样的食物。楚使恼羞成怒，回营后添油加醋地报告项羽，项羽果然怀疑范增。

当范增劝项羽急攻荥阳时，项羽态度冷漠，置之不理。范增既失望又恼怒地离开了项羽，不久病死于东归途中。其他将军本来就因为项羽误信流言而对他失去信任，现在又见亚父都落得如此下场，于是更加跟项羽离心离德，有些甚至直接投靠了刘邦。

第二计：乔装诱敌

范增死后，项羽一怒之下猛攻刘邦，荥阳随时有城破的危险，陈平再施妙计，使刘邦等逃出荥阳。他先放风说汉王粮尽援绝，准备开城投降。然后使将军纪信假扮刘邦，与楚相约：汉王夜出东门降楚。项羽信以为真，把重兵部署在东门，准备活捉刘邦。夜间，陈平却让纪信和两千多个年轻女子陆续列队走出东门。楚军将士被美色吸引，蜂拥前去围观，士气顿懈。陈平等人趁机护着刘邦暗中出西门，向关中遁去。

第三计：封信为王，借力杀羽

韩信陷齐地后，遣使向刘邦报捷，同时请封假齐王。

刘邦大怒，脱口骂道："我久困于此，朝夕望你前来相助，你却想要做假王！"正要再骂，忽觉脚趾被人踩了一下，便连忙住口。却见侍坐一旁的陈平凑过脸来，附耳低语："汉方不利，怎能禁韩信自立为王？不如因而立之，使他感恩图报，否则恐生变故。"

刘邦大悟，立刻话锋一转："大丈夫既平诸侯，就要做个真王，何必要做假王！"随即派张良前去封韩信为齐王，并要他率兵西来击楚。这时的韩信已处于举足轻重的地位，项羽遣使劝他背汉联楚，平分天下；术士蒯彻又煽动他弃汉自立，与楚汉三分天下。然而，终因陈平临机应变，示意刘邦顺水推舟，封韩信为王，使他感恩戴德，不论谁来劝说，他也不忍叛汉。刘邦用陈平计，借韩信之力杀项羽，终于完成统一天下的大业。

第四计：伪游云梦擒韩信

刘邦当皇帝之后，时时怀疑韩信要造反，心里很不安，想要出兵攻打韩信，却没有必胜的把握。于是陈平给刘邦出计：古时，天子有巡狩四方，约会诸侯的先例，陛下何不伪称南游云梦泽，会诸侯于陈。陈地在楚之西界，韩信闻陛下正常出游，必然不加防备，出境拜见，到时只需一个力士即可将其擒获。刘邦依计而行，果然一举擒获了韩信，将他贬为淮阴侯，避免了一场兵祸和可能出现的分裂。

第五计：智解白登之围

汉高祖六年（前201）秋，匈奴冒顿单于大举进犯汉疆，韩王信降敌，并充当向导，进逼太原。刘邦因忙于对付韩信，无暇外顾。韩信被擒后，刘邦决定教训匈奴，于次年冬亲率20余万大军北伐。

刘邦求胜心切，率领少量骑兵追击匈奴，在平城误中埋伏，被40万匈奴铁骑合围于白登山。一连被困七天，天气寒冷，粮食将尽，后续部队又冲不进来，眼看就要被困而死。

在此关键时刻，陈平献上一计，命随军画工画美女图，遣人潜入匈奴营地，用重金买通看守，将美女图送给冒顿之妻阏氏，声称汉朝多美女，如果汉帝困急，就将画中美女献给单于。阏氏出于自保，极力劝说单于撤围。最终冒顿思前顾后，终于开围一角，让刘邦逃出重围。

第六计：智保樊哙

汉高祖十二年（前195），刘邦病重，怀疑正在代地领兵平叛的樊哙有二心，诏命陈平速去代地立斩樊哙。陈平奉诏启程，途中边行边合计，认为樊哙是皇帝故旧，又是吕后妹夫，既亲且贵，刘邦欲杀樊哙，只是一时怒气，一旦气消，必会后悔。如果依诏斩杀，必遭吕后和皇帝忌恨。于是他赶到军中，只把樊哙押入囚车，准备载入京师让刘邦亲自处置。

不料尚未进京，刘邦已经驾崩。陈平立刻意识到事态的严峻，虽然自己未斩樊哙，但吕后并不知，樊妻吕媭必在吕后面前谗害自己，所以必须尽快将自己剖白干净。

于是陈平快马驰入长安，在刘邦灵前放声痛哭，并请求留在京师，守卫皇宫。吕后知道他保全了樊哙性命，又见他忠君情义溢于言表，顿生哀怜之心，让他担任郎中令，辅佐新帝。就这样，陈平不仅避过了一场政治灾难，反而步步高升，于孝惠帝六年（前189）与安国侯王陵分任左、右丞相。

经学家刘昆

刘昆（？—57），字桓公，陈留东昏（今山东省东明县前身，属地现为河南省兰考县）人。东汉著名经学家、教育家。

刘昆是汉文帝嫡次子梁孝王刘武的后裔，自幼喜欢学习礼仪，师从沛人戴宾，研学《易》，且通音乐，能弹琴，知清角之操，多才多艺。王莽执政时，刘昆在家设馆授徒，听讲者常有数百人，名满乡里。每春秋飨射，常以桑木为弓，蒿秆为箭，举行隆重仪式，招引不少人前来围观。王莽认为刘昆聚集生徒，私行大礼，亵渎礼制，藐视朝廷，将其及妻子儿女家属十几人全部送进了外黄监狱。不久，王莽败亡，刘昆出狱后，见天下仍不太平，战火不断，便带着家人避难至河南负犊山中。光武帝建武五年（29），刘昆被郡里举为孝廉，他没有接受，到江陵重操旧业，继续教书授徒。

光武帝刘秀听说他的名望，任命他为江陵令。后由于其政绩突出，征拜仪郎，再升侍中、弘农太守。

刘昆担任江陵县令时，有一年，江陵县城突发火灾，刘昆赶赴现场，看见大片民房被烧毁，他心急如焚，急切之下便跪地向大火叩头。不料，转瞬间突降一场滂沱大雨，浇灭了大火，老百姓纷纷称奇。

后来，刘昆升任弘农太守。弘农在今河南西部与陕西东部相连的地区，包括函谷关、渑池等地，是东西往来的重要地方。原先当地猛虎横行，旅客都不敢在此行走。刘昆当政三年后，老虎竟然渡过黄河，去别的地方了，弘农郡从此再无虎患，民众无不啧啧称奇。

光武帝闻知刘昆的卓异事迹后，大感诧异，便召他入宫询问。刘昆说："这些事情纯属巧合。江陵县发大火那天，天上早已乌云密布，就在我跪地祷告时，恰巧就下了雨。弘农郡的老虎逃跑，是因为当地人长期砍伐树木，导致老虎很难在此栖息，再加上人们经常围捕老虎，老虎只好逃离该地了。"

刘昆这单纯和质朴的回答，把光武帝和左右大臣、随侍都给逗乐了。光武帝感慨地说："此乃长者之言也！"随即令史官把这件事记录在史书中。

家人得知后，都认为他太傻，不懂得抓机遇，飞黄腾达。刘昆说："如果我借机在皇上面前吹嘘自己，一旦皇上真的把我当成天上派下来的圣人，那么再遇到火灾、虎患的问题时，我将如何应对呢？到时候岂止是降罪于我个人，全家人都会遭殃啊！"家人听后恍然大悟，明白了刘昆的良苦用心。刘昆看清了纷繁复杂的世事，始终拥有清醒的头脑，获得了虽平淡却平安的人生。

建武二十二年（46），刘昆征拜为光禄勋。他知识渊博，精通经易，又为人诚实，深得皇上信任，入宫为皇太子传授经书。建武二十七年（51），拜骑都尉。建武三十年（54），70多岁的刘昆因年高请求辞职回乡，皇上在洛阳赐给宅第一处，薪俸千石，直到去世。卒后祀于乡贤祠。终东汉之世，子孙累代为官。

儒学名士杨伦

东汉时期推崇儒学，重视人才，每一阶段都有名士大家涌现。在东汉中后期，今菏泽地区的山阳、济阴、陈留诸郡，亦集中涌现出了一批儒林才俊。他们学识渊博，为人师表，廉洁正直，或讲学授徒，或以仁德为政，为传播、实践儒家学说而坚守了一生。他们的博学和操守，在区域历史文化史上写下了光辉灿烂的一页。杨伦就是其中的杰出代表人物。

杨伦，生卒年不详，字仲理，东汉陈留东昏（今东明县）人，东汉中期知名经学家。杨伦少年时师从司徒丁鸿，习《古文尚书》，任郡之文学掾。因志向不合于时，就辞职聚徒讲学于大泽中，门下弟子多达千余人，被称为"明经名士"，"显传学业，诸儒称之"，在儒林享有很高的声誉。

东汉安帝元初年间（114—119），郡守礼请，三府征召，他都没有接受，后来任职清河王傅。安帝延光四年（125），安帝崩逝，杨伦听到消息，非常悲痛，立即弃官奔丧，号泣阙下不绝声。阎太后以其专擅离职守，坐罪免职。汉顺帝刘保即位后，下诏免除对杨伦的处罚，遂留行丧于恭陵。服阕，征拜侍中。这时，邵陵令任嘉在职贪秽，升迁为武威太守，后有司奏嘉臧罪千万，经过查证核实，其所牵染将相大臣百有余人。杨伦乃上书曰："臣闻《春秋》诛恶及本，本诛则恶消；振裘持领，领正则毛理。今任嘉所坐狼藉，未受幸戮，猥以垢身，改典大郡，自非案坐举者，无以禁绝奸萌。往者湖陆令张叠、萧令驷贤、徐州刺史刘福等，衅秽既章，咸伏其诛，而豺狼之吏至今不绝者，岂非本举之主不加之罪乎？昔齐威之霸，杀奸臣五人，并及举者，以弭谤讟。当断不断，《黄石》所戒。夫圣王所以听僮夫匹妇之言者，犹尘加嵩岱，雾集淮海，虽未有益，不为损也。惟陛下留神省察。"奏御，有司以伦言切直，辞不逊顺，不予上报。尚书奏杨伦探知密事，激以求直，建议以大不敬之罪，处以鬼薪刑罚。诏书以伦数进忠言，特别原谅了他，免归田里。

汉顺帝阳嘉二年（133），朝廷又征拜杨伦为太中大夫。大将军梁商以为长

史，谏诤不合，又外调为常山王傅，杨伦称病，没有上任。朝廷知道后，严令他必须赴任。杨伦勉强上路，到河内朝歌，说什么也不愿意走了，就上书称病说："有留死一尺，无北行一寸。刎颈不易，九裂不恨。匹夫所执，强于三军。固敢有辞。"意思是：我宁死也不会再向北走一步。就是杀我的头，也不会改变。即使五马分尸，我也没有遗憾。我的意志比三军还要坚定。皇帝下诏说："伦出幽升高，宠以藩傅，稽留王命，擅止道路，托疾自从，苟肆狷志。"皇帝虽然生气，也拿他没办法，只好由他去了。

杨伦就是这样，视官场规则为无物，心中只有自己的见解和是非标准，遇事直言，从来不考虑得罪谁。前后三次受征召，都是因为敢说真话，直言不苟，与上司意见不合而辞官。辞官归来，闭门讲授，自绝人事。公车又有几次征召，他都婉言拒绝，不久，卒于家中。

东晋著名诗人陶渊明非常佩服杨伦的气节，他作《饮酒二十首》，其十二说：

仲理归大泽，高凤始在兹。
一往便当已，何为复狐疑？
去去当奚道，世俗久相欺。
摆落悠悠谈，清从余所之。

意思是：杨伦归去大泽中，高尚节操在此处。既一为官便当止，隐去何须再犹豫。罢了官有何话说，世俗欺我已很久。摆脱世上荒谬论，请随我归去隐居。

执法如山的虞延

虞延（约1—70），字子大，陈留郡东昏县（今东明县前身）人。东汉名臣，在任期间，清正廉洁，刚正不阿，执法如山，体恤百姓，多恩好施，深受百姓爱戴。

虞延初生时，其上有一物体好像一匹白练，冉冉地升上了天，占卜的人认为是吉利的兆头。及至长大，他身长八尺六寸，腰带十围，力能举鼎。青年时就当了户牖亭长。这时正值王莽当政，王莽的亲贵魏氏家宾客放纵不法，虞延带领史卒闯入其家，逮捕了有关的人，因此招怨。

王莽末年，天下大乱，虞延常身披甲胄，护卫亲族，防御劫掠抄盗，很多乡民的生命财产得到保全。他有一个远房妹妹，尚在吃奶，父母不能养活她，将她丢弃在沟中。虞延听到她的号哭声，收养了她，直到她长大成人。

东汉建立后的建武初年，虞延到执金吾府中做事，被任命为细阳县令。每到岁时节令，他便让刑徒囚犯休假回家，这些人感其恩德，到期即回，从不违令。有个囚犯在家得了病，自家装了车子，将他送到县府，一到就死了。虞延领着府吏把他安葬在城门外，百姓深受感动。

后来虞延辞官回到家乡，太守富宗召他为郡功曹。富宗生活奢靡，车子衣服及日用器物多不合国家礼法规定。虞延劝诫他说："当年晏子辅助齐王，穿的鹿裘都是破损的，季文子在鲁国为相，妻妾都不穿丝织品，以俭约行事的人失败的很少很少。"富宗不高兴，虞延便辞退了。过了一段时间，富宗果然因为奢纵被杀头，临刑之时，他抹着眼泪说："悔不听虞功曹的批评！"

光武帝知道虞延的事迹后，很赏识他，建武二十年（44）东巡时，虞延为陈留郡的部督邮，便下召见他。汉高祖母亲昭灵后的园陵在此地，皇帝询问他园陵的情况。虞延进止从容，言辞清楚，礼节周到，园林内的树木花草，都说得出数字，祭祀典礼的规矩仪式，陈述得也很清楚。光武帝高兴，叫他跟随去鲁。回程时经过封丘县城门，门又矮又小，不能通过皇帝的仪仗，光武帝发怒，让人狠狠地揍了侍御史一顿。虞延引咎自责，说责任在他这位督邮身上。皇帝感动，下诏宽大处理御史。虞延护送车驾西出陈留郡界，皇帝赏赐给他钱、剑带、佩刀等，虞延声名传遍附近。

东汉建武二十三年（47），司徒玉况征召虞延。正月初一大朝贺，光武帝远远地认出他，派小黄门跑来问虞延，当日召拜其为公车令。第二年，改任他为洛阳令。

建武二十四年（48），虞延任洛阳令期间，皇后阴丽华的弟弟，国舅信阳侯阴就的心腹幕僚马成胡作非为，欺压百姓，甚至在大白天抢劫。历届的洛阳令因惧怕阴就的国舅身份，都对马成睁一只眼闭一只眼，不敢对他怎么样。

虞延到任洛阳令后，决心要打掉这只为非作歹的"大老虎"。经过细致调查，虞延果断逮捕了马成，准备依法惩处。一些王公大臣出面求情，虞延不但不买账，而且每接到一封求情信，就将马成从狱中拖出来"加笞二百"，就是痛打二百鞭子。

国舅阴就见求情不行，就到光武帝刘秀面前诬告虞延，说他当洛阳令时间不长，却制造了不少冤假错案。为弄清真相，刘秀决定亲自去公堂上审讯囚徒，核查案件。虞延见皇帝大驾光临，连忙叩拜，弄清来意后，虞延命令衙役将所有囚徒带来，并吩咐囚徒，罪行明白无误的，站在公堂西面；罪行尚未弄清或有冤情的，站在公堂东面，待皇帝详加审问。马成一听，就往公堂东面站，此时虞延亲自上前，一把抓住他，叱道："你这东西是人间的一条大蛀虫，长久地倚仗势力，不怕国法惩处。现在你的罪行还没查完呢，已经够正法了！"这时，

皇帝的一个贴身的陛戟郎用戟抵着虞延，喝令虞延放过马成。虞延毫不畏惧，详细列举了马成的种种罪行，马成张口结舌，抵赖不得。皇帝也看出了是非曲直，知道虞延是一个刚正不阿的忠直之臣，便喝退侍卫官，对马成说，你触犯国法，咎由自取，并"呵使速去"，让他赶快站到西面去！几天之后，虞延终于依法将马成斩首示众，人心大快。

虞延不畏权贵，处斩了马成，都城洛阳里的皇亲国戚大为惊恐，再也没有人敢触犯法律了，形成了"外戚敛手，莫敢干法"的良好社会局面。虞延在县令任上三年，升为南阳太守。

光武帝驾崩后，明帝刘庄即位。明帝永平初年，有位新野县的功曹叫邓衍，因为有外戚小侯的身份，常能参与朝会，此人姿容态度行步投足与众不同。明帝注视着他，回头对左右侍从说："朕的仪态容貌难道就像此人吗？"于是特赐给他车马衣服。虞延认为此人虽有姿容，但无德行，没有对他表示尊重。明帝既看重了邓衍，便下诏让他自称南阳郡功曹到朝门。既到，任为郎中，迁升其为玄武司马。邓衍在职，父亲死了，他都不回乡守孝。明帝知道后说："'知人则哲，惟帝难之。'这话说得实在正确！"邓衍怀惭而退，从此明帝更认为虞延有知人之明。

永平三年（60），虞延代赵憙为太尉。五年后，又代范迁为司徒。历位两府，十余年颇有政绩。当时正逢楚王刘英谋反，阴氏要中伤他，偷偷指使人将刘英的阴谋告诉虞延。虞延认为刘英是藩王中与皇上血缘关系最亲的人，不相信这种传言。又要聘任幽州从事公孙弘，因为公孙弘跟楚王通谋而作罢，这两件事都没有上报明帝。及至刘英谋叛败露，明帝下诏严厉责问身为司徒的虞延，虞延自刎而死。后来真相大白，皇帝赠予谥号，封其子孙为官。

虞延的堂曾孙虞放，字子仲。青年时为太尉杨震门徒，后来杨震被诬自杀。汉顺帝即位后，虞放到朝门为杨震申冤，由此知名。汉桓帝时为尚书，因参与建议诛灭大将军梁冀之功，册封都亭侯，累任司空，因水灾免职。虞放为人疾恶宦官，因而为宦官所陷害。建宁二年（168），中常侍侯览兴大狱，将虞放与长乐少府李膺等一百二十余人下狱处死。此为汉朝第二次党锢之祸。

卞壶一门忠烈

魏晋南北朝时期，世家大族在政治上发挥着举足轻重的作用，中央集权遭到削弱，导致门阀政治的出现。九品中正制度沦为世族维护特权的工具，所谓"上品无寒门，下品无世族"，就是世族控制选官、任官权的表现。官场以空谈、交际为尚，勤于政事者不仅得不到表彰，反而遭到鄙视。甚至一些官吏已经衰

卞壶画像

失了做人、做事的基本原则，放浪形骸，高谈阔论，不务实政，抛弃了社会的基本礼法与道德规范。这不仅导致吏治的严重腐败，而且使社会正气得不到伸张。面对这种局面，一些有志之士不苟时俗，严于律己，致力于整顿吏治，为国尽忠，东晋名臣卞壶就是其中一位。

卞壶（281—328），字望之，济阴冤句（今山东东明）人。东晋初期的著名政治家，曾累事三朝，两度为尚书令，官至宰相之职。他以直言敢谏、刚正不阿、一门忠烈显于当世，是中国历史上有名的刚正官吏。

卞壶出身名门望族，官宦之家。祖父统，曾任琅琊内史。父粹，字玄仁，兄弟六人并登宰府，有"卞氏六龙，玄仁无双"之誉。在父辈的熏陶下，卞壶自幼刻苦学习，博览群书，写得一手好文章，弱冠之年就誉满乡里，显示出了大器之材。

永嘉年间，卞壶任著作郎，袭父爵位。太兴元年（318），晋元帝司马睿在建康（今南京）即位，建立东晋，召卞壶为从事中郎，委以官员选拔之责，卞壶深受宠信。后历任太子中庶子、散骑常侍、太子詹事、御史中丞等职，前后居师佐之位，尽臣辅之节，颇为王公大臣敬畏。在东晋建立的过程中，以王导、王敦为首的琅邪王氏家族贡献最大，出现"主弱臣强"的局面。晋元帝司马睿被迫在政治上服从王导，军事上依靠王敦，时人称为"王与马，共天下"。永昌元年（322），素有野心的王敦以诛刘隗为名，在武昌起兵，攻入建康，软禁司马睿。王敦得到朝臣支持，在训诫朝廷君臣后，退回武昌，遥控朝廷。司马睿愤懑不已，不久在忧愤中病逝，太子司马绍即位，是为晋明帝，升卞壶为吏部尚书。其时，王敦以为有机可乘，又作乱篡权。太宁二年（324），晋明帝趁王敦病重，率军征伐，一举将王敦击败。卞壶因战功被封为建兴县公加中军将军，不久又升为领军将军。太宁三年（325），明帝病危，任卞壶为宰相，与司徒王导同受领命，辅佐幼主成帝执掌朝政，并被加封为给事中、尚书令。

卞壶为人刚正不阿，不畏权贵，敢于仗义执言，维护朝廷纪纲不遗余力。在成帝即位举行登基大典的那天，朝臣齐聚朝拜，元老重臣王导竟以病缺席。卞壶在朝廷上严肃地说："王公社稷之臣邪！大行在殡，嗣皇未立，宁是人臣辞疾之时！"王导听说后，连忙带病起来。成帝年幼，皇太后临朝称制，卞壶与

庾亮值班宫中，共参机要。朝廷下令召南阳乐谟为郡中丞，颍川庾怡为廷尉评。但二人都强调父命，拒不赴任。卞壶当即奏禀太后，其中提到："如此先王之言废，王教之训塞，君臣之道散，上下之化替矣。乐广（谟之父）以平夷称，庾珉（怡之父）以忠笃显，受宠圣世，身非己有，况及后世而可专哉！"由于卞壶的奏章很有说服力，因而朝廷一致赞成。乐谟、庾怡不得已，只好走马上任。此后，凡朝廷有命，不得以权害公，不得以任何借口拖延，遂形成了一条永久性的制度。当时，王导与庾亮不和，庾亮掌权，王导就称疾不上朝。一次王导称病不上朝，却私下为车骑将军郗鉴送行。卞壶得知，毫不顾忌王导的权势和情面，上奏王导"亏法从私，无大臣之节"。

卞壶兢兢业业，勤于吏事，以匡风正俗为己任，不肯随波逐流。有人说他："卿恒无闲泰，常如含瓦石，不亦劳乎？"他说："诸君以道德恢宏、风流相尚，执鄙吝者非壶而谁！"由此可见他为国事任劳任怨的博大胸怀。当时的贵族子弟多以放浪形骸、清谈不倦的王澄、谢鲲等人为旷达，卞壶却认为这些人"悖礼伤教，罪莫斯甚，中朝倾覆，实由于此"。此言大有见地，入木三分。

卞壶还是一位军事家。东晋初年，卞壶亲披甲胄，督阵指挥，赫赫战功，为当世所无。建和二年（327），庾亮当权，奏于朝廷说："大将苏峻，素有狼子野心，将来一定会作乱，如果现在不削弱其权力，多年后必不可治，这是汉晁错劝景帝早削七国兵权的原因。"建议朝廷召苏峻任大司马，以收笼络之效，并借机释其兵权。朝廷诸官皆无异议。卞壶固争以为不可，对庾亮说，苏峻拥有重兵，且离京邑较近，这样做必定导致苏峻提前叛乱，危及朝廷，应慢慢削其兵权，断不可仓促行事。可庾亮不听卞壶的劝告，苏峻闻讯后，果然起兵，进攻建康。皇帝命卞壶为尚书令右将军领右卫将军迎战苏峻，接着下诏命卞壶为执诸军事。卞壶率军与苏峻大战于西陵，被苏峻破城而入。在激战中，壶背疮未合，但胸怀报国之心，身先士卒，英勇杀敌，终因不支，壮烈殉国，时年48岁。其二子卞眕、卞盱见父殉国，亦不愿苟活，相随杀入敌军，亦力战而死。

咸和四年（329），苏峻叛乱平定，经朝廷议论，追赠卞壶为侍中、骠骑将军、开府仪同三司等荣衔，谥号"忠贞"，祀以太牢。赠子眕散骑侍郎，盱奉军都尉。时人赞道："父死于君，子死于父。忠孝之道，萃于一门。"明成祖朱棣也赋诗称赞：

父将一死报君恩，二子临戎忍自存。
慷慨相随同日尽，千古忠孝表清门。

卞壶身处乱世，在当时清谈盛行、放纵享乐的社会风气下，众人皆醉我独醒，恪守忠孝廉耻准则，为政期间，正法度，尊礼仪，廉洁从政，殚精竭虑，为东晋王朝建国初期的政权稳定呕心沥血，竭尽所能。卞壶因不流于世俗，被当时的主流社会视为"异类"，所以知名度并不高。不过，其去世后，却备受后世尊崇，历代文人史家、封建帝王均给予其高度评价，唐太宗称其为"忠烈之勋"；明成祖朱棣称赞其"千古忠孝表清门"；宋高宗专门赐其"忠烈"庙额；清康熙帝巡视江南，到其祠堂祭祀，赐御书"凛然正气"匾额；乾隆帝多次前往祭祀，并赐御"典午孤忠"匾额；唐朝名相房玄龄赞其"以匡正为己任，褰裳卫主，蹈忠义以成名"；宋代文天祥为其族谱题跋"数千年清白相传"；明朝兵部尚书史可法为其题"乾坤正气"。卞壶父子三人精忠报国，舍身成仁，更是被后世誉为"忠孝之道，萃于一门"，千百年来传颂不息，备受敬仰。

卞壶还是一位书法家，尤善草书。唐人窦泉《述书赋》曾赞其书法云："望之之草，紧古而老。落纸筋盘，分行羽抱。"《淳化阁法帖》卷三有卞壶草书一帖，6行，56字。卞壶的书法现存于西安碑林的有一行书壁碑。

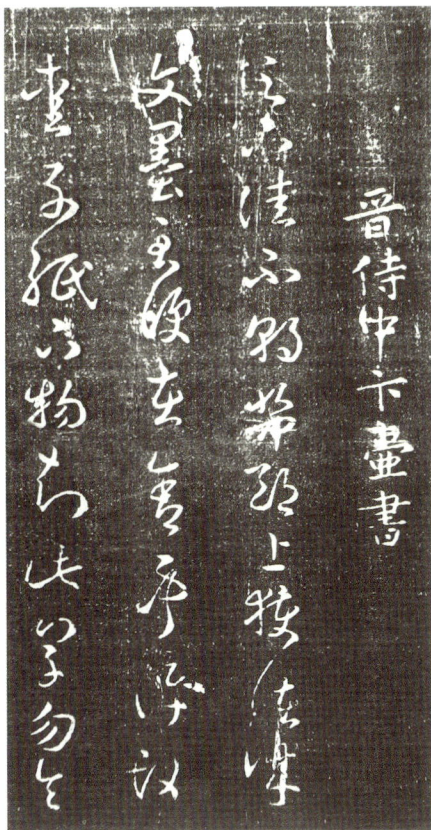

卞壶草书拓片

南京朝天宫是南京市博物馆，历经明、清两朝数百年所形成建筑结构的文化格局，代表着华夏历朝历代千百年传统文化内涵。"先有卞公祠、后有朝天宫。"朝天宫东、中、西三路的格局分布，即东路江宁府学，包括学署、名贤祠、乡宦祠，代表府学科考、培养名贤学士的仕途文化；中路为江宁府文庙，代表孔子儒家礼教的品行道德，思想意识形态的主流儒学价值观；西路为卞壶父子的卞公祠、父子忠孝墓，代表中华传统忠孝贞节、功德千秋的人生境界目标，以及"忠孝礼智信、仁义廉耻勇"的人生行为标准。以上寓意的三大传统文化建筑群，代表着中华民族千余年主流传统文化传承、发展的大格局。

第三节　文学才子

北魏才子温子升

温子升（496—547），字鹏举，祖恭之，避难归魏，在济阴冤句（今山东东明境内）落户。他是北魏文学家，与当时的文学家邢劭齐名，并称"温邢"；又与邢劭、魏收合称为"北地三才"。

温子升祖籍太原（今山西省太原市），为东晋文学家、大将军温峤后裔。自幼勤学好读，博览诸子百家，工诗善文，为文学家常景所赏识，渐知名。北魏孝明帝熙平元年（516），东平王元匡试选御史，温子升在800名应考人中名列榜首，由此文名大著。后历任诸王僚属，执掌文翰。孝武帝永熙二年（533），任侍读兼舍人，迁散骑常侍、中军大将军，后领本州大中正。东魏末年，高澄引温子升为大将军咨议。东魏孝静帝武定五年（547），元瑾、刘思逸、荀济等作乱，高澄怀疑温子升预其事，将其逮捕入狱，遂饿死于晋阳狱中。

温子升生活的时代，在南朝恰值齐梁之际，当时南北文风不同。温子升的诗文兼有清绮和刚健的特点，十分难能可贵。温子升文章今存有20余篇，多骈文章表碑志，其中《韩陵山寺碑记》较著名，辞藻绚丽，典雅清正，风格近似庾信、徐陵。

温子升是北魏著名文学家，他的诗文在当时影响较大。司空、济阴王元晖业曾说："江左文人，宋有颜延之、谢灵运，梁有沈约、任昉，我子升足以陵颜轹谢，含任吐沈（《魏书·温子升传》）。"明代胡应麟评论说："北人谓温子升陵颜轹谢，含沈吐任虽自相夸诩语，然子升文笔艳发，自当为彼中第一。"（《诗·外编》卷二）其作品传至南朝，梁武帝萧衍大加赞赏，直谓"曹植、陆机复生于北土"。（《魏书·温子升传》）阳夏太守傅镖出使吐谷浑，"见其国主床头有书数卷，乃子升文也"。时人的赞美之词以及温子升作品的流传广度，也从一个侧面反映了他在当时文坛产生的巨大影响。

温子升诗文，《隋书·经籍志》著录有集39卷，惜多亡佚。明代人辑有《温侍读集》，现可见的温子升诗有11首。其中，《捣衣诗》风格清丽，哀婉动人，开唐人闺怨诗的先河；《春日临池诗》写景，《咏花蝶》状物，都有一定特色；至于仿乐府民歌而作的《白鼻䯒》《安定侯曲》，内容格调已与南朝民歌异趣，《敦煌乐》《凉州乐歌》则有北歌豪放刚健之气。明清之际的王夫之评论温子升这类诗作云："江南声偶既盛，古诗已绝，晋宋风流仅存者，北方一鹏举耳。"（《古诗评选》卷五）

才操不群的卞彬

卞彬（？—约500），字士蔚，南北朝时南朝济阴宛句（今山东菏泽西南东明境内）人。仕宋，官奉朝请、员外郎；入齐累迁至平越长史、绥建太守。史称其"才操不群""摈弃形骸"。

卞彬的祖父卞嗣之，曾任中领军，其父卞延之，为人刚强，做过上虞县令。卞彬才调节操非同一般，为文多有指责讥刺。州里聘任他为西曹主簿、奉朝请、员外郎。宋后废帝元徽末年，萧道成任中领军、南兖州刺史，留守京师，同袁粲、褚渊、刘秉轮流入朝值日，决断大事，当时人称他们为"四贵"。卞彬对萧道成说："外边有童谣说：'可怜可念尸著服，孝子不在日代哭，列管暂鸣死灭族。您听到了吗？"当时王蕴正在为父守丧期间，和袁粲同时死，所以说"尸著服"，服，就是衣的意思，"褚"的偏旁是衣，"孝"字去掉"子"，用"日"代替，这是指褚渊。"列管"，是指"箫"。卞彬退下后，萧道成笑道："这童谣是卞彬自己作的吧。"齐王国初设建制时，卞彬又说："谁说宋政权的日子还远呢？它的末日已指日可待了。"萧道成听了，也不加罪于他。后来任他为右军参军，由于家贫，他出任南康郡丞。

卞彬有文才，好饮酒，放浪形骸，曾以蚤、蜗、蛤蟆等为题作赋。其《蚤虱赋序》云：

> 余居贫，布衣十年不制。一袍之缊，有生所托，资其寒暑，无与易之。为人多病，起居甚疏，萦寝败絮，不能自释。兼摄性懒惰，懒事皮肤，澡刷不谨，浣沐失时，四体耗耗，加以臭秽，故苇席蓬缨之间，蚤虱猥流。淫痒渭濩，无时恕肉，探揣摄撮，日不替手。虱有谚言，朝生暮孙。若吾之虱者，无汤沐之虑，绝相吊之忧，宴聚乎久襟烂布之裳，服无改换，掐啮不能加，脱略缓懒，复不勤于捕讨，孙孙息息，三十五岁焉。

卞彬的这段话有点儿不好理解，翻译成白话文就是："我的生活很贫困，一件布衣十年不改换。一件袍服便要穿一辈子了，春夏秋冬全靠它们，没有办法更换。本人体弱多病，很少洗刷打扫，满床败絮也不能清理。而且我性情懒散，

对皮肤很不在意，澡刷时粗枝大叶，而且经常忘记。四肢多毛，又臭又脏，所以衣帽蓬席之间，跳蚤虱子到处都是，一天到晚瘙痒难耐，伸手到怀里就能抓一把，每天不停手地抓挠。俗话说虱子'一天一夜见重孙'。而我身上的虱子更不必担心被水冲走，也不必忧虑会死掉，它们快活地聚居在我这又旧又烂的衣裤里，我既不能改换服装，又不能对它们施加掐咬，加之我懒散，也没心思去捕捉它们，于是它们便子孙繁衍，至今已有三十五年了。"时人认为他讲的大抵符合实情。

后来卞彬被任为南海王国郎中令、尚书比部郎、安吉县令、车骑记室等职。卞彬生性好饮酒，常用瓠壶瓢勺盛菜，他戴的帛帽十二年不换，用大瓠瓢做火笼，里面的东西庞杂怪异。他自称"卞田居"，称夫人为"傅蚕室"。有人劝他说："您这样不讲究，地位名声怎么能提高呢？"卞彬说："就像赌博掷色子似的，掷十回都没好点子，这能说是掷的人笨蛋吗？我喜欢掷，不管输赢，这恰恰是难能可贵的。"

南朝齐永元年间（499—501），卞彬任平越长史，绥建太守，卒于任内。

卞彬曾作《禽兽决录》，指刺权贵。他在评论禽兽时说："羊性淫而狠，猪性卑而率，鹅性顽而傲，狗性险而出。"他在《蛤蟆赋》中说："披青挂紫，名为蛤鱼。"人都说这是比喻朝廷长官。又说："蝌蚪唯唯，群浮暗水。一天到晚，匆匆如鬼。"这是在比喻令史谐事。他的文章在民间广为流传。

第三编

隋唐五代十国时期

概　述

　　隋朝时，今东明县北部属济阴郡离狐县，东及东南部属济阴郡冤句县，西南部属济阴郡济阳县。今兰考县北20里的东昏镇归属济阴郡外黄县。初唐时，今之东明县北部属曹州离狐县，唐天宝元年（742）诏改离狐县为南华县，南部属曹州冤句县。唐贞观元年（627）废济阳县，其地并入冤句县；废外黄县，其地并入浚仪县，古东昏镇归属浚仪县管辖。

　　北周开皇元年（581）二月，北周静帝将皇位禅让于杨坚，是为隋文帝。隋朝的建立，标志着中国结束了自西晋以来长达近300年的严重分裂局面，重新进入大一统时期。可隋朝二世而亡，隋初开皇盛世与隋末战乱烽火几乎叠加，连年征战，不惜民力，实施暴政，民不堪命，战乱纷起，终致灭亡。波澜壮阔的隋末动荡，金戈铁马，轰轰烈烈，历时7年，遍及全国，造就了一大批英雄豪杰，他们在历史的天空中闪烁，熠熠生辉。刘政会参与唐高祖李渊太原起兵，立下功勋。瓦岗寨起义的英雄徐懋公、单雄信，在华夏大地留下赫赫威名，至今为人称颂。单雄信虽誓不投唐，但其侠肝义胆让人敬佩，百姓建庙供奉，他成了历代东明人民心中的保护神之一。徐懋公（李勣）在瓦岗寨失败后收拾山河，归顺李唐，在以后的岁月里，南北厮杀，参与兴唐伟业，历事高祖、太宗、高宗三代帝王，安边守疆16年，忠心耿耿，73岁出征高丽，完成了隋炀帝、唐太宗的历史遗憾，成为一代军神，他廉洁自守，严格治家，情深义厚，善待亲友，是历史上最优秀、光焰四射的一位英雄。兴唐凌烟阁二十四位功臣，东明占了两位（刘政会21，李勣23），也是历史上光彩夺目的一页。

　　唐王朝在腐朽没落时，冤句（今山东东明）人黄巢高举义旗，以《不第后赋菊》诗"冲天香阵透长安，满城尽带黄金甲"的冲天豪气，驰骋天下，历时10年，纵横12个省，攻占长安，建立政权，树立了一个反抗压迫、颠倒乾坤的历史典范。

第一节　金戈铁马

唐开国功臣刘政会

刘政会（? —635），隋朝曹州离狐（今山东东明）人，后迁居滑州（今河南滑县）。唐朝开国功臣。历任光禄卿、洪州都督，封邢国公，凌烟阁二十四功臣之一。

隋大业年间（605—618），刘政会任并州（今山西太原）鹰扬府司马，所部隶属太原留守李渊麾下。李渊不满于隋炀帝的暴政，和自己的心腹晋阳县令刘文静、晋阳宫监裴寂等人密谋起兵造反，借口防备刘武周和突厥南下，开始招兵买马。隋炀帝派过来的太原副留守王威、高君雅怀疑李渊要造反，打算向隋炀帝告发他们，并密谋骗他们到寺庙祈雨，企图将其杀害，以向隋炀帝邀功请赏。但李渊提前知道了此事，情况危急，打算先发制人，赶紧通知了刘政会，让他告发王威、高君雅二人暗中勾结突厥，将他们斩杀。虽然此时王威、高君雅二人极力反抗，但李渊已部署周全，最终将二人囚杀。李渊在太原顺利起兵，自封大将军，刘政会为太原元谋功臣之一，立下了汗马功劳，被任命为大将军府户曹参军。

李渊称帝后，建立了唐朝，刘政会被授卫尉少卿，奉命留守晋阳，经营后方。武德二年（619），刘武周率领大军进攻晋阳，晋阳土豪薛涂贪生怕死，打开城门迎接刘武周，于是晋阳城失陷，刘政会也被俘虏。虽然身在敌营，但刘政会从来没有忘记自己的初心，仍然忠心耿耿，即使饱受屈辱，依然不畏惧生死，不忘秘密地告知李渊敌方的军情，希望能够为战斗做出自己的贡献。同年十一月，秦王李世民等率大军大败刘武周，收复了晋阳。正是由于刘政会不断地传递军情，才让晋阳在短时间内被收复。也正是由于他的忠心耿耿，才让他回归唐朝，恢复了原有的官爵。后历任刑部尚书、光禄卿、洪州都督，册封邢国公。他因善始善终，忠心耿耿，很受李渊父子信赖。

贞观九年（635），刘政会逝世。唐太宗亲下诏书"葬宜异等"，赠民部尚书，谥曰"襄"，配飨唐高祖庙庭，画像于凌烟阁，追封渝国公。永徽五年（654），追赠并州都督。

英国公李勣

　　李勣（594—669），曹州离狐（今山东东明）人。本姓徐，名世勣，字懋公。唐赠以国姓"李"，因避李世民讳，改名勣。历任行军大总管、开府仪同三司知政事、尚书右仆射、司空等官职。一生历事唐高祖、唐太宗、唐高宗三朝，两次画像于凌烟阁，封英国公。

　　从《旧唐书》《新唐书》中的李勣本传可以看到，他的长辈做过官，家里富有，乐善好施，扶危济困，乡里称颂，奉为楷模，是很有威望的乡绅世家。这样的家风代代相传，对他的影响很大，"与其父皆好惠施，拯救贫乏，不问亲疏"，可见他从小心地善良，是扶危济困、仗义疏财的践行者。

　　成长在隋末乱世的李勣，在投奔瓦岗寨以前，对自己和社会有清醒的认识，锻炼成了一个能独立思考，有眼光、有胆气、有谋略的青年，他第一次做人生抉择，就毅然决然地踏上了刀尖上讨生活的道路。而后在社会大舞台上纵横驰骋，演出了威武雄壮的大剧，放射出耀眼的光辉。

　　隋炀帝大业七年（611），韦城翟让在瓦岗寨（今河南滑县境内）聚众起义反隋，李勣年17，与好友单雄信一同投奔，并说服翟让离开家乡，到宋、郑等富庶之地活动。翟让接受了他的意见，兵力很快发展起来。出身官宦世家的李密经王伯当介绍，加入瓦岗军，王伯当说服翟让推举李密为主，并献奇计，大破王世充。当时河南、山东闹水灾，隋帝令灾民就食黎阳仓，由于仓吏不及时发粮，每天要饿死几万人。李勣又向李密献计取黎阳仓，然后开仓放粮，以收民心，李密令李勣率兵5000依计而行，未及旬日，即扩大义军至20万人。

　　义宁二年（618）三月，隋炀帝在江都被杀，五月，隋恭帝被迫禅位于李渊。李渊即位，国号唐，建元武德，定都长安，是为唐高祖。

　　武德二年（619），李密兵败归唐，其原来的辖区由李勣统领，而李勣早有归唐之意，于是将本辖区之郡县户籍造

御制李勣碑

册，以李密的名义上交给唐帝。唐高祖李渊喜李勣不"利主之败为己功"，称他为"纯臣"，诏授黎州总管，封英国公；封其父徐盖为舒国公。并责令李勣统率河南、山东兵马，抗击王世充。不久，李勣为窦建德所败，归建德部，仍守黎阳。武德三年（620），李勣率部归唐，跟随秦王李世民攻克洛阳，统略虎牢关，降服沈悦，平定窦建德，生俘王世充，节节胜利。接着，又随从秦王李世民大破刘黑闼、徐圆朗；徐圆朗再次谋反，李勣复平之。李孝恭讨辅公祏时，亦以李勣为主力，渡淮河，拔寿阳，辅公祏不日而被平。总之，李勣在唐开国过程中，南征北战，不遗余力，功绩显赫，奠定了他唐初名将的地位。

唐太宗即位后，李勣为并州都督，守唐边疆，率军破突厥，再立新功。贞观三年（628），李勣任通漠道行军总管。出云中，与突厥交战，突厥逃遁。李勣引兵与李靖会师，与李靖共商合围颉利可汗之计。李靖率重兵于夜间出发，李勣率队相从。颉利可汗欲穿越沙漠，李勣提兵屯于大漠碛口，众酋长见前有大军阻击，遂率部落五万兵将投降李勣。李勣因功封拜光禄大夫，行并州（今山西省太原市）大都督长史。李勣驻守并州十六年，以威严肃整而闻名。太宗皇帝曾经对侍臣说："炀帝不择人守边，劳中国筑长城以备虏。今我用勣守并，突厥不敢南，贤长城远矣！"李勣并州任满，召为兵部尚书，未莅任，恰遇薛延陀之子大度设以八万骑兵进犯李思摩，朝廷复任李勣为朔方道行军总管，率轻骑六千，击败大度设于青山，斩名王一人，俘众五万口，延陀部落大乱。朝廷又趁机命令李勣率二百骑讨伐突厥，大战于乌德鞬山，致使梯真达干首领投降，可汗咄摩支逃遁于荒谷，漠北遂平定下来。

李勣为唐王朝竭忠尽虑，博得唐朝皇帝看重和礼遇。一次，李勣暴病，御医说用须灰可以治，太宗皇帝就剪下自己的胡须作药。李勣病愈后向皇帝称谢，竟至顿首流血。太宗对李勣说："朕思属幼孤，无易公者。公昔不遗李密，岂负朕哉！"李勣感激涕零，啮指出血。太宗病危，对太子说："尔于勣无恩，今以事出之，我死，宜即授以仆射，彼必致死力矣！"于是授李勣为叠州都督。高宗立，即位时将李勣调入朝中，授以检校洛州刺史、洛阳宫留守，进开府仪同三司、同中书门下，参掌机密，直至尚书左仆射。高宗还诏李勣再次画像于凌烟阁，并允许其乘马入朝。

永徽六年（655），高宗欲废王皇后，立武昭仪为皇后，害怕大臣有异议，于是，召集李勣与长孙无忌、于志宁、褚遂良等几位元老商量。李勣称有病不参加，于志宁观望不答，褚遂良等坚持不可以。高宗无奈，只好秘访李勣。李勣说："此陛下家事，无须问外人。"高宗遂诏李勣与于志宁奉诏立武则天为皇后。

唐乾封元年（666），73岁的李勣统兵东进高丽（今朝鲜半岛）。总章元年

（668），与薛仁贵攻克平壤，占领高丽全境。总章二年（669），李勣病死，享年76岁。高宗为其举哀未央古城，七日不视朝，赠太尉、扬州大都督，谥号"贞武"，给秘器，陪葬昭陵；并堆土形如曾战斗过的阴山、铁山、乌德鞬山，以表功烈。

李勣智谋深广，通晓兵法。在用兵时，临敌应变，深合机宜。他善于集思广益，每听到一条有价值的意见，往往赞不绝口。打了胜仗，他总是把功劳推给下级，或将锦帛赏给部属，因而部下都愿意在他的指挥下拼命效力，每战多捷。历史上把他和李靖并称为唐代大军事家。

李勣给后世留下的精神遗产，不仅仅在于兴建大唐的功勋卓著，更在于他高贵的品格，高尚的节操，磊落的胸怀，直到一千多年后的今天，仍具有可贵的人格魅力和极大的精神感召力。

李勣遇到的最难以把控，但处理得最妥当的是和前瓦岗寨主李密的关系。在瓦岗寨，李密对李勣并不十分信任，但李勣在瓦岗寨失败投奔李渊时，仍以李密的名义向李渊献上原辖区内郡县户籍。李密被杀后，李渊派使节把李密的首级送到黎阳，告诉李勣李密反叛的情况。李勣当场伏地行礼，号啕恸哭，上表请求收葬李密，唐高祖李渊答应了李勣的要求。李渊将李密的尸首送给李勣，李勣以君臣的礼节为李密办了一场隆重的丧事，全军两万多人披麻戴孝，将李密埋葬在黎阳山之南。李勣坦诚无私，以义相交，不负旧主，品德高尚。

李勣和单雄信同乡，又是生死相依的好朋友、好兄弟。李密失败后，单雄信投到了王世充的队伍里，而李勣则选择跟随李渊。二人选择不同的阵营，彼此的首领是势不两立的仇人，王世充被唐军打败之后，单雄信被俘虏，秦王李世民决定杀之以绝后患。李勣百般求情无果，最后割下自己的一块股肉，让单雄信吃下，以偿当初同生共死的誓言。单雄信懂得李勣的心，接过肉，大口吃了，慷慨赴死。

李勣对自己的父母兄弟姐妹更是情深义厚，事亲极孝。武德二年（619），李勣在获悉窦建德俘获其父李盖时，已经走出包围圈又返回，"数日，以其父故，还诣建德降"，保全了父亲。他在兄弟中间，是让人崇仰的大哥。弟弟李感很小的时候就随李勣投奔瓦岗寨义军，后被王世充俘虏，王世充让他致书李勣，劝李勣脱离瓦岗军。李感说，大哥立身，不亏名节，决不会因为我而改变。王世充大怒，把他杀害了，他死时才15岁。弟弟李弼与他长期生活在一起，"与弟弼特存友爱"，临终以家中大事相托。

李勣的人情味表现得最突出的事情，是已经身为"仆射（即宰相）"的他，为生病的姐姐熬粥做饭这类小事。"李勣焚须"的故事被列为古代与"二十四孝"并列的"二十四悌"之一，如今被很多选家纳入传统文化国学小故事"悌

篇"和德育教材里。

唐麟德二年（665）三月，李勣的长子李震卒于梓州，撇下儿子敬业、敬猷等，长孙敬业天生异象，长到十四五岁，勇猛过人，喜欢弹射，百发百中，走马如飞，这让李勣高兴，却也有隐隐的不安。

李震去世15年后，他的忧恐最终成为现实。唐高宗死后，武后临朝，随意废杀儿皇帝，大戮李唐宗室，武氏家族高官重权，天下人怨愤。徐敬业扯旗反对武则天政权，因诸多因素，很快被剿灭，李勣也遭焚骨扬灰，被取消李姓，并惹来后世诸多是是非非。

徐懋功墓

武则天死后，唐中宗为李勣追复官爵，并下令为李勣"起坟"，重新安葬，即现存的李勣墓。《东明县志》"乡贤"卷中援引了唐中宗追复李勣官爵诏书中的话："已故司空李勣，前因敬业之事废毁了坟茔。我追思元勋，永远怀念佐命之臣。东汉时的窦宪干扰纲纪，尚且不牵连他在安丰的祭奠；西汉时的霍禹扰乱纲常，还保留了他在博陆的祠堂。后人犯罪和前人的封典并没有关系，这一点国家已经在典章上有所规定，因此特垂赐恩礼，希望主管部门赶快为李勣重修坟茔，并将其所有官阶、爵位一并追复，以此来使我满意。"诏书援引前朝事例，表示了对武则天追惩李勣的不满。到此时，李勣子孙虽然已经灭绝，但他的不白之冤得以昭雪。

忠义两全单雄信

单雄信（581—621），姓单名通，字雄信，曹州济阴（今山东东明）人，后迁居山西潞州（长治）天堂县城南8里二贤庄。他年少勇健，练得一身好武艺，手使金顶枣阳槊，胯下骑闪电乌龙驹，性格倔强，不屈不挠，慷慨赴难，忠义两全，是一个让人服气的历史人物。

隋大业九年（613），韦城（治所在今河南滑县东南）翟让亡命瓦岗，聚众起义，单雄信与徐世勣前往归附。同年，李密助杨玄感反隋失败，投奔瓦岗。大业十三年（617），翟让在王伯当与徐世勣的建议下，将瓦岗之主的位置让给李密，李密自称魏公，封翟让为司徒，单雄信为左武侯大将军，徐世勣为右武侯大将军。唐武德元年（618），王世充打败李密，徐世勣投奔唐军李世民，单雄信投降王世充，被任命为大将军。

唐武德三年（620），李世民率军包围东都，单雄信与尉迟敬德交战，被刺坠马。单雄信与大唐李家结怨，誓死不愿效忠李世民，次年，李世民克东都，王世充降唐，单雄信被杀。《旧唐书》说他"少骁健，尤能马上用枪，密军号为飞将"，《资治通鉴》说"雄信骁捷，善用马槊，名冠诸军，军中号曰飞将"。清代著名史学家赵翼有诗云：

单雄信画像

伪郑单雄信，挺槊追秦王。
伪汉张定边，直犯明祖航。
彼皆万人敌，瞋目莫敢当。
使其事真主，勠力鏖疆场。
功岂后褒鄂，名应并徐常。
惜哉失所依，草贼同陆梁。

东明县与单雄信缘分很深，现在的县城原名大单集，应该与单雄信有些渊源。城内原县衙北有大片水域，现称东明湖，湖东北有单雄信墓，据说是个衣冠冢，历代曾建庙祭祀，多次重修，《东明县志》保存下来重修时的碑记。城南八里许毛营村，有单雄信儿子的墓小单冢，后又建了一座小单观音龙门寺。唐朝林宝的《元和姓纂》载：单雄信是后汉济阴太守单匡之后，生有一子单道真，为唐朝梁州司马，单道真生有三子：单思敬、单思礼、单思远。单思敬官任安东都护府都护，有子单光业；单思远官任河南尹、岐州刺史，有子单有邻、单不先。单雄信第十一代孙单兴、单旺、单茂、单盛加入黄巢起义，人称"黄军四杰"。

单雄信墓原位于东明县城北门里西侧200米东明湖畔。单雄信庙依墓而建，始于何时已不可考，明万历三十三年（1605）东明县知县张师绎曾修缮单雄信庙，清雍正四年（1726），东明县知县程允仁又重修单雄信庙。据《东明县志》记载，单雄信庙后来被毁，但毁于何时却不得而知，墓也被湖水淹没，20世纪80年代，单雄信衣冠冢遗址周遭砌石围绕。《东明县志》记载了明朝著名诗人杨一清题咏单雄信墓的诗：

漂泊残魂土一丘，断碑千古共松楸。

寒鸟啼落陵前月，疑诉当年汗马愁。

还记载了清朝桐城人马宗焕的一首《题单将军墓》诗：

迢递春光暮霭横，凄凉古墓接荒城。

功成秦魏今安在？世历隋唐代几更？

慷慨何人能嗣子，英雄此日尚留名。

我来凭吊弥增感，风涌黄河作怒声。

近年来，东明县加大城市建设力度，美化居住环境，以满足人民群众休闲娱乐的需求。2021年，在原东明湖的基础上，扩大规模，提升档次，建成东明湖生态公园。公园北部单雄信墓所在地修建大型广场，名为"北城归骑"，竖起单雄信、李勣高大塑像，以纪念两位古代英雄，寄托世代东明人对他们的怀念。基座北面书"北城归骑"四个大字；南面镌刻"单雄信李勣塑像记"，全文如下：

单雄信、李勣（徐茂公）乃隋唐英雄，东明人也。二人素有大志，意气相投，誓同生死。隋朝末年，民不聊生，群雄并起，翟让聚众瓦岗寨，雄信、李勣前往效力。后瓦岗军溃，雄信归顺王郑，李勣服务李唐。从此纷纭逐鹿，各为其主。

雄信骁勇，冲锋陷阵，名冠诸军，人称飞将；李勣多谋，攻坚伐锐，迭立战功，封英国公。逮世充为唐所败，举军投降，独雄信宁死不屈。李勣舍官爵相救而不果，遂割己肉予雄信食下，以偿先誓。雄信慷慨赴死，李勣归葬之于故里大单集，今东明县城也。

今逢盛世，政通人和，县政府斥资重修小东湖，树立单、李雕像。人们争相观瞻，盘桓流连，感慨系之，赋辞赞曰：

单雄信墓

前徽渐远，往事留香；铭勋钟鼎，绩著旂常，英灵陟降，庇佑家乡；下苏黎庶，上祷穹苍。存心耿烈，千载恩长；精英赫濯，德化东方。忠肝义胆，显焕无双；彪炳史册，亘久芬芳。

后梁勇将庞师古

庞师古（？—897），曹州南华县（今山东东明）人。唐朝末年著名将领，官历后梁都指挥使、节度使等职。

唐朝末年，统治者日益腐朽，社会动荡，民不聊生，相继发生了浙东的裘甫起义、桂林的戍兵起义和黄巢的农民军大起义。黄巢农民起义军中的大将朱温后来在中和二年（882）九月投靠了唐朝，转而镇压黄巢的农民起义军，其部将庞师古骁勇善战，屡立奇功。唐哀帝天佑四年（907），朱温废掉唐朝皇帝，自立为帝，建立梁朝，定都洛阳，史称后梁，朱温是为梁太祖。

在这期间，庞师古身为都指挥使，率军渡过淮河，攻滁州，破天长，下高邮，沿淮河转战，所到之处都能获捷。旋即取代朱温长子朱友裕统帅军队，攻下徐州，斩杀唐中书全、感化军节度使时溥。接着移军攻打兖州，攻入中都，经营梁山，破朱瑾于清河。

乾宁四年（897）正月，庞师古领各军攻伐郓州，活捉郓军首领朱瑄，积功至天平军节度留后、徐州节度使、检校司徒。八月，与葛从周分统大军，渡过淮河攻伐杨行密。庞师古扎营清口，地势低下，有将领对他说："部队不能停在这个地方扎营，因为我们是低洼处，如果上方有人想要筑坝蓄水，水淹大军，我们必将死无葬身之地。"庞师古非但没有听取此人的建议，反而觉得他是在扰乱军心，把他处死了。几日后，杨行密真的用了水攻这个办法，大水一来，冲得庞师古大军死的死，逃的逃，庞师古也在这次战役中战死。

第二节　贾氏兄弟"棠棣碑"

"铛脚刺史"贾敦颐

贾敦颐（？—656），字景远，曹州冤句（今山东省东明县）人。据考，贾敦颐为汉代贾谊之后。十一世祖贾真，晋代封冤句侯，故后代迁居于曹州冤句，

遂为冤句人。贞观年间曾为沧、瀛二州刺史，永徽年间累迁洛州刺史。品性廉洁，为人节俭，多有善政，唐初著名良吏。任冀州刺史期间，与沧州刺史薛大鼎、瀛州刺史郑德本合称为"铛脚刺史"。

隋大业十三年（617）五月，太原留守李渊起兵于太原，贾敦颐前往投靠高祖，随秘书监夏侯端安抚淮左，招抚杜伏威。招抚归来，"畴庸懋赏，又除陕东道大行台度支郎中"。武德元年（618），秦王李世民拜陕东道大行台尚书令时，贾敦颐曾做过李世民的下属。武德七年（624）三月，李孝恭大破辅公祐，平丹阳，贾敦颐亦"以平辅公祐之勋，迁授使持节谷州诸军事、谷州刺史"。此后"又历常、唐二州刺史，所在流惠，异俗同谣，政绩尤异，特敕褒锡"。贾敦颐对唐初天下的平定及治理贡献较大，颇为李渊、李世民父子所倚重。

唐太宗贞观年间，贾敦颐担任沧州刺史，为官清廉，生活俭朴。每当有事需要进京朝见皇帝时，他只坐瘦弱的老马拉的一辆破车。在路上，遇到缰绳断开，他就用麻绳绑接一下，这副穷困潦倒的样子，让人根本不相信他就是权倾一方的刺史。他的两个仆人无法忍受这种生活，不免在旁边埋怨，他也不怪罪。很长时间后，贾敦颐转任洛州司马，因公事牵累被捕入狱，唐太宗下令赦免他，有关官员坚持不赦免，太宗说："人谁能无过，我只除去那些过失太严重的。如果全都绳之以法，即使儿子也有不合父亲心意的，何况臣子服侍君主呢？"于是贾敦颐被免于追究，调任瀛州（今河北河间市）刺史。

瀛州州境靠近滹沱、滱水两条河流，每年河水泛滥，毁坏房屋，淹没洼地数百里。贾敦颐为此奏请朝廷拨款，带领百姓筑堤立堰，根除洪灾，从此滹沱河及滱水再也没有发生过水患，瀛州也因此成为著名的鱼米之乡。当时，贾敦颐的弟弟贾敦实担任饶阳县的县令，为政清廉，受到官吏百姓的赞美。饶阳县与瀛州相连，按朝廷制度规定，凡是具有服丧九个月以上的亲属关系的人，为避嫌，不能在相连的地区同时担任官职，朝廷因为他们兄弟治理政务都很有政绩，所以没有调开他们，以此来表示宠信。

永徽五年（654），贾敦颐从瀛州刺史升任洛州（今洛阳一带）刺史。当时洛州是大唐陪都（东都），权贵豪强云集，土地兼并严重，致许多百姓失地破产，流民成灾。贾敦颐到任后，曾查出豪富多占了3000多顷田地，他顶住巨大的压力，将那些非法占有的土地没收，并下令将这些土地分给少地或无地的农民。同时大力绥靖地方，揭发隐蔽的坏人坏事，严惩奸徒，属下不能欺瞒，不正之风无处遁形，百姓无不称颂。史称其"发奸摘伏，有若神明"。

贾敦颐在洛阳政声卓著，百姓爱戴，但天不假年，"春秋六十有九，以大唐显庆元年七月七日薨于位"。但贾敦颐治洛之绩，直至中宗神龙年间尚为人津津乐道，确实无愧"良吏"之称。洛阳百姓为了感念贾敦颐，树碑于大市通衢。

其事迹被载入《旧唐书·良吏传》。

唐朝初年，郑德本任瀛州刺史，贾敦颐任冀州刺史，薛大鼎任沧州刺史，三个人都是能干的好官，以善于治理而得名，深受百姓爱戴，所以河北一带称他们三人为"铛脚刺史"。铛是一种三只脚的小锅，可以用来加热茶、酒、药等，是老百姓家里常用的器具。沧、瀛、冀三州相邻，正如铛之三足，且三位刺史均有美政，故时人形象地称他们为"铛脚刺史"。

"铛脚刺史"当然是难得一遇的，大诗人白居易曾有诗感慨云："愧无铛脚政，徒忝犬牙邻。"明张岱所著《夜航船》中也说："唐薛大鼎守沧州，郑德本守瀛州，贾敦颐守冀州，皆有治名，故河北称为铛脚御史。"后人常用"铛脚御史"比喻一些地方官吏善于治理，能为民兴利除害。

政化清静贾敦实

贾敦实（590—688），字景真，曹州冤句（今山东省东明县）人。唐初廉吏贾敦颐之弟。唐朝时期大臣、著名清官。贞观中任饶阳县令，高宗时历任洛州长史、太子右庶子、怀州刺史等职。为官甚有惠政，史称其"政化清静，老幼怀之"，洛阳百姓为之刻石颂美于贾敦颐碑旁，号"棠棣碑"。

唐高宗咸亨元年（670），贾敦实迁洛州长史，为政宽厚仁惠，民心都归向他。当时的洛阳令杨德干崇尚严酷刑罚，喜欢用拷打杀人来树立威信，贾敦实劝谕他说："政在养人，义须存抚，伤生过多，虽能亦不足贵也。"意思是说，为政在于养育百姓，伤害生命过多，即使能干，也是不足为贵的。他经常为此制止杨德干，杨德干也因而渐渐减少杀伤。

贾敦实的哥哥贾敦颐曾任洛州刺史，政绩突出，深得民心，当地百姓在大市旁边给他了一座纪念碑。咸亨四年（673），贾敦实洛州任职期满，入京迁太子右庶子，人们为了感念他，又在贾敦颐碑旁边给贾敦实刻了一座纪念碑，时人称之为"棠棣碑"。《诗经·小雅》中有《棠棣》篇，是一首歌唱兄弟互相友爱的诗歌，后因以"棠棣"指兄弟。百姓为贾敦颐和贾敦实二人立"棠棣碑"，赞美兄弟的功德，在当时及后世都被传为佳话。

贾敦实后来出任怀州刺史，也有良好的政绩。唐高宗水淳初年（682），贾敦实年老致仕。在他病重时，子孙接来医生，贾敦实不肯见，说："未闻良医能治老也。"始终不肯服药。

武则天垂拱四年（688），贾敦实逝世，终年98岁。

第三节　大唐理财家刘晏

刘晏画像

唐玄宗开元五年（717），东明这块土地上又诞生了一个撼动历史的人物刘晏。他横跨盛唐和中唐，少时是誉满京华的神童，见证了盛唐的繁华，后执掌国家财政数十年，拯救了安史之乱带来的经济危局，是中国历史上的著名理财家。

刘晏（717—780），字士安，曹州南华（今山东省东明县）人，出身于一个普通的官僚地主家庭，其先祖是西汉楚元王刘交的后裔，本居彭城（今江苏徐州），后因战乱移居南华，筑埚成居，天长日久，形成聚落，世称刘埚，《东明县志》上称刘埚堆，在今东明县武胜桥一带。

刘晏从小天资聪明，加上刻苦用功，很小就写得一手好诗赋文章，在乡里被誉为神童，人人称羡。宋代学者王应麟编写的古代儿童启蒙读物《三字经》，至今还在广泛流传，其中说道：

> 唐刘晏，方七岁。举神童，作正字。彼虽幼，身已仕。尔幼学，勉而致。有为者，宜若是。

在《三字经》里，用 10 句 30 个字赞一个人，这是唯一的一个，作者显然是把刘晏作为少年立志成才的最好榜样。

有一段评价刘晏的文字说得很好："刘晏只活了 64 岁，却在唐朝的天空闪耀了 58 年，并贯通安史之乱前后的盛唐、中唐二季的四代帝王，其财经标本价值无与伦比。由一个最风流快意的君王赏识下的神童，支撑了江河日下的肃宗、代宗甚至德宗朝的财赋江山，刘晏以一己之力挽救了一个因政治军事上出现重大危机而在财政经济上摇摇欲坠的王朝的气运。如此力挽狂澜的历史人物，没有足够的智略、才识和传奇色彩，怎么可能呢？功以才成，这就是刘晏。"唐王朝是中国历史上气象宏大、经济文化发达，最为人们称道的繁盛时期，唐玄宗开元（713—741）、天宝（742—756）年间更是唐王朝的盛世，也是中国古代社会中少有的四境安宁、物阜民丰的盛世之一。尤其是开元时代，玄宗选贤纳谏，励精图治，使王朝步入了巅峰，无论是政治、经济，还是文化，都足以垂范后世，恒久为人所称道。

唐开元十三年（725），玄宗李隆基为炫耀其"文治武功"，浩浩荡荡地离开东都洛阳，赴东岳泰山举行封禅大典，以告天地。到达兖州时，李隆基刚下行宫，还未来得及休息，就有地方官来推荐诗赋，便让太监传入。只见一位幼童不慌不忙地献上一篇《东封赋》，内容都是赞颂李隆基的丰功伟绩，李隆基非常高兴，遂传宰相张说当场测试。幼童对答如流，出口成章，在座的公卿无不点头赞赏。宰相张说连连称道："这真是国家的祥瑞，未来的栋梁啊！"幼童《东封赋》献上后，玄宗李隆基非常欣赏他的才学，就把他留在了身边。这位幼童就是刘晏。

泰山封禅后，玄宗把刘晏带回京城长安（今陕西省西安市），授秘书省正字之职（从九品校对文字的官员）。开元十五年（727），玄宗和大臣、嫔妃们登勤政楼观看百戏表演，刘晏也应诏作陪。嫔妃们都非常喜欢他，对这样一位年仅九岁的小小政府官员，武惠妃竟让他坐在自己的膝盖上为其画眉缩鬓。玄宗问刘晏："卿为正字官，正得几字呀？"刘晏答道："天下字皆正，唯朋字未正。"于是，勤政楼引起一阵哄笑。不一会儿，武惠妃手指着勤政楼下百戏争新和王大娘头戴百尺竹竿的精湛表演，让小刘晏作诗。刘晏稍加思索，便应声咏道："楼前百戏竞争新，唯有长竿妙入神。谁谓绮罗翻有力，犹自嫌轻更著人。"玄宗与大臣、嫔妃们听后，欢笑不已。为此，玄宗赏赐刘晏一制象牙笏和一领黄纹袍，以作褒奖。一时间，"神童"刘晏誉满京城。

刘晏在秘书省任正字官时，不仅接触到了各种国藏图书，同时还得到了时任贤相张说的指点和教诲，为他以后掌管国家财政奠定了基础。

天宝七载（748），刘晏应诏离开京城，出任夏县令（今山西省夏县），时年33岁的他立志大显身手，造福于民。任职期间，他经常巡察乡里，安抚百姓，扶持生产、廉洁奉公，严令禁止地方官敲诈勒索下属和百姓，深得百姓赞扬。三年后夏县令任期满，经考核，他被推举为贤良方正，授任温县令（今河南省温县），他兴利除弊，为百姓办了很多好事，《唐书》中有"所至者有惠利可纪、民皆刻石以传"的彰表。多年的地方官生涯使他体察到了百姓的疾苦，掌握理财的方法。由于他为人正直，做官清廉，政绩突出，于天宝十四载（755）被调回京城，授予殿中侍御史。

天宝年后，李隆基逐渐丧失了开元盛世的雄心，终日沉溺于酒色，朝廷紊乱，腐败现象日趋严重。天宝十四载（755）终于爆发了"安史之乱"，东都洛阳、西京长安相继失守。刘晏避乱于襄阳，玄宗远逃四川，让诸皇子分领兵马平乱，派第十四子永王璘领四道节度使镇守江陵（今湖北省江陵县）。永王璘鉴

于局势混乱，管辖的都是富庶之地，在其谋士薛镠等人的怂恿下，起了反叛之心，派人向刘晏委以重任，刘晏察觉到永王璘的行径，断然拒绝了。为维护大唐的江山，他致信当时的宰相房琯说："现在的诸王生活在深宫，一旦掌管国家大事，希望他们有齐桓、晋文那样的功业，是不可能的。"至德元年（756），李亨（肃宗）在灵武（今宁夏回族自治区武县）即位，他获悉刘晏很有才干，便任命他为户部度支郎中，负责管理江淮地区的租赋。刘晏刚到吴郡（今浙江省杭州一带），永王璘就来袭击。刘晏竭力劝说吴郡太守李希言出兵抵抗，并亲自参与指挥，分兵镇守余杭，致使永王璘兵败身亡。此后，刘晏连任彭原（今甘肃宁县）太守、陇（今陕西省陇县）华（今陕西华县）二州刺史。上元元年（760），刘晏由河南（今河南洛阳）尹转任长安京兆尹。两年后，任户部侍郎兼度支、铸铁、盐铁使，开始领导唐朝的部分财政工作。宝应二年（763），升任吏部尚书（副宰相），仍监管度支使工作。从此，他先后掌管唐王朝经济事务长达20年，对唐朝中后期的经济恢复发挥了重要作用。

刘晏掌管唐朝财政时期，正值国破家亡之际，潘镇割据，财政紊乱，经济极度困难。当时，唐朝的政治文化中心在西北，而关中地区所产粮食不能自给，更满足不了京师驻军和市民的消费。长期以来，每年都要从江淮、江浙等地调集100万石左右的粮食，供应军需民用。安史之乱时，洛阳被占，淮河阻塞，使原先就很艰难的漕运路线（长江、汴水、黄河、渭水）被完全切断。江淮一带的粮食只好溯长江渡汉水抵洋州（今陕西洋县）转陆路，运至长安。不仅路途远，费用多，周期长，运量小，而且还经常出现翻船事故。京师粮食经常供应不足，物价飞涨，有时竟达到一斗钱买一斗米的境地。老百姓只好以树皮草根充饥，京城内甚至出现了"禁军乏食"的局面。

广德二年（764），刘晏接受了办理漕运的重任。他遍察江河流域，四处奔波，正如诗人钱起在《奉送刘相公江淮催漕运》一诗中写的那样："国用资戎事，臣劳为主忧。将征任士贡，更发济州舟。拥转星还击，过池凤不留。唯高饮冰节，稍浅别家愁。落叶淮边雨，孤山海上秋。谁知谢公兴，微月上江楼。"经过调查研究，征得地方官员的同意，他大胆改革漕运制度，疏浚河道，恢复了水路运输，对长江、汴水、黄河、渭水采取分段接运和"囊米"（袋装）；开设了造船场，建造了专用船只，对船工水手实行雇工制。这样一来，大大提高了运输效率，也避免了水手由于不熟悉长途水路而导致翻船事故的发生。经过整顿，年运粮食达40万石，最高达100万石，保证了江淮粮米对京城的供应。当第一批粮食从汴水、黄河源源不断地运到长安时，军民欢呼，代宗李豫派专门的乐队迎接，慰劳刘晏说："你真是我的萧何啊！"

唐初，盐业交易自由，国家不收税，到了乾元元年（758），为补充中央财

政，唐中央政权实行了盐业专卖。起初，上元二年（761），元载任盐铁使，他非常贪婪残酷，广泛设置盐官，实行官收、官卖，对百姓敲诈勒索，督收盐利，硬性摊派。盐官只收现钱或绢帛，不赊账，不换购，农民缺少钱帛，只好"淡食"。特别是在运输过程中，硬摊派，加之农民住居分散，往往是"一吏到门，百家供奉"，闹得人民怨声载道。刘晏改革了食盐专卖制，实行民制，官收商运，商铺销售的办法，只在盐产地设盐官，把产地的盐卖给商人，再由商人运往四方。对于离产盐区较远的地方，设立常平仓，以防盐商抬高盐价。这样，商人们不仅能从事食盐的正常运输，而且没有严重的走私现象；市民对盐的价格也比较满意，再也不用受"淡食之苦"了。盐法改革后，唐中央政权的盐税也从 60 万贯（一千钱为一贯），增加到 600 万贯，占当时财政收入的一半。

肃宗初年，刘晏曾一度主管江南的租庸，后因"严庄案"（即严庄通敌案）被贬为通州刺史，江淮租庸使由元载担任。元载认为江淮地区虽经兵乱灾荒，但百姓仍比其他各地富有，竟要将百姓从天宝四载（745）至上元二年（761）16 年间所欠缴的租调，从头算起，限期缴清。他派酷吏当县令，进行催租，对百姓强取豪夺，有不服者，就严刑拷打，致使有"上元官吏务剥削，江淮之人多白著"（赋税外的）的说法。刘晏重任租庸使后，不仅废除了额外的横征暴敛，而且还根据每年的收成，适当减免农民的负担。他密切联系百姓，发展农业生产，以巡院做基础，随时掌握各地的农事情况。这些"知院官"们工作勤奋，从不怠慢，各州、县每月、每旬的天气变化，包括巡察院以及本人的行踪情况，随时如实地呈报给刘晏，往往是不等一些州县的申请写出，刘晏已查明了情况，如实奏报了朝廷，主动为百姓解决了困难。对工商业者，他同样为其减轻赋税，使工商业者与其他行业的税收基本持平，从而扶持了当时江淮一带工商业的发展。

刘晏除在征收赋税方面体恤民情外，还大力推行"常平仓"制，即丰年官府略高于市场价格收粮食，荒年略低于市场价卖粮食，用于调节粮米价格，稳定市场，稳定社会；并且不惜重价"募驶足，置驿相望"，使各地的粮食和主要商品的价格，"没有太贵太贱之忧"，市场经常保持平稳。此外，刘晏在推行"均输"（即把税收折合成现金），增加铸钱等方面，也取得了较大的成绩。当时，全国各地共储备粮食 300 万石，仅江淮地区就铸钱 10 万缗，供应京师、扬州、荆州等地的市场流通。

刘晏不仅在经济改革方面制定了一系列制度措施，而且还任人唯贤。为了使他的改革措施稳健地推行，他选用了几百名有专长的实干家，分布于全国各地。史称："积散百人，皆新进锐敏，尽当时之选，趋督筹办，故触成功。"这些人大都是知识分子，即所谓的"士人"。他说："士人前途有爵禄的希望，求

利重于求名。"因此，刘晏把理财、稽核、出纳工作都交给了士人掌管，佐吏只是奉命办理文书，不让他们负责主要工作。刘晏办事十分讲究效率，他对僚属们一方面放手任用，尽量发挥他们的才能，一方面"务于急促"，严格要求功效，不得拖延。由于他善于使用、考核，"任其才而得其才"，属吏对他的指示遵行不误。

因刘晏能力超人，知人善任，代宗皇帝认为他"中外兼济，固有余力"。大历四年（769），再次任命他为吏部尚书，长期主管官员的任免和考察工作。他办事公道，赏罚严明，为大家所信服。代宗皇帝让刘晏考察官吏好坏，刺史有罪，五品以上者，允许他先行扣押，然后上奏弹劾；六品以下的官员，允许他先用杖刑，再奏明朝廷。这更加强了刘晏管理人事的权威性，同时也为他在财政部门提拔委派官员提供了方便。在他合理用人的原则下，选拔了一大批善于理财的能人，保证了经济改革的顺利实施。他死后20年内接续掌握财政大权的人，大都是他提拔任用的。任职期间都很有名望，如韩洄、裴腆、包佶、卢微、李衡等，都是他的老部下。

刘晏为政清廉，提倡节俭。他饮食清淡，室无媵婢，常说："居住但求安全，不必讲究宅第的富丽；饮食但求饱适，不必讲究菜肴的丰盛；骑马但求稳健，不必讲究毛色的漂亮。"他秉公执法，从不谋私利。身为副宰相，他的女婿做元帅判官，为避兵权、政权居于一门之嫌，他硬是上书朝廷罢免了女婿的元帅判官之职。在查办宰相元载一案时，虽然朝廷授予了他权力，但他还是慎之又慎，奏请代宗李豫，与御史大夫李涵、散骑常侍肖昕、礼部侍郎常衮、谏议大夫杜亚等五人会同审理。当时人传，元载与刘晏曾共过事，是刘晏的上司，刘晏是不会处死元载的，但刘晏秉公论处，还是判处元载死刑，其党羽也大多受到贬斥。其中杨炎时任吏部侍郎，属刘晏的部下，也同样受到了降职道州司马的处分。

大历十四年（779）末，代宗驾崩，德宗李适继位，而德宗当初之所以能当上太子，是奸相元载支持的结果。德宗一继位，便想替元载翻案，杨炎也因文笔"风骨峻峙，文藻雄丽"，深得德宗喜爱，被提拔为宰相。杨炎为了替元载报仇，便专门找刘晏的岔子，不择手段，步步紧逼。

建中元年（780）一月，杨炎叫人散布谣言说："当年有人劝代宗立韩王（李迥）的母亲孤独妃为皇后，刘晏参与了这个阴谋，动摇皇上（李适）的地位。"李适猜忌多疑，刚愎自用，对刘晏产生了恶感，借故解除了刘晏财政经济方面的一切职务。二月，杨炎又以"奏事不实"为由，把刘晏贬到荆南地区去当忠州（今四川省忠县）刺史。为了进一步加害刘晏，杨炎又推荐与刘晏一向不和的庾准当荆南节度使，监视刘晏。杨炎、庾准同流合污，捏造事实，说刘晏对皇上不满，招募兵员，擅自动用公家财产，威胁朝廷的宣召使臣，有造反的企图。德宗李适糊里糊涂，在七月的一天派宦官赐刘晏自缢，刘晏时年65岁。杨炎派人抄了他的家，抄出的东西仅有"杂书两车，米麦数斗"，家属被流放到岭南，受连累的达几十人。

刘晏被害的消息传出后，唐朝社会舆论大哗，纷纷斥责朝廷，为刘晏鸣冤叫屈。事隔一年零三个月，德宗与权相卢杞借机贬杨炎于涯州（今海南省），迫令其自杀。兴元初年（784），德宗逐渐醒悟，准许将刘晏的遗体运回长安。贞元五年（789），他提拔刘晏的儿子刘执经做太常博士，刘宗经做秘书郎。刘执经辞官不要，请求追赠他的父亲，于是朝廷下诏赠刘晏郑州刺史，加司徒，他的冤情得以昭雪。

刘晏虽然被陷害致死，但他为唐朝安史之乱后的经济恢复做出了巨大贡献，也为元和中兴打下了坚实的基础，他所采取的某些经济措施，一直被后人沿用。

刘晏少小离家，在盛唐晚照中成长，在安史之乱的战火中磨砺，为重新找回贞观、开元盛世，不屈不挠地奋斗，献出了全部聪明才智。刘晏以一己之力挽救了一个因政治军事上出现重大危机而在财政经济上摇摇欲坠的王朝的气运。如此力挽狂澜的历史人物，没有足够的智略、才识和超越常人的精神、格局和魄力，是难以做到的。无怪乎史学家们将他与春秋管仲、战国商鞅、西汉桑弘羊、宋朝王安石、明朝张居正合称为"古代六大经济改革家"。

星移斗转，大浪淘沙，无数名重一时的古人都湮没无闻，而刘晏仍在历史的天空里大放异彩。千载以后，随着传统文化的弘扬和《三字经》的普遍传颂，华夏大地，甚至世界各地，都会听到"唐刘晏，方七岁，举神童，作正字，彼虽幼，身已仕，尔幼学，勉而致"的声音，让人想起大唐盛世的神童刘晏，从神童到为唐帝国理财奔波劳碌的身影，不禁有高山仰止之感。

第四节　东明唐朝进士

首位进士刘濛

刘濛，字仁泽，举进士，累官度支郎中。《东明县志》记载："刘濛，晏曾孙也。举进士年月不详。"有唐一朝200多年，举行过进士考试200多场，全国中进士者数千人，但《东明县志》记载的东明县籍唐代进士，只有刘濛和

刘潼堂兄弟二人。刘濛是大理财家刘晏的孙子，《东明县志》记载为曾孙，应该有误。

刘晏善于教育子女，所以终唐之世，南华刘氏为达官显宦者连续不绝。刘晏长子刘执经先后任比部（即刑部）、吏部员外郎，官终吏部郎中。刘晏少子刘宗经，字仲儒，累迁给事中，宪宗元和元年（806）出为华州刺史、潼关防御镇国军等使，元和四年（809）迁国子祭酒。国子祭酒，从三品，主管全国教育行政，总领国子、太学、广文、四门、律、书、算学及地方学校，职权比现在的北京大学校长还要大些。

唐代用人取士制度，主要是通过科举考试的途径。普通庶族子弟经过数年寒窗苦读，一朝进士及第而荣登士族，从而改变家族的身份，但这条道路异常艰难。而贵族官僚的子弟，除科举考试以外，入仕的途径则有许多，凭借祖、父辈的功勋循例而门荫为官就是其中之一。当官的都希望"生子当如孙仲谋"，能走科举正途入仕，而儿孙辈总是不免志大才疏、眼高手低，只得给他们荫补，甚至不惜科场作弊、花钱买官。但刘宗经的儿子刘濛，自幼聪颖好学，博览群书，学识超人，是太学中的尖子生，他坚持依靠自身的努力，走科举入仕的道路。刘濛的科举之路比较顺利，年纪轻轻就进士及第，并一次性通过了吏部考试，被授予官职。刘濛是《东明县志》记载的东明籍第一个进士，因功累官度支郎中。唐会昌初年（841），刘濛被提拔为给事中。给事中为门下省之要职，正五品上，掌驳正政令之违失，事权甚重。

刘濛因才智过人，政绩突出，为宰相李德裕所倚重。平定回纥是李德裕的一大功绩。隋唐之际，回纥受突厥政权统治，遭受残酷的剥削和压迫。唐朝对东突厥战争胜利后，与回纥诸部的联系大大加强，回纥势力逐渐强盛起来，其领土东起兴安岭，西到阿尔泰山，成为北方比较强大的政权。"安史之乱"爆发后，唐曾两次请回纥出兵援助。此后，双方关系更加密切，唐曾三次将公主下嫁给回纥可汗。回纥与唐基本上没有过武装冲突。大和九年（835），回纥境内发生叛乱，加上大雪、瘟疫和荒年，牛羊多冻死，其势力开始衰弱。开成五年（840），西北的黠戛斯（即吉尔吉斯）以10万骑兵入侵其地，回纥人四散逃亡，回纥政权崩溃，大部分漠北回纥人南下华北。会昌二年（842），南下的回纥乌介可汗率军越过杷头峰（今包头附近），进犯大同、云州（今山西大同和朔州怀仁一带）等地。李德裕详细地分析了回纥的情况，建议武宗出兵征讨，进一步加强河湟地区的经营治理。河湟指黄河、湟水之间的广大地区，即今青海省海东市、西宁市和海北、海南、黄南藏族自治州一带，在历史上是一个多民族聚居区域，是黄土高原与青藏高原之间的过渡地带，也是羌藏民族与中原汉族生产生活的地理边界，战略地位非常重要。

李德裕深知刘濛的才干，就举荐刘濛担任宣慰灵夏以北党项使，并负责征讨回纥大军的兵械粮饷调集事务。刘濛到任后，造木牛来调粮运饷，供给军械，从没有过贻误，保障了征讨大军在杀胡山（在今内蒙古包头市西北）顺利大破回纥军。平定回纥后，刘濛又在河湟地区工作了几年，为唐朝西北边疆的稳定做出了极大贡献。会昌六年（846），唐武宗李炎病逝，唐宣宗李忱登基。唐宣宗素来厌恶李德裕，亲政次日便免去了他的宰相之职，将他外放为荆南节度使，加授检校司徒、同平章事。同年九月，他又被贬为东都留守、东畿汝都防御使。接着相继被贬为太子少保、潮州司马、崖州（今海南省海口东南）司户参军。大中三年十二月（850 年 1 月），他在崖州病逝，终年 63 岁。刘濛因深为李德裕所器重，遂被定为李党集团的人，李德裕获罪，他自然受到了牵连，被贬为朗州（治武陵，即今湖南常德）刺史。刘濛在朗州整顿吏治，勤于政事，颇得民心，其政绩当地史乘有载。

咸通元年（860），右拾遗刘邺上奏唐懿宗，称赞李德裕辅政时的功勋，请求对他加以追赠。唐懿宗遂追复李德裕太子少保、卫国公，并加赠左仆射，刘濛也因此得到重新起用，生前官至大理卿。大理卿，也称大理寺卿，是大理寺的长官，掌邦国折狱详刑之事，从三品，位九卿之列。这恐怕是刘晏被迫自尽时没想到的，当含笑于九京矣。

西川节度使刘潼

刘潼，字子固，曹州南华（今山东东明）人，潮州刺史刘暹之孙。历任度支巡官，祠部郎中，谏议大夫，郑州刺史，湖南观察使，朔方、昭义、河东、西川节度使等职，官至检校尚书右仆射，卒赠司空。

介绍刘潼绕不开他的爷爷刘暹。刘暹是吏部尚书刘晏的哥哥，字士昭，性情刚直坦率，疾恶如仇，是唐中期著名的直臣。初任汾州刺史时，即以刚正不阿为顶头上司观察使所畏惧，却令老百姓感恩戴德。

刘暹作为一州最高行政长官，整天为各种政务忙得不亦乐乎，但还得抽出时间应付上级的检查。唐朝州府其他官员，包括刺史在内，朝廷的制度有各种约束，言行稍有不慎就会受到责罚。比如刺史大人擅离辖区，就要挨打。《唐律·职制》载："刺史私出界，杖一百；在官应值不值，应宿不宿，各答二十；通昼夜者，答三十。"白天该上班不上班，夜里该睡觉不睡觉，都有鞭子伺候。上级经常派人下来检查，刺史的顶头上级是镇观察使，是管辖一道或数州的军政长官，有监察和处置刺史的权利，可谓权任甚重。刘暹初任汾州刺史时，观察使来汾州检查工作，听说刘暹刚正耿直，便想给他个下马威，于是在大家面

前端足了架子，官威十足，很是摆谱。但刘暹不卑不亢，严格按制度规定办事，弄得领导又生气又惧怕。后刘暹调任浙西观察使，一心为民，勤于政事，严肃吏治，许多官员都很惧怕他，他却备受百姓感戴，他离任后，百姓都很怀念他。建中四年（783），唐德宗知道刘暹刚肠疾恶，历典数州，皆为属吏所惧，想诏其为御史大夫，掌管监察执法，负责监察百官。尤其是宰相，为国家最高的检察官。时卢杞为宰相，为人阴险狡诈，嫉贤妒能，知道刘暹弹劾不避权贵，担心他一旦出任御史大夫，会挑战自己的权威，阻挠自己的意见，赶忙推荐自己的亲信、前河南尹于颀为御史大夫。刘暹终因卢杞从中作梗，没有当上御史大夫，反被贬为潮州刺史。刘暹没有因为被贬而消沉，反倒以极大的热情投身到一系列为民谋利的工作中。他整顿地方行政，宽刑均税，大兴水利，奖励生产，卓有成效。特别是均税之法，在潮州深得民心。所谓均税，就是享有特权的官僚地主阶层和普通百姓一样要纳税。中唐以后，大地主兼并土地成风，往往勾结官府，逃租避税，巧立名目，把赋税转嫁给中下阶层。刘暹在潮州力行均税之法，扭转了当地固有的利益格局，脚踏实地地为老百姓谋福利、做好事，吏风带动民风，犯罪率降低，粮食产量上升，使蛮夷之地发生了翻天覆地的变化。刘暹在潮州勤政为民，呕心沥血，鞠躬尽瘁，卒于任上。

刘暹有几个儿子，都叫什么名字，都担任过什么官职，没查到相关文献记载。刘暹的能力大家有目共睹，他的子孙自然也不甘落后。据《东明县志》记载，刘暹的孙子刘潼进士及第。唐代取士任职，不仅看考试成绩，还要有名人的推荐。史载："（刘潼）自幼好学，进士及第。杜悰判度支，表为巡官。"这就是说，刘潼进士及第后，通过了吏部的选试，经时任判度支杜悰的推荐，担任了度支署巡官。度支署巡官负责度支署的纪律监察工作，官不大，但位置很重要。刘潼在度支署工作多年，因工作出色，考核优秀，被提拔为祠部郎中。

唐朝是我国历史上各民族间友好关系加强的时期。党项羌原属古代羌族的一支，散居于青海东南和四川西北部松藩高原一带，过着随水而居的游牧狩猎生活。唐玄宗时期，吐蕃强大起来，党项受吐蕃压迫，内迁至陕甘北境灵、夏诸州（治今宁夏灵武、陕西横山），由此同汉族人民接触频繁，从而加速了党项社会经济的发展。唐文宗太和、开成（827—840）年间，唐朝藩镇的一些官员放任当地豪强、商人肆意掠夺党项族居民的羊马等财产，引起党项羌居民的极度不满，纷纷举行起义。大中五年（851）二月，唐宣宗以南山（即横山）、平夏党项叛乱久未平息为由，召集群臣商议对策。崔铉时任左仆射、门下侍郎，一心独掌相权，不欲让尚书右仆射、门下侍郎白敏中位于己上，便趁机提出派白敏中前去镇抚。三月，大诗人白居易的堂弟白敏中被任命为司空、同平章事，兼邠宁节度使，充任招讨党项行营都统、制置等使。但军中缺乏口粮，太仓空空如也，主管钱粮的官员一筹莫展，无计可施。白敏中奏请沿用裴度征讨淮西时的做法，选择朝廷大臣为部下将佐，镇抚党项，恩威并用。宣宗允准。白敏中素知刘潼的才干，说"河湟供军，非刘潼莫属"，欲以刘潼为征讨供军使，又感到此项任务艰巨，一时难以开口。刘潼听说后，主动拜见白敏中说："上念边馈，议遣使，潼畏不称耳，安敢惮行？"大意是说，皇上考虑到边饷匮乏，商议派人去完成这项工作，我担心自己能力不足，不能称职。但现在情势危急，正是用人之际，我又怎敢有所畏惧而不敢前行呢？白敏中听了非常高兴，遂向唐宣宗举荐任命刘潼为供军使。刘潼到任后克服种种困难，积极开展工作，保障了讨伐大军的军需供应，使讨伐党项工作得以顺利推进。四月，白敏中率军行至宁州（治所在今甘肃宁县）三交谷，与党项叛军交战，歼敌九千余众。对迫于饥寒出山、穷无归所、愿革新向化的兵卒，奉谕于银夏境内授予闲田，抚如赤子，从前恶行一概不予追究；若复入山林，不受教令，则诛讨无赦。并对灵、夏、邠、鄜四道百姓减免租税三年，惠及广大百姓。八月，白敏中奏报南山党项请降。宣宗诏敕南山党项，使之安业。白敏中受降后，说服党项将卒，皆弃兵择业安居。同时征求征讨军士们的意愿，可弃战为农，从南山并河安置屯保，连绵千余里，又开通萧关（在今宁夏固原东南六盘山山口）至灵威的交通要道，且耕且战，为处理民族关系和恢复、发展边地经济做出了重大贡献。此时朝廷平定回纥，收复了河湟地区，调集军队在那里屯守，白敏中推荐刘潼判度支河、湟供军案。几年后，刘潼奉令返都担任京兆少尹。

唐玄宗开元二十一年（733），依据地理形势，分天下为十五道，其中山南西道治梁州（今陕西南郑县东），领梁、洋、集、壁、果、阆、金、通、巴、兴、凤、利、开、渠、蓬十五州，管辖今陕西汉中、四川东部、重庆西部等地区，通贯川陕，是关中的南部门户及巴蜀的前大门，在安全体系中具有重要的战略地位。那里地形复杂，环境条件差，经济落后，存在许多不安定因素，史称"山南道有剧贼，依山为剽"，威胁了大唐的江山社稷，"唐宣宗怒，欲讨之"。所谓的"剧贼"，不过是一些为生活所迫揭竿而起的农民，他们占山为王，打家劫舍，杀富济贫，与官府对抗，唐宣宗大为愤怒，打算派大军前去镇压。宰相崔铉是个明白人，对唐宣宗说："此陛下赤子，迫于饥寒，弄兵山谷间，不足讨，请遣使喻释之。"唐宣宗听了，不住地点头，认为他言之有理。那么派谁前去完成这项艰巨任务呢？唐宣宗和崔铉同时想到了刘潼。刘潼很有口才，能言善辩，又勇敢有谋，很适合做说服教育工作。于是立即下诏，让刘潼驰往果州（今四川南充）。果州是"剧贼"的大本营，刘潼到果州后，马不停蹄，单枪匹马来到"贼营"，他挺身叩着山门说："皇上知道你们迫于无奈，才上山为贼。现在皇上下诏，赦免你们的罪行。"众贼听了刘潼的话，都感动得叩头谢恩。他

们先让刘潼住下，以礼相待，然后投降。山南西道节度使封敖正派遣大军进山征讨"剧贼"，听说刘潼单骑闯贼营，非常不放心，亲自带兵前来接应，见刘潼不费一兵一卒就招降了"剧贼"，大喜过望，立即上奏朝廷报捷，然后与刘潼一起凯旋。

刘潼具有军事头脑，经常就边疆建设提出自己的见解，深得宣宗皇帝和宰相崔铉的赏识，自山南道降贼回朝即被提拔为右谏议大夫。右谏议大夫，正四品下，掌朝廷谏议得失，规谏皇帝，监督百官，"凡朝政阙失，大臣至百官任非其人，三省至百司事有违失，皆得谏正"，即使明显不合理的诏书也有权驳回，可谓位高权重，责任重大。大中七年（853），刘潼被任命为灵州大都督府长史、灵武节度使，驻地在灵州（故址在今宁夏灵武市境内），辖境相当于今天宁夏全境、内蒙古河套南北地区、陕西北部、甘肃一部。大都督府长官大都督多为皇帝任命王爷的赠官，因而大都督府的军政大权实际上由大都督府长史总理大都督之职。而灵武节度使既掌管这一地区的军权，同时也掌握政治、经济大权，"既有其土地，又有其人民，又有其甲兵，又有其财赋"（《新唐书·兵志》），集军、政、民、财权于一身，属于标准的封疆大吏。刘潼在这一任上大约干了四年，工作一直勤勤恳恳，不知什么方面出现了差池，大中十一年（857）底坐累贬郑州刺史，改湖南观察使。不久，又召为左散骑常侍，从三品，属门下省，职掌为规谏过失，入则侍从顾问，出则骑马散从，虽为皇帝近臣，无比尊贵，但并无实权。唐懿宗咸通三年（862），朝廷任命刘潼为昭义节度使，治所在潞州（今山西长治市），领有泽、潞、邢、洺、磁五州（今山西晋城市、长治市、河北邢台市、永年县、磁县）。咸通四年（863），转任河东节度使，治太原府（今山西太原西南晋源镇），统辖天兵军、大同军、横野军、岢岚军、云中守捉及忻州（今山西忻州）、代州（今山西代县）、岚州（今山西岚县北）三州郡兵，管兵5.5万人。河东节度使的职务与朔方节度使一样，都是为了防御突厥，并且两镇互相应援。此时突厥已经瓦解，回纥势力随之崛起，其他势力对大唐江山也是虎视眈眈，唐朝北部边境形势依然严峻。刘潼在河东节度使任上三年，励精图治，发展生产，积极备战，为唐朝北部边境的安全稳定做出了较大贡献。

唐朝初期，在云南西北洱海地区的南诏和云南其他地区在政治上归唐朝管辖，每年要向唐缴纳赋税，唐在其领地内设置都督以进行控制。到了唐朝中期，南诏看到唐朝皇权削弱，权臣互斗，党争激烈，就想趁势摆脱唐朝的控制，于是屡次侵扰唐边，掠夺内地。唐宣宗大中十三年（859），南诏攻陷播州（今贵州遵义），而后又攻陷安南（今越南河内）。咸通二年（861）七月，南诏进攻邕州（今广西南宁）。咸通三年（862）十一月，南诏率军5万余人进攻安南（即越南），迫使唐王朝暂时放弃安南都护府。咸通五年（864）春，南诏又举兵进攻邕州地区。咸通六年（865），南诏占领嶲州（今四川西昌）。咸通七年（866），南诏计划西扰成都。为了遏制南诏的入侵，咸通七年（866）四月，朝廷任命刘潼为西川节度使。西川节度使，治所在成都府，管辖成都府和彭、汉、眉、嘉、邛、简、资、茂、黎、雅以西各州，相当于今天成都平原及其以西、以北和雅砻江以东的地区。原西川节度使李福多次征讨南诏，均出兵不利，南诏越发不可一世，大举攻掠唐朝边城，边境形势非常严峻。刘潼接任西川节度使后，对临境少数民族部落施以恩德信义，这些少数民族部落大都信守盟约，不再骚扰侵犯边境。成都邻境有六姓蛮部落，常常依违于唐朝和南诏之间。边境无虞，归顺于唐；南诏入犯，又转附南诏，并出兵用为前锋。只有卑笼部落尽忠唐朝政府，与群蛮为仇，唐廷赐其姓李，任命其酋长为刺史。咸通八年（867）二月，刘潼遣将率兵，帮助卑笼部落征讨六姓蛮，出兵袭击，焚其部落，杀俘六姓蛮部众 5000 余人。南诏大惧，从此不敢轻举妄动，唐朝西南边疆得以安宁。刘潼因功加检校尚书右仆射，享受当朝宰相的待遇。

咸通九年（868）末至咸通十年（869）初，刘潼逝世，享年不详，唐懿宗追赠他司空荣誉称号。人们谈论天宝以后精明干练的大臣时，推刘晏为第一；像刘潼这样以单骑降贼、安疆固边的壮举，也可以说无愧于其先人的厚德了。

第五节 "安史之乱"中的南华县令李萼

李萼（735？—？），本名华，河北赵郡人。从制科选拔为南华县令，恰值大灾荒年，邻县灾荒更重，每天逃难到南华的饥民不绝于途。有人劝说李萼采取措施杜绝灾民入境，免得给南华造成更大的困难和负担。李萼流着眼泪说："国家虽然划疆分土设县，但百姓是没有界限的，怎么能忍心将饥民拒之境外呢？"于是专门设粥场，做稠粥救济外地来的灾民，按人舍饭，不漏一人。灾民面有喜色，互相庆贺得以活命。不久，灾荒缓解，灾民要回归故里，李萼派人送他们干粮以备路上食用。如此一来，尽管满路都是面黄饥瘦的愁苦灾民，但他们口口声声念叨的是对李萼的感激和赞美。等李萼调到别处，南华的吏民不舍得他离去，为他立碑纪念以表感激。

唐玄宗天宝十四载（755），"安史之乱"爆发。肃宗至德元载（756），李萼客居清河，清河郡守深知他的才能，请他去向平原郡太守颜真卿搬救兵。在这危急时刻讨求救兵不是易事，李萼却答应了。

李萼到了平原郡，拜见颜真卿说："您率先倡导大义，河北各郡都把您当

作长城来依靠。清河郡是您的西邻，国家平时把江淮、河南的钱财布帛汇聚在那里供养北方大军，称之为天下北库。现在清河郡有布 300 多万匹、绸缎 80 多万匹、钱 30 多万缗、粮食 30 多万斛。况且从前在讨伐阿史那默啜可汗的时候，铠甲、兵器都储存在清河郡的库房里，数量有 50 多万件。更何况，清河郡户口 7 万，人口 10 余万。我估计财富之丰厚是平原郡的三倍，兵力也是平原郡的两倍。您如果能借给他们士兵，安抚百姓，妥善治理，把这两个郡作为核心根据地，那么其他郡就会像四肢一样，都能随您的想法来差遣了！"

清河郡的财富、装备和兵源确实吸引势单力薄的颜真卿，但他非常谨慎地将客观存在的困难讲了出来："平原郡的部队都是募集而来的新兵，还没经过训练，自保都困难，哪有能力帮助相邻的郡？尽管如此，我不妨假设，如果真的把军队借给你，你会怎么做？"

李萼没接话茬，反而说道："清河郡派我前来找您，并非自身实力不足，要靠您的部队去抗敌，主要是希望了解您这位大贤人的道义。可今天我看您并没有坚定的决心，哪敢仓促地讲出我的计划呢？"

李萼这一番既谨慎又吊人胃口的话，吸引了颜真卿的注意力，令他觉得李萼有些门道，就想出兵清河。不过，平原郡中的官员们纷纷反对。颜真卿没办法说服他们，只好拒绝了李萼的请求。

李萼回到馆驿之后，给颜真卿写了封信，下了一剂猛药："清河郡抵抗叛军，效忠朝廷，献出钱粮军械来供应您的军队，您却拒绝接纳，心怀疑虑。我回去之后，清河郡不可能孤立于您和安禄山叛军两方之外，必然要投靠其中一方，恐怕将会成为您西面的强敌，到时候您不后悔吗？"

颜真卿看了来信，顿时大惊失色：要是清河郡投了安禄山，那可就麻烦了！他急忙亲自赶到驿馆拜访李萼，不仅派了兵，还礼送他到边境。临别时，颜真卿问道："部队已经出发了，能否告诉我你要怎么做？"

李萼说："听说朝廷派上党郡长史程千里率精兵 10 万人出崞口讨伐叛军。叛军据险顽抗，使他们无法推进。我准备先派兵攻打魏郡，抓住安禄山委任的太守袁知泰，迎回前任太守司马垂，让他成为河北道西南地区的主帅。然后再分兵打通崞口，使程千里进军河北，随即讨伐汲郡、邺郡以北还没有归降的郡县。随后，平原、清河两郡率领盟军，聚兵 10 万，南下孟津，分兵沿着黄河据守要害地区，切断安禄山叛军北逃的退路。我估计东进讨贼的官军不下 20 万，西进的河南义军也不少于 10 万。您只要上表请求朝廷坚守不出战，一个多月时间里，叛军定会出现内乱崩溃的大变。"

颜真卿听完不禁叫好，立刻命部下率军会合清河、博平郡的士兵，共同在堂邑西南驻防。叛军魏郡太守袁知泰见状，派出大将带着 2 万多大军杀了过来。

结果，三郡联军与叛军从早奋战到晚，把昔日横扫河北的叛军打得大败，歼灭 1 万多人，缴获无数。一时间，联军声威大震，乘势收复了魏郡，大唐在河北的形势大为好转。

有人评论说，唐朝之所以不亡，固然有赖于郭子仪、李光弼的作战有方，但河北一带与郭、李互为掎角尤为重要，除常山颜杲卿、平原颜真卿的丰功伟绩外，清河也出了很大力气。由此看来，李萼的历史贡献，不仅仅在于他是南华县令一位循吏。

后来，颜真卿又召李萼到平原，参订榷盐之法。李萼后历杭州富阳丞、殿中侍御史。唐大历八年（773）至十二年（777）任湖州防御副使，曾官庐州太守。德宗贞元初历任吉、道、岳三州刺史，约卒于贞元中。

第六节　唐末农民起义领袖黄巢

飒飒西风满院栽，蕊寒香冷蝶难来。
他年我若为青帝，报与桃花一处开。

待到秋来九月八，我花开后百花杀。
冲天香阵透长安，满城尽带黄金甲。

这是唐朝末年著名农民起义领袖黄巢的两首菊花诗，分别为《题菊花》和《不第后赋菊》。

唐宪宗元和十五年（820），黄巢出生在曹州冤句（今山东东明）一个世代为盐商的富有家庭。2009 年，东明县组织人走访调查，广泛收集县域村庄历史资料，编辑出版大型乡邦文献《黄河的记忆》，其中"东明文艺"部分记载了不少关于黄巢的传说，是黄巢早年生活的可贵民间资料。

黄巢自幼才思敏捷，读书刻苦，博览经史，过目不忘。他五岁能诗，聪颖超群。有一次，他的祖父黄岳文和父亲黄忠丹以菊花为题，在一起联句，思索未就，站在一旁的黄巢出口便说："堪与百花总为首，自然天赐赭黄衣。"祖父一听很满意地说："好，巢儿，你能不能通赋一首？"黄巢挺直胸脯，倒背着手说："能。飒飒西风满院栽，蕊寒冷香蝶难来。他年我若为青帝，报与桃花一处开。"他祖父击掌赞赏道："很好，很好。有气魄！往后，你不光要学文，还要跟着你爹爹习武哇。"黄巢将祖训暗暗记在心里。

黄巢长到 20 岁时，不仅文才出众，而且任侠好义，雄武豪放，结识了不少英雄豪杰。此时，他爹已经年迈，不便出门贩盐，他就带领兄弟几个贩盐经商。那时候，贩私盐犯法，被官府查出来要判杀头之罪。黄巢并不害怕，遇上官兵，能躲则躲，能逃便逃，躲逃不过，就操起家伙跟他们干。所以，许多贩盐的穷人都乐意跟着他合伙贩盐。

黄巢进长安

乾符元年（874），唐僖宗即位，全国各地连年发生水旱灾，河南山东一带最为严重，麦才半收，秋季颗粒无收，无数百姓被饿死，农民的不满和反抗情绪日益激烈。但自唐懿宗以来"用兵不息，赋敛愈急"，各州县又不上言灾情，致使"百姓流殍，无处控诉"。民不聊生，百姓走投无路，被迫走向起义反抗的道路。当时在冤句县一带流传着这样一首歌谣："金色蛤蟆睁怒眼，翻却曹州天下反。"暗暗鼓动人们起来，推翻唐王朝的残暴统治。

唐僖宗乾符二年（875），黄巢变卖了家产，率领两千余人，准备起义。他将兵马带到开元寺（今东明县西南八里寺，当时名曹米寺），支大锅，起大火，日夜不停，操练兵马，等待时机，发动起义。

唐僖宗乾符二年（875），王仙芝领导几千人在长垣（今河南省长垣县北）起义，他自称"天补平均大将军兼海内诸豪都统"，发布檄文，声讨唐统治者的腐朽和罪恶。第二年，连克濮州（今河南省范县西南）、曹州（今山东省曹县北）。这时，黄巢看时机已到，于是揭竿而起，率领起义军加入王仙芝的队伍中来，起义队伍迅速发展到数万人。十二月，起义军进攻沂州（今山东省临沂市），兵临城下。唐政府急忙调集中原和江淮等地的军队前来镇压，以平卢节度使宋威为诸道行营招讨使，统一指挥各路兵马。宋威率唐军在沂州城下与起义军展开激战。起义军被打败，王仙芝将部众化整为零，分散隐蔽起来。宋威找不到起义军，以为起义军已被消灭，便遣散各路兵马，同时又上奏说王仙芝已死。朝廷接到宋威的奏报，百官向唐僖宗贺喜。

王仙芝、黄巢趁宋威遣散各路唐军的有利时机，于唐僖宗乾符三年（876）八月挥师西进，攻克了阳翟（今河南省禹县）、郏城（今河南省郏县），不到 10 天时间，连克 8 个县城，兵锋直挥东都洛阳。王仙芝又率义军攻克重镇汝州

（今河南省临汝），活捉汝州刺史王镣，洛阳震动。地方官僚纷纷携着家眷外逃，市民也争先恐后地逃离出城，城内一片混乱。唐政府忙派大军来堵截，义军随机应变，挥师南下，转战江、淮、河、汉之间。朝廷通过降官王镣劝降，王仙芝动摇了，暗中决定和唐政府谈和。王仙芝擅自带一批人到蕲州（今湖北省蕲春），与蕲州刺史裴渥进行谈判。把双方议定的草约奏报到长安（今陕西省西安市），朝廷内经过一番争论，唐僖宗最后批准，决定给王仙芝一个左神策军押衙兼监察御史的官职。王仙芝接受了朝廷官职，但黄巢等大多数将士坚决反对投降。黄巢责骂王仙芝说："当初大家对天宣誓，要齐心协力，驰骋天下。现在你去当官了，叫兄弟们到哪里去？"说罢，就把王仙芝打了一顿。王仙芝不敢投降了，但义军内部开始分裂。王仙芝率部留在湖北，先后攻下鄂州（今湖北省武昌）、随州（今湖北省随县）等地，队伍发展到六七万人。黄巢率部转战于河北、山东等地。

在此情况下，唐政府又采取了招降政策。招讨都监杨复光派判官吴彦宏潜入农民军内部，鼓励王仙芝投降。王仙芝又动摇了，派大将尚君长及蔡温球、楚彦威三人随吴彦宏入朝洽谈投降事宜。唐招讨使宋威因作战不利，多次受朝廷指责，此时他害怕杨复光投降成功后对自己不利，便派兵在路上把尚君长等人抓了起来，押送到长安，并向朝廷奏报说是在作战时俘获，结果尚君长等人在长安的狗脊岭被斩首。王仙芝闻知此事，非常气愤，便带兵进攻荆南。唐僖宗乾符五年（878）初，攻破了江陵（今湖北省江陵）、罗城。山南东道节度使李福率全部兵马，以凶悍的沙陀骑兵为前锋，前来镇压，王仙芝军被打败。二月，王仙芝率部在湖北黄梅与追踪而至的唐将曾元裕部展开决战，起义军伤亡5万多人，王仙芝也战死。余部在尚让的率领下，到亳州与黄巢会合。两军共有10万多人。尚让与黄巢两支起义军会合后，共推黄巢为王。黄巢自称冲天大将军，表示一定要推翻唐王朝。接着，黄巢挥师北上，攻占沂州和濮州，再次威胁东都洛阳。当他发觉唐政府有所准备后，立即率军南下，渡过长江，进军江南。

黄巢起义军接连攻下了虔（今江西省赣州）、吉（今江西省吉安）、信（今江西省上饶）等州，挥戈进军浙西，转战浙东，于唐僖宗乾符五年（878）九月攻下越州（今浙江省绍兴）。唐镇海节度使高骈派兵前来进攻。为保住实力，起义军克服了种种困难，在连绵起伏的崇山峻岭中修筑了一条自衢州（今浙江省衢县）到建州（今浙江省建瓯）的700里山路，进入福建境内。起义军乘胜占领了福州，黄巢率部包围了岭南重镇广州。这时，唐政府又想招降黄巢，黄巢拒绝招降。九月，起义军一举攻克广州，抓获岭南东道节度使李迢。起义军在广州经过休整后，决定北伐。黄巢自称"义军百万都统兼广等州观察处置等

使"，发布声讨唐政府的缴文。唐僖宗乾符六年（879）十月，黄巢起义军编了几千只大木排，从桂州（今广西桂林）出发，乘湘江涨水的机会，浩浩荡荡顺流北进。这时负责镇压义军的是西南行营招讨都统兼荆南节度使王铎，他派部将李系率兵10万，驻守在湖南重镇潭州（今湖南长沙）。只一昼夜，潭州城就被义军攻破，李系仓皇出逃。义军大将尚让率大军乘胜追击，进逼江陵。坐镇江陵的王锋闻风后惊慌失措，飞速逃奔襄阳（湖北襄阳市），只留下部将刘汉宏守江陵。刘汉宏把江陵抢掠一空，放火烧毁民房，然后逃之夭夭。城内百姓纷纷躲进山谷。起义军兵不血刃地占领了江陵，然后向襄阳挺进。唐军驻襄阳的山南东道节度使刘巨容和江西招讨使曹全晟率兵几万驻扎在湖北荆门。襄阳到荆门间是几百里的山川和森林，刘巨容率兵埋伏在要道，由曹全晟出来向义军挑战。起义军看曹全晟出来挑战，就冲了过去。曹全晟假装败走，向森林中逃去。起义军不知是计，拼命追赶。突然，刘巨容的伏军冲了出来，毫无准备的义军被杀得溃不成军，死伤达17万人之多。

荆门受挫后，黄巢不得改变北伐计划，率大军沿长江东下，攻克了饶州（今江西鄱阳）、信州、池州等15州，队伍又发展到20万人。唐王朝撤了王铎的职，任命高骈为诸道行营都统，以对付义军。高骈手握重兵，坐镇扬州，并派大将张璘渡过长江，进攻义军。唐僖宗广明元年（880）五月，黄巢采用机智灵活的战术，在信州城下歼灭张璘全军，并在战场上斩了张璘。高骈被吓破了胆，躲在扬州城内不敢出来。起义军渡过长江、淮河，先后攻克申州（今河南信阳）、颍州（今安徽阜阳）等地，一路上没遇到唐军大的抵抗。义军纪律严明，秋毫不犯，沿途受到百姓热烈拥护，他们纷纷要求加入义军。十一月，黄巢义军兵临东都洛阳城下。唐东都留守刘允章见大势已去，不敢抵抗，便率百官出城迎降。黄巢入城后，慰问居民，秩序井然。十二月初，起义军的先头部队到达长安的门户潼关，白旗漫山遍野，不见边际。不久，黄巢出现在军中，全军立刻振臂大呼，响彻云天。驻守潼关的唐军毫无斗志，一触即溃，仓皇逃离潼关。黄巢占领潼关后，长驱直入，直扑长安。潼关被占的消息传到长安后，城内一片混乱，官员纷纷逃命。唐僖宗携带妃嫔、亲王等，在大宦官田令孜及500神策兵的护卫下，慌忙逃出长安。

唐僖宗广明元年（880）十二月初五（881年1月8日）下午，起义军前锋进入长安，唐金吾大将军张直方率文武百官到霸上（今陕西西安市东）迎降。不久，黄巢率大军入城。长安百姓蜂拥而出，到大街上欢迎义军。尚让对在街头迎接起义军的老百姓宣布说："黄王起兵，本为百姓，不会像李家皇帝那样虐待你们，你们只管安居乐业好了。"起义军将士把金钱绢帛散发给老百姓。

唐僖宗广明元年十二月十二日（881年1月15日），长安城含元殿大鼓齐擂，卫士手持长剑大刀整齐地排列着，黄巢正式当了皇帝，国号大齐，改元金统。接着，他任命中央政府的官吏，建立起完全由农民军掌握的政权。

大齐政权坚决镇压罪大恶极的大贵族、大官僚和顽固抗拒的反动分子。如原唐宰相豆卢琢、崔沆隐匿不降，张直方表面上带头迎降，实则包庇亡命之徒，阴谋复辟，都被处死。但是，大齐政权没有乘胜追击，消灭唐朝残余力量，也没有建立根据地。唐僖宗逃到成都后，又重新组织中央政府。凤翔节度使郑畋一面假装投降以麻痹义军，一面积极准备，伺机反扑，而黄巢并不在意，只派使臣前去招降，结果使臣被郑畋杀害。黄巢见招降不成，派尚让、王播率军 5 万进攻凤翔。郑畋侦知后，预先在龙尾陂设伏，然后令几千精兵在与起义军相距 10 里的山坡上排好阵势，竖起几里长的旗帜，又敲锣打鼓，虚张声势。尚让、王播率起义军列阵迎战。但由于麻痹轻敌，队伍也零乱不整，结果在龙尾陂中了郑畋的埋伏，死伤 2 万多人。后来，唐军向长安发起反攻。黄巢发现敌军众多，就主动撤出长安。唐军程宗楚、唐弘夫、王处存部抢先进入长安，这些军队在长安城内疯狂地烧杀抢劫，无所不为，宫室民居绝大部分都遭到了破坏，壮丽的长安城几乎变成了一片瓦砾场。先进入长安的唐军怕驻扎在附近的其他将领分功，便不通报他们，因此，城里的唐军缺乏后援。黄巢侦知这一情况后，率军攻打长安，在城中展开激烈的巷战，杀死了程宗楚、唐弘夫，王处存率残兵逃脱，义军重占长安。此后，占领长安的义军受到唐军的长期围困，处境艰难，粮食奇缺，有的将领便叛变投敌。唐僖宗中和二年（882）九月，驻守在同州（今陕西大荔）的义军大将朱温投降了唐朝。唐僖宗闻讯，喜出望外，赐朱温名"全忠"。为镇压义军，朝廷又勾结沙陀贵族李克用。唐僖宗中和三年（883）初，李克用率 4 万沙陀骑兵到达同州，与唐军王重荣、王处存等部会合，在梁田陂与尚让率领的 15 万义军展开激战，整整血战了一下午，义军大败，数万骑士壮烈牺牲。在唐军的猛烈进攻下，起义军连失城池，一些战略要地先后被唐军占领。四月，李克用等攻进长安。当天夜里，黄巢率 15 万义军被迫撤离长安，向河南退却。黄巢起义军到达河南后，派部将孟楷为前锋，进攻陈州（今河南淮阳）。陈州刺史赵犨早已做了准备，修城池，备兵器，积粮草，要和义军决一死战。官兵在项城（今河南项城）埋下伏兵，结果孟楷全军覆没，孟楷也被俘牺牲。黄巢闻讯后万分悲痛，决心不惜一切力量攻取陈州。他以主要兵力层层包围陈州，前后围攻达 300 天，进行大小几百次战斗，但一直没有攻下，这使义军实力受到很大消耗，元气大伤。

唐僖宗中和四年（884）四月，唐朝派大军前来援救赵犨，黄巢不得不从陈州撤兵，向汴州（今河南开封）方向行进，李克用在后面穷追不舍。同年五月，义军在王满渡汴河，刚渡到一半，李克用的骑兵突然杀出，义军损失惨重，死

伤1万多人。黄巢率余部向东退去，不断遭到唐军追兵的袭击，义军人数越来越少。六月，黄巢在泰山狼虎谷（今山东莱芜境内）自刎而死。

黄巢兵败身死于泰山狼虎谷，应该是确定无疑的。但历代文人士大夫和广大民众似乎都不希望这位曾经叱咤风云的英雄就

黄巢陵墓

这样不留任何悬念地黯然离去，希望他有一个充满诗意的归宿，留下一些让人回味咂摸的余韵。于是在许多文人笔下，传出了他落发为僧的故事，还创作出了一首意味深长的诗，让它们带着层层迷雾，在历史的天空里久久回荡：

记得当年草上飞，铁衣著尽著禅衣。

天津桥上无人识，独倚栏干看落晖。

这是《全唐诗》收录的黄巢的第三首诗《自题像》。题下注云："五代陶谷《五代离乱记》云：'巢败后为僧，依张全义于洛阳，曾绘像题诗，人见像，识其为巢云。'"记载这个细节的，首先是唐末五代时期文学家王仁裕《洛城漫录》："张全义为西京留守，识黄巢于群僧中。"接下来，《邵氏闻见后录》《能改斋漫录》《挥尘录》《志雅堂杂钞》争相记载。

黄巢领导的唐末农民大起义虽然失败了，但是10年之间，农民英雄们转战于黄河、淮河、长江、珠江流域，革命势力扩大到今12个省的广大地区，占领了唐王朝的统治中心长安城，建立了农民革命政权，充分显示了农民革命的伟大力量。这次起义沉重地打击了封建统治者，瓦解了唐朝的腐朽统治，扫除了反动的士族势力，使土地高度集中的现象和农民大量破产逃亡的状况有了缓和，许多奴婢在斗争中挣脱了人身依附的枷锁，成为平民，为后来五代和北宋社会经济的发展创造了有利条件。

第七节　唐末高僧义玄法师

义玄（？—867），俗姓邢，曹州南华（今山东省东明县）人。唐代晚期著名高僧，临济宗创始人。

关于义玄生平的记载，较完整的是《临济慧照禅师塔记》，由义玄的嗣法弟子所著。《大正藏》将其作为附录收入《镇州临济慧照禅师语录》（以下简称《临济语录》）。据载，义玄年幼时聪颖灵异，稍长即以孝行名播乡里，才华超群。读书时，他对儒家经典里有关孝道的部分尤能体会。义玄认为这种至高无上的孝，最重要的是要有一份恭敬心。因此，义玄以"骨肉之恩深似海"的精神，时常报答父母亲对自己的生育养育之恩。

唐德宗贞元十五年（799），义玄于曹州南华古城东北隅的草寺出家。唐宪宗元和二年（807），义玄成为正式比丘。义玄在草寺庙院初期，住在讲经的殿堂里，不仅每日专心静修功课，而且举止严谨，品行仪态也备受众僧的崇敬。他按照佛法戒律之规定，20岁那年就通过了庄严的剃度仪式，成为一名正式的佛界比丘。进入青年时期后，他在启蒙师父的指点下，开始专心研习佛教戒律，逐渐由精反专。除了研习奉持佛教戒律之外，他还夜以继日地研习佛教经论，而后又渐渐转向公案的参悟上来。学习纷繁万千的前辈宗师公案，促成了他的大悟因缘，使他在修持禅道、开示于人时，运用的方法和语句比公案更为突出。他也因此逐渐成为一名根底深厚、道行颇高的佛门弟子。

唐元和八年（813），义玄游方参禅，至江西洪州黄檗山鹫峰寺，师从黄檗希运门下参禅。据载，义玄先后三次上堂向黄檗禅师问"如何是佛法的大意"，然而三次遭黄檗棒打。此后，他遵照黄檗指示到高安大愚和尚处参禅，经大愚巧妙指点而开悟，认识到佛法并不深奥神秘，必须经过一番"体究练磨"的功夫才能把握，此后义玄自承黄檗希运的法系。

唐武帝"会昌发难"毁佛之后，义玄得到黄檗认可，回归故里曹州，在故里一住就是10年。其间为避难，曾潜居曹县赵亭寺村的降城寺和盘石里的龙兴寺弘传佛法。降城寺在汉光武帝建武二十七年（51）由西域僧人所建，据载，光武帝刘秀曾御书"降城寺"匾额，唐武德元年（618），玄奘曾在此寺参学弘法，后为唯识宗二世译经院。晚唐时，临济宗义玄曾授钵于此。龙兴寺，亦名隆兴寺，在曹城望门外磐石街，始建于唐武德年间，贞观年间重修。曹州古庙济阴条下有左山龙山寺（即为此寺），记有"临济禅师曾居于此"字样。由此不

难看出，"会昌发难"大势压境之时，义玄禅师仍以大智若愚的精神和气魂，顶风而上，潜居乡寺弘扬佛法。曹州故里在其影响下，佛教势力得以保存。

唐大中八年（854），义玄应请到达河北镇州（今正定）临济院传法，住持普化禅师主动让位于义玄，其教派也被称为临济宗。在镇州，义玄得到镇节度使王绍懿兄弟的大力支持。唐懿宗咸通八年（867）四月十日，义玄圆寂，谥号"慧照大师"，塔号"澄灵"。后来其所传弟子辑其要语，编成《临济语录》一书。

临济宗最具有中国禅宗的特色，在五家禅宗流派中流传最久。"自信"是义玄禅法的重要特色，也是义玄再三强调的观点。所谓自信，就是要相信自己的赤肉团（指心）上有一位无位真人（指佛），相信自己就是相信佛，不要向外驰求，不要崇拜经典，不要相信在自己的心外还有什么佛在、祖在。义玄告诫信徒说："道流，且要自信，莫向外觅。"（《临济语录》，下同）他还强调，自信要与自主相联系，要相信自己与祖佛没有分别，不要一般地自信，而是要"随处做主"，不论在何种境况下都要清醒，不能失去自我。他说："大器者只要不受人惑，随处做主，立处皆真。但有来者，皆不得受。"不管外境有多么精彩纷呈，都是空幻的，不要受它迷惑，只有自己内在的清净，心才是真实的。从这种自信精神出发，义玄发展创建了喝佛骂祖的禅风，言语十分激烈，目的是突出现实的、具体的人的主体地位，鼓励信徒敢于反权威、反偶像，不要怕这怕那，盲目崇拜。义玄临济宗在修行观上，强调无修之修，主张要有平常心，做无事的僧人。他教导信徒说："道流、佛法无用功处，只是平常无事，屙屎送尿，着衣吃饭，困来即卧。你且随处做主，内外皆真。"他提出了"无事是贵人"的观点，无事无求，如果有求，就会被你所求的对象束缚住，求佛被佛缚，求祖被祖缚。要随时都能自作主宰，能认识到世界上一切法都是自心佛性的体现，于世间任何一法都能体会到自心佛性。

义玄作为临济宗的创始人，对后世禅宗影响巨大，它是中国佛教史上一代著名的文化宗师，他参禅悟道，博采众长，开创了独具特色的临济宗，成为中国禅宗的主流。在禅宗五家中是最有活力的宗派，也是中国禅宗发展到最高阶段成就的代表。经历代演传，临济宗已成为国内外佛教界最大的一支法脉，至今信徒众多，有"临七分"之说，可谓法脉远盛，影响巨大，在中国佛教发展史乃至中国思想文化史上都占有极其重要的历史地位。

第四编

两宋金元时期

概　述

宋朝建立，乾德元年（963）下诏今兰考县北20里的东昏镇仍置为县，并定名为东明，属京畿路开封府。宋元祐元年（1086），改冤句县为宛亭县。今之东明县南部属曹州宛亭县，北部属曹州南华县。崇宁元年（1102），改曹州为兴仁府，宛亭、南华二县属兴仁府。北宋灭亡后，黄河下游归金国统治，水患不止，东明县开始了三次北迁的进程。金朝统治下，兰考县北20里的东明县属南京路。金大定三年（1163），黄河南徙，冲毁宛亭县城，遂废宛亭县。金兴定二年（1218），东明县迁至宛亭县故地，县城在今东明集，开始归曹州管辖。今兰考县北20里的原东明县城废为通安堡。金天兴三年、南宋端平元年（1234），蒙古灭金。元朝初期，东明县仍属南京路曹州。蒙古太宗七年（1235），割东明隶于中书省大名路，属开州，治所仍在今东明集。

王安石变法时，官员选边站队，东明县令贾蕃站在反新法一边，肆意阻挠，致使东明县民大闹开封府和宰相府，轰动一时。北宋末年靖康之变，金兵南侵，京城开封危如累卵，东明县令宋晟组织军民抵抗，得保县城五年没有落入敌手，这也是北宋祭坛上的一份厚礼。

在宋金元朝争夺中原时，兵连祸结，黄河不但得不到有效治理，反而成为攻守御敌的工具，东明县城和县域，三次北迁并改变归属，由南属中原开封而东属齐鲁曹州，到北属燕赵大名，一百多年间，国破家亡、百姓流离之苦，都湮没在历史的波涛中，只能靠想象了。历史仅记载下两个金末元初东明籍文人。一个金末状元王鹗，学问深湛，金亡后，他又被引荐给元世祖忽必烈，佐其登基并由蒙古改为大元，在著史和朝政各方面都做出了突出贡献；另一个金朝进士张特立，在金为官20年，不畏权势，正直无私，被《金史》列入《循吏传》，金亡后授徒教书，精研学问，不仕新朝，元世祖敬其人品，先后三次颁诏嘉奖。后被《元史》列入《隐逸传》，一个人彰显于金元两朝。

蒙古只统治中国百年就被赶走了。在其中后期继承华夏文化的文人群体中，李好文也是卓然特出者，他以博学和正直，历官六朝，三十余年，仕途显赫，以翰林学士承旨一品禄终其身。他参与编修《金史》和《宋史》，任总裁官，一生著述丰富，多有历史价值。

第四编　两宋金元时期

第一节　宰相直臣

布衣宰相张齐贤

张齐贤画像

张齐贤，字师亮，曹州冤句（今山东省东明县）人，后徙居洛阳。宋初著名政治家、军事家、文学家。先后任宋太宗、真宗两朝宰相21年，政绩卓著，史称"宋初名相"。

张齐贤少时家贫，却好学不倦，胸怀大志。一次，宋太祖赵匡胤巡幸西都（今洛阳），齐贤以布衣身份拦住圣驾，进献治国之策，被赵匡胤带至行宫。齐贤在行宫以手画地，奏陈十条建议：一是攻取并州、汾州（今山西太原、汾阳），二是富民，三是分封诸侯，四是提倡孝道，五是举荐贤才，六是兴建太学，七是登记田亩，八是选用官吏，九是慎用刑罚，十是严惩奸邪。赵匡胤认为其中四条甚合自己的心意，但张齐贤却坚持十条皆为良策，与宋太祖争执起来，激怒了赵匡胤，赵匡胤命令武士把张齐贤逐出了行宫。张齐贤的十条治国策略虽未被赵匡胤完全采纳，却也引起了赵匡胤的重视，回到京城后，他对弟弟赵光义说："我幸西都，唯得一张齐贤耳。我不欲爵之以官，异时可使辅佐为相也。"

开宝九年（976），宋太祖赵匡胤逝世，赵光义即位，是为太宗。太平兴国二年（977），张齐贤登进士第，授大理评事，通判衡州，不久便升为秘书丞，后又连连升迁，知怀州事，任著作佐郎等职。太平兴国五年（980），宋太宗欲攻打被辽兵侵占的幽蓟二州，得到多数大臣的支持，时为左拾遗的张齐贤审时度势，向宋太宗进献《谏罢北征疏》，指出大宋已于去年（979）新败于高梁河（今河兆宛平），国家元气尚未恢复，应让民休养生息，发展生产，广积谷粮，以备边用，待国力增强后再讨伐辽国。但宋太宗不听劝谏，亲率大军征辽。宋军从京师出发，驻于大名府，诸军在莫州（今河北任丘）与辽兵激战，结果宋军大败。宋太宗很后悔没听从张齐贤之言，其后太宗依张齐贤之策，息干戈而扶民发展生产，宋朝国力大增。雍熙三年（986），宋太宗为雪两败于高梁河、莫州之耻，乘辽圣宗初立，萧太后摄政，主少国危之机，以曹彬、潘美、米信、田重信为四路都部署，领兵分道征辽，史称"雍熙北伐"。其始形势尚佳，"美之师先下寰、朔、云、应等州，重信又取飞狐、灵邱、蔚州，各得山后要害地。彬亦连下州县，势大振"。但后因各路大军争功冒进，不能按预定计划配合作战，加上粮食供应不济等原因，终敌不过辽人的持久战，各路军相继被辽兵打败，号称"杨无敌"的宋朝名将杨继业被擒，不屈而死，边关告急。张齐贤主动请命前往，被授予给事中、知代州之职，与太师潘美各领兵马会战辽军。张齐贤深谙兵法，用疑兵之计大败辽军，后又屡屡重创辽军，并安置军队屯田边境，使辽军不敢再犯。

淳化二年（991）夏天，张齐贤任参知政事。几个月后，授任吏部侍郎、同中书门下平章事。张齐贤的母亲孙氏时年80多岁，被封为晋国太夫人。每次入宫朝见，赵光义都叹服说："婆婆有福，生得好儿，为国家分忧。"常常下手诏慰问，给予赏赐。据《东明县志》记载，宋太宗"常召（张齐贤母孙氏）至宫中，眷礼甚厚，如家人"，并面赐以诗曰："往日贫儒母，年高寿太平。齐贤行孝侍，神理甚分明。"但不久，张齐贤因帮人申奏补外之事激怒了太宗，张齐贤主动独自承担了责任，被罢相，降为尚书左丞。接着先后在河南、襄州、荆南、安州等地任地方官，所到之处留心刑狱案件，关心百姓疾苦，多有政绩。

至道三年（997），宋太宗崩，宋真宗赵恒即位，召张齐贤入朝，授任兵部尚书、同中书门下平章事。张齐贤详细地向真宗陈述治国良策和帝王之道，深得真宗赞赏，先后被委任左右仆射等重要职务。张齐贤为报答真宗知遇之恩，以辅佐真宗成就大业为己任，勤于朝政，竭尽全力，常常通宵达旦，废寝忘食，及时向皇帝进献一些具有远见卓识的治国良策，他常说："我受皇上的恩遇，一定要作不同寻常的报答。"

咸平四年（1001）闰十二月，张齐贤任右仆射、判汾州兼经略使，后改为判永兴军兼马步军部署。景德初年（1004），重新升张齐贤为兵部尚书、知青州，宋真宗赵恒亲到澶渊，任命张齐贤兼任青、淄、潍三州安抚使。景德二年（1005），改任吏部尚书。张齐贤上疏言曰："臣在先朝，常忧灵、夏两镇终为继迁并吞……臣思继迁须是得一两处强大蕃族与之为敌，此乃以蛮夷攻蛮夷，古今之上策也。"

大中祥符五年（1012），张齐贤以司空衔退休。回到洛阳，购置裴度的午桥庄，每天与亲朋旧友喝酒吟诗，心情旷达闲适。大中祥符七年（1014）六月，张齐贤无疾而终，终年72岁。真宗闻讯后颇为悲伤，派入内殿头侍郎邵文雅致祭，并馈赠财物及布帛、粟、麦等，追赠司徒，并为他废朝二日。皇祐四年（1052），追谥"文定"。

张齐贤为大宋辛勤操劳了几十年，向朝廷奉献无数治国良策，为北宋初年

的政治、军事、外交等做出了巨大贡献。史称张齐贤"四践两府,九居八座,晚岁以三公就第,康宁福寿,时罕其比"。

张齐贤擅诗文,今存《书录解题》《洛阳缙绅旧闻记》传于世。《全宋诗》录其诗八首。《东明县志》载其《自警诗》一首,曰:

慎言浑不畏,忍事又何妨。
国法须遵守,人非莫举扬。
无私仍克己,直道更和光。
此个如端的,天应降吉祥。

张齐贤有七个儿子,均有建树,大多出任朝官。二子宗讷通兵法及象纬之书,官居太子中舍、太常少卿、永兴军兵马管辖、兴州防御使等,业绩颇显。少子宗礼性情恬淡,不愿受朝廷羁绊,过起田园生活。宗海之子张子皋,字叔谟,少有才名而不自负,与人交无町畦,故人乐与之游,尹师鲁、欧阳修皆为其挚友,后举进士第,授秘书郎,知新郑县,迁校书郎,官终尚书司封员外郎。卒,欧阳修为其作墓表。

善于著述的御膳官王延德

王延德(937—1000),宋开封东明(今山东省东明县)人。处世谨慎,曾担任皇宫御膳官,并出任蓟州、怀州、华州刺史等职,深受宋太宗、宋真宗倚重。

王延德曾祖王芝,为濮阳令。祖父王璋,为相州录事参军。父亲王温,在后晋末期契丹入侵时,率领乡豪捍蔽地方,得到民众称颂。父亲王温的好友赵弘殷(赵匡胤之父)掌畿甸兵,认为王延德处事谨重,随召置左右。宋太宗为京兆尹时,王延德为其亲校,专主庖膳之事,尤被倚信。太平兴国初,授御厨副使,数月迁正使,跟从太宗征战太原,加尚食使,赐浚仪县寿昌坊宅一座。旋领蓟州刺史,兼掌武德司,又改皇城使,掌御辇院、左藏库。太平兴国八年(983),兼充亲王诸宫使。端拱初(988),领本州团练使。淳化中,升昭宣使。至道二年(996),加领平州防御使。

王延德所至之处,好撰集近事以记之。掌御厨则为《司膳录》,掌皇城司则为《皇城纪事录》,从郊祀任行宫使则为《南郊录》,奉诏修内则为《版筑记》,从灵驾则为《永熙皇堂录》《山陵提辖诸司记》,及治郡则为《下车奏报录》。后来,朝廷诏令史官修太祖、太宗《实录》,多以建国当初之事采访王延德,又上

《太宗南宫事迹》三卷。

至道三年（997），宋真宗嗣位，王延德改领怀州。咸平初，出知华州。真宗巡视大名，为东京旧城都巡检使。咸平三年（1000），以患风痹病请求退仕，当年病故，年64岁，赠邕州观察使。《宋史·列传第六十八》有王延德传。

慷慨尚气刘师道

刘师道（961—1014），字损之，另字宗圣，开封东明（今山东省东明县）人。北宋雍熙二年（985）进士，历任监察御史、转运使、枢密直学士、三司交度、左司郎中等。

刘师道入仕后初任和州防御推官，后升著作佐郎，迁殿中丞，出知彭州，加监察御史。转运使刘锡、马襄向皇帝报告其政绩，被召回京。这时遇有军队浦洛之败，奉命弹劾白宋荣等人。结案后，太宗称其勤勉，予以褒奖。

川陕豪民多旁户，豪民对待旁户像对待奴隶一样，一家役使数十户，朝廷的租、庸、调全由旁户承担。有人说李顺之乱就是旁户发起的。有人建议选择地方上有权威者轮流管理旁户，朝廷诏令刘师道出使两川议其事。刘师道认为，选择人员轮流管理会引起民众滋事，扰害更甚，设不如不设。上报朝廷后，朝廷遂不再提及此事。刘师道改官祠部员外郎，为京东转运使。至道三年（997），真宗即位，晋升度支使。咸平元年（998），出任润州知州。上任三年，改淮南转运副使兼淮南、江浙、荆湖发运使。因漕运事上奏皇帝，升迁为司封，不久转为正使，改工部郎中，代查道为三司度支副使。咸平四年（1001）七月，升枢密直学士，掌三班。

刘师道的弟弟刘几道，考中进士将要廷试。朝廷规定全部应考人员糊名，考官陈尧咨让刘几道在卷中作暗记，结果事情败露。皇帝下令取消刘几道的录取资格，永不许其参加科举，受此案牵连，刘师道被贬为忠武军行军司马。不久，复起为工部郎中，转复州、秀州知州。

大中祥符二年（1009），刘师道以兵部郎中知潭州，迁太常少卿。刘师道敏于吏事，所到之处均有声誉，受吏民敬畏爱戴。长沙是湖、岭一带的大都市，事务烦琐难办，他拨冗理繁，事情都处理得很好。任期满加枢密直学士、左司郎中，朝廷命李应机去代替他，李应机未到任，刘师道暴卒，年54岁。

刘师道性慷慨，讲义气，喜谈世事，待人厚道。他长于作诗，多和杨亿等人相唱和，为时人称道。《宋史》有刘师道传，《东明县志》"乡贤篇"有关于刘师道的记载。

第四编　两宋金元时期

宋嘉祐丁酉科榜眼窦卞

　　窦卞，生卒年不详，字彦法，北宋冤句（今山东省东明县）人。宋仁宗嘉祐二年（1057）丁酉科一甲进士第二名，即金榜榜眼。历任汝州通判、绛州知州、开封府推官、深州知州等。北宋著名循吏。

　　宋嘉祐二年（1057）科举，主考官大人是欧阳修，是当时北宋文坛的领军人物。副考官梅尧臣、韩绛、范镇3人，皆是一代英才。这次录取进士，有苏轼、苏辙兄弟，曾巩、曾布及其两个族弟，世称横渠先生的张载，"程朱理学"的开创者程颢、程颐兄弟等，官至三品以上的11人，任宰执的9人，23人在《宋史》中有传。其在政治、军事、思想、文化等方面的影响力空前绝后，号称中国科举史上的"千年龙虎榜"。窦卞是这一榜的一甲第二名榜眼，无论怎么说都是人生幸事，亦足见窦卞的才学超群。

　　取得榜眼资格的窦卞，初授大理评事、通判汝州。窦卞任职通判汝州即遇到一个棘手的硬茬子。汝州牛脾山北坡埋葬着北宋开国皇帝赵匡胤之弟秦悼王赵廷美及子孙五代人和他们家臣，他的很多亲戚来到汝州吊丧祭奠，还使用了3000兵士。郡守林潍怕引起混乱和事端，便以汝州与其家乡较近为借口，使用车辇囤积粮草，并把铁石等防卫器材运到自家，引起了吊丧人群的怨愤，他们密谋杀掉林潍。林潍一到晚上就把大门紧闭，秦悼王宗室的人见达不到目的，便带领军营的兵士谋反。窦卞开启大门并劝导林潍家人说："这些人是喝醉了酒狂呼罢了，不要恐慌。"大家的心神才安定下来。窦卞又派精干的兵士悄悄把首恶分子关押起来，请示朝廷如何处理，皇帝下诏让林潍辞去官职，把所有叛乱的人发配流放。窦卞毫不费力地平息了一场可能酿成祸患的叛乱，可以看出他非凡的才能。

科举看榜图

　　接下来，窦卞先后出任集贤校理，知太常院，知绛州，开封府推官。开封府推官任上，当时正禁止销金做衣服，皇城士卒捕获了违禁的人，属下有因亲近宦官替他说话的人，窦卞上奏说："真宗皇帝实行这个办法，是从宫闱开始的，现在不依法治罪，怎么能让天下信服？况且那样也不是祖宗立法的本意。"英宗说："对！从前周文王曾云：刑于寡妻，至于兄弟，以御于家邦。说的就是这个意思。"遂同意窦卞依法处理。宰相韩琦听说后，赞赏他："真是执法的官吏啊！"

不久，窦卞外放为深州知州。熙宁初年，黄河决口，与滹沱河合流，郡城附近震恐，灾民从恩州、冀州过来投奔的，络绎不绝，窦卞打开常平仓的粮食救济他们。下属官吏告诉他说："擅自打开粮仓者要治罪的，您没有听说吗？"窦卞说："等请示得到批复，老百姓都死了，还救什么？我宁可拿自己的一条命救活万人，决不能为保住自己的官位而让万人死去！"事后他请示了朝廷，神宗下诏恩准他的做法。不久，外面谣传洪水将至，窦卞下令，敢这样说的人立即斩首。一天，又有人报称洪水将到，官员们围在四周请求关上城门，窦卞没有答应，不久证实果然是谣传。当时调集六个州的兵士修筑武强城，陈州的一个士兵怠惰，监管的人鞭打他，士兵不服气。窦卞说："厢兵不服将校的命令，按军法处理没有这样重，本来可以原谅他，可是调兵修筑工事，这是国家的大事，怎么可以拘泥于平时的法令？"于是立刻将那个士卒斩首上报，皇上听到后下诏嘉奖，召他进京做户部判官，参与修《起居注》，又破格提升其为天章阁待制、判昭文馆、将作监。

窦卞在汝州做官时，有个叫王永年的任税监，与窦卞有密切往来，后来窦卞转任深州知州，王永年也随他到深州做监押。窦卞入朝，王永年又随他进京，想靠他谋一如意差使。窦卞转求于担任监司提举的杨绘，王永年获得了金曜门书库监督的职位。王永年却为了享乐腐化，盗卖书库文书，并且犯有其他罪行，被告发处系狱死，窦卞被牵连削职，提举灵仙观。一年后在任上去世，年仅45岁。

窦卞以直懿著称，在几个地方官任上也因处事果断，廉洁勤政，关系民瘼，获得不少赞誉，搞得风生水起。正当40余岁的黄金时段，继续进取，前程不可限量。然而因择友不慎，结交了一个下三滥的朋友王永年，不但毁了前程，而且毁了生命，郁郁而终，可痛可惜，值得深思。

通晓音律的刘昺

刘昺，字子蒙，开封东明（今山东东明）人。初名炳，宋徽宗为其改名为昺。元符三年（1100），中进士甲科，授太学博士，迁秘书省正字、校书郎。他投靠蔡京，成了他的门客亲信。

刘昺的哥哥刘炜，通乐律，曾任大司乐。刘炜死后，蔡京就提升刘昺为大司乐，付以乐正，主管朝廷的音乐事务。崇宁三年（1104），应天府（今河南

商丘）崇福院出土六枚宋公戌钟，宋徽宗便命刘昺按这几口钟的形制，仿制一套编钟，以再现上古的雅乐。刘昺就带着从成都府来的音乐家魏汉津觐见徽宗，进献他在音乐方面的意见，请皇上采用三指定音之法，先铸九鼎，次铸帝坐大钟及二十四气钟，再调和琴弦，校准乐管，成为一代领风的音乐。

宋徽宗崇宁三年（1104）农历正月二十九，宋徽宗赵佶采纳了魏汉津的建议，下令铸造九鼎，作《大晟乐》。

崇宁四年（1105）三月，鼎成，赐号魏汉津冲显处士；八月，《大晟乐》成为徽宗到大庆殿接受朝臣祝贺时，正式开始使用的新乐曲。徽宗还下令赐予魏汉津嘉成侯的名号；在铸造大鼎的地方修建宝成宫，赐编钟名为"大晟钟"，专门设大殿祭祀黄帝、夏禹、周成王、周公旦、召公。刘昺于是自撰《鼎书》《新乐书》，都是按照魏汉津的想法写的，收在《乐志》中。

刘昺由于得到蔡京的赏识和重用，累迁给事中，又领京置局议礼，为翰林学士，改工部尚书。因主持修订《纪元历》，有所损益，为吴执中所论，以显谟阁直学士知陈州。

刘昺与弟刘焕因亲丧不葬，被夺职。蔡京再次辅政时，旋即把他由废黜中召回，任户部尚书。刘昺感激涕零，经常为蔡京出谋划策，排挤他人，二人沆瀣一气，狼狈为奸。御史中丞俞栗揭露他们的种种不法之事，蔡京立即把俞栗降旨调出京城。

宋徽宗所储存的三代彝器，诏刘昺商讨决定：把尊爵、俎豆、盘匜之类的东西，全都改以从古，并把所制器具记载于祀仪，令太学诸生习肄雅乐。阅试那天，刘昺与大司成刘嗣明奏，有鹤飞到宫架之上，以为国家之祥瑞。刘昺再次升为翰林学士，东宫建成后，为太子宾客。

刘昺后来又回到户部任职。大理寺官员议论户绝法，说如果祖父有儿子未娶而亡，不得养孙为嗣。刘昺说："计一岁诸路户绝，不过得钱万缗。使岁失万缗而天下无绝户，岂不可乎？"皇帝下诏从其议。加宣和殿学士，知河南府，积官金紫光禄大夫，达到人生顶峰。

但是，兴尽悲来，后来刘昺因为与王寀交通，事败，开封尹盛章议以死，刑部尚书范致虚为其求情，乃长流琼州。不久病亡，卒年57岁。

第二节　状元学士

金朝状元王鹗

王鹗（1190—1273），字百一，出生在金代曹州东明的一个书香门第。王鹗出生时，有一只大鸟落到王家庭院中，当时有位同乡先生叫张斋，博物多识，见到这种情形，便对王鹗的父亲说："你的儿子有大名了，就叫鹗吧。"王家采纳了这个建议，继之又以"百不挑一"的寓意，给王鹗取字为"百一"。

元苏天爵《国朝名臣事略》记载："公幼颖悟，读书日记千余言，终身不忘。长工词赋，有声场屋。年十九，由东平贡礼部，再荐科名，会河朔乱，举家南渡。流离顿挫中，身愈困而学愈力，故其成就有过人者。正大甲申，登辞赋第一甲第一人第。"金哀宗正大元年（1224），王鹗中进士第一甲第一名。

王鹗入仕后，起初被朝廷授予应奉翰林文字一职。供职六年，得以结交当时金国文化名人王若虚、元好问。正大六年（1229），王鹗被授以归德府（府治宋城，今河南商丘）判官，行亳州城父（今属河南）令。他到任后，建立政教律令，着力端正风俗，时间不长，政绩斐然，官吏畏惧，人民乐业。肃政廉访司将其治理情况上奏于朝廷，正大七年（1230）改同知申州事，并行蔡州汝阳县令，后因其母去世而丁忧回家。

金正大九年（1232），金哀宗放弃汴京，第二年五月逃亡蔡州。王鹗前往蔡州，听从调遣。天兴三年（1234）正月，宋、蒙军队攻破蔡州，哀宗自缢而死，金国灭亡。

城破国灭，王鹗走投无路，性命攸关之际，蒙古军大将、万户张柔闻其名，将王鹗救出，送到保定张柔驻地，度过十年岁月。之后，他接受当时尚在藩邸的元世祖忽必烈的礼聘，受到细心照顾和热情款待。王鹗就给忽必烈讲解《孝经》《尚书》《周易》等儒家经典及齐家治国的道理，古今事物的变化。忽必烈表情和善，态度谦恭，没有架子，听得很认真，还不时提出问题，加以探讨，兴之所至，常常到半夜才结束。忽必烈礼贤下士的虚心态度，王鹗很感动，心情也逐渐平复，他把古代历朝治乱得失娓娓道来，有时联系到当前社会状况，指出蒙古统治者应该注意重视的地方，忽必烈认真倾听，不住地点头称是。

中统元年（1260），忽必烈登基后，授王鹗为翰林学士承旨，王鹗从藩邸

谋士正式成为蒙古朝廷重臣。他觉得这是发挥自己作用的机会，也是自己平生学识的用武之地，他尽其所能，以影响新朝的政治和文化走向。于是奏请朝廷开馆修史，建立翰林学士院和翰林国史院，并多次进言，为恢复科举制度奔走呼号。

翰林国史院成立之后，王鹗主持《金史》修纂，整个编修工作从发凡起例到前期准备、机构建设，到确立《金史大纲》，资料的收集与整理，皆亲自部署、操持，尽心竭力。王鹗撰《汝南遗事》4卷，即其随金哀宗蔡州围城中所作目录写成，故以汝南命名，记金哀宗蔡州被围始末，为金史的撰述提供了珍贵的史料。

至元八年（1271），忽必烈采用王鹗、刘秉忠的建议，改蒙古国号为"大元"，取《易经》"大哉乾元"之义，表示国家广袤无疆。

元苏天爵《国朝名臣事略》中引《太常徐公撰墓碑》说："公岂弟乐易，无城府崖岸。爱交游，喜施舍，家酿法酒，客至辄留饮，谈笑终日，气不少衰。故一时学者翕然咸师尊之，如中书左丞阔子清、右三部尚书柴祯辈，皆出公门。"金元之际的两个著名文士，领一代文坛风骚的人物王若虚和元好问，王鹗与二人关系密切，在兵戈扰攘的鼎革乱世，他们仍倾心学问，孜孜以求，共同为中华传统文化的继承发挥了重要作用。

王鹗作为一位"异域之臣"和"亡国之俘"，在元世祖忽必烈的重用下，"在翰林十余年，凡大诰命大典册皆出公手，以文章魁海内"，"佐一王之业，辅万世之基"。至元十年（1273）八月，王鹗病逝于家中，享年84岁。至元十五年（1278），加谥号"文康"。

王鹗生在北宋败亡后统治中原者的金国，凭才学成为状元，目睹了金国的衰败和灭亡，并以囚徒之身受到元朝将军张柔和皇帝忽必烈的礼遇，得以靠平生所学促进元朝统治者的文化进步和国家治理，其历史贡献是不可磨灭的。

元朝曾与其一同供职翰林院的王恽《秋涧集》中，有一首《追挽承防王文康公》诗称赞王鹗说：

文章四海一康公，炯炯元神贯日中。
卢肇名先金榜重，欧阳先去玉堂空。
道由实学明真用，义不忘君见至忠。
惆怅当日门下士，断云低处望曹东。

王鹗著有《论语集议》1卷、《汝南遗事》2卷、诗文集《应物集》40卷。遗憾的是王鹗的诗文多佚失，《元诗选》仅录其诗《至盱眙》一首，《东明县志》

艺文志选载了其《〈溽南遗老集〉引》一文。

金元史册留名张特立

张特立（约 1178—1253），字文举，曹州东明人。金朝直臣。金章宗泰和三年（1203）中进士，任偃师主簿，官至监察御史。因刚正不阿，不容于权贵，遂解官告归授学，以渊博学识和正直品格闻名于世。《金史》《元史》均为其立传。

张特立由偃师主簿调任宣德州司侯（治所在今河北省宣化区），宣德州内所居皇亲国戚甚多，难以治理。张特立上任伊始，去一一拜访他们，以示不失礼节。有位五将军依仗权势，蔑视法令，带领家奴偷羊，张特立用好话稳住他，私下派人跟踪，查出了偷盗的几十只羊，于是捆住他的家奴，按法律治罪。豪强权贵们都害怕了，收敛了气焰。

金哀宗正大初年，张特立升迁为洛阳令，不久调到京中做监察御史。他第一个提出世宗的子孙们不应该秘密囚集，执政大臣中像尚书右丞颜盏石鲁和百姓争夺田产，参知政事徒单兀曲阿谀奉承皇帝的亲信，都应该立即罢免，导致宰辅大臣都对张特立心存忌恨。适逢平章政事完颜白撒到陕西犒劳部队，张特立又弹劾他的部下不守法纪。完颜白撒倒打一耙，向金哀宗告状，说张特立所说的事情和事实不符。金哀宗听信完颜白撒的说法，不过并没有追究张特立的责任，张特立却洁身自好，推说有病，毅然辞官归故里。张特立在官时间不到 20 年，却以正直无私享誉金朝政坛。

张特立回到家乡后，以授徒为业，以其深厚的学养功底，尤其是对程氏易学研究的卓越成就而声名远播。蒙古太祖十六年（1221），元朝大臣严实率军进攻山东东平，金朝守将和立刚弃城遁去，严实占据东平。听说张特立的大名，极力将他招募而来以礼相待。

金末帝天兴三年（1234），金国灭亡。当时在藩邸的元世祖忽必烈为长远计，招揽汉族文人进入金莲川幕府相继任职，成了新朝的官员。但张特立没有选择为官，继续授徒和钻研学问。元世祖尊崇儒学，得知在东平的张特立学问深厚，不愿做官，肃然起敬，非常关切。在即位前后十几年间，曾先后三次降旨，表达礼敬、慰劳和悼念。

蒙古定宗元年（1246），即金亡后 12 年，元世祖在潜邸首传旨谕张特立，表彰他的治学精神："前监察御史张特立，养素丘园，易代如一，今年几七十，研究圣经，宜锡嘉名，以光潜德，可特赐号曰中庸先生。"又谕曰："先生年老目病，不能就道，故令赵宝臣谕意，且名其读书之堂曰丽泽。"

元宪宗蒙哥二年（1252），忽必烈再次向张特立下诏书："白首穷经，诲人不倦，无过不及，学者宗之，昔已赐嘉名，今复谕意。"元宪宗蒙哥三年（1253），张特立去世，享年75岁。

忽必烈即汗位的第二年，即中统二年（1261），张特立已去世8年，忽必烈还念念不忘这位品行高洁、学问深湛的著名学者，又一次下诏书，曰："中庸先生学有渊源，行无瑕玷，虽经丧乱，不改故常，未遂丘园之贲，俄兴宛乡之悲。可复赐前号，以彰宠数。"

张特立所著的书籍有《易集说》《历年系事记》等，惜俱散佚，没有流传下来。明朝宋濂所著《元史·隐逸传》中，张特立的名字排在第二位。清末民初著《新元史·列传》"隐逸"卷，张特立处第一位。《东明县志》"乡贤"篇中有张特立的传记。明末黄宗羲《宋元学案》将张特立和刘肃、李简等列为程颐在北方的续传弟子。现代易学研究者都认为，张特立的《易集说》对金代儒学文献的传播起到了很大作用。

翰林学士李好文

李好文（1290—1360），字惟中，自号河滨渔者，元大名路东明（今山东省东明县）人。元英宗至治元年（1321）进士，历仕元英宗、泰定帝、明宗、文宗、宁宗、顺帝六朝，官历光禄大夫、河南行省平章政事，以翰林学士承旨一品禄终其身。

李好文出身书香门第，父亲李凤（1254—1317），字翔卿，幼从乡先生孙曼庆学诗，诗取法盛唐，"兴寄高远，托诸讽议，不为空言"。曾任大名学录，迁广平学正。大德十年（1306），除国子助教。在官两年余，除临朐主簿，未久"病还东明，远近学者从之，常以百数"。后以子好文贵，卒后赠从仕郎、郊祀署丞，加赠奉议大夫、太常礼仪院判官、骁骑尉，追封东明县子。李凤卒后，李好文邀请元代大文豪虞集为其父撰写墓碑，现存于《道园类稿》中。李好文从小受父亲的影响，虽家境贫寒，但十分好学，"夜就邻之磨坊灯读书，凡十余年，靡少懈"。有一次天降大雪，李好文到村舍向一位老妇人借一斗麦菽，老妇人不借给他，并说："子奚拙耕（你为什么不善于种地）？"李好文回答："吾目耕耳（我只是喜欢用眼睛读书）。"其后即有谚语"目耕夜分"流传。李凤教子十分严格，要求好文"勉以问学，勿速成名"。父亲的严格教导和家学传承，也奠定了李好文成才的基础，故苏天爵说："佥宪（李好文任过浙东佥宪，引者注）举进士，礼部荐名第一，历官词林、奉常、成均，擢拜御史，以文学称于时，盖其家庭传授有所本云。"

元至治元年（1321），李好文以明经登进士第，初授大名路浚州（治今河南浚县）判官，入为翰林国史院编修官、国子助教。泰定四年（1327），任太常博士。此间，面对朝廷礼仪不统一、各地各行其是的情况，李好文提议由朝廷制定统一的礼乐制度。在他的主持下，用三年时间编纂而成《太常集礼》50卷。从此朝中重大祭祀、庆典礼节，皆由他主持操办，深受皇帝赏识，名重一时。后至元六年（1340），顺帝亲享太室，李好文为太常礼仪院事。至正元年（1341），任国子祭酒，改陕西行台治书侍御史，迁河东道廉访使。至正三年，召为同知太常礼仪院事。四年，任江南行台治书侍御史，未行，改礼部尚书，与修金、宋二史，任治书侍御史，仍参与史事，不久参议中书省事，又改任陕西行台治书侍御史，这是李好文第二次到陕西行台做官，为他编绘《长安志图》奠定了基础。至正六年，被任命为翰林侍讲学士，兼国子祭酒，又迁改集贤侍讲学士，仍兼祭酒。至正九年，出参湖广行省政，改湖北道廉访使，寻召为太常礼仪院使。后因教授太子有功，升翰林学士承旨，进阶荣禄大夫。

李好文为官不畏权贵，能够秉公执法，甚至敢于向元朝最高统治者提出对立意见。在任监察御史期间，河东有个叫李拜拜的杀人犯，因权贵庇护，拖了十四年之久还没有判决。李好文复查后，立即对案件做出了处理。王傅撒都刺以足踢人致死，当时负责案件的官员认为"杀人非刃，当杖之"。李好文认为，"怙势杀人，甚于用刃，况因有所求而杀之，其情为尤重"。于是判处撒都刺死刑。

在任陕西行台治书侍御史期间，因台臣皆缺，独署台事。当时西蜀奉使徇私枉法，以私仇处死廉访使曾文博，佥事兀马儿、王武也受到牵连。李好文得知此事后，率御史力辨王武等人之冤屈，并向朝廷上言西蜀奉使违法乱纪之事十余条，坚决要求罢免奉使之职。

至正十年（1350），顺帝诏命太子爱猷识理达腊习学汉人文书，李好文回京任翰林学士，担当起了教授皇太子的重任。他教授太子，用心良苦，孜孜不倦。李好文精心将《孝经》《大学》《论语》《孟子》《中庸》等儒家经典摘要出来，从理义方面加以注释，并附上自己的体会及前代学者的论述，编写了《经本堂经训要义》11卷，献给元顺帝，并转命太子学习。无奈所琢非玉，元朝灭亡后，这位太子即后来的北元昭宗，在其父的诱导下弃儒从佛，对佛法表现出浓厚的兴趣。

李好文擅长诗文，颇负盛名。登第之前，他曾写古文数十篇，流传至京师，受到元代文豪张养浩、元明善等人的赞赏，并"力荐之于朝"；虞集"见其深靖有学，未尝不叹先生（指李凤引者注）之有子焉"。李好文诗文俱佳，仕途显

赫，故有元一代与李好文交游唱和者甚多。但今存与李好文唱和之元诗已经很少，流传下来诗作的作者主要有吴师道、许有壬、陈旅、宋褧、余阙、胡助等人。其中，李好文与宋本、宋褧（字显夫）兄弟于皇庆中（1312—1313）相识，至正乙酉（1345），李好文再度出任陕西行台治书侍御史西行时，宋褧作《送李惟中西台侍御史题得长乐坡》一诗相送：

> 秦东有古阪，一舍近重城。
> 已脱崝嵘隘，仍瞻灞浐清。
> 柳条前岁别，草色蚤春迎。
> 旧路平如掌，乘骢自不惊。

这是宋褧的绝笔。宋褧不但和李好文一样参与修宋、金二史，而且还出任过陕西行台都事，也在陕西做过官，而且宋褧的哥哥宋本又和李好文是同科进士，所以宋氏兄弟和李好文的关系比较密切，故宋褧死后，李好文即作《挽宋显夫》一诗表达自己对亡友的思念及哀伤之情，诗云：

> 四海人传二宋名，玉京连占两科荣。
> 鄢陵初喜知公字，长乐终思送我行。
> 故里经过人不在，遗孤问询泪如倾。
> 荒坟数尺西山下，一段平芜绿又生。

宋褧的哥哥宋本，至治元年（1321）廷策时中举，英宗赐进士及第，授翰林修撰。宋本长于文学，"尤以植立斯文自任"，著有《至治集》行世。宋褧登泰定元年（1324）进士第，授校书郎，累官至翰林直学士，谥文清，曾担任过监察御史，于朝廷政事多所建明，而文学则与兄本齐名，时人称曰"二宋"，故李好文诗有"四海人传二宋名，玉京连占两科荣"句。

李好文也是元末重要史家，参与编修《金史》和《宋史》，任总裁官。此外，他一生著述丰富，著有《成均志》20卷，《名臣经世辑要》4卷，编纂有《大元太常集礼稿》51卷，除了教授太子时编撰的著作《历代帝王宝鉴》《端本堂经训要义》《大宝录》《大宝龟鉴》之外，李好文在陕西做官时，编绘有《长安志图》3卷，是元代西安地区十分重要的方志。李好文还撰有《河滨苦窳集》一书，一生所写诗文很多，但存留下来的却很少，《元诗选》只录有其诗两首，分别是《挽宋显夫》和《题王子晋祠》。李好文撰有《感志赋》一篇，现存于《涵芬楼古今文钞》卷九六、《元文类》卷一中。

李好文的家乡在今东明县古葵丘五霸岗一带，他有多首诗词表达对家乡故土的热爱和留恋，这在东明的先贤中是少见的。如《目耕曰志》云：

吾生葵丘地，胸有志一番。
今朝龙门去，成事有何难。

《咏五伯盟坛》谓：

葵丘千里独为岗，齐侯之师强为王。
利武智囊何俯臣，德绥诸侯霸图方。

《吟故里葵丘》说：

遥望家乡诉传奇，族人依居会盟地。
叹问何选龙脉穴，始祖迁此得仙语。
小桥流水今尚在，古道行人已登临。
三官行宫云游客，玉龙酌酒笑古今。

综观李好文一生，他不但仕途显赫，而且著述丰富，是元朝中后期著名文人之一。李好文自英宗至顺帝前后历官六朝，30余年，"官职二十四迁，皆通显"。后多次请辞，拜光禄大夫、河南行省平章政事，仍以翰林学士承旨一品禄终其身。

商氏五杰

商氏三代五人分别是状元商衡、散曲家商道、王相商挺、御史商琥、画家商琦。他们祖孙三代活跃于金元之交的百余年间，在政治、军事、文化各方面为社会做出了有益的贡献，各自书写下自己光彩夺目的一页。

金朝状元商衡

商衡（1187—1232），字平叔，金朝济阴（今山东省东明县东南一带）人。金朝大臣。金卫绍王至宁元年（1213）特恩状元，初任郿州洛郊主簿，因廉能升任郿县令。金宣宗兴定三年（1219），天灾歉收，百姓饥荒，民无所于籴。商衡上书行省，得开仓赈济，众多性命得保。夏六月，因地震城塌，西夏乘衅

入侵，商衡率藩部土豪守御应敌，保以无虞。秩满，县人为他立生祠，再辟原武令。未几，入为尚书省令史，转户部主事。两月，被任命为监察御史。

商衡由于不畏权贵，直言敢谏，为右司都使，改同知河平军节度使，未赴，迁为枢密院经历官，兼昌武同知节度使事。丞相完颜赛不领陕西行省，奏衡为左右司员外郎，密院上表留下。皇上下旨"行省地重，急于得人，可从丞相奏"。第二年，又下令升官，行省再奏留下。又一年，母亲去世，回家守孝。正大八年（1231）十月，商衡正服母丧，被诏还京师，后复为秦蓝总帅府经历官。

金哀宗天兴元年（1232）正月，蒙古大军袭来，河潼失守，召主帅入援。二月九日，蒙古兵侵袭陕州，商衡带领军队到达陕州，将由小路进入长水地界，与蒙古军遭遇，在大雪中相互对峙，士卒又饥又冷，难以应敌。关陕行省徒单兀典等兵败于铁岭关，投降敌人。商衡不知各路元帅死了还是活着，急召溃兵应战，不抵蒙古兵，被俘虏，蒙古军劝他投降，他不为所动。后被监押到长水县东岳祠前，敌人劝诱他招降洛阳的军队。商衡说："我一个洛阳人都不认识，怎么能替你们招降他们？"蒙古人知道他不能劝降，恼羞成怒，把他的头巾扯下来。商衡大怒，瞪着双眼高声喊道："你们想怎么样？逼我投降，死了那条心吧。"商衡到底没有投降，最后，他望着京城方向拜谢说："主将没有统率好军队，造成士兵逃亡，吃了败仗。作为大金的臣子，我也是难逃罪责的，只能拼一死报效国家了。"于是拔出佩刀，刎颈自尽，以死报国，时年46岁。

商衡死后，朝廷褒奖，赠正奉大夫，昌武军节度使。初娶邓氏，并封濮阳郡夫人。子男二人：长子商挺，字孟卿，业进士，次子商援，字仲经。吏部闲闲赵公，即金国著名文人赵秉文，曾赞扬商衡，有"鹏飞九万里，风斯在下"之语。

散曲家商道

商道（1194—1264），字正叔，商衡弟。金末元初散曲家。

商道幼时聪慧，能诗善文，金卫绍王崇庆元年（1212）中进士。比其兄商衡还早一年科第，但科第后的行迹却没有留下记录。大概在晚年才入翰林国史院，所以钟嗣成《录鬼簿》称之为"学士"。

商道工词曲，善书画，曾改编南宋初年艺人张五牛所作的《双渐小卿诸宫调》，其曲多写贫民之苦或写景咏物，曲辞华丽，但不轻狂，不淫逸。至今流传的《天净沙》小令，非常有名，尤其是第四首：

雪飞柳絮梨花，梅开玉蕊琼葩，云淡帘筛月华。玲珑堪画，一枝瘦影窗纱。

通过描写雪景，刻画梅花，形象如画，风格清雅。抒发了一个文人雅士孤芳自赏的情怀，令人赞叹。

他的散曲在当时享有盛名，又曾经写过诸宫调《双渐小卿》，当时的名妓赵真真、杨玉娥即以善唱此调而闻名，可惜已经失传了。他的散曲，现在仅存小令四首、套数八、残套一。

安西王相商挺

商挺（1209—1288），一作梦卿，号左山老人。字孟卿，商衡之子，元初名臣。商挺24岁时，汴京失守，被东平严忠济辟为经历，出任曹州判官，兴学养士。元宪宗蒙哥三年（1253），忽必烈受京兆封地，看到元好问所列的须保护的金朝人员名单中有"东明商挺"，便遣使召为关中宣抚郎中。时值关中兵火，民不聊生。商挺到任后，进贤良，罢贪暴，重农业，薄赋税，通有无，一月之内，百姓安居乐业，境内安宁。

宪宗蒙哥九年（1259），商挺被召至开平，辅助忽必烈制定立国大计。中统元年（1260），忽必烈即位，升商挺为金行省事。中统二年（1261），又升参知政事。中统四年（1263），赐商挺金符。至元元年（1264），入朝拜参知政事，谏言修纂辽、金二史。至元三年（1266），帝留意经学，召商挺组纂《五经要语》共28类。至元九年（1272），元世祖封皇子忙阿刺为安西王，以商挺为王相。

至元十六年（1279），安西王去世后，丞相赵炳与王妃不和，被囚杀，株连商挺父子，两人被下狱，经刑部查审，无罪释放。

至元二十年（1283），高挺任枢密副使，不久因病免职。至元二十五年（1288）去世，享年80岁。延祐初，追赠推太师、开府仪同三司、上柱国、鲁国公，谥号"文定"。

御史商琥

商琥（？—1293），字台符，商挺长子，元代官吏。至元十四年（1277），由姚枢、许衡推荐，担任江南行御史台监察御史。至元十八年（1281），都昌人杜万一自立国号，惑众倡乱。官府不明事因，四处抓人，监狱爆满。江南行台飞檄商琥，前往查究，无辜者悉数释放，告示审伏党羽，自首投案，不到三天，倡乱平息。

至元二十七年（1290），迁中台监察御史。管辖地区发生地震，商琥上书说："过去汉武帝时也曾出现地震灾异，也没有出现什么更大的祸患。只要努力治理，就不会产生更大后果。"商琥接着上书皇帝："为国之道，在立法任人而已。法律不是摆设，需要有人认真执行；用人不能不加考察滥用，要选择贤德之人任用。"于是他举荐天下名士十余人，皇帝依照他的意见，都招用了。至元三十年（1293）迁国子司业，不久去世。有《彝斋文集》行世。

画家商琦

商琦出身于官宦书香之家，作为商挺最小的儿子，他自幼受父亲的影响和熏陶，具有精深的文学艺术修养。元大德八年（1304），元成宗铁穆耳召见商琦，入备宿卫。商琦与当时尚为王子的爱育黎拔力八达（即后来的元仁宗）交往密切。皇庆元年（1312），仁宗即位，授商琦集贤侍讲学士、朝列大夫，延祐四年（1317）升侍读官、通奉大夫，至治三年（1323）升为秘书卿，官正三品，商琦可谓地位显赫，很受皇帝赏识恩宠。

商琦做官、绘画两不误，在绘画艺术上，他擅画山水、墨竹，师承北宋著名画家李成、郭熙一派。他师法古人亦师法自然，以自己的悟性、亲身感受作画，笔势雄壮，笔墨俊雅，水墨明洁，亦有高趣，声誉日隆，驰名遐迩，与高克恭、赵孟頫并称为"元初三杰"，并有"独步""绝艺""天下无双比"之赞誉。

他的绘画风格影响了元代后期的画坛。元代著名书画家柯九思题商琦《山水图》诗云："众奇百谲乌可名，笔力到处俱天成。王维久死唤莫起，此画一出疑更生。"又云："集贤曾画嘉熙服，敕赐黄金拜舞归。从此人间画山水，清泉白石转晴晖。"尽管元代宫廷没设画院，但商琦实际上是宫廷高级画师。商琦存世作品十分罕见，目前被公认为商琦之作的仅有《春山图卷》，现藏于故宫博物院。

《春山图卷》是一幅长达两米多的青绿山水长卷，给人以青山叠翠、万物勃发的美感。画面远景群山连绵，蜿蜒起伏，烟笼雾罩，云气氤氲，气势雄伟壮阔；近处峰峦叠翠，树木丰茂，郁郁葱葱，显示出生机勃发的盎然春意；山涧中的溪水自上而下，潺潺而流，时而湍急，时而平缓，让人好像听到了泉水流淌之声，为静谧的山川增添了动感，显示出无限的活力；山下松柏挺拔，丛林杂树，苍郁深秀，湖面广阔，水波涟漪，岸上房舍俨然，散落于林木之中，有世外桃源之境；图中人物所占比例极小，但造型准确，寥寥数笔便点出其士子雅客身份，他们在山林之中，或相互对语、交流品评，或策杖徐行、领略山水美景。该画也表现了商琦寄情山水，向往闲适平淡生活的愿望。

第三节　史册大事

东明县民闹东京

王安石（1021—1086），字介甫，号半山，抚州临川县（今属江西抚州市）人。中国北宋时期政治家、文学家、思想家、改革家。

庆历二年（1042），王安石中进士，历任扬州签判、鄞县知县、舒州通判等职，政绩显著。宋仁宗末年，曾作《上仁宗皇帝言事书》，要求对宋初以来的法度进行全盘改革，但未被采纳。

宋神宗对王安石提出的改革时政万言书早有所闻，而且听说此人很有学识，他当地方官时政绩就很突出。于是，他便提任王安石为宰相，主持变法。王安石变法的主要内容有青苗法、免役法、均输法、市易法、农田水利法、方田均税法、将兵法等。这些新法实施后，北宋又一度出现了经济恢复、社会繁荣昌盛的景象。尽管起到这样好的作用，但变法仍遭到保守派的强烈反对。在免役法刚刚试行时，东明县知县贾蕃为了蛊惑人心，阻止新法的推行，挑动东明县民1000多人进了京城（今河南开封），到宰相府大闹，反对新法的实施。事后，据载，贾蕃遭贬斥。

熙宁四年（1071）五月十四日，开封府东明县县民"千百人诣开封府，诉超升等第出助役钱事"。出现这种群体事件，开封府尹即使不能对免役法的对错做出合理的解释，至少有责任把这1000多人稳定住，然后请示上级怎样处理。可那天开封府却大门紧闭，放出话去，只有三个字"不受理"。这些老百姓离开开封府之后，又冲进了王安石的私宅。

那天，王安石还没有上朝，出了这样的事，他亲自站了出来，向这些人提出了两个问题。第一，这么闹是为什么？乡民们回答，免役法实行到他们县里，他们的户口等级变了。他们本来是第五等的穷苦农民，全都变成了第三等的富户。这样他们所要交的钱，就多出了许多，根本就交不起，要逼死人了！

王安石很震惊，东明县就在开封城边，在这个距离里，实施新法都有人敢做手脚。他稳住神，告诉乡民们，这件事"相府不知"，但很快就会着手调查。接着他问了第二个问题，你们来，东明县的知县知道吗？

这是个原则问题，东明县里出了这么大的事，是谁改了户口等级先不说，

这么多人上访，县官至少得先通报上级。问明情况后，王安石对他们承诺："当与指挥，不令升等。"官场经验告诉他，这件事肯定已经轰动整个开封都城，消息瞬间就会传进皇宫里。

他告诉这些乡民，事情还是要走法律程序，去找开封府的上一级单位御史台，让那里受理追查。

当时的御史中丞名叫杨绘，面对捧着状纸的乡民，他直接声明：本衙门只受理官员纠纷，你们这些平头百姓，根本不够资格让我们操心。立即散去！乡民们没有别的办法，都走了。

人走了之后，杨绘立即派出大批手下，去调查到底是怎么回事。很快，调查结果出来了，说是因为王安石的手下不根据官府原有的户籍账本去划分等级，而是先划分好了，直接分配到下面的县里去执行，才造成了东明县里下五等变成上三等的荒唐闹剧。

东明县民上访事件发生于熙宁免役法试行阶段，一时震动朝野，随后成为支持与反对变法的臣僚在朝堂之上持续数月交锋的重要内容。"免役法"是神宗和王安石一起制定出来的，神宗皇帝让王安石赶紧查明事件真相。王安石派人一调查，才知道原来是东明县前任知县贾蕃搞的鬼。贾蕃也是个顽固的守旧派，和杨绘、刘挚都是一伙的。他在试行"免役法"的时候，故意歪曲朝廷的法令，把本该划在第五等的穷苦户民全划成了第三等，这样一来，本来可以不交"免役钱"的穷苦农民却要缴纳额外的钱，他们当然不服气，就聚集起来闹事了。贾蕃干这种事，目的是要挑动百姓反对新法，但他做贼心虚，怕担责任，就赶在农民闹事之前，抢先调离东明县，到京城来当官了。再一追查贾蕃调动的背景，他们才发现问题更严重了。原来，出面把贾蕃调进京城的是枢密院。贾蕃的后台正是王安石的大对头，赫赫有名的枢密使文彦博。文彦博当时已65岁，是三朝元老了，他年轻时因为精明强干，不怕得罪权贵，又是范仲淹的朋友，威信也很高，可他官越当得大，就越想抓权，妒忌心也特别重。

贾蕃，字仲通，贾昌龄之子，贾昌朝之侄。贾昌朝，字子明，官至集贤殿大学士、同中书门下平章事兼枢密使，封魏国公。宋真宗大中祥符初年（1008），曾以殿中丞出知东明县。

当东明县百姓要上访时，身为知县的贾蕃态度却很怪异。据《贾蕃墓志铭》记载："会行役法初下，民有以令为弗便而自诉于朝者。或曰：止之，不止得罪。公曰：吾非能使民诉，亦弗止也。"由此可知，当时有人要阻止百姓越级上访之事，以免事态扩大，而贾蕃却阻止了旁人的干涉，任由事态发展。贾蕃的行为如此怪异是有原因的，考究其身世及人际关系可知，其岳父是范仲淹，妻弟是范纯仁；提拔他当东明知县的是当朝大学士韩维；在越级上访事件发生后，为他辩解的是御史中丞杨绘、监察御史刘挚；事后将其调走的是枢密使文彦博，而以上这些人有一个共同的身份——都是反对王安石变法的成员。王安石曾对宋神宗说："知县贾蕃乃范仲淹之婿，好附流俗。"最后结果以反变法派的失败而告终，贾蕃也因"不奉法"之罪而受到降职处分，贬为监顺安军酒税。直到元祐四年（1089）贾蕃去世，仍未获重用。

由于用人不力及执行出现偏差，王安石变法也带来一些负面效果，造成"民苦于役"，加之朝廷新旧党争，使得王安石变法受到不少朝臣的非议，王安石被迫两次辞去相位。元丰八年（1085），神宗驾崩，子哲宗即位，高太后（宣仁太后）听政，起用司马光为相，新法除置将法外，全部被废。由这个事件可见当时王安石变法的艰难和朝廷内部斗争的错综复杂。

宋晟抗金保卫东明

在金军大举南侵北宋，北宋灭亡的"靖康之变"中，时任东明知县的宋晟对入侵金军进行了顽强的抵抗，谱写了一曲抗金壮歌。

"靖康之变"是指北宋钦宗靖康二年（1127），金兵朝南下攻取北宋首都东京汴梁（今河南开封），掳走徽、钦二帝，导致北宋灭亡的历史事件。又称靖康之乱、靖康之难、靖康之祸、靖康之耻。

北宋徽宗宣和七年（1125），金军分东、西两路南下攻宋。东路由完颜宗望领军攻燕京，西路由完颜宗翰领军直扑太原。东路金兵破燕京，渡过黄河，南下汴梁。宋徽宗见势危，乃禅位于太子赵桓，是为宋钦宗，改年号为靖康。

靖康元年（1126），金军发动三次攻宋。正月，完颜宗翰率金兵东路军进至汴京城下，逼宋议和后撤军。八月，金军又两路攻宋；闰十一月，两路金军会师攻克汴京。

东明、长垣二县在汴京北部，北距大名不远，地当两都之要冲，三路之交会，是国都门户，首当其冲。靖康元年正月己巳日（1月27日），宗望军渡过黄河，第二天即攻下滑州（今河南滑县），直逼北宋都城汴京。这次来犯，长垣不久被攻下，陷落于敌，知县上官敏功死于国难。当时，宋晟知东明县，长垣陷落，只有东明孤悬河表，情势非常危急。虽然与京城只有百里之遥，但敌军阻隔，消息不通。金军包围汴京，分兵进犯东明。这次围城战，只有完颜宗望的东路军到达开封城下，兵力有限，攻城的活动限于西、北两隅，有时蔓延到东北角，南面诸门则始终未受攻击。宋晟组织军民坚守，金军始终没有攻破。

完颜宗望的东路军这次围攻开封不果退军。八月，集合军队重新伐宋。金

军两路合攻，兵力已超过 15 万人，比第一次围城战增加了一倍半。四面合围，陷东京于彻底孤立。这时，李纲、种师道等抵抗派将领都被剥夺了军权，宋钦宗把战、守、和的全权都授给宰相何㮚。城内守军不满 7 万，各地勤王军早已受到唐恪、耿南仲的命令而裹足不前。

小小东明县城，在大军压境之下，宋晟坚持组织军民顽强抵抗。金军几次围城，军民冒死力拒，县城安然无恙，坚持一年之久。宋钦宗听到消息，大力嘉奖，亲手下诏书表彰他的忠诚，又升迁他的官职。

京城沦陷，二帝蒙尘，南宋建立，这一系列上层变故发生时，各地地方政权和人民群众并没有屈服于金军的压力，自发地开展各种形式的抗金斗争，保卫家乡。东明县令宋晟离职后，继任县令仍然发扬宋晟的精神，组织了有效的抵抗，他虽然没有留下姓名，但其精神是可歌可泣的，直到南宋高宗建炎三年（1129），大河南北无一片土地归宋所有，东明才落入金人之手。

东明北徙冤句故地

宋靖康二年、金天会五年（1127），金军南下攻取北宋首都东京，掳走徽、钦二帝，北宋灭亡，史称靖康之变。金灭北宋后，对所统治区域进行了行政划分，实行路、府（州）、县三级管理，改宋都东京为南京，设南京路。南宋建炎三年（1129），东明沦于金，改属南京路开封府。

金大定八年（1168），黄河决口，曹州被淹，城圮于水。黄河自然形成南北两支流，曹州所属冤句、南华二县废，东明县改隶曹州，属于河南路。金大定十二年（1172）春，诏太府少监张九思、同知南京留守事纥石烈邈，监护增筑堤防于东明等县，以防河水东南行。金章宗明昌五年（1194）八月，黄河在阳武故道决口，河水灌封丘而冲荡长垣、东明、曹州、濮州、郓城，注入梁山泊。至此，黄河"北流绝，全河皆入淮"。金泰和三年（1203），东明人张特立中进士第，后官至监察御史，以直言敢谏著称。金宣宗贞祐二年（1214），蒙古攻破东明县，知县王毅战死，蒙古军旋引还。宣宗兴定二年（1218），东明县北徙入河北冤句县故地，治在今东明集，而以东明之故地废为通安堡。兴定四年（1220）夏，蒙古军杨在兵破大名，再次进攻东明等处。金正大元年（1224），东明人王鹗中进士第一甲第一名。及哀宗正大九年（1232），复罢通安堡设县，更名仪封。后割东明县兰阳等六乡为兰阳县，废仪封县并入兰阳县。

南宋端平元年、金天兴三年（1234），蒙古灭金，入主中原，东明仍隶曹州，属河南路。元世祖至元二年（1265），撤宛亭县，并入济阴县，东明划归大名路开州。其时开州领濮阳、清丰、长垣、东明四县，自是东明遂北属。至元二十五年（1288），黄河北徙，东明、曹州、濮州等处被其害。至治元年（1321），东明人李好文进士及第，他是元朝中后期的著名文人。文宗至顺元年（1330），河决长垣，东明漂民田580余顷。至顺三年（1332）夏，大霖雨，河水漫滩，没人畜庐舍不计其数。顺帝至正四年（1344）夏，金堤溃，河流入会通河，东明昏垫，诏贾鲁前往视察。至正十一年（1351）夏，以贾鲁为总治河防使，修黄陵冈河防。翰林学士承旨欧阳玄曾作《至正治河记》以纪其事，《东明县志》"艺文志"载有此文。至正十二年（1352），群盗大起，诏德柱以河南右丞守东明。德柱驰抵东明，缮城隍，严备御，贼不敢逼近，民赖以安。至正二十五年（1365）二月，黄河向北决口、漫滩，整体向北滚动，东明、曹州、濮州皆被水漫，居民多死于水患。

明洪武元年（1368），明军攻占元大都和上都，元庭退守漠北，史称北元，成为与明朝对峙的政权。明朝立国的第一年，即洪武元年（1368），东明县治以避水患，徙治云台集，亦称西东明集，即今沙窝镇西堡城村。未及一年，县城复被水冲，圮颓殆尽。至洪武十年（1377）五月，东明县被取消，以其地分属开州、长垣。直至弘治四年（1491），始复设县于南华故地大单集，即今之县城。开州割还24里，长垣割还10里，编户共34里；后增两里，为36里。改隶大名府，属北直布政使司。自洪武十年（1377）至此，其间今东明县域内114年无县治。由此可见东明废置之靡常，亦可见水患给东明带来的灾难之深重，于金元时期尤为甚。

第五编

明清时期

概　述

　　明洪武元年（1368），河决东明响子口，为避水患，迁东明县治于云台集（今沙窝镇西堡城村）。十年（1377），撤销东明县，属地北部划归开州，南部划归长垣。明中叶弘治四年（1491），得朝廷批准，割开州24里，长垣10里，恢复东明县建制，建县治于大单集，即今东明县城。后增加2里，全县共36里，属北道布政使司大名府（后改北道布政使司为北直隶）。清朝顺治十六年（1659），怀庆、彰德二卫合并后，东明县遂入26营，仍属直隶省大名府。从此，东明县城和县域范围基本固定，只在不同时期邻县间有部分调动。

　　东明县这个地处中原、齐鲁、燕赵之间的小县，于金、元、明三朝的273年（1218—1491）中，几经流离迁徙，频遭磨难，在版图上消失一百多年后，废而复起，终于又一次获得新生，由中原而齐鲁，又归入慷慨悲歌的燕赵之邦，纳入京畿政治经济文化圈。明初，大量山西移民及卫所军户人口充实，生产得以发展，四方辐辏，八面来风，广泛吸纳不同的文化资源，不断丰富、壮大自己。县治固定后，几位来任县令励精图治，修筑城池，营建学校等基础设施，关注民生，发展文化教育，社会安定。其优秀分子，经过长期积累和历代传承，视野更加开阔，见解更加深刻。由于多种因素的共同作用，在明朝中后期，文化教育空前繁荣，读书求仕蔚然成风。在明朝的最后80年间，竟有24人金榜题名，考中进士，形成了一个明后期的东明进士群，蔚为大观，在明末社会发挥了重要作用，也对后来社会生活的各个方面产生了极大影响。

　　明末清初，东明曾进行了一些抗清斗争。清朝统治下的康乾盛世，东明社会有很大发展，人口日繁。中叶以后，社会出现混乱，尤其是咸丰五年（1855），黄河决口铜瓦厢，改道北行，泛滥成灾，对东明社会环境和人民生命财产造成很大威胁。清朝文化教育不如明朝后期，但也产生了一些值得推崇的历史人物，他们各呈异彩，为县域历史文化增姿添色。

第一节　名宦重臣

三部尚书石星

石星（1538—1599），字拱辰，号东泉，直隶大名府东明县（今东明县城北关仁义胡同）人。进士出身，踏上仕途后历经嘉靖、隆庆、万历三朝共40余年，历任工、兵、户三部尚书等职。

嘉靖三十八年（1559），石星中己未科三甲第80名进士，初授官吏部行人司行人，继升为吏科给事中。隆庆元年（1567），穆宗朱载垕即位，沉湎酒色，荒芜朝政，信用宦官，堵塞言路，致使朝野怨声载道。心秉正义、忠直敢言的石星不顾自身安危，大胆上书《请新政理》，畅言"养圣躬""讲圣学""勤视朝""速俞允""广听纳""察谗谮"等六事。奏文洋洋洒洒两千余言，直陈皇上"为鳌山之乐""纵长夜之饮""耽声色之娱"，以及朝堂经筵日讲久废、皇帝视朝不勤、正臣言路堵塞、阉竖专作威福等种种乱象，言辞恳切，请求皇上振作起来，戒除恶习，加强学习，勤于朝政，广开言路，远离小人。穆宗皇帝看了，认为石星是恶意诽谤，勃然大怒，喝令将其当廷杖责六十，免职为民。监杖的太监腾祥本就对石星经常揭发抨击宦官的恶行怀恨在心，这次逮住机会，必欲置之死地而后快，于是下令手下太监往死里打，直把石星打得死去活来，眼看性命不保。这时石星的同乡好友、工部郎中穆文熙挺身出手相救，他对腾祥说："皇上只是一时生气才责罚石星，你若把他打死，就会让皇上背负滥杀忠臣的历史骂名，等到皇上醒悟过来，能饶得了你吗？"腾祥心生忌惮，石星这才保住一条性命。于是，穆文熙辞去官职，与父亲穆陈实一同护持石星回到家乡东明。但石星远在家乡的夫人听说他已被皇上当堂

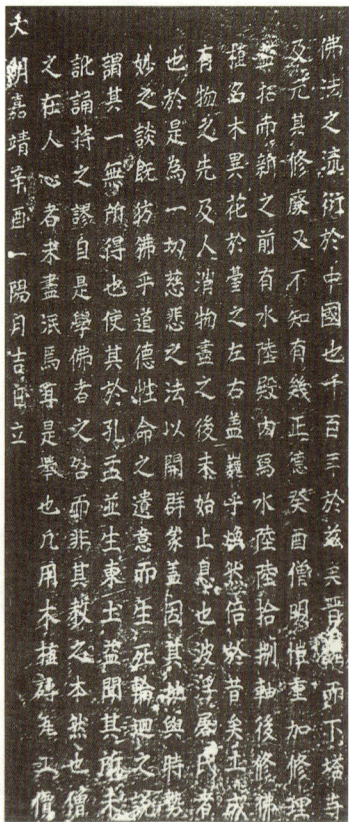

石星楷书拓片

杖毙，决心追随丈夫，竟以头触柱而死，令石星悲痛不已。

明神宗万历元年（1573），万历皇帝朱翊钧登基，起用旧官员，石星得以复职，不久晋尚宝寺少卿，升大理寺丞、右少卿，转南京太仆寺卿。这时张居正为当朝首辅，权势熏天，石星与之政见不合，上书弹劾，结果受到排挤，于是愤而辞职还乡。万历十年（1582），张居正死，石星重新还朝为官，任太仆寺卿。不久，升金都御史协理都察院事，再进右副都御史、兵部侍郎。万历十五年（1587），擢工部尚书，次年加太子少保。万历十八年（1590），石星改任户部尚书。当时国家经费开支很大，国库空虚，石星殚精竭虑，开财源，省用度，勉力维持，与其他大臣提出14条改革措施。这些措施经皇帝批准下达后，督抚等掌权者因减少了军费而怏然不乐，可是国家和百姓却受惠不少。万历十九年（1591），边境多事，战争不断发生，急需干臣主持军务，于是石星改任兵部尚书。

明万历二十年（1592）二月，已致仕的副总兵哱拜在宁夏发动叛乱，杀掉抚臣宪使，连陷河西47堡，很快占领整个宁夏。而蓟辽晋豫等地也相继告急，朝野震动。石星慷慨地说："哱拜跳梁小丑，人神共愤，不先派兵征剿，怎么能弘扬皇上的威望而让胡贼胆寒呢？其他拥兵造反的人，也要接着剿灭。"因此他殚精竭虑，夜以继日，谋划方略，选拔了当时最精良的总督、监军、大将乃至偏裨将校。又请求增加军饷，阻断敌军通道，必要时挖开黄河灌城等，奏疏上了几十道。可盼望的剿灭叛贼的捷报仍没有到，他心里更加焦虑，手拿奏疏跪在乾清门哭着说："叛贼没有平定是因为诸将观望，诸将观望是由于总督的权力太轻。请皇上赐给总督魏学曾尚方宝剑，不听从指挥的由他处置。这样，如果十天得不到捷报，请先斩我的头，治我欺罔之罪。"皇上感动，赐给督臣魏学曾尚方宝剑。果然不出所料，十天捷报传来，哱拜之乱平定，西北边疆稳定。皇上非常高兴，大加赞许，祭告太庙，册封功臣。加石星为太子太保，世袭锦衣卫正千户之职。不久，蓟辽晋豫等地的兵乱次第被平定。再次论功行赏，加石星少柱国，赏赐银币，世袭锦衣卫指挥佥事。

万历二十年（1592）四月，宁夏叛变还没有平定时，日本关白（相当摄政王）丰臣秀吉率兵10万大举入侵朝鲜，登釜山，陷王京，占平壤，朝鲜八道几尽沦没，朝鲜王遣使向明朝告急求援。消息传来，朝中大臣多数反对出兵朝鲜抗击日本，只有石星深谋远虑，认为"救朝鲜，实所以保中国"。万历皇帝支持了他的主张。宁夏之乱平定后，石星请求亲自率兵救援朝鲜。皇上下诏宽慰，改命山东巡抚宋应昌以右都御史、兵部右侍郎的身份经略朝鲜军务，赐给尚方宝剑，准许便宜行事，著名将领刘綎、李如松、陈琳、邓子龙都前往救援。明军入朝后，在朝鲜军民的配合下，光复平壤，收复开城，夺回王京（今首尔），

打得日军节节败退，取得了初期阶段的胜利。此时浙江有个叫沈惟敬的人，私下向石星提出了"封贡"的建议，他说自己有个亲戚了解日本，丰田秀吉打朝鲜是希望能得到大明皇帝的封赏。而丰田秀吉在遭到明军的反击后，也假意接受"封贡"，以拖延时间，卷土重来。明军前方督臣将帅宋应昌、李如松等在经过惨烈的碧蹄馆战役之后，又遇上后方粮饷不继、军中疫病流行等困难，亦产生了议和的想法，于是上奏朝廷，希望议和。石星就朝鲜用兵这件事向大司农问计时，才知道国库空虚，加上当时中日双方都有和谈意向，石星从国家大局出发，改变了主意："委金钱数十万投之东壑，胜负不可知，而中国膏腴竭矣！"这时，宋应昌锐气受挫，也给石星写信，谈封贡的好处。在朝廷内部，以首辅赵志皋为首的部分官员主张议和。石星于是从主张剿灭变为主张安抚，在皇上的允许和首辅的支持下，开始主持"封贡"和谈事宜。遂委派沈惟敬前往日本接洽，要求丰臣秀吉献出王京，归还王子和陪臣，按约定给予封赏，至于纳贡，再慢慢商议。但是石星信赖并派出的和谈代表沈惟敬却是一个市井无赖，日方派出的代表小西飞也是一个投机取巧之徒，两人采取左右瞒哄手法谎报和谈结果，甚至编造假降表等，和谈自然无成功可能。正当万历皇帝和石星等欣欣然于沈惟敬所报称的和谈顺利之时，丰田秀吉又发动了对朝鲜的大举进攻。万历皇帝闻报，雷霆震怒，一口恶气全发到主张"封贡"的大臣头上，而首辅赵志皋此时却翻脸不认账，把责任全推给石星一人。于是石星被革职候勘，接着下狱，连妻子和年仅十来岁的儿子也被远戍广西烟瘴之地。当时有人劝说石星为自己开脱责任，对他说："主张封贡意见时，那些奏章上都说可行；倘若成功，能让你独享功劳吗？应该申明这是大家的公议，不应该让你独自一人担罪。"石星说："我为国谋划，没有收到应有的效果，死就是死了，我不会说一句掩盖我的罪过的话。"听到这话的人，都为石星的义气和豪爽赞叹。两年后，石星病死在狱中，一代净臣以悲剧结束，令人唏嘘不已。他死前留下绝笔诗曰："模棱非我愿，报国是生平。北阙梦魂绕，天王自圣明。"其忠君报国之心，至死不变。

石星工诗文，著有《东泉集》。他的诗文在当时享有盛名，与王道行、黎民表、朱得煌、赵用贤并称"续五子"。石星曾任工、户、兵三部尚书，可谓位高显重，或许是由于他的官场结局悲惨，《明史》没有为他立传，其诗文亦多不传，好友穆文熙之子穆光胤所辑《明诗正声》中收录其诗9首，今《东明诗藏》多方搜辑收录石星诗32首。根据内容可以判断，这些诗歌作于石星抗疏被黜为民期间，虽路入穷途，但他仍旧壮心不改，志在济世；虽然悠游山水之间，故作达观之态，但他心中未免惆怅不甘。

石星虽然遭到明朝廷的不公正处置，但家乡人民景仰他的精神，《东明县志》"乡贤"卷中记载了他的事迹，民众为其立祠，数百年祭祀不衰。朝鲜人深感他的再造之恩，世代不忘，除立祠纪念外，还流传有一些石星后人逃到朝鲜受到照顾、礼遇的故事。近年来，有石姓朝鲜人自称石星弟弟和儿子的后人，也是两国友谊的历史见证。

清朝时期，东明县诗人李宾起有《石司马墓》：

> 漆水北城外，隔涯荒墓存。
> 是非凭野老，俎豆愧儿孙。
> 凛冽杖头血，忧思狱下魂。
> 当年心自苦，事后更何论。

吴鹏程有《石司马墓》诗：

> 溶溶漆水绕佳城，千载高勋表盛名。
> 疏劾权阁不计死，志清塞绝敢谋生。
> 一传天道留今恨，三代民心自古情。
> 指点襄碑说羊祜，西风凭吊欲沾缨。

在民国时期，石星与其子石茂恩的坟墓已经"岿然两冢，耕犁周环，荒凉殊甚"，乡人剪除了荆棘，栽上了常青树，树上了碑文，以缅怀"尚义之君子"。东明县城北关是石星的出生地，明代及以后，相继建立了"大司空坊""内台总宪坊""太子少保坊""三世宫保坊""锁闼拾遗坊"，以彰扬石星及其家族。还建立了"忠义坊"，以彰显石星、穆文熙二人的友谊和他们的忠义精神。

1994年，东明县城北关居民捐资建石星文物保护馆。每值节日，民众纷纷以各种形式表示敬仰和纪念石星这位明代三部尚书。

廉洁耿介刘怀恕

刘怀恕，字士轩，又字心田，明直隶东明（今东明县武胜桥镇刘庄村）人。自幼聪慧，刻苦勤学，师承乡贤石星、穆文熙等，学业精进，中万历五年（1577）丁丑科三甲第223名进士，历官知县、御史、大理寺少卿、兵部侍郎、右副都御史等职。官终郧阳巡抚，卒于任。

刘怀恕释褐后，初任长洲知县。长洲是苏州的附郭县，距离陪都南京不远，地当水陆要冲，冠盖往来，人马络绎不绝，监督织造的官员在此驻节。这些人凭着权势，恣情享乐，颐指气使，地方官员很难应付。来这里做官的人，大都

胆战心惊，往往解绶自劾而去。唯独刘怀恕到任，一反前任官员故态，正气凛然，不卑不亢，一切供应均按规定标准，为国为民节省了大量资财。传播出去后，官民称颂，名声大震。刘怀恕长洲任职期满，升调御史，离开长洲时，当地商铺停止交易，百姓送行几十里不断。

刘怀恕担任御史数年，刚正耿介，办事干练，雷厉风行，风采特著。无关大体的事情他不轻易说话，所建言的事情没有不采纳办理的。当时神宗皇帝不理政事，六科十三道大量缺员，多半只有一个空衙门。刘怀恕一人曾掌管九署之印，他殚精竭虑，政务无荒弛，也没有流露骄矜的姿态，僚属都很敬佩他。

刘怀恕曾经按察淮阳，所到之处驱逐贪官污吏，释放含冤被拘禁的囚犯，百姓一片感慨，称赞他是"直御史"，比古代弹劾权贵的"埋轮使者"毫不逊色。不久，又按察三晋，依然像在淮阳那样，大刀阔斧，除暴安良，百姓称颂。他还和宣大督抚一起，细心筹划边防设施，修缮亭障，建造楼橹，严密侦察警戒，几年内边地不惊。

后来，刘怀恕被召入京中任大理寺寺丞，不久晋升为大理寺少卿，接着擢升为兵部侍郎、右副都御史，再改任郧阳巡抚。郧阳处在万山丛中，川陕两省交界处，明朝正德前本无巡抚，宁王朱宸濠兵变后，才效法南赣例特别设置，治理非常困难。刘怀恕到任，着力整治地方，宽猛相济，恩威并施，以轻微的惩戒使不法分子洗心革面，避免大的犯罪。他总结经验说："封疆吏不同于廷尉，廷尉要严守法令制度，封疆吏使用权力应有所变通，才能使国家和百姓都有依靠。"人们认为一语中的，是至理名言。可惜不久后他就死在任上，郧阳地方和朝廷官员听到噩耗，都嗟悼不已。东明邻县长垣籍官员、少保崔景荣为他撰写《墓志铭》，说他"法以廉，介以严，岳岳深以潜"，这是他一生为官做人的真实写照。

刘怀恕性情纯正孝顺，做大理寺寺丞时，已经50多岁，两位老人去世时，他哀痛万分，哭得像孩子一样，劝慰他的人也忍不住掉下眼泪。在九门做督工时，他谢绝内调提升；两京遭灾害时，他接连上疏请求赈济；等等，其谦逊的形象、崇高的德行，都让人永远难以忘怀。

刘怀恕做官后，与恩师石星、穆文熙都保持密切关系，他酷爱诗文，整理、编辑、刊刻穆文熙的不少著作。早在万历九年（1581）做长洲县令时，就刻有穆文熙辑《阅古随笔》2卷。万历十五年（1587）刊刻的穆文熙《逍遥园集》是穆文熙最早的诗文集。穆文熙的文学、史学著作，大都是由他出面刊行的，有的还流传到海外高丽、日本等地，韩国藏高丽刻本《左传钞评》就是以刘怀恕刻本为底本翻刻而成。刘怀恕刊刻的穆文熙著作，在历史文献中的地位日益彰显，他为穆文熙著作的传播，也为国家文化事业的传承，做出了突出贡献。

刘怀恕的父亲刘太祥，为元朝督察院御史刘忠的后人，曾在开州府为官。《东明县新志》载"刘太祥以子怀恕贵，封资政大夫、佥都御史、郧阳抚治"，县城内为其立"天宠褒封坊"，并为刘怀恕立"圣朝耳目坊""节制三省坊"。因刘怀恕、崔邦亮都曾官河南道监察御史，为二人立"同道两卿坊"。

兵部员外郎韩魏

韩魏，生卒年不详，字晋卿，明直隶东明（今东明县大屯镇韩屯村）人。万历十四年（1586）丙戌科三甲第237名进士。历任湖北德安府司理、武昌府推事、兵部主事、员外郎。

韩魏十几岁时，"英柔能文"，长得英俊潇洒，面色和善，文章写得很好。一次，石星和穆文熙到东明县衙办事，见到了韩魏的父亲韩廷相。韩廷相时在县衙当差，见到东明的两位文曲星，遂邀请到家叙谈。石星和穆文熙看到韩魏的文章，赞不绝口，连说很有才气，前途不可限量，积极鼓励他考取功名。而韩廷相却摇头叹气，说："我看这孩子不行。恐怕就是古人所说的那种路旁的李树，结的李子外表光鲜，抬手就能摘到，却味道苦涩，不中用。还可比作河里的鱼类，也许就是那浮游在水面的阳乔鱼，举网就可以得到，吃起来却味道极差。他会成就功名吗？"

石星对韩廷相说："你说的未必尽然。有好的金属材质，不交付给铸剑能手薛公，不能成为神剑；有好的建筑材料，不交付给好的工匠，也造不成漂亮的房子。如能择取一个好的老师加以培养，我看这孩子一定会学有所成的。"韩廷相于是把韩魏送到县学里拜师求教。之后石星、穆文熙对他也十分关注，经常不厌其烦地教育、敦促，为他指点迷津。没过多久，韩魏考中了秀才。后参加庚午科乡试，获得了举人资格。

韩魏墓道旁石猪雕件

当韩廷相把这个喜讯告诉石星、穆文熙时，石星说："渥佳之驹，一振而即千里，凡马不能与之论早晚；鸿鹄之翻，一举而薄云霄，凡鸟不得与之较迟速。由此言之，晋卿之得第宜耳，公何讶之乎？"对韩魏取得的成就给予了极大的肯定和赞许。韩魏果然在万历十四年（1586）丙戌科高中

进士，这正是对石星、穆文熙极力栽培的最好回报。

韩魏为官后，授湖北德安府司理。赴任时，穆文熙有《赠门人韩晋卿司理德安六首》相送，寄予极大希望：

其一

霜落黄河秋气清，太微遥傍翼分明。

沅江有恨千年在，到日先当理屈平。

其二

客子南游入郢中，江天文藻意何穷。

由来好曲人稀和，未许阳春调独工。

其三

裘马翩翩气色新，况逢小至属佳辰。

凭将一线宫中日，散作湘潭无限春。

其四

皇华节使忆当年，赤壁曾停月下船。

过眼河山归梦思，凭君传语寄坡仙。

其五

章华台压楚江干，台下江流淼淼寒。

由来胜地名偏起，海内人人愿识韩。

其六

云梦天寒日色幽，湘流不尽古今愁。

定知司理平反后，无复南冠泣楚囚。

韩魏在德安任职时，迎接父亲到官邸。韩廷相见廷堂之下罪犯沓集，在审问时常常动用脚镣枷锁等刑具，就皱起眉头对韩魏说："这不是像司马迁所说的屈体受辱，毁肌肤受辱、猛虎在陷阱摇尾而求食那样吗？他们的罪过虽不可轻饶，然而得到一些罪情也不要过于自喜。孔子的弟子曾参有明确的教导，用刑法也要怜悯、体恤。这是古人所称赞的。我希望我儿很好地领会这其中的道理。"韩魏谨遵父亲的教诲，"出而讯问，入而返命"，审理案件不动用酷刑，不屈打成招，致使一方吏治清明，不到三个月就"声称大著"。韩廷相非常高兴地说："人初授一官，犹树之托根，屋之筑基也。根不实者，发不荣茂，而栋梁不可期；基不固者，力难承载，而栋挠可立见。有幸我儿依托的根、基都不用担忧了，你还需要继续努力啊！现在我可以放心回家乡了。"

韩魏高中进士，任官又卓有成绩，清正廉洁，家乡父老纷纷向韩廷相表示祝贺，盛赞他的高尚行为。韩廷相笑着说："我家世代为农，没有多少德行施加给乡邻，一朝儿子登第做官，已经越过我家的本分。我听说，日中不须臾，急雨不崇朝。我正担心继承下去的困难，怎敢再增加呢？"众人听了之后都说："公能如此克制自己，福报必然会延续给后代子孙。"

韩魏时刻不忘记父亲的话，严正执法，勤政为民，长官喜欢，百姓爱戴，多次受到朝廷嘉奖提拔，任德安司理期满，迁武昌府推事。不久，因政绩突出，擢升兵部主事，累官至兵部员外郎。

韩廷相于 58 岁那年去世，韩魏很悲伤，

韩魏墓道牌坊构件

请石星为父亲撰写墓表《明待封两峰韩太公墓表》，穆文熙撰写祭文《祭韩两峰》和《明故省祭官两峰韩公暨配孺人杨氏贾氏合葬墓志铭》。

刚直御史崔邦亮

崔邦亮，生卒年不详，字德严，别号际虞，明直隶东明县（今东明县武胜桥镇崔寨村）人。神宗万历十四年（1586）丙戌科进士，授渭南知县。渭南是个问题严重的县，处东西驿道要冲，是有名的难治理的地方。崔邦亮治理渭南，勤于吏治，政绩卓著，调任河南道御史。

当时正是神宗万历末年，执政大臣和言官整天争斗，开始是争国本，后来三派势力互相角逐。神宗皇帝整整 20 年不出深宫，奏疏一律留中不发。崔邦亮处理事情能识大体，"器度渊凝，丰采岳峙，所言皆关大事，凛凛有汉汲黯、宋包拯之风"。曾与河南巡抚曾同亨一起上奏皇后爱子潞王朱翊镠"出入无禁，嬉游无度"等事，太后和皇帝对其严责。

明朝东明县有怀庆、彰化两卫军户 26 营。原先明太祖定下制度，凡在卫营军籍的，无战事就归农，有军务就拿起武器奔赴疆场。怀庆等卫所邻近东明，距离万历末年已有 200 多年，十代人了，长久无重大战事，在军籍的人不知兵革之事，可是边境战祸突然爆发，他们被征发到边塞，冻死人的消息每天都能听到。崔邦亮慷慨上奏，请求停止这样做，使他们蒙受恩惠，他们给他在包旗营立祠表示感谢。常澄早先以严厉著称，裴栋以忠厚核实著称。崔邦亮于是上报吏部，又和巡抚商议，出面请求命他们为东明县令。二人出任东明知县后，

果然以德政闻名。

崔邦亮年少丧父，侍奉母亲以孝闻名。穆文熙是他的舅父，辅导他读书，一朝一夕都没有间断，崔邦亮自己也发愤苦学，终取得成就。长垣县人太师李化龙是他的亲家公，李化龙在兵部为官，当时崔邦亮为御史，两人除见面时互相一揖外，不曾有所请托，他就是这样耿介，有操守。

崔邦亮于政事之外，留心文化教育，致力于文献的研究和刊刻。在任渭南知县时，于万历十八年（1590）支持修《续渭南县志》。他和刘怀恕、穆光胤一起，刊刻了穆文熙诗文集《逍遥园集》等著作。2019年，北京燕山出版社出版的《苏东坡集版本丛刊》145册，其第31、32、33册为崔邦亮于明万历二十七年（1599）大梁刊本《宋苏文忠公集选》。

崔邦亮后以御史身份出任应天府丞，因病去世。卒祀"乡贤祠"。

河南巡抚李思孝

李思孝（1561—1623），字纯之，号百原，明直隶东明县（今山东省东明县）人。祖籍东明县城关街道雷庄村，出生于东明县沙窝镇李屯村，成长在东明县城关街道包旗营村。万历十七年（1589）己丑科三甲第149名进士。历任昌乐县知县、江西道监察御史、太仆寺少卿、都察院右佥都御史等职，官至河南巡抚。天启三年（1623）卒，谕祭李思孝，赠兵部左侍郎。

李思孝为官清正，不畏强权。万历四十三年（1615），福王朱常洵回封地洛阳，索要"养赡地"4万顷。李思孝时任河南巡抚，上疏皇帝，表示难以凑足。经多次恳求，最后减为万顷，由河南、湖广、山东分摊。当时东明县境内置有26营卫所，膏腴之地多半属屯卫，屯军与当地居民经常为派粮争地之事发生争执，一不如意，辄质讼于官府，此不胜则诉之彼，下不胜则诉之上，且多不起于民而起于军，屯军、居民及官府都为此大伤脑筋。李思孝把这一情况上报朝廷后，开始推行条鞭制度，军与民及官府都称方便。

李思孝年少读书时曾投身石星门下，虚心求教，为官后往来密切，后来石星死于诏狱，大多数官员怕受牵连，避而远之，李思孝与同邑驾部韩魏及大司马田乐、少司马王世杨、大中丞温纯皆临哭失声，亲自主持了石星的丧事，深受众人钦佩，至今东明民间仍流传着许多关于他的故事。

李思孝出身于一个穷苦的农民家庭，父亲早逝，从小与母亲相依为命，靠母亲给人纺棉花、织布、缝补浆洗衣服维持生活。

传说，李思孝四五岁时，有一天，他独自一人在李屯村东的路上用土玩围城的游戏。正当他玩得高兴时，从东边过来一辆马拉的轿车。忽然，马自动停了下来，任凭车把式怎么赶，马也不往前走，鞭子打得急了，马就扬蹄腾空嘶鸣。车主人问车把式是怎么回事？车把式说："原因不明。"车主人是包旗营村一个顾姓绅士，坐车走亲访友，路过这里，下车后往前走了几步才看清楚原来是一个光腚小孩在路上玩围城游戏。顾绅士问："你叫什么名字？家里几口人哪？和哪些亲人在一起生活呀？"孩子回答说："俺叫李思孝，家里两口人，俺和俺娘在一起生活。"顾绅士一听，知道这孩子是穷苦人家的孩子，就说："你想读书吗？""想！"李思孝说，"可俺家没钱读书！"顾绅士说："我能到你家看看吗？"李思孝说："能。"于是就领着顾绅士回家了。

顾绅士到李思孝家一看，只有一间土坯房子，思孝母亲正在纺棉花。李思孝说："娘，来客人啦！"他娘心里说：准是有人家找我干活儿的。还没有等思孝的娘说话，顾绅士就主动介绍，说明了来意："我从这里路过，看这孩子很聪明，是个念书的料，我看你们家里这么穷苦，你跟孩子到我家里去吧，我供思孝读书。"思孝的娘说："咱们非亲非故，你叫孩子到你家里念书，我还不知咋感谢你哩？我自己能劳动，能养活自己，不能再给你家添累赘啦！"顾绅士也听出了李母的意思，就说："这样吧！我看你也能干活儿，我们家正缺一个缝补、浆洗的人手，我也不让你白吃饭，你帮我们家做些活儿，也算抵了孩子上学的费用。这样，孩子既念了书，我们谁也不欠谁。"李思孝的母亲同意后，当天就随顾绅士去了包旗营。

到了包旗营，顾绅士腾出一个独院，让思孝母子居住，按时供给衣食之资，李思孝从此就在顾家安心念书。李思孝果然天资聪敏，读书过目不忘，十年寒窗，终于成才，于明万历十七年（1589）考中了进士，步入仕途。

李思孝做官后，不忘家乡父老的养育之恩，同情家乡穷人的苦难。他把自己节省积蓄的钱财，置买成土地，让没有土地、衣食无着的穷苦人耕种，不收田租。乡亲们称赞这种义举，称这种田为"义田"。虽然李思孝置买的"义田"有限，但同情劳动人民的怜悯之心殷殷可鉴。

李思孝不忘家乡父老，更不忘李、顾两家的生育、教养之恩。他奏报皇上恩准，在原东明县城盐店街建两座牌坊，一座是"己丑进士坊"，一座是"恩纶三锡坊"。两座牌坊，

现存于城关街道办事处李屯村李氏宗祠内的李思孝墓道坊中的明代石雕

南面刻顾思孝，北面刻李思孝，历经明、清、民国，栉风沐雨，一直被保存到新中国成立前夕。

李思孝告老还乡后，定居雷庄村，并在雷庄村玄天上帝庙前立龙头碑一座。死后葬于姜屯村东南、五里河之北，墓前甬道两侧立有石俑、石狮、石羊、石马。

李思孝善诗文，著有《绿雨亭稿》2卷，《中州奏议》13卷。《东明县志·艺文志》记载了其《东明十二景咏》诗。另有诗散见于明傅梅《嵩书》、清叶封《少林寺志》、民国《昌乐县续志》等。

输赈直臣陈其猷

陈其猷，生卒年代不详，字献吾，明直隶东明县（今东明县小井镇后陈寨村）人。父亲陈王前，号敬甫，少时不喜欢寻章摘句的儒学，读书只求通晓大义。生性简约，喜欢布施接济，像出让土地建立学田、掩埋枯骨、捐献兵饷、接济贫民、助婚助葬等种种善举，都乐意去做，赢得众人赞美，乡党称颂。

陈王前对儿子的学习要求十分严格，陈其猷学习也非常刻苦，进步很快，明神宗万历二十六年（1598）中三甲第140名进士。初任职河间府，授予国子监助教，晋升为户部江西司主事，转为郎中，外调升任山东按察司副使，官至河南按察使。

陈其猷居家醇厚谦和，是一个恭敬谨慎的读书人；为官清正小心，不畏权贵，正气凛凛，难以屈服。当时正是明熹宗天启年间，魏忠贤和熹宗乳母客氏狼狈为奸，屡兴冤狱，残害忠良，东林党人几乎被残害净尽，六卿九列遭杖责侮辱的大臣接连不断。山东巡抚李若星被投到狱中，陈其猷认为他有冤屈，替他上奏请求宽恕，得罪了魏忠贤，罢免了他的官职。陈其猷愤然回乡，从此不再出来做官。

现存于东明县文庙中的东明集镇袁长营村西北陈其猷墓道牌坊构件

陈其猷重视教育，热心扶贫助困。天启四年（1624），东明自春到秋，雨泽不降，地方亢旱，百姓萧条。尽管有官府下煮粥令，动用仓谷几千石，救活饥民几千人，然远远不能解决根本问题。陈其猷目击时艰，恻然动心，随行减粜之法，于家在城在乡，各立义店，兴发补助，共减价出售麦谷秫米五百余石。接着，输捐谷秫1000石于官府，以济本县36里穷民不能饭食者；输捐谷秫150石于学校，任贫苦学生各取所需。东明县知县史高胤把陈其猷的义举上报府道两院，抚按向朝廷上奏其事。天启五年（1625）六月，朝廷下诏建坊表里，以昭激劝，并令保定巡按御史与时任东明知县李虚白督办此事。对此举，陈其猷却极力反对，他上书府道两院说：

> 本县大饥，贫民嗷嗷，猷输粟本县，稍为赈济，合于上台请详，输请奉旨建坊。猷外吏也，例不敢辞，又不敢径寝其事，负朝廷恩遇之典。独计此一役也，经费颇烦，不得不加派闾阎，济民之生有几，伤民之财反多，返之初愿，亦大拂矣！肯乞台台酌剂，可否免其建坊，立碑衔前，镌书题疏旨意于上，以为好义者劝，庶于明旨无悖，于百姓无扰，而猷心亦稍无愧矣。

由于陈其猷的坚持，府道两院主官敬重他的高义，下批文同意了他的请求，仅刻石碑以示纪念，以彰其输赈之义举。

陈其猷居家数年，终年70岁。儿子陈延祚，字庆余，性格豪迈，卓然不群，才略过人，交游广泛。生当明清易代乱离之际，为维护地方安宁，免遭祸患，挺身而出，做出突出贡献，并有多次捐资赈灾、扶危济困义举。陈王前因儿子其猷显贵，受朝廷赠封，与穆文熙之父穆陈实并称为"东明两封翁"。陈王前、陈其猷、陈延祚祖孙三人同列"乡贤"，东明县城内立有"恩光三世"坊。

最后，以《观察使陈公输赈赐坊竖碑缘由》中的一段府道批文为结：

> 彰德报功，圣主表扬盛典；竖碑省费，陈公节爱素心。据议可谓忠爱兼隆，君民两得矣。且建坊足风励亿兆，而片石尤可昭示千秋。名公德意，当与贞珉并垂不朽也！

首劾魏珰的杨绍震

杨绍震（1563—1643），字湛元，出生在东明县城南杨曹庄村一个书香仕宦家庭。其祖父杨思智曾任掖县令，父亲杨光休为举人。

第五编 明清时期

杨绍震幼承家教，学习刻苦，万历二十九年（1601）中辛丑科进士。初任陕西朝邑知县，调任安徽黟县知县，政绩卓著，擢升国子监博士。京察时列为最高等，授予户部主事，兼管太仓银库，他忠于职守，日夜为公务操劳，改革积弊，权贵们即使感到不便，但公理在这方面，他们也无法改变。不久，他提拔为通政司参议，又晋升为通政使，位列九卿。通政司副使向他报告封驳的事，杨绍震秉公而办，不殉一点儿私情。杨绍震与曾任工部、户部、兵部、吏部尚书的王永光为儿女亲家，两人虽同朝为官，见面也只是一揖，私下并不结交走动。明熹

杨绍震画像

宗嘉奖备至，多次赐给锦缎、黄金等，杨绍震特别感激，发誓为皇上尽力，万死不辞。

熹宗驾崩，思宗崇祯皇帝即位后，贬斥魏忠贤到凤阳，驱逐客氏出宫。但他们的党羽还布满朝廷，杨绍震愤怒地上奏疏《上魏珰疏》。他在奏疏中慷慨陈词：

魏忠贤阉党的叛迹已昭著，篡逆的谋划者还未肃清，请赶快消灭祸首以正典刑，驱胁从而分散他们的群体，安定人心，肃清影响。魏忠贤开始擅权时，崔呈秀从旁鼓吹，同恶相济，归顺他们的人提拔到九天，异己者都沉到九层地狱，严酷的刑具夺去了无数善良人的性命，削官夺职销毁了多少缙绅们的风骨；滥封公侯使朝廷的名器滥用，妄建生祠将百姓的膏血夺尽；拿朝廷的赏罚权柄来满足一个人的爱憎，竭尽四海的物产来充实一个人的私囊。掌生杀予夺之权，作威作福模仿皇上，这是曹操、司马昭的故技，同王莽的歌功颂德如出一辙。魏忠贤已发配凤阳，人心稍快，可是凤阳临着大江，那里有很多枭雄恶斗之徒啸聚山林，如果魏忠贤用金钱勾引，怎能知道会没有揭竿响应的人呢？那样东南半壁河山恐怕就不得安宁了。何况崔呈秀已经在浙江一带建旗鼓，他们同心合谋，与国家为敌，再有哪些什么义儿义孙做内应，朝廷不可不未雨绸缪，早思设防。与其将魏阉贬斥发配凤阳，等他叛变后再捉拿，劳师动众，不如把他早早杀死；崔呈秀和他同心谋反，罪行和他相当，请会审而一并杀死，他就是有百张嘴，能推掉吗？伏望皇上痛快决断，立即施行；并请下令到各衙门，凡是魏忠贤的义子义孙，赶快自行退避，把平时枉法收取的赃私没收充为军饷，

这样也许能够使奸臣伏法，余孽丧胆敛迹，那就可望开拓新局面，呈现新气象。

杨绍震的奏疏可谓言辞激烈，所列事实确凿，但崇祯帝并未认真对

刻有诰赠通议大夫的杨绍震三世虞龙牌坊构件

待。于是杨绍震连上奏疏十多次，崇祯帝虽然没有全部采纳，可直到明朝灭亡的 17 年间，凡是和魏忠贤逆案有牵连的都不曾再起复官，大概仍是采用了杨绍震的请求。

杨绍震目睹明朝政治腐败，民怨沸腾，预感大厦将倾，心灰意冷，遂告眼疾，弃官归里。朝廷屡下诏书，他却执意不肯复职还朝。崇祯十六年（1643），杨绍震卒于家，享年 80 岁。东明县城旧时有为其所立"三世虞龙"牌坊。

房楠与房之骐

房楠，字国柱，号潭麓，明直隶东明县（今东明县东明集镇胡屯村）人。其族于永乐年间由山东益都迁大名府东明地，又迁北京，入锦衣卫籍。万历二十九年（1601）辛丑科二甲第 16 名进士，选授户部主事，监督九门，廉能有声。

万历三十年（1602）因父去世，丁忧居家。服丧三年期满，补工部主事。万历三十四年（1606）十月，主持营造河南洛阳福王府，认真筹划，力排群议，节省了大量资金，因功擢升工部员外郎。不久，改户部郎中，署管京仓，擢升山西参政。时潞州明藩沈府多强宗，恃势扰民，房楠不畏强权，秉公执法，多绳之以法。于是，宗室百余人到戟门前大闹，官吏皆惶恐惧怕，房楠冠服出见，言笑从容自若，申以大义，众人皆唯唯而退。不久，升任贵州按察使，却被宵小诬劾，降为申阳知州。后经东林党杨涟等人上疏举荐，复擢户部郎中。时熹宗乳母客氏侄结魏珰冒金吾，不在规定的时间内索要粮饷，房楠力扛不与，皆侧目而视。后升秦省大参，明刑饬法，贪官墨吏望风引避。升陕西参议。天启五年（1625），以不附权贵黜归，遂不仕，游历诸名区山水。游河南少林寺时题诗多首，被《嵩书》《少林寺志》收录。晚年一度居青州，以寿终。著有《道德经臆测》等，藏于家。

房之骐（1594—?），字昂若，一说字澹园。房楠之子。天启年间举人，崇

141

祯元年（1628）戊辰科三甲第 22 名进士。授国子监博士，以礼部郎中选礼、刑两科给事中。不久，因得罪权贵被罢官回乡。清顺治元年（1644），以"礼部郎中为山东按察使司佥事、提调学政"。后历任河南提学、山东布政使司、山东右参政，授大中大夫。后以父母年高，需要奉养为由，辞官回乡，不再出仕。卒，祀乡贤。今东明集镇胡屯村西南二里有房之骐墓遗址。

房之骐工诗文，著有《金刚经注解》《披垣疏稿》《蒲上闲评》《山居杂志》《麟台寱语》《禅筏》《漫语》等，惜多不传。

明末政治家王永光

王永光画像

王永光（1560—1638），字有孚，号射斗，今山东省东明县三春集镇油坊村人。明万历二十年（1592）壬辰科进士。历官中书舍人、吏部主事、工部左侍郎、工部尚书、户部尚书、南京兵部尚书、兵部尚书、吏部尚书等职，加光禄大夫、柱国少保兼太子太傅。

王永光所在的村子不大，叫王油坊村，当时属于长垣县，他家世代以农为本，兼营打油作坊，是地道农民家庭。他少时聪慧，有胆识，有抱负，发奋苦读，终于脱颖而出，为万历二十年（1592）壬辰科进士，授中书舍人，步入仕途。当时，万历皇帝因"争国本"，即他不喜欢的长子朱常洛的废立问题，与大臣对立严重，开始怠政。大臣们为争取册立朱常洛为太子，多遭廷杖、贬谪，群情汹汹。皇帝下诏称："复敢言册立者，枭于市。"在此种情势下，刚刚穿上官服的王永光却天不怕地不怕，毅然慷慨陈词，言语激切，大有拼死以报国本之态。众人都为这个不知深浅的新科进士捏一把汗。皇帝读过他的奏疏后，知道他是新科进士，不忍加罪，只笑着道："痴进士也。"他的无所畏惧，积极参与，表现了不顾利害得失，不会投机取巧，忠心赤胆的品格，也为他立身朝堂添了光彩。

明万历二十八年（1600），王永光升任吏部文选司主事，再转署郎中事主事，负责考选官员。他勤于职事，在查阅旧时公文时，发现 300 余名经神宗皇帝钦点降职官员的档案被束之高阁，未被重用。他追根究底，发现不少优秀人才，如逯中立、何乔远等，应该复职使用。他从为国选才的角度考虑，不顾个人安危，毅然呈报朝廷，要求加以叙用。引起万历皇帝诘责，被夺秩一级留任。但他的正直无私，敢于担当，朝中官员都内心佩服，称他"选君第一人"，"士林归之"，为他刚正立朝的官声打下了基础。不久，王永光得升通政司参议。

万历三十六年（1608），王永光改任都察院右佥都御史，巡抚浙江。因为升迁较快，引起对立派别的羡慕嫉妒，遭到弹劾，遂引疾乞归。10年后被起用为南京大理寺卿。虽然是个闲职，他却认真履职，勤政效力，奉敕代管储政，采取积极措施追回拖欠，填补国库亏空。

万历四十八年（1620），明朝朝廷处于多事之秋，神宗皇帝去世，光宗泰昌皇帝朱常洛即位仅一个月又去世，皇长子朱由校即位，是为明熹宗天启皇帝。两皇帝外，又有两位皇太后国丧。其间还有"红丸案"和"移宫案"两大案。国丧接踵，陵工频繁，鼎革之时，斗争激烈错综。王永光被召回京师，以工部左侍郎署部事，负责光宗泰昌帝庆陵和提督殿门工程，他亲赴工程现场，严审各项开支，明察舞弊行为，减省工程费用。皇帝赞赏有加，擢升其为工部尚书。天启二年（1622）正月，刑部尚书出缺，曾暂管刑部，二月，改任总督仓场户部尚书。王永光在国家多事、财政维艰的时期，勇于担当，赤心为国，积极筹划，尽职尽责，同东林党人持基本一致的态度，表现了一个忠于社稷的老臣的执政水平和高风亮节。

天启二年（1622）九月，王永光被调任南京，以南京户部尚书管南京都察院右都御史事。此时东林党正掌权，王永光颇为被动。天启三年（1623）是癸亥年，王永光负责"癸亥南察"的官员考核，因是否在南察中处分王允成等官，与诸多言官产生分歧，各持己见，互不宽容。十月，福建道御史李应升上书抨击王永光；十二月，王永光上疏申辩，引疾去位回乡。

王永光撰文的玄帝庙碑局部

王永光去位后不久，以魏忠贤为首的阉党窃得权柄，与朝中东林党矛盾激化。王永光因各种人事牵扯，阉党极力拉拢。天启五年（1625）春，王永光启复为太子太保、南京兵部尚书，当年冬改为太子太保、北京兵部尚书。王永光尽职尽责也做自己的事，与他们保持距离，并不因此而同流合污，对其损害大局的倒行逆施为进行了坚决抵制。

天启六年（1626）五月初六，京城王恭厂发生了奇特惨烈的大爆炸，朝野震惊。王永光借机上《备陈修省之实疏》，对朝政进行了严厉批评，自谓"臣奉先帝凭几之命，受皇上特达，臣若不言之，而或避忌讳，不惟负皇上，抑且

负先帝，故敢沥血陈之"。言辞激切，引起众多正直大臣称赞，有人说："兵部尚书王公永光一疏，有痛哭流涕之风。自逆以咆哮以来，稍为缙绅吐气，恐无鼎足矣。"王恭厂大爆炸后数日，五月二十二日，朝天宫又发生火灾，王永光率兵部僚属再次上疏，较上次修省疏，陈词更大胆激切，遭到皇帝斥责，魏忠贤当面斥责王永光。王永光遂上疏请求罢斥，获准回籍。

天启七年（1627），熹宗皇帝朱由校驾崩，其弟朱由检即位。次年（1628）改元崇祯，处置了魏忠贤，除旧布新，朝廷乏人，由于王永光是四朝元老，以刚正立朝，崇祯帝非常信任。崇祯元年（1628）三月，王永光以太子太傅起用为户部尚书，尚未到任，东林党人户部给事中瞿式耜上疏，举荐王永光任吏部尚书。5月9日，圣旨正式下达，任命王永光为吏部尚书。

王永光在内忧外患、党争激烈、矛盾错综、利益纠结、君臣猜忌的明末朝廷任吏部重任，处在矛盾的风口浪尖上，非常艰难。王永光既不攀附阉党，又不屈就东林党，从维护大局出发，在钦定逆案、阁讼、京察等重大事件中秉公办事，坚持原则，导致东林党的一些激进分子越来越不满意，视其为寇仇，逐渐弄得关系势同水火。他在职四年，遭到弹劾达数十次，这使他心力交瘁，多次上疏乞休。崇祯四年（1631）三月，"温旨准其驰驿回籍，仍命静需招用"。

王永光出身农家，入仕后历万历、泰昌、天启、崇祯四朝，曾任工、户、兵、吏四部尚书，恪尽职守、忧国忧民，是个公正廉洁的好官。但由于各种复杂原因，官修《明史》时竟没有留下传记，并且多年来被污名化，划为"漏网阉党"，频遭歪曲诋毁，这是极不公正的。近年随着史学研究的发展，情况有所改变，还他以历史公道，是完全可以期待的。

王永光为官几十年，公正廉明，尽人皆知，连他的政敌也不否认。东林党人瞿式耜在举荐他为吏部尚书时，曾列举大量事例加以肯定。他说，王永光任文选司郎中时，以进贤退不肖为己任，谢绝一切请托，有敢向他行贿的，即左迁而抑之。纵使按规定应该提拔的，如果求人说情，他也会毫不客气地置于一边而不加提拔，虽阁臣之亲信也不假以颜色。王永光为大理卿代理储政期间，被他举荐的官员，依照惯例向他送礼，他一概谢绝。他曾特地告诉府上的看门人，不要让带着礼物来见的官员入内。瞿式耜说，如今贪污腐败是官场通病，根治官场腐败，必须从吏部开始，让王永光主持吏部正当其时。王永光的公正廉明，是他做官的底线，这是非常难能可贵的。

王永光辞官后，迁居长垣县城附近，于崇祯十一年（1638）无疾而终，享年78岁。著有《冰玉堂集》数卷。王永光的子孙后人众多，各有成就。他结交的儿女亲家也都是当时的名人，像长垣县的李化龙、崔景荣、杨文昌，东明县的陈其猷、杨绍震都是他的亲家公。

第二节　循吏能员

明朝循吏董锦

董锦，生卒年不详，字君衣，明直隶东明（今山东省东明县）人。嘉靖十三年（1534）甲午科举人。历任东阿、嘉祥县令。

董锦性情古朴，议论事情率直敢争，能坚持大体，待人不论尊贱全都出于诚心，侍奉继母以孝顺闻名，对异母弟甚为忍让。他平时说话显得拙笨，可遇事坚毅果敢，谁也无法使他屈服。当时东明县令施行的马政不方便百姓，百姓深感痛苦，却没有人敢说话。董锦让门人弟子拿着自己的名刺，轮番地去请求，县令感于他的诚恳可信，终于答应了，可为县民省去费用一千多两银子。

董锦后来做东阿县令，勤政为民，恩威并施。东阿处在水陆交通要冲，达官贵人往来络绎不绝，有一名宦官经过东阿，无理索要，董锦派人检查他的行囊，这名宦官很恐惧，就丢下东西逃跑了。不久，倭寇在江浙一带骚扰，留都南京非常震恐。这时严嵩主持朝政，命令他的义子兵部侍郎赵文华督察军务，途经东阿，气焰很是嚣张，沿路等候拜见的官员们都俯伏在路旁，没有人敢抬头直视。可董锦泰然自若，像迎接别的客人一样，招待时也按正常规格，没有特殊优待。赵文华大怒，打算以军法处置，可考虑到董锦不畏权贵而又清白廉洁，百姓拥戴他像慈母一样，恐怕违背民意，不得已放了他。东阿的父老乡亲还是恐怕赵文华加害他，商议献出几百只马匹乞求赵文华宽大，赵文华笑着接受了。董锦在东阿任职三年，因丁忧归家。离开东阿那天，士民哭喊着，追随着相送，馈赠的几千两钱财，董锦全部退还，只接受了饯行，一醉方休。

服丧期满，于嘉靖三十九年（1560）调任嘉祥县令。嘉祥是东阿的邻县，百姓更加贫困，赋税长期拖欠，难以交上，董锦拿出自己在东阿时的俸金300两代交完成。董锦存心仁恕，广励学校，慈惠百姓，鼓励垦荒，减免赋税。据百姓传说，当时狼山一带茅荒遍野，他号召百姓挖茅草垦荒，按所挖茅草多寡付给银两。不久，便草净土坛，变成良田。然后谁垦谁种，数年免税，百姓无不称颂。上任仅八个月，因积劳成疾，死在任上。嘉祥父老为他停止市场交易，哭得如丧考妣。东阿、嘉祥两县都立祠祭祀他，东明县也祀于乡贤。

邑人、大司马石星为他作《嘉祥令董君传》，把他比作汉代的著名诤臣汲

黯，他的风度大约可以想见。

掖县令杨思智

杨思智，字近川，明直隶东明县（今东明县鱼窝街道杨曹庄村）人。世宗嘉靖四十年（1561）辛酉科举人。

杨思智为人孝顺友爱，父母生病，亲自调治饮食、尝汤药，夜里和衣守候，终生如此。弟兄分家时，将自己应得的财产分给弟兄们，且高高兴兴，无丝毫遗留。乡里有紧急危难的事情，只要合乎正义，无不尽力去做，自己财力竭尽也不顾惜。明神宗万历年间，遇到特大灾荒，百姓们靠拾橡栗、取树叶树皮为食，杨思智拿出全部家产赈救，千百人得以借此活命。不久皇上召见挑选，授掖县令。掖县临海，百姓苦于土地盐碱，粮食不足温饱，生计贫困。杨思智到任后，鼓励垦荒，减轻徭役，创办义学，百姓交口称赞，说他是"真官"。任职期满，卸任回家，闭门读书，谢绝宾客，以慈善为准则规范自己，除去鄙陋的时俗，改变颓靡的风气，读书人都称他是"真孝廉"。子侄辈光训、光休、光启，先后被举为孝廉，都蒙他教诲，发扬他的品格，没有辜负他的期望。

杨思智终年 80 岁，去世后，广东按察副使穆文熙为其作《明掖县尹近川杨公墓志铭》。杨思智工诗文，著有《时义精选》等。

三邑名宦袁葵

袁葵（1599—1641），字向一，别号河汭，明直隶东明县（今东明县菜园集镇袁老家村）人。袁葵生性厚重，不苟言笑，聪明颖悟，不同凡响，20 岁左右时写文章就雄骏古博，成一家之言，资深的前辈读书人都很惊异。忠毅公左光斗任京城附近督学，在顺天得忠正公史可法，在大名得袁葵，特别喜爱，把他看作大器，补为博士弟子，廪膳生。

袁葵于明熹宗天启七年（1627）丁卯应乡试中举，明思宗崇祯四年（1631）辛未科中进士。少保方逢年是他的座主，文名在官宦间更加显耀，复社中人庶常张溥、马世奇和他谈论学问，结为契友。后被选作夏县知县，为官廉洁，不受一钱，检除积弊，施行教化，不遗余力，百姓响应，习俗大变。一日，流寇到来，迫近城郊，袁葵设奇谋，斩杀勾结流寇人员，敌方知道有准备，难以达到目的，就连夜撤去。夏县人都说"袁公救了我们的命"。御史刘令誉，原籍洪洞县，听到袁葵的贤能，私下告诉主管官员，把他调到洪洞县。夏县百姓听说后非常痛心，哭着步行两千里向内阁上书，恳求留下袁葵，没有成功。袁葵离开夏县那天，夏县人把车马藏在学舍，和洪洞县来迎接的差役格斗，争着拦马、扳车辕，几天都不让走。

袁葵做了洪洞县令，仍然像在夏县一样精心治理。这年正赶上灾荒，百姓缺粮，面有菜色，不断饿死人。袁葵申请免除一年租税，并劝说富户平价卖粮，又建起社仓赈济饥民，让粮食不足者立借据借粮，有粮的人也乐于卖出。他早晚到煮粥厂挨次盛粥，见到丢在路上的孩子，就命令养济院收养起来，有的人为了孩子能活命，故意把子女丢在路上，袁葵也不去追究原因。这样他在灾荒之年，收养了数百个百姓忍痛遗弃的幼儿，灾荒过后，又让百姓们把孩子领回。在袁葵离任时，这些百姓纷纷抱着领着曾被袁县令养育的亲骨肉，恳切要求这些孩子随袁葵姓，请他一一赐予他们名字，袁葵一一满足了他们的要求。这些孩儿永记袁葵的恩德，世代称己是袁氏，至今如此。

不久母亲去世，父亲年纪大了，袁葵辞官守孝，打算按惯例在家为父亲养老送终。父亲强制他出来，补为寿光县令。寿光临近大海，地多盐碱，民性强悍凶暴，边蕃征收俸禄款项，急如星火，经常用鞭打催促欠税。袁葵一改前例，尽力减缓征收，决不克扣百姓去讨好权贵。他捉住了一个有名的恶霸，犯杀人罪要处死，权贵人物极力维护，袁葵毫不妥协。循吏的名声传到京城，给事凌骃打算奏报朝廷，给袁葵加户科衔，督管山东全境的军饷。袁葵写信到朝中说："齐地百姓太穷了，我实在连一个人也不忍心督索，何况剜六郡百姓的脂膏来换自己的一个官位呢？我再愚笨也不愿做。"凌骃听到后，长叹一声，打消了这个念头。

袁葵知道明朝社稷如大厦必将倾覆，不是区区小吏所能支持的，况且经常惦念父亲，于是辞官回家，闭门谢客，侍奉父亲，以孝顺闻名。家乡遭严重灾荒，袁葵拿出全部的粮米以赈救。地方贼寇兴起，袁葵首倡用砖砌城墙，有人阻挠，袁葵极力坚持，终于成功。东明三次遭兵祸可县城得以保全，邑民都佩服袁葵有先见之明。他又组织训练乡勇，筹措粮饷，以巩固防御为计，积极制定御敌方略，贼寇听说后不敢逼近。不久遭父丧，袁葵哀痛万分，没多长时间，弟弟又死，袁葵更加悲痛，染病去世，终年43岁。

袁葵以甲科进士三次做县令，死的时候，几乎无钱埋葬。他做夏县令时，在城隍前发誓愿说："神不爱楮钱，愚民修祈禳乎何用；官不爱银钱，小民求势要其何为！"调任山东时，又在孔庙发誓愿说："尊奉宋代而舍弃那时的结党，以汉代为参照而发扬那时的醇厚。大恶应除掉，两观诛杀的情景如在眼前；武备要豫先作打算，击退莱兵的办法可以效法。"又刻绘赵清献焚香告天，彭泽令解组及笑骂由人等图于衙署，并题诗以自警。回乡后，他建一座小亭，名为"吾爱"，作铭辞曰："我在万惟三，情真七可一，仁者为能爱，信斯惟有吾。"

题写的楹联是："存心凛敬恕，应物佩韦弦。"他学本敬恕，不欺漏屋，曾经说："居官勿辞乎卑，为人当求其上，穷理务致其极。"袁葵的风度由此可以想见。

袁葵去世后，夏县、洪洞、寿光三县的乡绅、民众请求将袁葵列入名宦祠，享春秋祭祀，后又列入本县乡贤祠。著有《渎园文集》若干卷。

孝悌公平董三齐

董三齐，字表渤，别号膺赐，直隶东明（今山东东明）人。祖父董大化，字嗣泉，万历甲午（1594）举人，历任至云南临安知府。为人正直、清廉、谨慎，在家出外始终如一。父亲养素先生，县学廪生，文章品性都受人推重。董三齐生来聪明俊秀，一天能记诵文章数千言。他和二弟一起从父学习，父亲拿《诗经》教三齐，拿《左传》教他弟弟，经常讲述古今忠奸故事，让他们效法和警诫。董三齐的文章都以正大光明为宗旨，每次考试均会让同学们称赞羡慕。

董三齐非常孝顺，侍奉父母言语神色从不粗暴急躁。向老人问安，照顾起居，不论严冬酷暑，没有间断过。乙丑年（1625），到府城参加秀才考试，半夜有人紧急叩门。董三齐开门一看，是家里来人，告知他母亲病了。他二话没说，火速收拾行李回家。同伴们都劝阻他说："你母亲现在还能吃饭，只是偶然得病，很快就会好的。为何要急着回去，马上就要考试，你能赶回来吗？"董三齐哭着说："功名难道能让我重生吗？"不容分说，急忙往家里赶。到家后，父亲病倒了，他日夜守候床前，洗擦污秽，十多天没有脱衣睡过。父亲咽气，他悲哀至极，捶胸顿足，哭得死去活来。他和弟弟为侍候母亲，一块居住，没有分家，也没有个人积蓄。他对待叔父如同父亲，对待本族子弟和自己的孩子一样。他家居时常留意佛教的内典，以戒杀劝告世人。他待人平易和气，毫无架子，不认识的都不知道他是举人。走在街市上，对手推肩扛的小商小贩也都是恭恭敬敬，以礼相待。有些年轻人自视有才，放言戏弄人，走到三齐面前，闭上口就退走了。他曾写下一副对联，"心术不得罪于天地，言行留好样与儿孙"，用以警诫自己，也是教育子弟。

崇祯十三年（1640），灾荒严重，董三齐施舍稠粥，每天聚集有几百人，多人赖以活命。匪盗作乱，烧人房舍，火势蔓延到董三齐的院子，见有柴草，争着搬开，说："这位先生一家向来忠厚，怎能烧了他家房舍，违背天道呢？"因此，董三齐家两处院落岿然独存。

崇祯三年（1630）庚午，董三齐和二弟三晋一同中举，乡里传为佳话。其后，他三次参加会试未中，伤感地说："母亲老了，作为儿子，不能再等了，求取个职务，尽力干好就是了。"不久候谒，被选任山西大同司理参军，就侍奉母亲一同去上任。

董三齐到职，次日有采购事宜，官府中的小史遵从惯例按照官价采购，董三齐神色庄重地说："哪里有掠取市场上的物资来谋求一己私利的？"从此禁止官价不再使用。他到任后平反冤案几百件。有几十个钦犯案件，朝廷多次因为判罚太轻，驳回重审。董三齐坚持自己的意见不变，说："按照法律这样就足够了，如再重判，就是援用法律条文太苛细严峻了。"最终依从他的判决定案。辘轳会首李文才等歃血为盟，图谋不轨，董三齐一人骑马前去侦察，察知他们的情况，派兵消灭了他们。

当时山西总督在军务繁忙之中，上疏朝廷报告董三齐严守法纪，稽核案件功罪分明，人人折服的事迹。有个管文书的小史触犯了上司，被贬到灵丘修城，又要以贪污判处重罪，让董三齐定案。董三齐知道有冤，竭力为之辩白，终于得到从轻处理。事后，这人感激，把银子装到鱼肚子里送给董三齐祝寿。董三齐说："你这是玷污我啊！"斥责了一通，让他拿走了。张镇守使犯了罪，应当接受审判，他准备了貂皮、人参，借口为董三齐母亲祝寿相送。董三齐说："我不能拿这来路不正的东西赡养母亲。"随即将他撵走了，判案时，依法公正论处。任期届满，董三齐被授为正七品文林郎，父母同时得到封赠。

甲申年（1644），李自成起义军直攻大同，查访到董三齐是个好官，多方争取他。他却极力抗拒，让弟弟侍奉母亲回乡，自己遥拜谢过皇上和母亲后，自缢而死。大同市民得到他的死讯，哭号填街，用棺木将他盛殓。董三齐一个儿子尚在童年，被李自成军带走。北京陷落后，一个过去的部下将其领出，送到大同，并奉送董三齐灵柩回乡归葬。

巢县令段尔发

段尔发，生卒年不详，字惺元（明末清初直隶东明人），明朝末年岁贡生。清朝初年，谒见朝廷，选授予巢县知县。

巢县处安徽北部，土地肥沃，是有名的富饶之地，在那里做官，即使不随便索取，收入也是丰厚优裕的。可是段尔发得印后，不等车马迎接，就单人独骑赶赴任所。他到任后，兴利除弊，先后革除了加征的税额和罚款、用财物抵免罪过等，停止了焦湖船税和交粮时踢斗淋尖等各种弊端。有一个人被段尔发的廉洁所感动，赠给他金银，段尔发推辞了，并用杨太尉四知的故事开导他，这人非常惭愧地退下。段尔发还捐出俸银100两修学校兴教育，他发现有人淹死在河里，便施舍棺材掩埋，还禁止酗酒赌博，全力捕拿盗贼。经过一年，巢县被治理得很好。

不久，有贼寇在江淮间起事，骚扰各县，听说段尔发是个贤能的好官，没有对他加害。可是，忌妒他的人竟以此为理由中伤他，说他暗通匪寇，于是朝廷将他罢官。巢县的百姓和读书人愤愤不平，进京向朝廷为他申冤。经核实，纯属诬告，段尔发又恢复了官职。过了些年，他在家中去世。巢县人听到消息，接连不断地前来致吊。

吏部主事朱允元

朱允元画像

朱允元，生卒年不详，字耐亭，清直隶东明（今东明县沙窝镇朱囤村）人。康熙十七年（1678）乙未科进士。历任江西石城县知县南昌府新建县知县，吏部主事。

朱允元少年胸有大志，抱负不凡，在他幼年读书时，因家境贫穷，买不起纸墨，就用一根竹竿在地上写字。买不起油，就在月光下背书。他不但学习勤奋，还经常帮助比他差的同窗，老师对他赞赏有加，说："孺子可教矣，将来必成大器。"不出所料，朱允元于康熙年间赴京赶考，一举中了进士，名列前茅。

朱允元为官清廉，刚正不阿，从政30余年，为官一任，皆造福一方。

朱允元在任赣州石城县知县时，勤政为民，劝民农桑，尤其重视教育，培养人才。身为知县，他亲自到县学为学子们讲授功课，被士民们尊称为"父师"。朱允元在石城任期期满，调任南昌府新建县知县时，雍正五年（1727）丁未科进士、石城人黄轩臣深情赋诗《赠朱耐亭父师》，表达了对朱允元的尊敬之情。此诗载乾隆版《东明县志》卷八"艺文志"，诗曰：

使君家近贮金台，小试分符羡茂才。
山郭十年承咳唾，花封满县借滋培。
风吹墨绶青凫远，月映瑶琴白鹤来。
泽沛西江双水阔，恩流南浦万顷开。
弦歌几处声相接，桃李千家手自栽。
已有冰壶资博物，贮将美锦出新裁。
九霄应待凤凰集，百里终非骐骥材。
殊擢会看荣粉署，上林早晚听莺催。

朱允元衣锦还乡，荣归故里时，东明县知县亲自带领父老乡亲到城门外迎接他。朱允元急忙向前迎上，对大家说，东明是生我养我的家乡，乡亲父老都是我的恩人。我虽在京为官，时刻不敢忘记家乡父老，尽力为家乡办好事罢了。朱允元回到家乡后，热心公益事业，捐钱捐物，造桥修路，尤其重视教育，积极兴办私塾学校，让更多穷苦人家的孩子都能上得起学。朱允元的重教之举，受到全县乡亲父老的敬仰，从此东明尊师重教之风日盛，至今经久不衰。

陵水知县李聘

李聘，生卒年不详，字萃起，号伊庵，清直隶长垣（今东明县长兴乡李庄村）人。明万历乙卯科（1615）进士、开封知府李犹龙之孙。

李聘幼聪慧，多智略。明末天下大乱，达官贵人被迫西逃，李聘亦在其中，机智应对，中途设法逃回。15 岁，补博士弟子，为学使熊伯龙赏识，旋食廪饩（即学府优秀学生官府供食）。康熙十一年（1672）中壬子科举人。康熙十五年（1676）中丙辰科三甲第 144 名进士，任江西宁都知县。宁都为林谷之地，佃客李矮据深山野谷，聚众抗拒官租，积十余年不服管理。李聘到任后，单骑进山，开诚抚谕。李矮等为之感泣，输租如故，其地遂平。江西督抚写奏疏，上报嘉奖李聘。李聘又报请上级革除多项苛捐杂税，以减轻百姓负担，同时经常下乡劝农、讲学、赋诗、论文，循循教育，以儒术易风俗。郡守嫉妒李聘的才能，对其栽赃陷害，上级不察所以，将其解任。宁都百姓为他上告申冤，不久真相大白，罢去郡守的职务，复李聘官。不久，李聘转任广东陵水知县。

陵水县位居海南，三面环海，多瘴气，辖区有黎峒（黎族聚居地）30 余所。黎族人与汉人不和，李聘亲临其穴，杀牛宰羊以犒赏，同时申明法令，自此黎汉二族相悦，再不为患。康熙三十九年（1700），海南雷琼道因采伐花梨木事，激起大批黎民发生骚乱，相连百十余峒，影响极大，唯陵水县所辖黎民没有参与。提督向上奏报情况，其他县的县令都被逮捕追究责任，唯有李聘叙功得赏。

康熙四十一年（1702），李聘主持分校乡围，以才选人，所取皆知名士。雍正七年（1729）告老还乡，卒年 76。工诗文，有《余存集》《伊庵诗集》传世。《山东诗藏·东明卷》辑录李聘诗二十七首。

清朝能员范逢恩

范逢恩，生卒年不详，字紫泥，号荫亭，清直隶东明县人。明代商南知县范春骏的玄孙，清朝岁贡生范元福之子。

范逢恩幼禀家教，已崭露头角，有见识的人认为他将来必成大器，期望他有大的成就。乾隆四十四年（1779），中己亥恩科举人。乾隆五十三年（1788），中丁未科二甲第14名进士，选为庶吉士。时诸城县人、相国文清公刘墉是他的主考官，一见后就发现他学问深广。可是范逢恩生性耿介，即使师生之谊，没有公事也不直接去谒见，文清公更加赞赏。三年大考，改户部陕西司主事。

按旧例，由词苑文官转为部曹佐史被视为降职，大都不高兴。范逢恩却说："做部曹官吏，熟谙世情，了解百姓疾苦利弊，比远离世事高高在上的文士并不差，有什么不高兴的？"于是日夜勤于政务，毫不懈怠，他详细了解和计量库藏的增减，暗暗地筹划改革。不久，得到父亲病重的消息，当天辞去官职，回家养亲。几个月里，侍汤尝药，日夜守护，没有脱衣睡过。不久父亲去世，他痛不欲生，哀毁骨立。接着又因母亲病故守孝，孝满后转为贵州司主事，升为云南司郎中，负责监督粮运仓储。他认真清理长期积累的弊端，核实出入，胥吏们借机营私的现象很快消除。由于他办事正直无私，即使权贵们也没有人能够染指，从中获利。一个仓督极力夸赞他，上奏调督海运仓。当时值乾隆盛世的末期，仓政弊端很多，漏洞百出，难以厘清，而海运尤其严重，老奸巨滑的胥吏乘机营私，历任官员往往因为亏欠受连累。范逢恩刚任职，就选择一个突出的案例严加申斥，数额稍有不符就依法处置。胥吏们怕受处罚，发誓坚决弥补漏洞。不到一年，积弊全都清除，宰相邹炳泰称赞他说："您真是个仁德的人，才能是次要的。"不久调督大通桥仓，京察官考核列为一等，外放升任川东兵备道。

范逢恩楷书

川东处在五省通驿要道，衙门设在重庆，是三峡的门户，地理位置非常重要。当地习俗崇尚迷信，民情悍勇，号称难治。又当战乱后，到处都有隐伏的兵勇，密谋肇事。范逢恩亲自巡察抚恤，严格保甲制度，及时捉拿盗匪，说服无业游民从事农业生产，管辖地区由此安定下来。一次，云南、贵州调运京城的铜600多万斤经过重庆，川东道负专责。由于过去几十年弊端滋生很

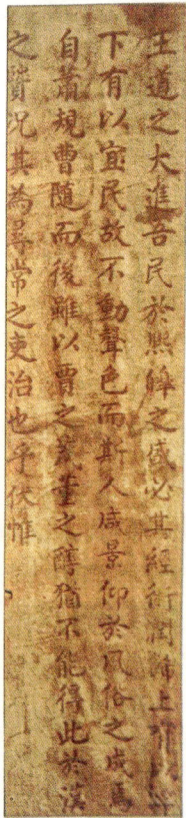

多，局面非常严峻。范逢恩严加戒备，秘密查访出为害的首领，立刻绳之以法，以儆效尤。他又制定了《沿途护送条例》，国家与百姓都得到方便，顺利完成了任务。

嘉庆十八年（1813），垫江武生龙飞舞图谋不轨，群情不安，郡城实行戒严。范逢恩表面很镇静地精心筹划，命令能干的官吏会合守城的部队很快将他剿灭了。不久陕西回族起义军向南发展，蔓延到四川，钦差大臣额勒登保、明瑞，提督杨遇春等先后率大军入川聚剿，驻扎在重庆。范逢恩以观察监督粮饷，几年间从未有过贻误。在大乱平定时，范逢恩却积劳成疾，心力交瘁死在官任上。川地百姓感念他的恩德，有人在街巷中痛哭，有人在野地祭奠。

范逢恩外表朴厚，内怀方正，器宇深沉，其思绪谋略，别人难以揣测。处在乾隆末年，和珅把持朝政，人人趋之若鹜，只有范逢恩一次也没有拜谒，和珅非常恼火，所以十多年间在部曹原官位，不得晋升，直到仁宗嘉庆初年，高宗乾隆皇帝以太上皇的身份训政，偶然问起范逢恩，和珅才惶恐起来，赶忙将范逢恩补为川东道。范逢恩以其才学能力，本应大有作为，但他正直坦诚，不投机逢迎，能上能下，处事果断，所担职务，都出色完成，处处受人敬仰。

范逢恩有五个儿子，最著名的学恒字次咸，幼年跟随父亲，熟习掌故，由例贡补为宜山县丞，不久任山西浦城知县，又调繁南安，禁止械斗，除掉恶霸，获得好的声望，改任台湾嘉义县令。台湾孤悬海外，而嘉义又处在南北要冲，当地有人蠢蠢欲动。范学恒就实行保甲法，百姓无事时为民，有警就为兵，境内非常安定。因治台成绩卓著，调升为澎湖通判，还没到任就去世了。范逢恩的孙子十多个，承露字晓垣，道光壬辰年（1832）举人，选为教谕，没有赴任，擅长绘画，名声很大。承雯字云章，岁贡生，在乡里有恩惠，凡是县里大的工程，大都参加经营筹划。承霖字沛然，以例贡出身做濮州知州，也擅长绘画。范逢恩的曾孙衍庆字培之，道光己酉年（1849）拔贡；笃庆字荫之，光绪己亥年（1875）举人；嵩庆字祝三，光绪乙酉年（1885）举人，曾任阜城、广平等县教谕。笃庆是承露的儿子，秉承家风，才学优异，不喜做官，教授同乡弟子数百人，不少人做了官。《东明县志》从乾隆丙子年（1756）以来，缺修近二百年，笃庆留心地方上的事务，亲手搜集了一份《志略》，孝廉李曾裕的《续志》和《东明县新志》都是以笃庆的辑本为基础。

第三节　名士学者

文学家穆文熙

穆文熙画像

穆文熙（1532—1591），字敬甫，号少春。明世宗嘉靖十一年（1532）出生于东明县城东大街一个优裕、德行深厚的士绅家庭。父亲穆陈实，字信卿，乡里称穆太公，少聪明仁慧，攻读诗书，学养深厚。不幸父亲早逝，弃学持家，积极参与社会事务，扶老济困，闻名乡里。曾在灾荒之年，两次各捐出千金，赈救乡里，朝廷颁诏旌表，去世后名列乡贤，享受祭祀。

穆文熙少颖悟，博览经籍，好友石星称他"东明一鹗，诸生鸷鸟"，20岁左右已名噪士林。嘉靖四十一年（1562）壬戌科三甲第205名进士，历任行人司行人、工部都水司员外郎、工部郎中、礼部清膳司员外郎、尚宝寺寺丞、吏部考功司员外，官终广东按察司副使。

隆庆元年（1567），石星时任吏科给事中，上奏疏劝谏皇上德行方面六事，惹得皇上恼怒，遭廷杖。监视廷杖的宦官滕祥与石星有过节，便借机狠命杖责石星，石星被打得皮开肉绽。时任工部郎中的穆文熙听说后，赶忙去救，径自闯进去，呵斥滕祥等人说："你们打死石给事，使圣明的皇上落个杀谏臣的名声，那样青史永垂不朽，可我的笔也不朽，你们要为自己留名自爱，要为圣明的皇上爱护直言敢谏的大臣。"滕祥一帮人有所收敛，石星才免于一死。穆文熙搀扶石星走出朝堂，一个小宦官又动手要打石星，穆文熙用自己的身体护住石星，说："你敢打皇上的旨意吗？"那小宦官无话可说，灰溜溜跑了。穆陈实从家乡东明赶来，催促二人和他一起回去。穆文熙于是和石星一起弃官还乡。多亏穆文熙精心护理调治，石星得以保全，朝野间都称赞他高尚的气节。

隆庆六年（1572）六月，明神宗朱翊钧即位，改年号万历，穆文熙被起用为礼部郎，又转为吏部。御史郜永春，字仰薄，长垣人，是穆文熙壬戌科的同年，素以忠孝著称。郜永春作为河东巡盐御史，因事触怒当时内阁首辅张四维，正赶上京察考核官员，下官秉承张四维意旨，把邵永春列到有过官员中。穆文熙当时官职考功，心里不平，和他争论没有结果，自己被强行外调广东按察副使。他慷慨地说："皇上的宝训可以抹杀，当权宰相的意旨却不可改变，这官还当什么？不能行使职权就离去，正是时候啊！"于是和邵永春一起辞官回乡。其后大司马张佳胤、长垣县籍名臣李化龙等多人推荐复用，穆文熙以父亲年迈需要照顾为由，不再出任官职。在东明县城东修建别墅，取庄子《逍遥游》之意，命名为"逍遥园"，优游其间，事亲交友，著述授徒，终老一生。

穆文熙入仕初任行人司行人及后来复职时，曾作为明朝代表参与各地出使活动。当时正值明蒙边境和解修好的"俺答封贡"时期，他多次参与边境巡视，与蒙方代表三娘子接洽、谈判，写出著名诗篇《三娘子》和其他诗文名篇，成为当时民族和解的最好历史见证，也是他经常回味、引为自豪的一段难忘经历，开后来众多此类诗歌的先河。

《咏三娘子》是一首七言绝句，全文是：

> 小小胡姬学汉装，满身貂锦展明珰。
> 金鞭脚踏桃花马，共逐单于入市场。

穆文熙在东明城外东北隅修建的"逍遥园"，占地10余亩，其中作池馆垒山石，建景观十数处，亭台楼阁，蔚为壮观，"逍遥园八景"是当时东明著名景点。穆文熙为此作《逍遥园赋》，叙建园初衷，摹园中盛景，体物写志，内容绵密，行文畅达，文辞典雅，格调高古，用典精当，声律和谐，张弛有度，一时蜚声文坛，广被刊刻流传，不愧赋中精华名篇，后被收入《明史·艺文志》，清《四库全书》中《御定历代赋汇》及当今国家大型书库《古代类书集成》中。明朝黄宗羲编的《明文海》所收写三篇写居处的赋，《逍遥园赋》排在首位，居明朝大才子杨慎的《药市赋》之前。

在逍遥园中，穆文熙与生死之交石星、表弟赵国璧等契友，相知文友王世贞、王叔杲、张佳胤等，及本县县令士绅，南来北往的朋友、知己，饮宴叙志，诗酒唱和，其乐融融。他教授后学，不少人都金榜题名，成为国家栋梁。他砥砺学问，潜心写作，写下了大量诗文名篇和史学著作，当时就广为传播，对丰富中国文化宝库做出巨大贡献。

穆文熙秉承厚德家风，乡居时，扶危济困的事迹不可胜数。尤其于万历十五年（1587），东明遭重大灾害，百姓流离失所，在饥饿死亡线上挣扎。穆文熙与其父穆太公看在眼里，心急如焚，毅然拿出千金交到县里，救助灾民。第二年，灾情依然，不仅颗粒无收，而且加上瘟疫，"道殣相望""村落无烟"。此

时太公正卧病在床，穆文熙侍奉在侧，父子相商，竭其全力，再拿出一千两银子，救助灾民。父亲说："为乡亲活命尽了力，我就是死了，也甘心了，比我死了大办丧事好得多。"穆文熙将千金交付县里，老父连连称善，于次日溘然长逝。尤其可贵的是，两次义举上报朝廷，诏建"两赈千金坊"，穆文熙遵父遗愿，不忍加重百姓负担，多方谢绝。穆家父子高尚情操，文坛大家王世贞甚为感动，在《赠太公序》中盛赞其"内足于心，外挫于名"，在县内世代传颂。

穆文熙生于书香门第，幼承家学，少时颖悟，8岁能文，精通史略，学问渊博，钟爱文学，提笔即有惊人语。初入仕时出使各地，"所至摩崖勒石，志游记胜之章，竞为人传颂"，已蜚声士林。他蔽履尊荣，弃官回乡后，得遂心愿，精研典籍，潜心写作，著作丰赡，诗文在王世贞、李攀龙之间，名列《中国文学家词典》。

文学方面，早在万历九年（1581），就有门生刘怀恕刻《阅古随笔》传世。其诗文集，有万历十五年（1587）刘怀恕在淮扬刊刻的10卷本《逍遥园集》和万历二十九年（1601）其子穆光胤在其去世后刊刻的《穆考公逍遥园集选》20卷，均有善本保存和流传，后者编入清《四库全书》，今被列入山东省"国四批"珍贵古籍名录。他的批点评论类文学作品，有《文浦玄珠》和《批点明诗七言律》两种。此外，还有《东明县新志》选录的诗文及因各种途径得以流传和散见于各地民间的碑刻等。较著名的有《雪后过东台寺》《高阁凌空题咏》《尊经阁》《登黄鹤楼八首》《游少林寺》《和郶参知龙岗遇雨》《秋日登楼》等。《山东诗藏·东明卷》辑录穆文熙诗赋800余首。

穆文熙的历史著作，有15种：

1.《春秋经传集解》30卷；

2.《左传钞辞》12卷；

3.《春秋左传评苑》30卷；

4.《春秋左传评林》30卷；

5.《国概》6卷；

6.《国语评苑》6卷；

7.《国语钞评》8卷；

8.《七雄策纂》8卷；

9.《国策评苑》10卷；

10.《左传国语国策评苑》61卷；

11.《史记批点节略》12卷；

12.《四史鸿裁》40卷；

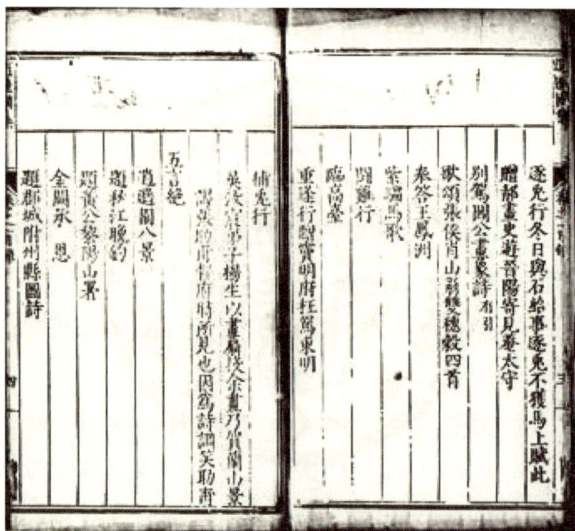

明刻穆文熙《逍遥园集》

13.《诸家俊语》8 卷;

14.《百将提衡》4 卷;

15.《阅古随笔（续）》2 卷。

这些著作，当时有国内和高丽刻本，现在分别藏于国家和各省及高校图书馆和韩国、日本、美国等地。

穆文熙在治史方面最显著的成就，是对《左传》《国语》《战国策》《史记》四本史书进行的摘抄评点，最后编排成共 40 卷的《四史鸿裁》。其中的《史记鸿裁》12 卷，被作为 2013 年社科重大招标项目"中外《史记》文学研究资料整理与研究"阶段性成果《史记文学研究典籍丛刊》中的一种。2015 年，陕西师大研究生殷陆陆，在导师的指点下点校整理，冠以《史记鸿裁》之名，出版刊行。2017 年 9 月，在山东曲阜召开的第八届世界儒学大会圆桌论坛上，张晓生以《明代穆文熙〈左传〉评点的内容和特色》作题目发言。2020 年 1 月线装书局出版的《左传评注文献辑刊》，95 册研究资料中，有 7 册是穆文熙的作品。穆文熙的史学著作的价值，正逐渐被越来越多的人发现和重视。

穆文熙两次弃官，都是因为保护朋友，为坚持正义，不惜挂冠弃官的风范赢得广泛赞誉，王世贞赠诗甚至把他比作战国时燕国的羊角哀。儿子穆光胤，字仲裕，官内阁中书舍人，擅长书法，工于诗，能继承家学。孙子穆元骥，以贡生的身份做训导。从孙穆元骏字汗颖，崇祯庚午科举人，曾做训导，明亡后回乡。

诗人学者袁佑

袁佑（1633—1699），字杜少，号霁轩，清直隶东明县人。明朝进士、寿光县令袁葵之子。

袁佑年少时机警、聪敏，又继承家学，童年时就擅长写文章，补为秀才，在学校里很出名。康熙十一年（1672）壬子，袁佑以拔贡入国子监，不久授予内阁中书舍人。康熙十七年（1678），清圣祖康熙为招纳天下博学名儒，于每三年一次的科举考试之外，特别开设了一次科举（俗称词科），以天下之文辞卓越、才藻瑰丽者，召试擢用，备顾问著作之选，名曰博学宏词科。于是臣工百僚，争以网罗魁奇闳达之士为胜。京城之内，宰辅科道题荐 83 人，各衙门揭送吏部 72 人，京外各地督抚外荐 31 人，共 186 人。于康熙十八年（1679）己未三月朔日考试，中选者 50 人一等，袁佑位居第 16 名。

詹事府詹事沈荃、监察御史鞠珣把袁佑的名字奏报上去，皇上御试列为一等，特别授予翰林院编修，参与编修明史。袁佑激动地说："生死有日，青史无

期，不是清闲的官。"于是搜检各种书籍，详细探究，互相考证，务求精确，他所编写的本纪、列传，有识见的人认为不异于宋朝欧阳修《五代史》的笔法。袁佑在史馆5年，辛苦勤劳，日以为常。因兄长欧少死，就以母亲年老请求回家侍奉。又过了7年，母亲去世，守孝期满后继补原官，参与修《一统志》，勤苦精细的态度丝毫不减当年。不久，入值南书房，皇上在丰泽园亲自考试，袁佑的诗赋合乎皇上心意，赐给皇上的手迹一幅。不久，晋升为右春坊右中允，仍兼编修。康熙三十五年（1696），被任命为浙江乡试正考官，选拔的多是出身寒微、才能卓异的人，浙江人一致信服他。乡试完毕，撤闱后就整装上路，没有任何个人的要求，行李中没有多余的东西，只有几箱书籍和自己所著《纪行诗》1卷。康熙三十六年（1697）向皇上汇报，因东明长年内涝，河水泛滥，以墓田、停枢为忧，于是请假回乡，二年后去世，终年66岁。

袁佑生性孝顺友爱，听说兄长欧少去世，哭着对人说："母亲老了，兄长又去世，谁在左右侍奉呢？"京中的士大夫们都挽留他，也没有留住。他母亲生病，就叩头呼天请求用自身代替，结果母亲病逐渐好了，人们都认为是他的孝心感动所致。母亲去世时92岁，袁佑也近60岁了，可仍然呼天抢地，听到的人都很痛心。他说："我父亲哭我祖父，比这还悲痛啊。"

袁佑在康熙皇帝身边任职，与当时名臣陈廷敬、高士奇，明末学者顾炎武的三个外甥"同胞三鼎甲"探花徐乾学、徐秉义、状元徐元文多有往来唱酬。徐秉义做《宫允袁公传》，文末赞扬袁佑说："余观袁公，忠孝士也。居史馆，焚膏继晷，校雠不倦；抡才矢公慎，为国家树人，可谓忠矣。体素丰厚，自太夫人殁，遂羸瘠，卒以损年。古称孝子，五十而慕，公以杖乡之年，孺慕不衰，岂不难哉？公父主事，历宰三邑，所至有惠政。主事公以政事显，公以文学著名，父子蔚为国华。呜呼，其来有自矣。"

袁佑擅长著述，生平著作有《诗礼疑义》《老子别注》《左史后议》《离骚荀杨文中子补注》《庄子注论》《杜诗注驳》等书，并有《五鹿诗选》2卷、《声闻偶记》1卷、《圃说》5卷、《史余集》5卷、《予省集》5卷、《补史集》4卷、《袁氏族谱》1卷等行于世。今存门人所刻《霁轩诗钞》5卷、清康熙五十六年陆师等刻本。《山东诗藏·东明卷》辑录袁佑诗586首。

学者教育家靳芳兰

靳芳兰，生卒不详，字馥公，清直隶东明县人。清初学者，教育家。

靳芳兰，生性孝顺友爱，学问渊博。康熙五十六年（1717），安溪人文贞公李光地到顺天督学，靳芳兰以秀才的身份应试，李光地看到他的文章，非常惊奇，在文后批语说："镕经铸史，全陈不及，智特榜焉。"于是选为这一科的拔萃，并接见他，大加赞赏，期望他能有大的作为。考试完毕，把他带到京城，请到府中，设馆聘为老师，让自己的子侄辈都向靳芳兰请教。

这时李光地的几个儿子，不是进士就是举人，都卓有成就，初见靳芳兰时，有点瞧不起他，及至，听了他的指教，读了他的文章，方大为折服，都自愧不如。可是靳芳兰直到年老却仍只是个拔贡，人们议论此事把他比作李广不被封侯，介之推不受封赏，感慨他机遇不好。晚年在家中，靠教书生活，学生们背着书箱从几百里外赶来，学有所成的人很多，其中几十人取得高第。因此，他的德行、声名更加显扬，宋、卫、曹、鲁之间没有不知道芳兰的，都直接以"靳夫子"称呼他。论者更认为声名之大、文章之不朽，有清以来，东明没有人比得上靳芳兰的。

靳芳兰工诗文，著有《学庸讲义》《易经讲义》流行于世。

晚清教育家李浣

李浣，生卒年不详，字春池，号莲舫，东明县陆圈镇五霸岗村人。晚清学者、教育家。

李浣家学渊源，父亲李维驭，字德謇，号毅亭，道光五年（1825）乙酉拔贡。品格端方，宅心忠厚，学问深湛，有《面圃轩知非录》等诗集。李浣年少时就在县学中出名，为廪膳生员。不久中咸丰元年（1851）辛亥科举人。他喜好名人诗文集，终生手不释卷，性格宽厚温和，不疾言厉色，家居教授学生，脚不进县城。同治元年（1862）壬戌科大挑二等，选任顺天府汉学教授。不久，调任河间县教谕，请教学业的学生们络绎不绝，所教学生进步很快，光绪己卯（1879）乡试中举的就有6个人。河间本是个大县，可是长期在科举方面稍微逊色，从李浣做教谕开始，才有大的转变，士子们都称他是"真祭酒"。

李浣三任届满回乡，已经是70岁白发苍苍一老翁了，还与一些年轻人组织文社讲学，毫不倦怠。先后在本县"漆阳书院"、长垣"寡过书院"任主讲。时大名知府陈崇砥，是直隶名宦，两人谈诗论文，很相符合。陈崇砥学问方面稍逊于李浣，对李浣倾心佩服，相见恨晚。李浣在大名与冏大史、在长垣与侯绍瀛结成诗社，互相唱和。他的诗体接近白居易，而去掉了白居易粗放的一面，在本县，出于李浣的门下而成名的更难数清了。

李浣卒年85岁，著有《面圃轩诗草》《李氏时文集》2卷。《山东诗藏·东明卷》辑录李浣诗27首。

第四节 武官豪杰

武状元吴德新

吴德新（？—1850），字广业，清直隶东明县（今东明县城关办事处刘坟村）人。道光二十五年（1845）乙巳科武状元。

吴德新生得魁梧，慷慨有远大志向，爱练习骑马射箭，娴熟韬略，常钦慕汉代霍去病、明代常遇春的为人，以武生身份中道光二十年（1840）庚子科武举。道光二十五年（1845），为道光帝母后钮祜禄氏七旬寿辰特设恩科。九月，试中试武举吴德新等66人于太和殿前；冬十月，道光皇帝御紫光阁阅中试武举马步射；戊子，皇帝御箭亭阅中试武举技勇；乙丑，御乾清宫引见中试武举，亲定甲乙；辛卯，皇帝御太和殿传胪，赐中试武举一甲吴德新状元，赏乾清宫门头等侍卫，赐花翎。享受到了皇帝给予的最高礼遇。任职十余年，奉职勤勉谨慎，毫不懈怠，未曾犯过错。

吴德新墓

后来，吴德新外放升为广东清远县游击，防御堵截匪盗，多次立功，上司听到后嘉奖他，升为副将，记名检放。道光三十年（1850）苗民起义，吴德新率兵镇压，奋勇当先，竟以单人独骑冲进苗营，不幸所乘战马误堕入江中，漂浮好几里路才出来，即因过度劳瘁得病，死在任上。奏报皇上，赏给二品顶戴的优厚抚恤，人们都感叹惋惜。

带刀侍卫憨龙章

憨龙章（1862—1927），字腾云，东明县马头镇前寺村人。清光绪二十一年（1895）乙未科武进士，钦点蓝翎带刀侍卫，爵三品，曾任甘肃省地道州督使。

光绪二十六年（1900），八国联军进攻北京时，护驾光绪帝、慈禧太后逃往西安，得到慈禧太后的表彰。次年十月，憨龙章护送光绪帝、慈禧太后返归北京，行至开封时离职回故里，至今东明一带仍流传着许多憨龙章的故事。

护驾西逃

清光绪二十六年（1900）八月十四日上午，北京城的朝阳门、广渠门先后被八国联军攻占，东城的枪炮声一阵接一阵地传到宁寿宫。憨龙章跪在地上双手抱拳，再次哀求光绪皇帝，准许他带领御林侍卫迎战洋人，而光绪帝却无法做主。此时的慈禧太后惊恐万分，一听说御林侍卫要迎战洋人，吓得她大骂一些"没良心"的大臣们，关键时刻竟丢下自己不管。一会儿又呜呜地哭起来，直哭得王文韶、刚毅、赵舒翘三人忙劝慈禧太后趁早起驾。

次日清晨，慈禧太后胡乱穿了件农村妇女的衣裳，梳了个汉族妇女的发髻，打扮成一个村妇。光绪帝穿了一件青绸长袍和一条蓝布裤子，在清晨的风露中有些发抖，站在一旁的憨龙章忙给他披上件棉外套，并再次恳求留下，与京城共存亡。光绪帝流着眼泪说："憨爱卿啊！我何尝不想让你留下，保护京城，驰骋疆场。可你若留下，那西去的路上，我又能指望谁呢？"憨龙章急忙跪倒在地说："微臣愿护驾西去。"

当时在神武门备有骡车等候，慈禧太后临上车前，也没有忘记自己所讨厌的光绪的珍妃，说："龙章啊！你把那个贱人给我推到宁寿宫墙外的水井里去，以免后患。"憨龙章心想：这个老太婆，真凶狠，国家危亡之际，连个女人也不放过，真是无耻，他便站在那儿就是不动。慈禧太后无奈，只好差别人去了。

离京西逃

慈禧太后、光绪帝等人上了车，后面还跟了几辆装满珠宝箱子的骡车。憨龙章带百余名清兵护卫，刚毅、载漪等一班大臣骑马跟随其后，一行人仓皇逃出德胜门，走了一天，才逃出居庸关。

光绪、慈禧仓皇出逃，衣食准备不足。出了居庸关，正值深秋，天气变冷，再加上两天没有吃东西，饥肠辘辘狼狈不堪。第二天，怀来县令、曾国藩的孙女婿吴永前来接驾，送来一锅热粥。因没有筷子，大家只得用高粱秆将稀粥胡乱送入腹中。慈禧太后吃完两碗后，又想吃鸡蛋。可在这兵荒马乱的时候，到哪里去找呢？

这时有人提出到附近农家去搜，憨龙章说："现在国家全靠老百姓（指义和团）拯救了，我们又怎好去骚扰他们，倒不如去山上野林中去找野鸡蛋。"说罢，带着两个侍卫进了山林，在一岩石缝中找到了五个野鸡蛋。煮熟后，放在一个粗碗中，撒上点盐献给太后。太后马上狼吞虎咽地吃了三个，剩下两个让憨龙章转给了光绪帝。光绪说："憨爱卿，真难为你了。"憨龙章叩首道："这是臣的职责。"

九月二十日，憨龙章一行护卫着失魂落魄的慈禧太后、光绪帝逃到太原，住了20天。随着八国联军的步步逼近，慈禧太后、光绪帝如惊弓之鸟，风餐露宿地继续西逃，十月底终于到达西安。

离职归故里

憨龙章护驾到达西安后，陕西正值大旱，饥荒严重，因饥饿而死的人，道旁村野处处可见。憨龙章每每见到这种情景，就一阵阵心酸。但享受惯了的慈禧太后一到西安，依然挥霍无度，重新开始了她那骄奢淫逸的生活，每日三餐都要耗去白银200两。同时，又在西安招募大批工匠大兴土木，修盖宫殿。随从慈禧到西安的皇族、官僚旧病复发，花天酒地，胡作非为。不久，西安便呈现出贪污、腐化、醉生梦死的"京师气象"。那位随慈禧"西逃"的大阿哥，为了争抢座位，竟在城隍庙的庆喜圆戏院与人大打出手，丑态百出。

对流亡清廷的腐败现象，憨龙章非常反感，常对光绪帝说："臣愿回归故里隐居，也不愿看到这国破家亡的情景。"光绪帝说："憨爱卿，你要冷静，等回京后，朕会让你带兵去打仗的。"

光绪二十七年（1901）农历九月七日，清政府与11国公使签订了丧权辱国的《辛丑条约》。消息传到西安，憨龙章非常气愤地说："洋人除占了我们的国家，杀了我们的人，还要我们赔款，还有没有天理！"光绪帝说："这是太后的意思，眼下先这样，回京后再说。"

十月六日，慈禧太后与随逃的王公大臣们决定返回京城。慈禧太后已不再是村妇打扮了，沿途所过之处都要黄土铺路，所住之所都要张灯结彩，官员跪迎。她乘坐的黄缎大桥，前呼后拥，后面还有万名清兵押运的3000辆装满金银财宝的行李车。出西安的第一站是临潼县，县令夏良才仅是为迎接太后准备的接待物品，就耗去白银2.7万两。就这样出潼关，进河南，于农历十二月十二日在开封又办一次盛大的"万寿庆典"。

庆典结束后，有人故意在慈禧太后面前挑拨说："太后此次'西巡'之所以这么长时间，主要是因为用人不当。竟用了一个敢龙江（故意把憨字读成敢字，章字读成江字），把龙赶（敢）到江里了，而不是放在海里（指紫禁城中南海）。"因慈禧太后对汉字了解不多，便对憨龙章开始冷落起来。

在此情况下，大臣中又传出慈禧太后有除憨之意。憨龙章感到再待在宫中供职必然凶多吉少，朝中同乡刘某也说："憨兄，你我都清楚，伴君如伴虎！"第二天，憨龙章便不辞而别，回到了故里马头镇前寺村。

驯服烈马

憨龙章回到故里后，在侍卫府的后院草堂内闭门不出，光绪帝多次下诏，概不回应。憨龙章虽位爵三品，但家中仍很清贫，除门前的旗杆、侍卫府的大门和120斤重的大刀外，再也没有值钱的东西了。他和两位夫人住在后院的草堂内，过着平静的平民生活。

马头集兵营里接到一个任务，为八旗军驯养一批军马，其中有一匹高大的红鬃烈马，驯马人不是被踩伤，就是给踢伤，只好拴在马棚内供养着。一日，有人说："何不叫憨侍卫来给驯一下？"于是，兵营派人找到了憨龙章说："我们兵营里进了一匹好马，性情暴烈，无人能近，恳请憨侍卫给驯服一下，必有重谢。"憨龙章一听大怒说："我堂堂三品武官给你们驯什么马？！"话音刚落，却又转念一想："我已是庶民百姓了，还有什么官？"便与那人去了马头集兵营养马棚。只见那匹马个头高大，毛色青红，双目有神，真是一匹好马。憨龙章刚一拉缰绳，那匹马前蹄腾起，乱蹦乱跳，两眼通红，怎么也不让靠近。憨龙章一看，这还了得，他手提皮鞭，挽住缰绳，使了一个猛虎扑食的动作，双手抓住马鬃飞身上马。这匹马哪受过这种委屈，驮着憨龙章从北门跑到南门，又从东门跑到西门，略有消停，便被皮鞭相加，只累得烈马浑身是汗，站立不稳。从此，这匹烈马再也不敢踢人踩人了。

庙会除霸

传说，憨龙章晚年经常到附近集市、庙会上去玩，每次都要用他的120斤重的大刀挑着篮子，边走边耍，惹得三里五乡的路人观看。

一日，憨龙章又耍着大刀去赶庙会，刚到会头，只见一对中年夫妇及其女儿被一群地痞围着。原来，这一家三口是从河北逃荒卖艺而来，因交不起地摊钱被街面上的一群地痞围住戏逗。见此情景，憨龙章大怒，喝道："住手，朗朗乾坤，竟敢欺侮外乡卖艺之人！"为首的王三回头一看，见是平时耍大刀的老头，便说："老头，我要我的地摊钱，跟你有啥关系，你不就会耍几路大刀吗？"边说边指挥打手围了上去。这下惹恼了憨龙章，顿时气得脸色发青，他放下手中大刀，从腰间取出九节钢鞭。刹那间只耍得不见人影，那群地痞一个个傻了眼，不敢接近。王三吓得跪在地上直哀求："侍卫爷爷，人家都说你只会耍大

刀，不会别的，这下小的领教了，下次不敢了。"憨龙章看到王三这样哀求，钢鞭一收，提起大刀，跺了一下狠脚说："还不快滚！"王三带着一群地痞连滚带爬地走了。躲在一旁的卖艺男子站了起来，走上前去双手抱拳说："敢问恩人尊姓大名？"憨龙章也施了一礼说："在下憨龙章。"那人一听，原来是御前侍卫憨龙章，扑通跪倒在地说："原来是憨侍卫，憨大人在上，请受小的一拜。"

憨龙章一挥手说："免了，带上夫人、孩子卖艺去吧！"

捻军名将李谦

李谦（1837—1861），清末秀才，东明县东明集镇东明集村人。清道光十七年（1837）十二月出身于一户富足的农民家庭。咸丰十一年（1861），他积极响应捻军，投入反清斗争，成为捻军起义领袖之一。他以东明集为根据地，率义军数千人，砸官府，杀污吏，惩治土豪劣绅，开仓济贫，深得民众拥护。

咸丰十一年（1861）春，西捻军在曹州一带名声大震，势如破竹，所到之处杀富济贫，深得民心。时任东明县知县的易焕书吓得惶惶不可终日，县南54村富户会首等一起逃到东明集避难。捻军首领赖文光、张宗儒于夏历四月初一早晨，包围了东明集。扬言如果讲和，献出武器粮饷，如若不然，就血洗东明集。当时村里黉门出身的李谦，看到大局已乱，不愿再死守家业，套上四轮大车准备出西门外逃。正当这时，54村的会首手捧高香，跪满了西街，一致推举李谦率众起义。原来，此时捻军势力很大，这些会首们欲借起义军势力保其家财。当日下午，李谦召集54村聚集的560名义军，宣布起义，随捻军大队南征。第一仗打了小井东的牛集寨，寨墙虽未攻破，但从外围却得到了大批土枪、土炮、马匹等军需品。李谦的义军纪律严明，所到之处，深得民众拥戴，当时流传歌谣说："砸了锅，卖了铁，跟李谦，不变节。"

李谦举义旗后，54村会首见李谦反倒他们头上，便翻了脸，他们再次在东明集聚议，议决共建东明集寨墙。54村分派劳力，历时3个月，在东明集四周筑起了一道底宽10丈、顶宽3丈、内有跑道、上有垛口、外有海壕，周长4华里的寨墙。壕沟宽5丈，深1丈。建有四门，高一丈四尺，宽两丈一尺，进深三丈三尺。南门到北门1华里，东门到西门1华里，四门全部用青砖砌成。为筹集到足够的砖料，竟拆除了村东南角的出城寺，并在四门重新上门楣。北门"东昏"，东门"朝阳"，南门"户牖"，西门"迎爽"。因海壕里的土方不够用，又在村内挖了22个大方坑。

李谦南征后，家挂双千顷牌、身穿黄马褂的牛集寨主牛建章，趁李谦远征之机，纠集家丁、佃户60余人，到东明集进行报复，打伤村民一人，烧毁房屋

200 多间，砸坏家具一大宗，并扬言要让东明集孩娃不剩。

东明县知县易焕书三次接到牛集寨主牛建章的告急函后，于同年夏历五月初四，亲率团练兵勇 1000 余人，赶到马头北地与李谦率领的捻军交战。结果被捻军打败，死伤兵勇 200 余人。次日，易焕书又请来高堌、濮阳、滑县团练，把捻军团团包围，企图一举歼灭。在被困一天后，李谦突然从背后杀出，毙伤对方 300 余人，迫使兵勇缩回东明城内，不敢再战。

李谦的义军连战连胜，大大鼓舞了义军的士气，许多地方武装纷纷投靠麾下。如马头集的曹文俊、南彰庙的袁福兴、吕家寨的吕金堂等。为调整军事部署，巩固后方，李谦于六月十二日率捻军 1500 余人挥师北向，返回东明集。

此时，受知县易焕书指使的刘庄村地主武装头目刘二白，早已带家丁 100 余人进驻了东明集。李谦见寨墙高大，无法进村，只好在村外喊话，但四门深闭，谁也不敢开门。无奈，他只好到西南角寨墙上搭上软梯，欲与村内的乡亲见面，却被刘二白带领的家丁打了下去。李谦义军欲行强攻，为了村内乡亲父老免受涂炭，李谦不允。

双方僵持到午后，李谦欲率义军转移，恰在这时，渔沃吉利营村团练头目陈廷辅，伙同李谦的姐夫陈履密谋，以欢迎为名，带着化了装的清兵，迎接捻军将士。因陈履是李谦的姐夫，李谦信以为真，遂率军安营扎寨于吉利营。稳住李谦后，陈廷辅与陈履、胡良卿约定酒宴中"摔杯为令"杀掉李谦。此时，李谦的姐姐看出了他们的阴谋，告诉弟弟这顿饭不能吃。李谦立即翻身跃马，向吉利营南门外跑去。谁知在南地早有清兵埋伏，齐拉绊马索，李谦当场被捕。

事后，李谦家产被抄，祖父、父亲坟墓被扒，田地被征为官地。李谦被砍头示众，头悬城门，牺牲时年仅 24 岁。壮烈一时的李谦反清起义斗争虽然失败了，但他那反清的故事在东明一带广为流传。

第五节　县令名宦

重教县令区大伦

东明县，明代曾走出了进士 28 人，举人 70 余人；清代进士 20 人（其后武进士 8 人），举人 90 余人；各类贡生，业举每朝各 200 余人。以此成绩与当时曹州府所属州县相比较，稳居前列。东明县的教育和科举能有如此发展，首功

当属历代辈出的重教贤令良吏，区大伦就是历代东明百姓怀念赞颂的贤令之一。

区大伦（1551—1631），字孝先，号罗阳，晚号端溪，广东高明人。明代著名循吏和学者。他于明万历十七年（1589）考中进士，被朝廷派到东明县任县令，在任多惠政，万历二十三年（1595）任满调升云南道御史。邑民多方挽留不得，在他走后专门建了"区公祠"纪念他。

区大伦在考中举人后，曾到南京的太学学习，当时执掌太学的是忠耿名臣海瑞，大伦对他心存仰望，请益颇多，深受影响。到东明赴任后即发誓以古代循良自欺，他在居室自题一联："宽一分则民受一分，爱一文则不值一文。"他在东明为政的最大特点，就是在给百姓实惠的同时重视教化，通过教育引导与惩戒相结合的方法，启发官民转变思想观念和行为方式，进而推动社会风气的转变，促进经济文化的发展和社会的和谐安定，最终让百姓得到更大的实惠。下车伊始他首先整顿吏治，端正衙门风气。东明县胥吏素以豪猾难治闻名，大伦多方裁抑刷剔，对那些能奉法循理者，有过错不予深究，警示其暗中改过；对那些横行不法者，必予公开惩处不贷。胥吏们于是凛凛然有畏惧之心，注意自我约束而不敢越轨试法。

东明地处冀、豫、鲁三省边界，矛盾交错，狱讼嚣杂。区大伦每案必深入调查，公开断案释法，使狡点健讼者难逃法网，含屈受冤者雪冤脱颖，很快扭转了善讼好斗的风气。区大伦深谙"民以食为天"和"衣食足而知礼仪"的道理，下大力气劝导百姓力争农桑，发展生产。他经常深入乡间地头，宣讲道理，督促农事，对百姓中勤于耕作、专注于桑麻者，适当给予奖励；对于惰于耕作、懒事桑麻者，也稍示惩罚；对于贫困的农民，他还发给耕牛和种子予以扶助。为了劝事农桑，他还专门在城北建了一座"劝耕亭"，经常在亭下召集百姓议论农事，为百姓排忧解难。在他任内修复的一座城门廊柱上，他还特意写下一副对联："郭外有田须早种，县中无事莫频来。"劝导之意溢于字里行间。在他的苦心引导下，全县百姓专心致志从事农耕，游手好闲之习气几于绝迹。

区大伦特别注重从思想观念上引导民众，使之知耻畏法，重义敬老，实现社会安定。他经常利用四时之暇到乡村去结合实际宣讲乡约，并责成里长们提供当地社会风气方面的事迹材料，对百姓中的义举善行则给予表彰，对坏人坏事则给予指责、惩处。区大伦还让各乡推举年七十以上而有德的老者，县里赐以冠、袍、杖，并经常去慰问。到农闲时节，又将这些老者集于乡公所，以酒宴招待。长此以往，百姓皆知廉耻长幼尊卑，社会风气蔚然改变。

万历二十一年（1593），大雨淫涨，夏秋庄稼尽为水淹，百姓陷于饥寒交迫之境。区大伦忧心如焚，深知如若引导措置不当，大量百姓将四处逃亡，甚至为匪为盗，于是便发出安民告示："凡我百姓，俱各安心，等候明年正月开仓济赈。勿弃善念，勿作非为，勿捐妻子，勿离乡井。"惜民爱民之心，至诚至淳之语，使百姓感激万分，全县临灾不慌，秩序井然。

作为正统儒学的学者，区大伦深知青少年的学校教育，对一个地方的人脉振兴、世风化育所起的重要作用，于是他十分重视教育事业的发展。到任的第二年，区大伦就捐俸倡导，将久已荒圮的县学重修扩建一新，为士子们提供了更好的求学环境，为此，当时东明有人专门写了《重修儒学记》作为纪念。为了保证县学的长期稳定办学，经费保障是关键；而经费来源除了县里定额公费之外，学田收入是基础；而东明县学之有学田，则自区大伦始。自万历十八年（1590）至二十二年（1594），区大伦先后三次将县内查出的无主余地近20顷送给县学作为学田永久经营，并专发文牒，订立12条规制，严明学田收入开支项目办法，其中对教师到任设宴接风、置办炊具、住宅维修、升任饯行、中试奖贺，对士子灯油补助、投考补助、贫困资助等都有明细规定，其尊师助学之心，拳拳可鉴。此规制以后历任县令奉为范式，照行不变。为让普通百姓子弟都能入学读书，区大伦还着力发展社学。先是将万历初年所建但已荒废的城内四处社学修复一新，聘请教员训教蒙童，并规定每年每人给谷8石以充束脩。接着，又筹资新建8处社学，其中1处设在城内，其余7处均设于县内四方之中心集镇，这样县内城乡百姓子弟都有了读书就学之所。纵观东明历史，这一时期是社学最兴盛、百姓子弟入学最普遍的时期。

区大伦作为东明历史上的贤良县令，当地百姓十分感念他，除了立生祠纪念之外，还专门立了"邑侯区公德政碑"。

清朝循吏杨日升

杨日升（1625—1708），字东义，江西建昌府新城樟村（今黎川县樟溪乡）人。清代文学家、书法家。康熙七年（1668）至十四年（1675）任东明县知县。

杨日升自幼聪明好学，饱读诗书，精通经史，才思敏捷，文采出众。清顺治十二年（1655）乙未科进士。中进士后，入礼部观政，然后被派到南康府（今江西九江市星子、都昌一带）任府学教授。康熙元年（1662），九江白鹿洞书院重建，杨日升曾捐俸资助，后参与管理书院事。他崇拜朱熹，每日抄录《朱子语类》一篇，"当道延掌洞课，与诸生讲心性之学，所甄拔皆知名士"。

康熙七年（1668），杨日升调任东明县知县。他与东明县似有特殊的缘分，东明县至今流传着庄周点化杨日升的传说：杨日升进京应试时，进场看题后，面现难色，一时思绪烦乱，举笔不定，急得满头大汗。恍惚中一银须老人飘然降临，俯下身来用手在卷面上指指点点，杨日升茅塞顿开，感激万分，忙问老

者何方人氏。回答：吾乃庄公，东明县城东北18里庄塪堆人也。正说话间，一眨眼老人不见了。于是杨日升妙笔生花，文章一气呵成，得金榜高中。不久，杨日升授任东明县令。

杨日升履任后，一日中午小憩，小童献茶刚退，听到有人吩咐："将买来的那包茶叶装起来！"一个"装"字，使正迷迷糊糊的杨日升忽然想起"庄公"。便命人备轿，去城东北寻找庄塪堆。人役行走到城东裕州屯村附近，果见一土塪堆，且有"逍遥园"遗址碑石，遂命重修"逍遥园"，广阔36亩，使"瓦砾有辉煌之色，草木生敷贵之容"，后人赖以致祭、观瞻，抒怀先贤情思。"逍遥园"工程告竣，后又得知东明县城北偏东十八里庄寨村有先贤庄周后裔，村北有庄子墓、庄子观。便又于康熙十二年（1673），兴工重修庄子观，加土培高庄子墓。用土中，适在墓东15丈远处掘至5尺时，发现一泉，深一丈余，泉水清冽异常，甘甜可口，还能医治眼病，即使双目失明，只需用泉水一洗，便可复明如初。杨日升欣然为此泉命名"灵泉"。嗣后，又下令：裕州屯处的"逍遥园"拨归庄寨，由先贤后裔负责管理。《东明县志》载有杨日升《重建庄子观碑记》。

杨日升为官清正，以莲自醒，寓意清白廉正，他尤其重视以德治县，以德感化百姓，不事刑威。他亲自编写《乡约俗解》，每逢初一、十五大会，亲到现场宣讲。百姓站立静听，围得水泄不通。就是那些在押的囚犯和尚未判决的犯人，也带到现场随人听讲，很多人都感动得泪流满面，决心洗心革面。间或有来喊冤诉苦的，他用宣讲后的余暇，判其曲直，都心悦诚服。

当时东明县正值大水泛滥过后，各种建筑设置冲毁殆尽，杨日升积极组织修祠庙城垣，新建公署，增修学校，各种工程相继开工，摊派合理，差役均衡，百姓们都乐意参与，而没有感到增加了负担。

康熙十一年（1672），杨日升开始组织编纂《东明县志》。由本县进士、清吏司主事卢毓粹任主编，组成编修小组，经过一年多的采辑，第二年付梓出版，共8卷，为东明县留下大量珍贵历史资料。

东明县曾连年遭受兵火河患灾害，百姓逃亡，四野萧条，荆棘丛生，民生维艰。杨日升在东明任职期间，黄河在曹县牛市屯决口，离东明县100多里，上级却要求东明县派送柳枝11.5万捆，本县实在没有足够树木供采伐，更无能力运送。他在尽力组织的同时，连续写下《申详各宪请蠲柳束文》《又禀帖》《详蒙本府周讳邦彬蠲柳看语》《详蒙本道孔讳胤樾转请蠲柳看语》等上报文件，为民请命，要求宽限减免，终于获准。

杨日升在东明任职7年，朝廷见他在东明政绩卓越，要擢升为中书，可惜还没有到任，夫妻便先后去世，遗言归葬新城老家。去世后，县民挂起他的肖像，为他祈福。

杨日升文学成就显著，工诗词。康熙十三年（1674）与弟弟杨日鼎一同校勘刊印《杨思本榴馆初函集选》12卷，并著有《条议草》2卷、《笔史》2卷。杨日升工书法，宗欧阳询，今存有康熙五年（1666）为新城名刹妙法寺题写"妙法禅寺"匾额；康熙十一年（1672）壬子冬十月，游东明十二景古葵丘，在古葵丘东南李家庄，题写"鸡鸣听三省"；清康熙十四年（1675），为东明县庄子观题写"自乐无为"等墨宝。

第六节　乡居贤士

两赈千金穆陈实

穆陈实，生卒年不详，字信卿，明直隶大名府东明县（今山东省东明县县城东街）人，是嘉靖壬戌进士、广东按察副使穆文熙之父。

年幼时研习博士家言，文有奇藻，在县学科、岁考试中成绩突出，名居榜首。17岁时父亲去世，不得已放弃学业从事生产。可还在空闲时取出旧书阅读，特别喜爱《左传》《国语》《庄子》及汉魏史书。曾经说："墨守八股文作法我做不到，评论善恶，纵谈古今得失也许能够看到一点。"他品评人物，很少有赞许的，可偏偏赏识少年时的少保大司马石星，成为忘年交，互相交谈切磋，往往到日落才分手。常常说："我不见到石公子，话海就会干涸了。"后来石星以给事中的身份上书言事，触怒了皇上，在朝中受廷杖严责，差点死去。穆陈实听说后，急忙前往探视，并督促儿子，时任工部郎中的穆文熙和石星一起回来。深厚高尚的情谊，当时人都称颂他。穆文熙不久被推荐做了礼部侍郎，封穆陈实与其子的官衔一

两赈千金牌坊图

样。又过了不长时间，穆文熙升任尚玺丞，又改到吏部。这时为犯罪人说情的连续不断，穆文熙调任副按察使以后，就推辞说有病，辞职归里。穆文熙到家后，穆陈实安慰儿子说："自弱冠进贤，吾不敢有若。七尺材则天损，不才则人损。今且处于材与不材之间，得谢事丘中，幸矣！"从穆陈实这段话看，他学习庄子认识深刻，已深得庄子之道。

穆陈实平生喜欢棋艺，下棋的人从远方来，边下棋边切磋棋艺，整日整夜也不知疲倦。他曾经用下棋来比喻人事的成败，说："夫差轻敌，智伯骄傲，孙林父举棋不定，所以都失败了，只有张子房、范少伯也许可以称为国家级的能手。"弇州隐逸者王世贞为穆陈实作传称赞说："他对棋艺的爱好已经超过一般的技艺了。"

明万历十五年（1587），县里受灾，饥民捡拾橡栗或树叶充饥，穆陈实拿出千金赈灾，很多人借此得以活命。消息传到朝廷，下诏书在乡里旌表。第二年又发生更大灾荒，几乎出现人吃人现象。这时穆陈实卧病在床，勉强坐起，告诉儿子穆文熙说："我出钱赈灾的事很小，竟然惊动天子旌表，是拿我作义举的旗帜，施仁德不到底，义又在哪里？"于是再准备千两银子给东明县令办赈，救助贫民。穆文熙到家汇报之后，穆陈实连连称好，一副十分愉快的样子，眼睛慢慢合上。听到家人的哭声，又慢慢地睁开眼睛笑着说："而翁将决赘疣，寝巨室，胡嗷嗷而溷我与！"遂瞑目去世。穆陈实至死都是一副旷达的形象，已达到庄子对待生死的境界。

穆陈实死后享受祭祀，列入乡贤。晚明文坛盟主王世贞为其撰写《封礼部员外郎穆太公墓表》《赠穆太公序》，进士黄洪宪著《穆太公信卿传》，吴郡周天球有五言长诗《寿穆太公》。县城有两座牌坊"龙诰重封坊"和"两赈千金坊"以纪念他。

张复振出资印《县志》

张复振，生卒年不详，字云客，号漆崖，清直隶东明县人。

张复振孝顺父母，和睦兄弟，善行卓著，是东明县有名望的家族。他8岁读书，不到20岁考取秀才，补博士子弟员。他教书40年，不计报酬，善于开导，很受学生尊重。60岁时，以贡生任信都训导，个人出资修整魁星楼。不久因年高回乡，成立文化社，自己准备饭食，召集有学识的人和门下弟子品评人物，激励学问。70多岁时，仍乐此不疲，很多文人学士都出自他的门下。

乾隆二十年（1755），知县储元升来任，时大名府编修《郡志》，要各县以《县志》上报。但东明80年未编《县志》，旧志残缺。知县访求得知，有雍正七年（1729）没有刊印的旧稿，就依其类别加入近事完成。但因缺少费用，没有付印。张复振听到后说："县志没有完整的编本，不是小事。"慨然答应负责此事，于是他拿出历年节俭积蓄的150两银子，成此大举。

《东明县新志》中，有知县储元升撰写的《武邑司训张君传》，赞扬张复振急公好义的美德，评论说："漆崖清寒之家，饱学之士，蜚声学林，即使未被重用，而他树立基业，教育英才，深谋远虑就可著于史书。至于他大任独担，积而能散的美好品德，更堪为全县人的楷模。"

急公好义的李佣和饼师

清道光九年（1829），东明县修复玉带桥和漆阳书院，二事并举，开销巨大，有赖绅士、民众踊跃资助，得大功告成。所献资金多少不一，都是出自有财力人家。竟也有室内空空，靠佣工积下少许钱财，不惜全拿出来的；也有到处说服募捐，不让将名字传扬给乡邻的。

乡民李某，在河南当长工，每年工钱三千多，三年积攒了十千。回乡后，听说县上兴办工程，随即跑到负责修建的公务局，将积蓄的钱全放在那里就走了。回家依然没有饭吃，又去河南旧主人家。第二天，一位老太婆带钱二千，请求交公。询问得知是昨天交钱人的母亲，她说是近二年给人洗衣服积攒的。在场的人无不啧啧称赞。

另一位是在街上挑担子卖饼的，不知姓名，开始宣传捐款时，他到公务局要捐款的册子。办事人员见他贫穷，问他能捐吗？他说不能，但能叫其他人捐。办事人说，捐册盖着县上的大印，不能随便让你拿去。他说，有印的册子不能拿，可给一个草册吗？办事人同意。三天后，交捐册及捐钱百千，册中姓氏大半不知道是什么人。公务局办事人员对他说：兴修工程原是要利民的，怎忍心连累你们这些贫苦人呢？不能接受你们的钱。而来人却坚持说，这实在是小民乐意交出的钱，出在大家身上，也无所累。说罢，将带的钱全放下，头也不回走了。

《东明县新志》中，有时任知县华浚撰写的《邑民李佣饼师合传》记此事，感叹道："噫，浚莅任以来，自惭无德及民。是役也，徒以资归实用，不使胥吏少得染指。而费需万金，士绅遂争输恐后。贫民亦复勇于向义，故述其事，以传人，且告来者。或曰，卖饼者，王姓，名心顺云。"

172

"字压八府" 刘依仁

刘依仁（1850—1921），字相于，号湘渔，东明县大屯镇丁嘴村人。光绪己酉年（1885），以廪膳生选取拔贡。后屡考不第，遂致力于书法。先学颜柳，继习东坡，勾勒纵横，无不得心应手。曾得清朝贺玉甫、夏子松两尚书器重，有"字压八府，文擅畿南"之誉。其作品流传甚广，一时被称为杰作。晚年以五品衔署河南陕州直州州判，馆于道员刘雨田家。清亡后，归隐故里，杜门读书。民国十年（1921）卒，享年71岁。

刘依仁书法

李曾裕不第修《县志》

李曾裕（1838—1917），字敦伯，号友白，东明县陆圈镇五霸岗村人。清光绪五年（1879）己卯举人。幼年颖悟过人，极具书法天赋，15岁应童子试，知府陈崇砥见其文大奇，特予以奖励，令其书程四箴二十八大楷，悬于贡院厅内。中举后屡应京试不第，后潜心研究书法。楷书工颜柳欧赵，草书学"二王"，行书学米芾。其作品魅力雄强，点画隽厚，精神飞动，作品多有存世。

光绪二十四年（1898）李曾裕选为教谕，因年已花甲，没有上任，整日在家养菊读书，就想到自行续修《东明县志》。个人修志，困难可想而知，正如他在"序言"中说："不设局，不备员，不筹经费，搜世家之记载，征故

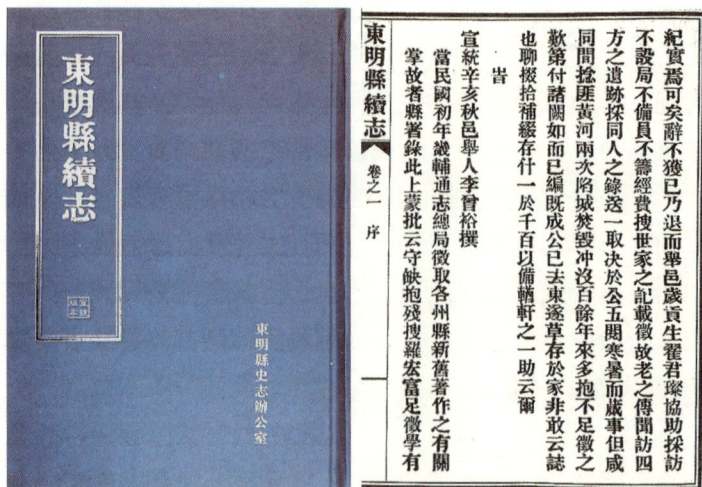

清宣统三年版《东明县续志》

老之传闻，访四方之遗迹，采同人之录送。"到光绪三十年（1904），已经写出了一部分，时知县朱佑保履职东明，打算续修县志，发现李曾裕已经写了一半，非常高兴地写下了"序言"。还没有付梓，又换了新知县周保琛，同样非常关注县志的编续。这期间东明大地狼烟四起，捻军起义，黄河泛滥，县志无法付诸印刷。李曾裕整日抱着书稿一筹莫展，一直到他去世，也没能刊印出版。79岁那年，带着无限遗憾离开了人世。

在李曾裕编纂《东明县续志》过程中，上到大名知府锡龄阿，下到普通百姓如翟灿等，很多人在关注，给予不少帮助。民国十三年（1924），凝聚着李曾裕半生心血和邑人渴盼的《东明县续志》，在时任东明知事王亿年主持下终于出版。

开法网之绁纪 弘六度之正教 擞举有之塗炭 启三藏之秘扁 是以名无翼而长飞 道无根而永固 名流慶盖遠而镇常赴感應身經塵劫而不朽 晨锺夕梵交二音於鹫峰慧日注流於楚交 瑶挑腾空宝接朔重而共飛稀於鹿苑庄野春林与天花而合彩

李曾裕

李曾裕行书

第七节　重大事件

明清二十六营

明朝初年，为解决地广人稀，土地荒芜的问题，明朝廷在全国范围内实行了大规模的军屯、军营制度。

明朝实行的屯田制度，规模很大，形式多样，既有政治意义，也有经济效益。明朝的屯田有民屯、营屯和军屯等几种不同的形式。民屯是朝廷将那些无地或少地的贫民及少量犯人迁往地广人稀的地方屯田耕种，用所缴纳的粮食从官府手里换取盐引（食盐的专卖证），主要目的是解决军粮的供应。军屯就是让军队屯田耕种，自给自足，减转百姓负担。

太祖洪武年间开始，朝廷就非常重视军屯，把它看作一项重要的军务。太祖下令大兴军屯，他认为国家兴盛的根本在于兵力强盛，百姓丰衣足食。由于元末明初的长期战争，百姓流离失所，田地荒芜，如果单从百姓家里征收军粮，远远不能满足需要，还容易激起民变。因此，太祖要求兴办军屯，寓兵于农。军屯的兵士在平时耕种田地，一遇战争就参加征战。军屯又分为"边屯"和

第五编　明清时期

"营屯"两种。边屯是设置在边疆地区的军屯，营屯是设置在全国各个卫所的军屯。通过广泛地设置军屯，将军队在平时的农耕所得充作军粮，以减轻百姓负担。明太祖曾不无夸张地说："养兵百万，不费百姓一粒米。"

东明自明太祖洪武初年（1368）开始共移入军屯 26 个屯营，他们分别来自彰德卫（今河南安阳）和怀庆卫（今河南沁阳）。其中：

彰德卫 8 营：戴官营，离县 25 里；王官营，离县 30 里；吉利营，离县 18 里；杨旺营，离县 20 里；马军营，离县 35 里；刘官营，离县 40 里；李官营，离县 25 里；周官营，离县 35 里。

怀庆卫 18 营：赵官营，离县 10 里；东夏营，离县 50 里；包旗营，离县 15 里；西夏营，离县 50 里；袁索营，离县 5 里；李长营，离县 40 里；任郑营，离县 8 里；展家营，离县 40 里；吴旗营，离县 40 里；江家营，离县 40 里；祝家营，离县 40 里；姚旗营，离县 40 里；段末营，离县 35 里；袁长营，离县 35 里；高官营，离县 18 里；平壿营，离县 30 里；纪官营，离县 35 里；马毛营，离县 20 里。

26 营基本上用营头长官的姓氏来命名，至今仍在沿用。据明正德年间何瑭纂修的《怀庄府志》载，怀庄卫所辖的在今东明境内的十八营，当时称十八屯，其中分布在西台乡（治所位于今沙窝镇西堡城村）的有八屯，分别是：赵官庄、袁旗屯、马军屯、郑旗屯、包旗屯、高官屯、纪官屯、李长官屯。在紫荆乡（治所位于今东明集镇紫荆村）有十屯，分别是：平岗屯、李长屯、姚旗屯、吴旗屯、祝家屯、江家屯、西夏屯、东夏屯、展家屯、段磨头。这十八屯正好与怀庆卫所辖东明十八营一一对应，何时改称屯为营，尚未考知。

《东明县志》记载："明初兵荒之后，民无定居，耕稼尽废。置卫所开屯戍守，悉以腴田给军，故东明青腴之地，强半属屯卫。""营卫俱在本县境内，地凡若干顷，岁入籽粒，卫籍收之，以瞻军需，而县不与焉。"《旧志》称明邑军民多讼，屯军与居民相讼，大约为派粮争地事，而争地为基。""自李公思孝巡抚河南，因军士诉请粮之苦，始行条鞭，军与民胥称便矣。并云屯粮差银有册，刻于怀庆，以备查考。"

彰德、怀庆两卫军籍，明永乐间属开州境，钱粮俱输本卫。弘治四年（1491），割开州地设东明，遂隶东明。至清初，以钱粮岐摄，不便综核，请准归并附近州县。

清顺治十六年（1659），彰德、怀庆二卫所合并，改为民籍，东明县遂并入 26 营。其中，并彰德卫屯地 666 顷 46 亩 8 分，屯丁 73 丁；并怀庆卫屯地 1329 顷 13 亩 4 分，屯丁 372 丁，编入本县民籍，征收仍卫例，无增减。是举，上免征调之劳，下得输将之便，军民归于一体，一事而三善备。

山西洪洞移民东明

在东明一直流传着这首古老而悲怆的歌谣："问我故乡在何处，山西洪洞大槐树。祖先故居叫什么，大槐树下老鸹窝。"

宋靖康二年（1127），金军攻破东京开封，掠走徽、钦二帝，史称靖康之变，一个曾经在中国历史上经济发达、文化繁荣、科技进步的北宋王朝随之灭亡了。同年，康王赵构在临安（今浙江杭州余杭）重建宋朝，史称南宋。金天兴三年（1234），金朝在南宋和蒙古南北夹击之下灭亡。南宋德祐二年（1276），元朝军攻占南宋都城临安，俘虏了年仅5岁的南宋皇帝恭宗。元至元十六年、南宋祥兴二年（1279），历史上著名的"崖山海战"爆发之后，南宋彻底灭亡。至此，中国历史进入了第一个由少数民族（蒙古族）建立并统治全国的封建王朝——元朝。

元朝虽然统治中原只有97年，但给中国人民带来的灾难是其他任何一个朝代都无法比拟的，特别是在这个马上民族进攻中原时，疯狂地实行"屠光政策"，中原北方许多地方都被杀得千里无人烟。据史料记载，元朝统一中国后，把国民分成四等人，即蒙古人、色目人、北方汉人、南方汉人。对于汉人，他们仍然肆意践踏和杀戮。这个只会弯弓射大雕的民族统治者，甚至曾经一度想过要杀绝中原汉人，让良田变为牧场。他们又担心汉民人多势众，元丞相伯颜等人又提出了杀绝汉人张、王、刘、李、赵五姓的主张。到了元朝末期，政治更加腐败，中原百姓生活在水深火热之中，死于饥荒者不计其数。

元朝不仅是一个令中原百姓饱受屈辱的朝代，同时也是一个天灾频频的时代。据《元史·五行志》记载，至正元年（1341）到二十六年（1366），几乎每年都有特大洪水泛滥。黄河、淮河多次决口，中原之地"漂没田庐无数，死亡百姓无数，村庄城邑多成荒墟"。元朝统治者对中原百姓的生命财产表现得极为冷酷无情，黄河曾有20年不修坝堵口子的记录，任其泛

山西洪洞大槐树

滥自流，山东、河南大片土地沦为沼泽。人们被大水撵得东奔西跑，无处安生，不少地方烟火绝迹。相传，倘若在冀鲁豫三省交界处的十字路口摆放一个元宝，三天三夜之后再回到原处，元宝原封不动依然在那里。

在元朝日益残暴的腐败统治下，中原爆发了轰轰烈烈的元末农民起义。而在众多义军领袖中，朱元璋最终脱颖而出。这位出身布衣，起自社会最底层的英雄，在击败各路农民起义军之后，北进中原推翻了元朝的暴政，结束了蒙古人在中原长达97年的统治。1368年，朱元璋于南京称帝，国号大明。朱元璋在统一中国后，清楚地认识到由于常年战乱和洪水肆虐，中原地区早已是千疮百孔的烂摊子。山东、河南等地大多是赤地千里，人烟稀少，有些地方荒无人烟，"白骨露于野，千里无鸡鸣"。面对这样的局面，朱元璋感慨："今丧乱之后，中原草莽，人民稀少。中原诸州，元季战争，受祸最惨，积骸成丘，居民鲜少。所谓田野辟，户口增，此正中原之急务。"不少大臣也纷纷上疏，陈说中原一带的荒凉。名臣高巍官上奏："臣观河南、山东、北平数千里沃壤之上，自兵燹以来，尽化为蓁莽之墟，土著之民，游离军伍，不存十一，地广民稀，开辟无方。"

中原一带兵荒马乱，天灾不断之时，山西晋南一带却俨然是一个世外桃源。当时镇守山西的元将叫扩廓帖木儿，汉名"王保保"，是一位骁勇善战、足智多谋的将军。起义军多次进攻山西，都因为"王保保"这儿的人特别会打仗，再加上山西地势险要，最终使义军屡屡失败。另外，山西那些年正好风调雨顺、五谷丰登，百姓丰衣足食，安居乐业。中原一带百姓听说山西富庶，而且不打仗，更纷纷前往那里逃难。与中原一带人烟稀少相比，山西倒是人满为患。

朱元璋面对中原地区地广人稀的荒凉局面，接受了户部郎中刘九皋的建议，采取从山西向山东、河南等地大规模移民的政策。山西大移民从洪武三年（1370）一直到永乐十年（1412），历时近50年，涉及人数达百万之众，针对如此大规模的迁移行动，明朝政府为了使迁移顺利进行，颁布了一系列优惠政策，如发放棉衣、迁移路费以及安家、置办农具等银两，并且还规定，民众到了移民地后，可以自便置屯耕地，免其赋役三年。移民的方法和步骤大体有遣返、军屯、民屯等几种。但更多的还是采取招诱、征派的强迫办法。中国自古有故土难离、落叶归根的传统，山西民众大多不愿意离开家乡。官府只好制定了"徙民条律"。条律规定：按"四口之家留一，六口之家留二，八口之家留三"的比例进行强制迁徙。并规定凡移民者都必须到洪洞县广济寺办理迁移手续，领取"凭照川资"，然后从广济寺出发，按官方指派去向，在官兵监护下迁往中原各地。由于此次迁移手段和措施带有强制性，几百年来，民间一直流传着这样一个故事。当地官府预先张贴告示，内容是：此次迁民，如果有不愿意迁徙的，限定某日，齐集在广济寺大槐树下，除广济寺外，其他民众全部迁移。结果到了那一天，成千上万的民众聚集在大槐树下，官府出其不意调动了大量士兵，一举将广济寺团团包围，所到民众，不论男女老幼，一个不留，全部强行迁移。

迁移中的悲欢离合

无论是正史还是民间传说，不难想象，在交通和通信条件极为落后的古代，亲人们的分离，就是与亲人肝肠寸断的永别。即将与故土和亲人永别的民众，齐聚在广济寺大槐树下，有的扶槐大声号哭，有的打折下槐树枝条留作纪念。送他们的亲人们，自然是"爷娘妻子走相送，牵衣顿足拦道哭"。这是一场让人撕心裂肺的生死离别，这是一曲无比悲壮的诀别绝唱。移民者在官兵催逼下踏上了遥远的路途，无奈的人们只好一边行走，一边频频回头。当亲人送别的身影渐渐消失在视野里，故乡也渐渐远去，也渐渐模糊，最后也只能看到广济寺里那棵大槐树和树上的老鸹窝。

经过此次移民，黄河下游人口激增。仅东明境内，在1368年至1398年，就建村154个，永乐年间（1403—1424）又迁建342个，这是东明历史上建村最多的年代。

东明县的恢复与重建

由于黄河水患，东明县属地几经迁徙北移，明朝洪武十年（1377），东明县被废置，其地分别由开州、长垣管辖。一百多年奔波，几度迁徙，却落得空空一场，让东明县人情何以堪？人们怀恋故土，心存失落，莫不耿耿于怀。此后百余年间，不断有人多方呼吁，要求恢复东明县治，并为此四处奔走。

成化二十二年（1486），有东台里的名宿李云恕，云台里杨旭，阳进二里李通，东明里曹凤举、田静，东台二里郭俊等，请巡抚和按察使代奏朝廷，要求恢复县治。诏下阁部会议，遂命巡按杜忠、大名府知府李瓒、开州知州胡璟到旧县址详细察看，见那里地段狭隘，不宜建城垣。于是转向周边继续考察，最后选定了大单集这个地方。这里人烟繁庶，土地高阜，适合筑城。遂确定立此

177

处为县城，恢复东明县建制。次年，宪宗驾崩，孝宗继位，建年号为弘治。到弘治四年（1491），朝廷下诏，将分散安排于开州、长垣管辖的百姓3740户，编为34里，作为辖区。大单集内原有古刹大寺一所，僧舍百间，改为县衙。经派员、整修、部署，东明县在消失了110余年后正式重获新生。相继到任知县有宫显、赵玑，进行了初步整修。因在任时间短，草创之初，百事待举，内外城及仓库学校都没有修建。

弘治九年（1496），新任知县邓钺以乡进士资格来任。他到任后，寝食不顾，勤勉理事，大力修整县衙。其助手主簿韩从和、县丞高珣，与其并力携手，重修了县堂六房、公廨、鼓楼、仪门，创筑了内城，在县署东南建立了县学，县署西北建造了仓库房，建起四座城门和太仆寺、养济院，还有演武厅、城隍庙，11个传递文告信息的铺舍和社稷坛、先农坛、风云雷雨山川城隍坛三坛，府厅面貌焕然一新。往来经过的人看到，无不赞叹：七八年时间，不派用民力，摊派钱财，民众乐意自动出工，建造成这样，实在难以想象。弘治十八年（1505），邓钺在任9年，朝廷以政善民安，提升为山西浑源府知府，县中士绅、民众攀辕卧辙，号泣而别。

其后数百年间，或因黄河泛滥冲毁，或因年久损坏，或因社会发展，东明县不断有重修和新建。

东明儒学教育设施

据《东明县新志》有关记载，参照《大名府部汇考四·大名府学校考》，明清时期，东明县的儒学和一应教育设施情况，大致如下：

县儒学，在城东南隅，文庙西。有明伦堂五间，东号房五间，西号房六间，礼门三间，儒学门三间。明伦堂后是教谕宅、训导宅，西南有明善斋、复初斋二处。经多次重修和扩建。同治二年（1863），经水患基本全都坍塌。后改为女子完全小学校。

先师庙，即文庙，在儒学东。正殿五间，东庑十六间，西庑十六间，戟门五间。明弘治十一年（1498），知县邓钺建。天启元年（1621），知县顾其仁重修正殿及两庑。天启二年（1622），知县张福臻重修。顺治七年（1650），圮于水。顺治十二年（1655）知县杨素蕴重修，因遇水患未竟。康熙元年（1662），知县陆乔龄继修。康熙七年（1668），邑民杨继美等置殿陛石栏一匝，植柏四十株。康熙十四年（1675），知县杨日升重修。康熙十二年（1673），知县杨日升重修启圣祠三间，在文庙东。乾隆五年（1740），知县徐开第捐银七十两，并多方筹措重修崇圣殿、大成殿、敬一亭，作《重修崇圣殿大成殿记》。同治二

年（1865），遭河患淤没倾塌。光绪十年（1884）到十四年（1888），知县孔庆笃、戴华藻等主持重修文庙崇圣殿。大戟门、棂星门、泮池、名宦祠、乡贤祠都先后改修一新，殿宇楹庑，规模宏敞，高深美丽。教谕刘荫棋作《重修崇圣殿记》，李曾裕作《重修文庙碑记》。

主要建筑有：

泮池，又称"泮宫"，依古礼，天子太学中央有一座学宫，称为"辟雍"，四周环水，而诸侯之学只能南面泮水，故称"泮宫"。又因孔子曾受封为文宣王，所以建"泮池"为其规制。明中叶后，地方官学孔庙在棂星门内外建泮池成规制，形状半圆或近似半圆，故俗称月牙池或偃月池。其上架一座或三座石桥，被称为泮桥。科举考试时，学生过桥去拜孔子，称为"入泮"。康熙二年（1663），知县陆乔龄重修时改变旧制，引起县内学子不满。康熙十四年（1675），知县杨日升重修，恢复旧制。

棂星门，旧筑顺治七年（1650）河决圮废，康熙十二年（1673），知县杨日升大修。雍正四年（1726），知县程允仁重修，并修"德侔天地""道冠古今"二坊，焕然改观。

崇圣殿，在文庙东，三间。弘治十一年（1498），知县邓钺建。天启二年（1622），知县张福臻重修。康熙九年（1670），知县杨日升移建文庙北旧尊经阁地址重修。光绪二十三年（1897），知县曹景邮重修。

名宦祠，在戟门外左，三楹，周以垣，弘治十一年（1498），知县邓钺建，天启二年（1622），知县张福臻重修。康熙九年（1670），知县杨日升重修。道光十年（1830），知县华浚重修。

乡贤祠，在戟门外右，三楹，周以垣，弘治十一年（1498），知县邓钺建。嘉靖四年、二十八年，隆庆五年，万历十八年、四十一年，天启二年，康熙九年，俱有重修。

敬一亭，三间，在启圣祠前，嘉靖年间建。明伦堂五间，明善斋三间，复初斋三间，东号舍六间，西号舍六间，礼门三间，儒学门三间。教谕宅在明伦堂后，训导宅在明伦堂西南，皆弘治十一年（1498）知县邓钺建。嘉靖四年、二十八年，隆庆五年，万历十八年、三十三年、四十年，康熙五年，俱有重修。

尊经阁，即文昌阁，在明伦堂东北隅，隆庆六年，知县张正道建。时本县文人穆文熙题联："八柱峥嵘千里风云从地起，六经灿烂万年星日自天垂。"于是，"高阁凌空"被列为"东明十二景"之一。万历四十年（1612），知县李遇知重修。康熙十四年（1675），知县杨日升重修，并买尊经阁后民地创建讲堂。康熙十五年（1676），知县韩裴重修。康熙五十五年（1716），知县王积隆重修。乾隆十六年（1751），大名府通判郑诜重修，作《重修尊经阁记》。

魁星楼，康熙四十五年（1706），知县张鼎梅感于清朝建立60年，东明文运不兴，登进寥寥，为振兴教育，捐出薪俸并多方筹资兴建，安置魁星像于其中。工成，登楼赋诗："阿阁凌城表，登临望落辉。风云连海岱，气象壮邦畿。"并作《创建魁楼碑记》。

其他教育建筑和设施还有：

书院，明隆庆六年（1572），知县张正道在县治东南隅，建"扶义书院"，后改"漆阳书院"，年久失修荒废。清顺治七年（1650）淹没于河中。清道光七年（1827），知县华浚捐出自己养廉银并多方筹资改建，并作《漆阳书院记》。同治二年（1863），遭河患淹废。同治九年（1870），知县褚瑨主持重建，址基抬高一丈零八寸，增强防水能力，并作《重建漆阳书院记》。

试院，光绪二十二年（1896）知县曹景郇来任，以振兴文教为己任，在衙署中建二西文社，为书院购书数百卷，购买书院前土地，拟建试院，不久离任。后任余昌寿、罗廷煦继其事，前后历时三年，于光绪二十五年（1899）竣工。建有衡文堂、东、西文场，大门，照壁，礼科，内巡，外巡各房及校射所共四十余间，规模宏敞，崭然壮观。

社学，万历十九年（1591），知县区大伦建。共八处，按《县志》：一在城中，一在陆圈集，一在南东明集，一在杜胜集，一在裴子岩集，一在西东明集，一在司马集，一在海头集第二寨。

学田，是儒学经费的主要来源。按《县志》：万历十八年（1590），知县区大伦送无主余地一顷六十七亩，每亩征银多寡不等，每年共征租银七两六钱二分四厘。万历十九年（1591），邑人穆文熙舍地一顷，此地原未征银，本县及该学酌议分收籽粒、柴草，量助本学师长薪米之费。万历二十一年（1593），知县区大伦送余地十顷零九分，每亩征银四分，每年共征银四十两零三分六厘。万历二十二年（1594），知县区大伦送余地八顷，每亩厘银四分，每年共厘银三十二两。万历三十三年（1605），知县常澄送学田十顷二十亩五分六毫四丝，共征银四十一两九钱二分九厘。万历四十三年（1615），知县李遇知送学田地六顷八十三亩六分六厘，每亩征银多寡不等，共征银二十七两三钱四分六厘四毫。

清末至民国教育制度改变后情况：

光绪二十九年（1903），诏停科、岁及乡、会试，创立各等学校，漆阳书院改为高等小学校。光绪三十年（1904），开始办学堂和师范讲习所。光绪三十一年（1905），成立劝学所，提倡全县学务，创设官立初级小学校10处。民国五年（1916），创设初级女学，民国十七年（1928）成为高初完全小学。民国十二年（1923），劝学所改为教育局，区设视学员。民国二十年（1931），区视学员改为区教育委员。大部分区内公立高级小学、公立两级小学成立。至民国二十二年（1933），初级小学增至210余处，学董210余员，统计学生6900余名。同时，其他教育机构，如宣讲所、阅报所、图书馆、民众教育馆、民众学校、乡间女子小学、教育会陆续创立。

近代以来，废科举，立学堂，加上洪水泛滥，兵连祸结，旧有建筑或改建，或倾废。历经岁月风雨保存下来的东明文庙大成殿，歇山式砖木结构，重檐翘起，斗拱建筑，是东明县现存的明代古建筑之一，珍贵的历史文化遗产。1977年被列为县级文物保护单位。2006年12月7日，被列为山东省文物保护单位。近年，为确保这一省级文物保护单位的安全，东明县文体局多方筹措资金，邀请山东省文物局专家设计了东明文庙修缮保护方案，聘请菏建集团古建队对大成殿进行维修，并在原有的基础上，增加了彩绘、散水、月台等，经过近两个月的修缮，大成殿焕然一新。

明朝后期东明教育的繁荣

由于黄河水患造成的民生艰难，加之县城迁移县制废置等因素，自明朝初期的洪武元年（1368）至石星中进士的嘉靖三十八年（1559）的191年间，《东明县志》记载的中进士者仅3人，即成化八年（1472）壬辰科刘辅、弘治十八年（1505）乙丑科张镕、正德六年（1511）辛未科樊城。

经过明朝前期的一系列社会整合和灾害治理，弘治四年（1491），朝廷应民众要求，恢复东明县治，并将县城固定下来，东明县政治、经济、文化教育等方面得到一定程度的恢复性发展，建立了社学、县学。民众生活较为安定，依照耕读传家、诗书继世的传统，希望孩子通过读书求取功名，逐渐出现了可喜的现象。据《东明县志》记载，景泰年间，有李显中举；成化年间，有姚震中举；弘治年间，先后有卢监、王鼎、张镕、徐宝中举；正德年间，有樊城、王一民中举；嘉靖初年，董锦中举。到嘉靖三十七年（1558），则有杨光训、蔡理、石星同时中举，东明文化教育呈现繁荣发达、蓬勃向上的趋势。但自正德六年（1511）樊城中进士以来，近50年仍未有金榜题名的佳音。

在各方助力和个人努力下，石星、穆文熙相继于嘉靖三十八年（1559）、四十一年（1562）连登金榜高中进士，标志着东明县士子的治学能力和应试水平有了较大提高，也标志着县级学校的教育水平跃升了一个台阶，极大地激励了县内刻苦读书、以求仕进的读书人。

隆庆二年（1568），石星遭廷杖回乡，"乐引后学，见人才子弟辄视为己子，诲之不倦"。无论是曾经的同窗好友、亲朋故旧，还是慕名拜师求教的乡邑后学，石星都来者不拒，耐心指点。其中不少人都学业精进、荣登金榜。即使他

后来又入朝为官，但播撒下的读书种子，形成的良好学风，耳濡目染，潜移默化，依然长期在家乡绵延，影响多年。

隆庆五年（1571），石星、穆文熙的同窗好友赵国璧，以二甲第31名的骄人成绩得中。三个亲密无间的少年学友都学业有成，相继荣登金榜，一时传为佳话。

当时相继来东明任职的几位县令，对教育的重视和大力支持，是东明文教振兴的一个重要因素。嘉靖二十六年（1547），县令黄国用来县，修葺文庙，创建社学；隆庆年间，县令朱斗山曾在文庙东买了一块地方，为石星和穆文熙建一座书院，培养后学，但因离职没有完成，继任张正道接续完成了，题名为"扶义书院"，为他们两人培育后学及此后的教育事业创造了有利条件。

石星和穆文熙不计名利地位，热心培育后学的不倦精神，赢得了当时人的极力赞颂："无论声色货利，见一才士，即忘年忘分，极口赞扬。假令为总宪家宰，当必有益国家。"

在石星、穆文熙的亲自教诲与鼓励下，刘怀恕于万历五年（1577）考中三甲第223名进士；万历十四年（1586）丙戌科，崔邦亮、韩魏同登金榜；万历十七年（1589），李思孝中己丑科三甲第149名进士。

除了亲自教诲的弟子学业有成外，石星、穆文熙对家乡一代学风、文运的影响是很显著并深远的。这里有一份从石星登第到明亡的81年中，东明士子中进士的统计表（见附表）。

附：明代中后期东明县进士金榜题名录

皇帝年号	公元纪年	干支纪年	姓名	名次	历官
嘉靖三十八年	1559	己未	石　星	三甲80	行人、给事中、大理寺丞卿、太仆卿、都御史、户部尚书、工部尚书、兵部尚书、少保兼太子太保
嘉靖四十一年	1562	壬戌	穆文熙	三甲205	行人、右司副工部郎中，尚宝寺丞、吏部考功司员外郎中、广东按察司副使
隆庆五年	1571	辛未	赵国璧	二甲31	户部主事、吏部郎中、河南布政司参政
万历五年	1577	丁丑	卢学礼	三甲14	知县转主事、员外郎中、终陕西兵备道副使
万历五年	1577	丁丑	刘怀恕	三甲223	知御史、大理寺丞、右少卿、巡抚郧阳

续表

皇帝年号	公元纪年	干支纪年	姓名	名次	历官
万历八年	1580	庚辰	高荐	三甲73	嘉定县知县
万历十一年	1583	癸未	李民质	二甲46	工部主事、员外郎中、陕西按察司副使、湖广按察使、河南布政使
万历十四年	1586	丙戌	崔邦亮	三甲217	知县内转御史、顺天府丞
万历十四年	1586	丙戌	韩魏	三甲237	德安司理、武昌府推事、兵部主事、员兵部外郎
万历十七年	1589	己丑	李思孝	三甲149	昌乐县知县、御史、太仆少卿、都察院右金都御史、河南巡抚
万历二十年	1592	壬辰	孙敦化	二甲20	直隶易州知府、山东布政司右参政、陕西通省兼粮解屯盐水利驿傳道金事
万历二十年	1592	壬辰	王永光	三甲101	中书舍人、吏部主事、工部左侍郎、工部尚书、户部尚书、兵部尚书、吏部尚书等。加光禄大夫、柱国少保兼太子太傅
万历二十六年	1598	戊戌	陈其猷	三甲140	教授、助教、户部主事、郎中、山西按察司副使、河南按察使
万历二十九年	1601	辛丑	房楠	二甲16	主事、郎中、山西参政、贵州按察使
万历二十九年	1601	辛丑	杨绍震		知县改助教、博士、户部主事、通政司参议、通政使
万历四十一年	1613	癸丑	张尚友	三甲153	灵宝知县，调濮州判官、改乐平知县
万历四十四年	1616	丙辰	吕鹏云	三甲33	巨野知县、御史、大理寺寺丞
万历四十四年	1616	丙辰	孙如兰	三甲203	户部湖广司主事、四川保宁府推官、南直隶太平府知府
万历四十四年	1616	丙辰	李建和	三甲234	冀宁道副使
天启二年	1622	壬戌	郭慎独	三甲281	安阳县知县
崇祯元年	1628	戊辰	房之骐	三甲22	博士、给事中、题学副使、山东右布政使
崇祯四年	1631	辛未	袁葵	三甲233	夏县、洪洞、寿光三县知县
崇祯四年	1631	辛未	李犹龙	三甲224	长沙府推官、开封府知府

续表

皇帝年号	公元纪年	干支纪年	姓名	名次	历官
崇祯十年	1637	丁丑	张 力	三甲218	莱州府推官，殉甲申难
崇祯十三年	1640	庚辰	辛广恩	三甲35	淄川县知县

由附表可以看出，万历皇帝在位48年的16次科考中，有10科蝉联，共16人榜上有名，其中丁丑（1577）、庚辰（1580）、癸未（1583）、丙戌（1586）、己丑（1589）、壬辰（1592）6科蝉联，9人高中；戊戌（1598）、辛丑（1601）两科蝉联，3人高中；癸丑（1613）、丙辰（1616）两科蝉联，4人高中。其间丁丑（1577）、丙戌（1586）、辛丑（1601）三科皆有2人荣登金榜，丙辰（1616）科则有3人同榜题名。崇祯元年（1628）戊辰、四年（1631）辛未两科蝉联，3人高中。崇祯十年（1637）丁丑、十三年（1640）庚辰两科蝉联，2人高中。

从石星中进士的1559年至辛广恩中进士的1640年，81年共27科，东明县有24人金榜题名，形成了明朝后期一个蔚为大观的东明进士群。

一个北方"孤悬河表"，经济不太发达的偏僻小县，竟在文教方面取得如此成绩，这无疑是很了不起的。当时，南北方在科举考试录取人数方面，长期存在很大差异。即使以平均论之，当时全国有1400余县，每科考中进士者大致300多人，一个县四科能有一人得中者应为常态，而东明这时竟几乎平均每科一人，这不能不说是一个奇迹。再从纵向比较，差别更为明显。不说较早的唐宋金元各代，仅就明清两代而论，清朝科举从顺治三年（1646）到最后一场光绪三十年（1904），凡258年，考试112次，中进士26846人，东明共9人（不含武进仕）榜上有名。其中早期的顺治三年（1646）丙戌的卢毓粹，顺治六年（1649）己丑的戴元、张现龙，其学问造诣应该还是明朝的底子。乾隆五十二年（1787）丁未科范逢恩后至清末，百多年间仅逯蓉一人。

一个地方教育的振兴当然有诸多的内外因素和条件，有兴趣的读者可以对此时东明教育进行深入研究。石星、穆文熙这些卓异人才的直接教诲和所形成的士风、文风的相承相继，无疑是一个重要因素和条件。

这个时期金榜题名的东明进士，现有资料可考的还有：卢学礼，今东明县东明集镇卢寨村人，万历五年（1577）丁丑科三甲143名进士，曾任陕西兵备道副使。其弟卢学乐为万历乙酉（1585）科举人。明清两代，家族中曾有多人高中。

孙敦化（1558—1627），字抱贞，号太始，今东明县马头镇后寺村人，万历二十年（1592）壬辰科二甲 20 名进士。累官直隶易州知府，山东布政司右参议，陕西通省兼粮解、屯、盐、水利、驿传道佥事。

孙如兰，孙敦化之侄，万历四十四年（1616）丙辰科，三甲 203 名进士。历任户部湖广司主事、四川保宁府推官、南直隶太平府知府。

孙敦化去世后，葬马头镇后寺村西北方。墓地经维修，是东明县目前唯一较为完整的墓道牌坊。孙如兰去世后葬柳园村西北，今遗址尚存。

张尚友，万历四十一年（1613）癸丑科三甲 153 名进士，历官知县、判官、知县。《东明县新志》曾选录其诗《五霸盟坛题咏》《漆园吏隐题咏》《二贤胜境题咏》等咏"东明十二景"诗数首。弟张五友，万历戊午科（1618）举人，淡泊宁静，精通数学，著有《日益录》。

吕鹏云，万历四十四年（1616）丙辰科三甲 33 名进士。历任山东巨野知县、浙江道御史、大理寺寺丞等职，朝廷封赠父亲吕可教为大理寺寺丞。县城内为其父子立"纶音三赐坊"。

明朝最后一个皇帝崇祯年间，东明县 5 人高中，最后 3 位是崇祯四年（1631）辛未科的袁葵、十年（1637）丁丑科的张力和十三年（1640）庚辰科的辛广恩。

明朝东明县最后一位进士是辛广恩，今东明县大屯镇孟大夫村人。崇祯十三年（1640）庚辰科三甲第 35 名。前一科是张力，崇祯十年（1637）丁丑科三甲 218 名，二人遭逢明清易代之乱世。《东明县新志》卷之十二载有辛广恩两篇文章。其一《明大同司理董长公传》，记述明朝大同司理参军董三齐孝敬父母、赈救饥民、拒绝贿赂、断案公平等事迹，主要写他拒绝李自成起义军，最后自缢而死的事。其二《五宦殉难传》，则记述甲申（1644）之变时，明朝任命的原县令潜逃，李自成部派来的县官王秉纯在衙役程抱六迎接下入城。此时，在东明家乡避难的莱州府推官张力、即墨县知县刘璧星、陕西崇信县知县范春骏、武英殿中书舍人李允樟和辛广恩二弟、县学秀才辛广慈等 5 人聚众起义，谋划拘杀王秉纯。5 月 15 日，冲进县衙，杀死王秉纯，衙役程抱六联络县内部队将 5 人拘捕。一个月后被李自成部下刘宗敏部在怀庆杀害。

李化鲸反清起义

清顺治五年（1648），震动清廷的李化鲸反清起义，在历史上留下了浓墨重彩的一笔。

李化鲸，号仁宇，明末清初直隶大名府东明县人。明末，他因擅长武功，在曹州成武县衙里担任捕快，负责缉拿盗贼。清初加入"河标"，一直在山东任

职。担任捕快时一次抓贼，他只身擒获盗贼，受到知县奖赏，被提拔为总练，成为捕役头目。明崇祯十七年（1644），清军入关，攻入鲁西南后，烧杀抢掠，社会混乱，李化鲸利用手中的职权，对那些被抓的盗贼从轻处理，遇到家庭特别贫困被逼为盗的，还加以资助。这让他很快在绿林中有了仗义疏财的名声，不少绿林人物开始主动结交，他的家门庭若市，由此引起了一些人的猜疑。顺治二年（1645），有人告发到了兖西兵备官章于天那里。当时章于天正在曹县一带治理黄河决口，派人把李化鲸捉来后，押到了河堤上，还没来得及审问，河水忽然上涨，堵决口必须知道水的深浅，章于天手边一时没有测量工具，有人就对他说："李化鲸水性极好，可以让他来试试。"于是，李化鲸被解绑后跳入深潭，从水底抓了两把泥出来，并说了水的深浅，这让章于天既惊讶又佩服，就让李化鲸跟着治水，不再追究他的过错。

治水期间，李化鲸认识了曹县人、原为明朝总兵、后投靠清廷的刘泽清，两人关系逐渐密切。刘泽清，崇祯末年曾任山东总兵，在山东尤其是曹濮一带拥有大量嫡系。崇祯吊死煤山后，在拥立福王朱由崧中有功，与刘良佐、高杰、黄得功同时封侯。顺治二年（1645）降清，被多尔衮恩养在北京。

李化鲸成为刘泽清的心腹，两人一直书信不断。顺治五年（1648），黄登孝到曹州任职，听说李化鲸有本事，就把他调到了曹州府任副中军，李化鲸声名大噪，周边有反清复明思想的人以及绿林人物都来投奔他。

明朝万历年间，榆园军崛起于山东曹州府濮州、范县，因饥民啸聚榆钱丛林得名。在与明朝官军的反围剿作战中，首创了用于实战的"地道战"，建有数百里长的地下军事堡垒和工事，清初时已形成以濮州、范县为核心，辐射朝城、郓城、成武等地的农民武装。

李化鲸奋勇杀敌

清初，天灾人祸，到顺治五年（1648），推行3年的剃头令因"留头不留发，留发不留头"政策，在民间积压了大量一点就燃爆的愤懑与积怨。这一年，顺治10岁，叔父摄政王多尔衮，"凡一切政事及批票本章，不奉上命，概称诏旨"，擅作威福，任意黜陟，俨然如当朝皇帝。以征服者自居的多尔衮坚持重满、重辽东旧部，轻视甚至敌视汉人及入关后归附的明朝官员，导致大量降清的明朝旧将与各地抗清组织暗通款曲。从一月开始至十二月，先后有原明朝江西总兵金声桓、原南明弘光政权徐州总兵李成栋、原明朝大同总兵姜瓖率部起义，各地义军多有响应。

榆园军多次打败清军，派人联络李化鲸起事。在这期间，李化鲸和刘泽清有不少书信往来，刘泽清看到清廷入关后推行剃发令等种种暴行，又看到全国爆发的抗清活动，于是断定清朝统治不会长远，就秘密派人联系了南明，并与李化鲸约定于顺治五年（1648）的八月十五日揭竿而起。

李化鲸在曹州准备起义，刘泽清在京中暗中策动。但是，曹州黄河厅同知高元美素来看不起衙役出身的李化鲸，在治理黄河时就与李化鲸有矛盾，又听说他结交了很多绿林人物，就向总河杨方兴密告李化鲸谋反。杨方兴为了调虎离山，就提授李化鲸为兖州守备，让他单骑就职，准备在兖州将李化鲸抓获。这引起了李化鲸的警觉，他得知高元美告发他谋反后，联络了榆园军，密令下属提前起义。

顺治五年（1648）七月，山东曹州，一杆反清复明的义旗被数十万人举起，清军被打了个措手不及，曹州、曹县、定陶、成武均被攻克，东明、巨野、濮州等地纷纷响应，并迅速波及河南、河北两地。起义军围攻东明县城，东明人张近堂起而响应，共同抗清。李化鲸自封为"忠义王"，拥立明王室后裔朱洪基为天子，建都曹州，年号"天正"。并且开科取士，对有功人员封授官职。到曹县探听情报的高元美，被义军抓住杀死。曹州大起义迅速成为燎原之势，"数月之内，袭占四城，聚众至数十万"。

义军选定曹县作为根据地，影响越来越大，清廷震恐，急调山东、河北、河南的兵力会剿。义军寡不敌众，最后退缩到曹县，八月初一被清军包围。在内无粮草、外无援兵的情况下，义军准备和清军讲和，但清军采取缓兵之计，要求义军把拥立的朱洪基献出。朱洪基献出后，清军又要求李化鲸出城谈判，为换取清军退兵，九月十五日，李化鲸出城，被清军囚禁。义军看到清军言而无信，不再谈判，闭城抵抗。十月初二，清军调大炮攻城，并趁当夜刮风纵火，烧毁东门，清军攻入城内，与义军展开激战，双方血流成河，伤亡达六七千人之多，起义失败。李化鲸被押送京师，与刘泽清一同被杀。

这次起义，沉重打击了清廷的统治，清军为了报复，在曹州展开疯狂的屠杀，杀死杜胜集守备金古俊。清兵大肆屠杀百姓，尸骨盈野，致使东明境内人烟稀少。此次农民抗清斗争，坚持数年之久。《清世祖实录》载："己亥，保定巡抚于清廉疏报，东明土贼伪称天正年号，纠众数十万围困县城，总兵官鲁国男会同满兵并力剿杀，贼众溃散。畿南宁谧。"

明清时期东明水患

黄河是中华民族的母亲河，孕育了华夏文明。但它自三门峡、郑州而下，由山谷陡落平川，进入下游，狂澜冲泄，横决频仍，每值夏秋水潦尤猛，其泛滥危害频繁。东明县地处下游平原地带，毫无防护能力，受害尤为严重，几经兴废播迁，莫不与此有关。明朝弘治四年（1491），东明于废置百多年后重获新生，迁入现址。此后三百余年，黄河从县南东流，夺淮入海，但东明仍没有摆脱它的威胁和灾害。清咸丰五年（1855），黄河溃决于今兰考铜瓦厢，改道北流，东明西、北两面枕带大河，更是频遭水灾。

《东明县新志》有元朝翰林学士承旨欧阳元《河防记略》，记元至正四年（1344）黄河泛滥，十一年（1351）贾鲁治河的情景。明洪武元年（1368）年，黄河决东明响子口，淹死人畜，损坏官、民房屋不可胜数，县内人口大减。为避水患，县治所迁至云台集（今沙窝镇西堡城村），第二年又淹废。明洪武十年（1377）废县治。这是《东明县志》对河患的最早详细记载。

弘治二年（1489），黄河在开封及荆隆口决口，分为三支，向南一支分三股，入涡河、颍河入淮，向北一支由长垣、东明冲入张秋运河，向东一支由开封翟家口东出归德（商丘），直下徐州，合泗水入淮。到弘治六年（1493），黄河又于张秋决堤，由汶水入海，漕运中绝。为治理水患，吏部尚书王恕等人便推荐了浙江左布政使刘大夏。这位年近花甲的老臣被擢升右副都御史，前往治理黄河。刘大夏听取水利专家建议，先于决口处西岸开挖一条月河，以通漕运，在保证通漕情况下，经两年时间，完成张秋决口的堵塞工程，又疏浚数处河道，以分水势。经这次治理后，黄河自开封往东，不再向东北入山东流入渤海，而是向东南，经徐州，由洪泽湖北汇入淮河，夺淮河河道入黄海。

万历十五年（1587）秋，黄河在荆隆口决口，下流入长垣大社口，经毛家湾，直抵东明城下，瞬息之间，水深丈余。新任知县区大伦积极组织救灾，县人穆文熙父子两赈千金救灾，并作《重修护城堤记》，进士崔邦亮作《邑侯区公生祠记》等文记其事。县人石星时任工部尚书，除力所能及救助外，提出六条治河建议，积极支持治河能员潘季驯总督河道的治理方案。

清朝顺治七年（1650），直鲁豫三省总督、兵部尚书张存仁为淹榆园军，决荆隆口黄河堤，城垣三面尽颓，北关城堤、玉带桥倾入漆河，庐舍人田漂没无算。第二年七月，黄河又决荆隆口。一片汪洋，百姓外逃过半。

清康熙四十八年（1709），黄河泛滥，漫溢裴子岩、李官营一带村庄，月余始涸。康熙六十年（1721），春大旱，夏河决，城垣四面倒塌，城西北角民舍淹没。乾隆十六年（1751）秋七月，河决河南省阳武十三堡，河水自延津、封丘、长垣而下，奔入漆河，漆河难以承受，汛水四溢，直淹城根。时知县海宁人庶吉士钟凤翔作《重修玉带桥记》，记载了当时情景。

咸丰五年（1855）八月（农历六月十八），汹涌的黄河在河南兰阳北岸铜瓦厢堤岸决堤，无情之水肆虐了豫、鲁、直等地，百万生灵涂炭。东明当其要冲，大溜直奔贾鲁河，支溜夺洪河、漆河之道，县境一片泽国。到咸丰七年（1857）、八年（1858），又从贾鲁河折而北行，别开新河，绕而东北。咸丰十年（1860）、十一年（1861），又并入洪河，逼近县城。

同治二年（1863），洪水冲入县城，伤害人畜，冲毁官舍民居。此后大溜西徙十里余，由李连庄入高村，折而东北。同年，晚清名臣、贵州平远人丁宝桢任山东按察使，第二年升任山东布政使，同治五年（1866）任山东巡抚。他在山东期间以吏治严明、励精图治、为政清廉闻名，尤其是在治理黄河水患上做出重大贡献，留下赫赫英名。

同治十二年（1873）秋，黄河在东明的岳新庄、石庄户民埝决口，夺溜南趋，山东、江苏、安徽数百里为灾，运河交通同时废弃。决口的下游，滔滔黄水所到之处墙倒屋塌，惨不忍睹。然而清廷上下治水之议莫衷一是，任由灾害发展。

此时丁宝桢正在老家贵州平远扫墓省亲，获得消息后，他立即日夜兼程赶回山东。此时宿迁、巨野、济宁等十余州县悉遭淹没，许多湖泊连成一片，水面宽至数百里，情势十分严重。目睹如此惨况，丁宝桢寝食难安，他说："置数百里运道之淤废，千百万民生之颠连，不为补救抚心何以自安？"丁宝桢上奏："此口不堵，为害滋烈，若犹观望因循，则上无以对朝廷，下无以对百姓。"并表示愿意自任工程督办。朝廷准旨后，丁宝桢亲自率员详细确查石庄户决口，选定方案，以石庄户下行十余里之贾庄蓝口作坝基，从贾庄堵合正溜，由蓝口分溜，引归旧河，然后统筹上下游两岸堤工。

光绪元年（1875）正月初一，贾庄口工程动工，丁宝桢亲往督堵决口，他每日都到工地上巡查，现场指挥抢修。他千方百计筹集资金，及时发放物料款，使物料筹集速度很快，"于三月八日巳刻合龙"。水患逐渐退却，受灾百姓也渐次返回家乡。为了根除水患，同年十一月，丁宝桢又奏请堵复了东明石庄户口门，黄河水终于归原河道。

为了长治久安，光绪元年（1875），丁宝桢奏请朝廷，亲自督促地方官员，由石庄户下十余里到贾庄，监筑长堤。先由贾庄龙门口向下修至东平十里堡，后由贾庄向上修至东明谢家庄，这就是著名的障东堤。时东明知县孟丕显奉命筑李连庄经高村至黄庄抵山东界60余里，李连庄南经长垣境（今属东明）45里

至黄集南入河南考城（今属兰考）3里许，共计48里同时建筑，形制较小，称为黄河小堤。此后，40余年未曾溃决。

民国六年（1917）七月初一，洪水大涨，时属长垣的刘楼南樊庄决口，八月初，再决于刘楼西之黄堌。民国十年（1921），七月初，洪水骤涨，三决于黄堌前决口北不到一里。其后小堤加高加宽，看守防护。民国十二年（1923）七月初，洪水四决于原决口不远的郭庄。民国十五年（1926）、十八年（1929），东明以东下游又有决口波及。民国二十二年（1933）8月12日（农历六月二十二），樊庄决口数百丈，上游兰封耳巴寨、考城四门堂同时决口，黄河西岸决口更多且重，总计两岸不下30处，为百年未有的灾害。

黄河泛滥，浊流滚滚，房舍顷刻倒塌，家园被毁，财物付诸东流，人畜死亡，侥幸活命者流落他乡，艰苦备尝，甚至卖儿卖女。归来后一片茫茫，良田遍地沟壑，或成沙碱，无法耕种，这是影视中常见画面，也是东明县明清时期水患的真实场景。

黄河决口铜瓦厢

清咸丰五年（1855），黄河决口于河南兰阳（今河南兰考）铜瓦厢，汹涌的黄河水分为三股，一股由菏泽双河口入赵王河东流（后渐淤塞）；另两股由东明县南北向流，经山东濮州、范县（今属河南），至张秋汇流穿运河入海。这是黄河历史上最后的一次大改道。

黄河此次改道之前，黄河下游流经路线，按现在的行政区划，大体上经过河南的荥阳、郑州、原阳、延津、封丘、中牟、开封、兰考，后经山东的曹县、单县，再经安徽的砀山、萧县，最后经江苏的丰县、沛县、徐州、邳县、睢宁、宿迁、泗阳、淮阴、涟水、阜宁、滨海入黄海。铜瓦厢决口后，黄河冲破原有河道，改向北行，在山东省内夺大清河入渤海。

黄河决口之初，清政府曾设想堵口。8月19日，东河河道总督李钧派人在决口处做了一次实地勘察，测得决口东西坝相距实有一百七八十丈之宽，这么大的决口要筑堵成功，实在是一项巨大的工程，需工几万至几十万，用银几百万至上千万，而咸丰五年（1855）对清政府来说是一个生死攸关的年份，太平天国不仅在南京建立了政权，而且控制了长江流域的大片地区，它的北伐军也一度打到北京附近，清政府面临被推翻的危险。在这种严峻形势下，清政府把农民起义军当作心头之患，必欲除之而后快，对黄河的泛滥只能"测堪悯侧"，在"因势利导""设法疏消"的幌子下任凭黄河漫流。清廷在9月6日的上谕中，特别强调堵口的困难："惟历届大工堵合，必须帑项数百万两之多，现值军务未平，饷需不继，一时断难兴筑。"

清政府在黄河改道前后的无为表现，使得这次黄河改道的危害性极为惨烈。当时，东明属北直隶，首当其冲，境内洪水漫流，一片泽国，淹没黄夹堤、三春、小井、牛集等村落 107 个，波及山东五府 20 余州县，鲁西南、鲁西北广大地区黄水横流。决口当年，山东巡抚崇恩统计，成灾十分者（即颗粒无收）有821 个村庄，灾情九分者有 1388 个村庄，灾情八分者有 2177 个村庄，灾情七分者有 1001 个村庄，灾情六分以上者有 774 个村庄，六分以下者不计。也就是说，灾情在六分以上的村庄就达 6161 个。咸丰年间，山东是我国人口密度最高的省份之一，如果每个村庄按 200 户人家，每户按 5 口人计算，山东受灾六分以上的重灾区难民就超 700 万人。当时的情景是，黄河水源源不绝，前涨未消，续涨骤至，村落被冲，瞬成泽国，极目所至，浩渺无涯；灾民皆散处山麓高原，搭盖窝棚，暂为栖止。

黄河决口是关系国计民生的大事，是堵是疏都刻不容缓。清政府却下令"暂行缓堵"，既不积极抢堵，也不完全放弃堵口，模棱两可之间任凭黄水泛滥。其间缘由相当复杂，除资金紧张、内忧外患外，在黄河"改道"（主张改道山东）与"复道"（主张黄河恢复从江苏入海）问题上的争论不休也是一个原因。正因如此，清政府未能形成统一的治河方案，只是劝导民众筑埝御洪，而民众物力财力有限，再加惜地护庐，难以形成合力。当时，清政府不愿聚集民工筑堤修坝，还有一个不可告人的考虑，就是担心十几万民工聚集河岸，一旦失控，激起民变，酿成大祸。

黄河改道的洪水滚滚东流，清政府也在河患与民怨中一步步走向覆灭。

捻军在东明的活动

捻军是清朝末年，从淮北发展起来的北方农民抗清武装力量，作为太平天国盟友，沉重打击了清王朝的统治，前后坚持 18 年，转战近 10 个省区，其斗争精神可歌可泣，意义巨大，影响深远。当时东明县境内捻军活动非常活跃，主要有以下斗争活动。

咸丰三年（1853），太平天国起义军过东明北进，至河间等处。

咸丰九年（1859），张洛行率领捻军攻入县境，活动在王浩屯一带。

咸丰九、十两年（1859—1860），安徽蒙城、亳州一带的捻军进军齐鲁，当地人民起而响应。其后，首领倪广和率数百人潜入曹州，宣传造势。

咸丰十一年（1861）正月，大雪，清朝僧格林沁亲王率兵追赶捻军到曹州城南，捻军部队由东明县五霸岗南向南渡过黄河而去。当时天寒地冻，河水

封冻，东明知县易焕书刚来东明一个月，急于立功，找来本县廪生崔瓒、范承雯、布政使司李恒、听候选用布政使司经历崔墀、二品卿衔吴德昌、武秀才吴德愁等，全力据守。而东明集团练长、廪生宋文在，童生刘万祥，畸零营（即今吉利营）贡生陈履，王屯武秀才王玉山等，仓促召集地方武装对抗，均遭失败。

三月间，倪广和的队伍更加壮大，由濮州、范县渡河西向，南乐、清丰、开州，河南彰德（今安阳）、卫辉等地望风披靡。金乡、鱼台、巨野、郓城、菏泽、定陶、曹、单、濮、范各州县响应者蜂拥而起，波及东明县边境。

易焕书呈上告急禀帖不下七八次，当时东昌府所属白莲教兵勇势力正盛，官军被阻，不能来援。东明可以用来援助的守城部队仅300人和城关团勇200人，县西有个高堌团，非常劲悍，但有个叫聂二狗的正准备响应捻军，民间反清力量如沸腾的开水。

四月初，捻军首领朱泰将战火烧到袁旗营，火光照到城中，菏泽举人李灿章父子响应捻军，率队袭来，东南各团全都溃败。捻军占据五霸岗，南河一带都被捻军控制。二十八日，清军巡哨东北，遇到捻军千余人，崔瓒及范承霖带兵在甘露集南把他们打败，聂二狗被杀，沙堌堆、保安的捻军多次被高堌团打败，驿道渐通。

五月初四日，岔河头监生张瑛报告敌兵数千人，据菏泽县油楼、郝寨。知县易焕书带人迎剿，刚交火，张瑛召集的团丁千余人望尘惊溃，兵勇阵亡200余人。退兵城东防守，急令调高堌团及开州、滑县兵助。初五日，捻军蜂拥而至，官军顽抗，捻军暗从阵后攻击，官军溃败，李恒、崔瓒死于阵中，阵亡300余人。捻军深夜进入东城，正逢开州、滑县各团相继赶来，捻军撤离。居民见城内无法依靠，几乎逃遁一空。

六月初，僧格尔沁亲王率兵到曹州，连续战败捻军，杀万余人，威势很大。县人李谦响应捻军，揭竿而起占据东明集。易焕书于八日渡河前往招抚，李谦听到后逃跑不见，各乡团长闻讯回乡，纷纷筑寨以自保。

李谦撤离东明时，仅有百余人，后来不断有人加入，达到千余人，势力大增。六月十五、十六两天，长垣、考城诸团被其打败，李谦谋划北来，十八日攻东明集不能进入，改据王官营。吉利营陈履是李谦的姐夫，他用谎话欺骗，李谦毫无戒备，吉利营陈廷辅、胡良卿暗率壮兵绕道其后，突然攻击，李谦军队大败，官军四面围歼，杀死李军700多人。生俘李谦及其妻并骡马器械无数，溃逃的也被各村杀死。

不久，捻军深入山东境内，在青岛、莱阳一带活动，僧格尔沁亲王率兵前往还击，曹州捻军势力又活跃起来。曹州各县，包围东明南、北、东三面，捻

军据点林立，恨东明没有服从捻军，伺机扰乱、威胁，东明各团出动，就逃回驻地。捻军无可奈何，只有谨守寨堡，伺机截击。七月至十一月，攻打十余次。

八月，黄河汛期，既要抗堵洪水，还要加强守护。八月初，东北乡一带捻军活动，一日数惊。城墙残缺，众人心惊。知县易焕书布置未完，捻军约2000人袭来。城中分门拒守，午后，高垌聂书堂率600人来援，捻军撤入刘坟、阮寨、段庄一带盘踞。二十六日，又有一股打着白旗的捻军增援。城中日用品消耗殆尽，难以长久支持，易焕书决定将城乡团勇分为二，水陆并进突围。捻军未曾料到，惊慌溃败，城围遂解。

东部捻军兴起时，蔓延千余里，据点数百处，声势与南面捻军相接。他们为了向河北发展，想占据东明开通道路，易焕书部署防御。九月二十三日黎明，探知捻军首领倪广和、郭身令、司古、游怀德、雷加良等数十旗之众聚集甘露集（今属河南濮阳习集乡），欲伺机攻入县城。二十五日黎明，捻军跃马呼啸而来。相持三个时辰，看到易焕书防御严密，捻军派一名使者拿着信函来，表示愿和好，只求借路。易焕书看到他们底气不足，虚张声势，斩了来使，悬在北城高竿之上。捻军知道易焕书防御严密，难以得手，收兵甘露集。后捻军取道濮阳、范县，不再打东明的主意。

甘露集距东明县城35里，处在黄河河套中，是菏泽捻军聚集的据点，郭身令、雷加良等筑寨据守。入冬后，他们的探马时常到东明城壕外边活动，城中守御不敢放松。十一月二十日，僧格尔沁亲王率清军到曹州，十天大胜三次，捻军头目接连被诛杀，情势稍平定。同治改元（1862），捻军、白莲教依次除削。署理大名知府刘煦，奉命进剿甘露集，从开州（今濮阳）的徐集开进，易焕书要求参加行动。二月初六清晨，刘煦以开州、滑县诸团布阵北面，易焕书以高垌团布阵南面。捻军千余人列队抵抗，战斗激烈。捻军大败，逃入寨中，数日不敢出，遂向刘煦乞降。历经12天，河套平定。这时，易焕书也调任长垣。

同治四年（1865）农历五月，赖文光、张宗禹率领的捻军和当地民间武装联合，设包围圈，在曹州围歼清军，歼敌一万多人，钦差大臣僧格林沁亲王战殁于邻县菏泽西北20千米之葭密寨，总兵陈国瑞退据县西关。同治五年（1866），捻军首领张宗禹率众数十万过东明县境南下。

《东明县志》的编纂经历

编纂地方志，是中华民族的优良文化传统，具有独特的历史文化价值和经世致用价值。县志作为地方历史著作，反映了一定地域里社会、自然、历史状

况，它可为文史研究提供丰富的文献资料，被公认为"地方百科全书"。东明是千年古邑，从建置至今已两千余年，第一次修志是明朝嘉靖十五年（1536），历明、清、民国9次修志，中华人民共和国成立后修了两次，共计11次。这里简述一下中华人民共和国成立前9次修志的情况。

嘉靖版《东明县志》，是东明县首次修志，主修人是知县高橡，河南陈留人。他于嘉靖十四年（1535）来任东明，感到方志阙如，就有编纂县志的想法。嘉靖十五年（1536），大名府督学循吏朱御史、高公拿着大名府的修志文件到东明，督促编纂县志。高橡慨然应诺，即召集乡贤贡生二十几人，历时两个月采集编结而成。嘉靖本《东明县志》，清朝乾隆二十一年（1756），东明知县储元升续修县志时曾作过参考，后即失传。

明朝万历年间，《东明县志》一共续修过两次。第一次主修人是知县常澄，陕西蒲人，万历年间进士。在东明任职期间，关心民瘼，善政多端。万历二十七年（1599），常澄感于原志修好已经66年，户口变迁，赋役繁杂，决定重修县志。这次编纂的主笔是县邑孝廉张诣和杨琳，后又请来了庠生袁生辈。县志编好后，常澄又请当时的廷尉刘心田进行把关阅审。这次编修的《东明县志》同样已佚失，最后一次出现是道光年间的漆阳书院书目中，可惜书院毁于黄河水中。

万历年间第二次修志是万历四十年（1612），知县李遇知主修。这次重修距上次仅仅13年时间，李遇知在序言里没有说出修志的特别原因。这次重修时，李遇知打算还请上次修志的张诣和杨琳，当时两位正在南宫（今河北省）做官，不能分身。于是，李遇知就在本邑找了姓李的和姓陈的两个学究主持编修。这次县志编纂情况如何，因久已失传，没法评判了。

天启版《东明县志》，是在明朝天启三年（1623）春，曾做过督考阅卷的饱学之士，山东高密人张福臻来东明做知县，不过就是补缺，半年之后还要回去。编纂时间很短，张福臻就把序言写好了，也已散失在历史的长河中了。

进入清朝，顺治版《东明县志》是清朝建国的第三个年头，时任东明知县，山西乐平人张学知主持编修。顺治三年（1646）七月初一付梓出版，其中过程不得而知。这次编纂的因由，张学知在"序"中说得很明确："往踪遗行，故不容泯没。"顺治版本的《县志》据说民间还有保存，只不过不轻易出示于人。

康熙版《东明县志》，是知县江西新城人杨日升主持编修。杨日升学富五车，任职期间，最重视以德治县。康熙十一年（1672），他开始组织编写《东明县志》。由本县进士、时任清吏司主事卢毓粹担纲，国子监学士袁佑，庠生梁、景、董、段等6人组成编写小组。经过一年多的采辑、编纂，第二年付梓出版。

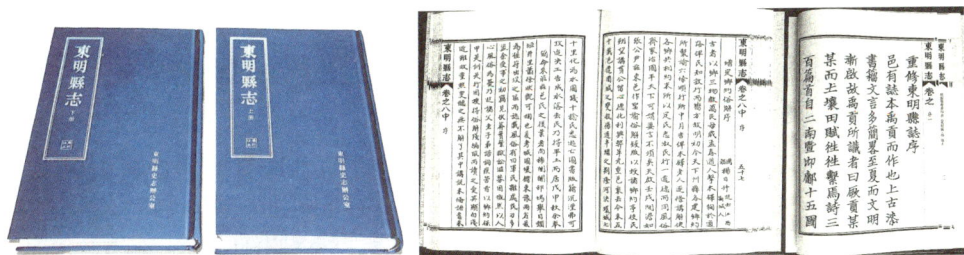

清康熙十一年版《东明县志》

这次编纂成书的《东明县志》共分 8 卷，洋洋大观，留下了大量珍贵的历史资料。该版本的《县志》，在中国科学图书馆、北京大学均有藏本，江苏地理研究所还有清末的手抄本。

乾隆版《东明县志》，知县储元升主持编修。储元升，江苏宜兴人，乾隆年间进士。此前的雍正七年（1729），时任知县周承濂曾组织编辑县志稿，不知何原因未能刊刻。储元升在原稿的基础上，添加了近 30 年的史料加以修订。这次编写人员有贡生董荣官、吴鹏程、李钦郡，庠生范元福等，乾隆二十一年（1756）八月初纂辑而成。纂辑成书的《东明县志》分 6 册 8 卷，分别是：舆地、建置、田赋、官职、选举、人物、杂志、艺文。但是县志纂修好后，却没有出版的费用，本县贡生、武邑县司训张复振解职归家听说之后，就将自己多年积攒的俸禄捐献出来，《东明县志》才得以印刷成书。本版《县志》，目前在全国多家图书馆都有收藏，中国科学院、北京大学、上海市、天津市、河北保定市、石家庄市藏有原刻本，山东省图书馆、大众日报社收有民国十三年（1924）的铅印本。

宣统版《东明县续志》是首次民间个人修志。修志者李曾裕，东明县五霸岗人，他自幼饱读诗书，15 岁考中秀才，时任大名知府陈崇砥特别欣赏他的文章。光绪五年（1879）己卯科中举，后屡次进京应试不中。光绪戊戌年（1898）选为教谕，因年已花甲，没有上任，整日在家养菊读书，怡然自乐。间有闲暇，就自行续修《东明县志》。个人修志，困难可想而知，正如李曾裕在"序言"中说："不设局、不备员、不筹经费，搜世家之记载，征故老之传闻，访四方之遗迹，采同人之录送。"他的义举得到知县朱佑保、周保琛，大名知府锡龄阿以及普通百姓的不少帮助。但迫于局势无法付诸印刷。李曾裕整日抱着书稿一筹莫展，一直到他去世，也没能出版。直到民国十三年（1924），凝聚着李曾裕半生心血和邑人渴盼的《东明县续志》在时任东明知事王亿年主持下终于出版。宣统版《东明县志》共 4 卷，目前在山东省图书馆、大众日报社、天津、南京、河北保定、台湾台北均有收藏。

《东明县新志》，是民国二十二年（1933）夏时任县长任传藻主持修纂。任

第五编 明清时期

195

传藻，江西丰城县人，清优附生，直隶法政学校毕业，简任职任用。民国二十一年（1932）五月任，聘穆祥仲主持，李子濯、孟振亚、李宜亭、胡宗周任分纂。取法《盐山志》，旧志新事，熔冶一炉，

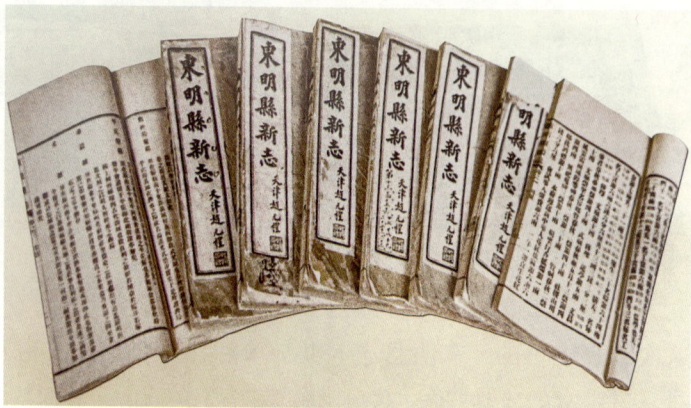

1933 年 8 卷《东明县新志》

分类记载，详而不遗。分舆地、经制、文献、民生、故实等五纲共 22 卷，四个月成书。2002 年，东明县政协主持编写译注增补本，由银河出版社出版，是流传最广的一本东明县志，为传播县域历史文化起到了很好的借鉴作用。

第八节　名胜古迹

七十二牌坊

牌坊，是封建社会统治者表彰有科第、功勋、德政以及忠孝贞节的人和事而构建的建筑物，在中国经历了几千年的历史，自产生到清末民初，一直是古人追求的最高愿望。东明县的牌坊，在明清时期以其独特的风格，丰富的内涵，见证了这一历史大观。

一、名胜古迹坊

名胜古迹坊属缅怀先贤丰功伟绩的景观性建筑物，多建在名人出生地、重大事件发生地、旧官署衙门前左右，大型寺庙院内，以及旅游景点中心。

南华遗迹坊　始建于明朝弘治初年，由政府募资兴建。坊址在旧县衙东街西首，俗称东坊。为纪念庄子在南华山著书而建，后被洪水淹没。

户牖旧封坊　是为纪念汉丞相陈平出生和封地所立。该坊约始建于明朝弘治初年。周朝时东明为户牖邑，秦朝时为阳武县户牖乡，汉朝时为陈平封地。坊址坐落在县城衙前街北首，属纪念性建筑物。民国十七年（1928）经县长程宗洛下令拆除。

二贤故里坊 是为纪念孔子贤徒闵子骞、公西华所立。坊址坐落在老县衙西街东首，俗称西坊，或叫闵子骞、公西华坊，该坊系清光绪八年（1882）知县华浚所建，光绪十三年（1887）知县曹景郴重修，与"南华遗迹坊"东西相对，属木质牌坊，毁废年代不详。

德配天地坊 道贯古今坊 俱在文庙前，是为颂扬孔圣人所立，约建于明朝弘治年间。坊址坐落在老县城文庙大门外东西两侧，毁废年代不详。

育贤街坊 是为彰显儒学、激励儒生学子而立。约建于明朝弘治年间，坊址在老城区文庙西，清朝康熙年间毁废。

棂星坊 又称"棂星门"，是祭祀孔子的礼仪之门。坊址在老县城西街路北文庙院内。1966年破"四旧"时，被一中红卫兵拆毁。

山西圣人坊 系山西同乡会会馆在东明县建立的纪念性建筑物。建于民国初年，坊址坐落在老县城西关外。毁废年代不详。

杜胜营演武厅牌坊 系明清时期防护黄河的军营营盘的大门。毁废年代不详。

二、科第功勋坊

科第功勋坊是历代朝廷为有志之士科第、建功、德政以及践行忠孝所立的建筑物。此类牌坊多建于旧官署衙前及城区街道的繁华处，以此昭示其家族先人的高尚美德和业绩，光宗耀祖，并兼有祭祀的功能。

擢英坊 易绣坊 孝行坊 俱为御史，浙江提刑佥事王鼐立。毁废年代无据可考。

冲霄坊 为举人卢鉴立，位于老城区衙街前街，约建于明朝弘治年间。清朝康熙初年已废。

桂林坊 为举人徐宝立。约建于明朝弘治年间，清朝康熙初年已废。

恩荣坊 光启坊 俱为主事樊城立。约建于明朝正德年间，清朝康熙初年已废。

青云坊 为举人王一民立，位于老城区南关清水桥北，城隍庙街东路北，约建于明朝正德后期，清康熙初年已废。

飞翀坊 为举人董锦所立。约建于明朝嘉靖前期，清朝康熙初年已废。

仪台坊 为鸣赞例贡臧俊立。约建于明朝正德年间，清康熙初年已废。

忠义坊 是为石星、穆文熙同立。俗称"石穆"牌坊，因此坊阴面落款石星，阳面落款则为穆文熙，故东明旧有"进北门先拜石大人，背过面望见穆侍郎"的说法。"忠义坊"坐落在老县城北大街北端，牛胡同西头。1948年夏天，此坊被拆除，用于黄河高村抢险。

锁闼拾遗坊 内台总宪坊 太子少保坊 大司空坊 俱为尚书石星立。锁

阅拾遗坊，建于明嘉靖三十八年（1559）之后。此时石星为行人司行人，是为皇帝传递诏书、圣旨的近臣，对皇帝有拾遗补漏之责。因石星聪颖严谨，深得皇帝信任，故修此牌坊，名为琐阅拾遗坊。坊址坐落在老县城北门里。1948年夏天，黄河发大水，高村抢险急需石料，被拆毁筑坝。内台总宪坊，约建于明朝万历初年。太子少保坊，约建于明朝万历十年（1582）。大司空坊，约建于明朝万历九年（1581）至万历二十年（1592）。

三世宫保坊　为尚书石能、石魁、石星立。此坊是为石星升任尚书后，朝廷赠封石星的祖父石能、石星的父亲石魁为尚书所立。此坊约建于明朝万历八年（1580）后，坐落在老县城北门里，1948年夏，黄河发大水，高村险工急需石料，被拆毁筑坝。

进士坊　两赈千金坊　符台侍从坊　天部大夫坊　俱为副使穆文熙立。进士坊是为穆文熙中进士所立，约建于明嘉靖四十二年（1563），坊址在老县城北大街。1948年夏天此坊被拆毁，用于黄河抢险。两赈千金坊是为穆文熙及其父亲穆陈实两次赈灾，各捐款千金所立。符台侍从坊，为明按察副使穆文熙所立，坊址在老县城东关外穆陈实墓前。天部大夫坊为按察副使穆文熙所立，坊址在老县城北关行恕街。1948年黄河高村抢险时作石料埋入黄河大堤之下。

龙诰重封坊　为封员外兼行人穆陈实立，约建于明朝万历元年至十六年（1573—1588），坐落在县城行恕街西首。1948年黄河发大水，高村抢险急需石料，被拆毁。

进士坊　天官大夫坊　薇垣握宪坊　俱为参政赵国璧立。进士坊建于明朝隆庆辛未年（1571），是为赵国璧中进士后所立，在老县城东门里东大街的赵街南头。1948年夏，被拆毁。天官大夫坊约建于明朝万万历年间，是为赵国璧任南京户部主事，北京吏部文选司郎中所立。坊址在老县城东门里东大街，在进士坊东30米处、1956年被拆毁。薇垣握宪坊约建于明朝万历年间，是为赵国璧升任河南布政司参政所立。址在老县城东大街，在天官大夫坊东30米。1956年被拆毁。薇垣握宪坊，约建于明朝万历年间，赵国璧荣升南京户部主事后，以子贵朝廷颁旨赠封赵来凤为户部主事、河南参政，并敕建主事牌坊。坊址在老县城东大街陈胡同南头。1948年黄河高村抢险时拆毁。

天宠襄封坊　为封知县刘天祥立。约建于明朝万历年间，在老县城东大街，拆毁时间不详。

圣朝耳目坊　节制三省坊　俱为巡抚刘怀恕立。圣朝耳目坊约建于明朝万历年间，是刘怀恕进京升任大理寺少卿之后所立。此坊坐落在老县城西大街中段，拆毁年代不详。节制三省坊约建于明朝万历年间，是为刘怀恕代天子出巡郧阳后所立。在老县城东大街南顺城街北头街口，薇垣握宪坊东60米。民国初期，刘怀恕后人刘五，将此坊卖给穆氏家族，后拆毁。

己丑进士坊　恩纶三锡坊　俱为巡抚李思孝所立。己丑进士坊约建于明朝万历年间，是为李思孝举进士所立。址在老县城老盐店街，1949年前被拆毁。恩纶三锡坊约建于明朝万历年间，是李思孝任巡按陕西淮阳两地和辽东、江西监察御史所立。址在老县城老盐店街，与己丑进土坊毗邻，1949年前被拆毁。

冬官大夫坊　为郎中李民质立，约建于明朝万历年间，在老县城衙东街，拆毁年代不详。

同道两卿坊　约建于明朝万历年间，是为刘怀恕、崔邦亮二人同立。坊址在老县城东大街处，拆毁年代不详。

骈宠流芳坊　约建于明朝万历年间，崔邦亮任河南监察御史后，朝廷赠封父、子两代同谓"骈宠流芳"，为赠御史崔世禄立。址在老县城东西大街大隅首以东40米处。拆毁年代不详。

恩光三世坊　为按察使陈堂、陈王前、陈其猷立。约建于明朝万历年间，是为陈其猷任河南道兵备按察使后，朝廷赠封陈其猷祖父陈堂、父亲陈王前任按察使所立。址在老县城南门里，拆废年代不详。

三世虞龙坊　为通政使杨思智、杨光休、杨绍震立，约建于明朝天启丙寅（1626）。杨绍震升通政使后，朝廷封赠其祖父杨思智、父亲杨光休为通议大夫通政使。坊址在老县城大隅首正中间，坐北朝南，横跨南北大街。1948年黄河高村抢险此坊被毁筑坝。

纶音三锡坊　为浙江道御史、大理寺寺丞吕可教、吕鹏云立，约建于明朝万历年间。吕鹏云升任大理寺寺丞后，朝廷封赠吕鹏云之父吕可教为大理寺寺丞。址在老县城北大街，何时折废无据可考。

竹林集附凤坊　是为举人宋忠所立。牌坊建于明朝前期，年代久远，因1855年黄河改道，坊址拆毁年代不详。

李锦坊　为举人王遵古所立。王遵古今东明县三春集镇堤根人，明成化丙午（1486）科举人，曾任太兴县知县。该坊立于河南长垣县城南街，立废年代不详。

三、德孝贞节坊

德孝贞节坊是专门褒扬贞节烈妇所立的建筑物。此类牌坊多建于农村，个别也有建于县城街道上的。

终世冰操坊　为童生刘仁妻彭氏立。此坊约建于明朝嘉靖末年。坊址、坐落位置，毁破年代不详。

荆岗集贞节坊　为黄科妻赵氏立。坊址在东明县焦园乡原荆岗集村。

荆岗集贞烈坊　为李璋妻郝氏立。坊址在东明县焦园乡原荆岗集村。

乾坤正气坊　为郑国妻李氏立。坊址坐落不详，毁废年代无据可考。

朱氏贞节坊　为旌表生员杨逢春妻朱氏立。此坊建于明朝隆庆初年，材质系青石结构，四柱三门三楼式。坊址、坐落、毁废年代不详。

节高今古坊　为李鲸未娶妻贞女张氏立。

正气维风坊　为曹氏三姐立。

全孝完节坊　为李璟妻陈氏立。坊址坐落在小井镇李太寨村西头。

节孝坊　为儒童李观光妻崔氏立。位置坐落在原老城区东关赵街处，毁废年代不详。

壶德可风坊　为儒童董夔官妻梁氏立。坊址坐落位置无据可考。

劲节流芳坊　为故民崔正文妻王氏立。坊址毁废年代不详。

东葛岗村蔡氏节孝坊　清雍正七年（1729）为旌表王求贤妻蔡氏立。坊址在今东明集镇东葛岗村东门外，因黄河多次决淤，已埋地下，仅露出圣旨石一块。

西葛岗淑德冰操坊　清乾隆四十二年（1777），为杨光贡妻张代立。该坊在东明集镇西葛岗村，原因黄河泛滥，淤埋地下，1996年该村挖鱼塘时出土，保存完整。

另有节孝坊多处，牌坊均已不存在，坊址、规模、样式无处可考。

西葛岗"淑德冰操"牌坊

四、墓道景观坊

墓道景观坊，属竖立在墓道前面的一种景观性质的建筑物。一些达官显贵去世之后，他们的族人后裔，为彰显其功勋、德行，便在墓道前面建造牌坊，还建有石翁仲、石马、石羊、石狮子、石麒麟等。此类牌坊虽带有炫耀先人地位、权势、富贵的色彩，但也带有一种改善景观的作用。

小井赵家墓道牌坊　址在今小井镇蔡胡屯老村南，有石脚阶、石青炉、石翁仲、石羊、石马等。清咸丰五年（1855），黄河水将其淤埋地下，唯有牌坊露出地表。

袁长营村北陈其猷墓道牌坊　址在东明集镇袁长营村北，墓前原有石牌坊、石翁仲、石马、石羊、石华表等。建坊年代及其他资料不详，毁于1958年前后。

韩屯韩魏墓道牌坊　址在今大屯镇韩屯村西南方，墓前有石牌坊、石翁仲、石狮、石麒麟、石豹、石猪、石绵羊等。1966年破"四旧"时毁坏。

后寺孙敦化墓道牌坊 址在马头镇后村西北方。墓前有石牌坊一座，墓道两侧有石翁仲、石马、石羊、石华表等。牌坊建于明朝天启年间，屡遭毁坏，但主要构件尚存，近年已修缮如初，是我县目前唯一较为完整的墓道牌。

后寺孙敦化墓道牌坊

孙如兰墓道牌坊 址在今马头镇柳园寺村西北。墓前曾有石牌坊，墓道两侧有石翁仲、石马、石羊、石华表等。清朝咸丰五年（1855）因黄河水患淤埋地下。

范逢恩墓道牌坊 址在城关街道办事处段庄村南。墓前曾立有石牌坊、石碑、石狮子、石马、石羊等石器。清光绪十年（1884），被黄河水冲毁。

明清十二景

东明"明清十二景"，或叙事、或状物、或记人、或怀古，从不同角度和层面描写了明清时期东明境内的十二处佳景。

荆台春色

莫上紫荆台，莫拆紫荆花。
曾是三田泪，盈盈带落霞。

这是清朝诗人范允贤游荆台后，所写的荆台春色题咏。非常有趣的是，隋朝"田真叹荆"的故事传说就来自这里，即《三田哭活紫荆树》的传说。

据史料记载，明洪武年间（1368—1398），田真三兄弟从山西洪洞县迁大名府长垣东方"八亩台"处开荒建村，名田氏村。后田氏迁往西南三里处居住，取名紫荆村，此地改为阳进里。之后，土台上紫荆遍布，遂改村名荆台。

相传，荆台号称八亩台，原来并不高，人们在高台上遍植紫荆树，每逢春天紫荆花开，芬芳四溢，落英缤纷，煞是壮观，"荆台春色"因此而得名，被誉为"东明十二景"之一。

黄河惊涛

朝出昆仑顶，夕走大梁城。
划然似天汉，滔滔万古情。

这是明朝诗人穆光胤咏黄河惊涛的诗句，从朝发夕至的角度描写黄河的流速快，以"似天汉"的比喻描绘出黄河从天而降的气势，烘托出黄河一泻千里，汹涌澎湃的雄浑奇景。

九曲黄河，发源于巴颜喀拉山北麓，各姿各雅山下的卡日曲河谷，从青藏高原的雪山呈"几"字形奔流而下，流经青海、四川、甘肃、宁夏、内蒙古、陕西、山西、河南、山东共九省（自治区），一路蜿蜒奔腾，在祖国的大地上画了九道弯，因此我们的祖先称之为九曲黄河。

黄河中上游以山为主，中下游以平原丘陵为主，由于河流中段流经黄土高原，夹带了大量的泥沙，所以黄河又是世界上含沙量最多的河流，在我国历史上，黄河下游的改道达 26 次，给人类文明带来了巨大的影响。

东明为九曲黄河的最后一曲，每逢汛期到来，黄河水奔腾不息，涛浪声十里，为听涛的绝妙之处。

鱼窝垂纶

清朝诗人范弘通在《鱼窝垂纶》中写道：

千古烟霞一钓矶，玉璜曾此应熊罴。

于今秋月寒清渭，犹见鱼窝忆帝师。

鱼窝垂纶址在东明县城南 5000 米处，鱼窝沿袭至今成为村名，关于"鱼窝垂纶"，清朝诗人范弘通这首诗分明说的是姜子牙，相传是姜太公还没有发迹时垂钓的地方，但人们多怀疑这种说法。但严子陵在富春江边居住，却可以到青州、齐州一带执竿垂钓。姜子牙渭水遇到周文王之前，或者先在兖州、豫州一带钓鱼呢？况且他还在东海边隐居的时候，仅是个很贫困的鱼叟，茫茫九州，都可以转悠。后来在西周有了转运的契机，成为

姜子牙钓鱼图

"尚父"，隆重地接受封赏，为了迎养家人，又经过这里。由此越发显示这里是他未遇之前和发迹之后足迹畅游过的地方，还有什么怀疑的呢？

高阁凌空

明嘉靖进士、官至兵部尚书加太子太保的东明人石星，赋诗写道：

> 飞阁嶙峋倚碧岑，芳辰览胜此登临。
> 三春桃柳舒青眼，八面风云感壮心。
> 槛外丹霞光璨璨，望中古柏影森森。
> 宫墙遥仰还今古，几度凭栏寄慨深。

作者登临此阁，眼见桃花盛开，金柳吐丝，古柏森森，面对大好春光，抚今追昔，感概万千。

文中高阁之尊经阁位于东明城内，矗立于学宫一隅的一处高台上，由青石台阶、八根滚圆的朱红立柱和彩色的琉璃瓦屋顶等组成，门头上"尊经"两个鎏金大字在阳光下闪耀着典雅的光辉，透出一种儒和之气。喻意要在东明这块土地上振兴儒学之风。此楼上下两层，下层的立柱和基石上都刻有盘结交错的花纹，雕龙绣凤，曲折回旋，充满着吉祥之意。让人一看就心生祥和之感。上面一层则是四面飞檐斗拱，雕梁画栋，各色琉璃瓦龙沟凤滴，在阳光的照耀下熠熠生辉。

长堤烟柳

据《东明县志》记载：在县城南60里杜胜集（今马头集）一带，当时黄河尚未北移，黄河大堤蜿蜒数十里，植柳万余株。每当晚雾冥烟之际、春风秋雨之时，翠光黛色，掩映天日。岸上，柳丝低垂，如烟似露。河畔，渔父解缆，高歌低吟，一幅淡雅而富有诗意的水墨画展现在人们的面前，行人在堤上或行走或休憩，看到天影倒映水中，云光像一片天幕笼罩着原野四周，这里，渔歌唱晚，黄莺亮起歌喉相和；那里，牧笛横吹，青蛙振动鼓吹相应。人来人往，好像山阴道上，柳行严整，恰如西子湖畔白居易所修的白堤、苏东坡所修的苏堤。

故，清顺治丙午进士、邑人卢毓粹赋诗赞曰：

> 万柳参差雨岸阴，朝烟暮霭自沉沉。
> 游人倚徙看渔父，解缆堤边一放吟。

五伯盟坛

五伯盟坛，迹在东明县城东南30里五霸岗村，是齐桓公葵丘会盟的故地。

相传旧时因该地盛产向日葵，地势较高，并且有一高大广阔的土丘，故命此地为"葵丘"，又名"古葵丘"。公元前 655 年，春秋时期，周王室内讧，齐桓公联合诸侯保住太子郑的地位，即周襄王。公元前 651 年，齐桓公召集诸侯在葵丘会盟，周襄王派代表宰孔参加，对齐桓公极力表彰。这是齐桓公多次召集诸侯会盟中最大的一次，标志着齐桓公的霸业达到顶峰。因参加会盟的是五个诸侯国的霸主，分别是齐桓公、宋襄公、晋文公、楚庄王、秦穆公，盟会影响又大，为纪念葵丘会盟之事，后人就将葵丘这个地方更名为"五伯岗"，又叫"五霸岗"。

故明朝东明县诗人张尚友赋诗赞曰：

最胜雄图那足夸，中原扰壤实堪搓。

而今只乘荒岗在，古树凋残栖暮鸦。

二贤胜景

二贤胜景，址在东明县城西北 20 里许。"二贤"即孔门弟子公西华与闵子骞。"二贤墓"与"二贤祠"，后因黄河铜瓦厢改道被冲毁，没于滔滔黄河之中。

两座冢墓旁古树参天，好像大厦覆盖着一样，冢墓高则数丈，梓木拱顶。相传为孔门弟子闵子骞、公西华卒葬于此，后人因而建祠祭祀。有人说二贤都是鲁国人却为何葬在这里呢？肯定有附会之说。岂不知当年鲁国大乱时，闵子骞躲避到汶水一带，后来又转避到濮水、漆水之间。而公西华出使齐国之后，孔子已 68 岁了，鲁国大乱，他不讲享受，甘于淡泊，访故人于此，接着死葬在这里，也是远游忘返的常事。

故明朝本县诗人、三部尚书石星赋诗赞曰：

文章华国孝宜家，遗迹犹存漆水涯。

古木森森摇玉佩，崇冈隐隐滚芦花。

龙光耸翠

龙光耸翠，迹在县城东南 30 里许，是一座土山。龙光山，乃龙山文化遗址，今犹存。古时的龙光山风景秀丽，山色翠微。明洪武年间，这一带荒无人烟，有很多高大的土堌堆俗称"土山"，丁、曹、刘、孙等姓最早迁来，散居在"土山"四周，后为避土匪袭扰，聚居一起，形成集市，时称"拢山集"，后演变为"龙山集"。

传说在元朝末年，有一条赤龙在山上上下翻腾，赤光缭绕，久久不散，乡人异之，故称此山为龙山。到后来每逢天旱时候，人便在此设坛祷雨，十分灵验，遂称胜景。甘霖普降，告慰农民三季收成有望；山林掩映，每每加快樵夫牧童唱歌旋律。每当虹消雨霁之时，越发引起人们登高望远吟诗作赋之想，久而久之这里便成了县域内的一处胜景。

明朝东明诗人张尚友为此赋诗赞曰：

> 缥缈云山一经斜，赤光遥映野人家。
>
> 雷鸣不用陶梭挂，瞬息春回草树华。

漆园吏隐

清进士逯蓉在《漆园吏隐》一诗中写道：

> 爱读南华数十篇，漆园遗迹想依然。
>
> 委形天地身将隐，寄傲林泉吏是仙。
>
> 幻化通灵醒梦蝶，逍遥得意忘鱼筌。
>
> 马蹄秋水寻何处，古观荒凉夕照边。

漆园吏隐，遗址在东明县城东 10 里裕州屯村，是庄子做漆园吏的地方。此处有庄子观、登云桥等遗迹。

《史记·老子韩非子传·庄子》："庄子者，蒙人也，名周。周尝为蒙漆园吏，与梁惠王、齐宣王同时。"庄子曾做蒙漆园吏的地方，就指这里。今天的东明之所以又称漆园，也是因为庄子曾在此为漆园吏。

白云仙洞

明朝进士石星在题咏《白云仙洞》中写道：

> 芳草凄迷路不分，风前牧笛正堪闻。
>
> 怀深异代探黄石，坐久高山足白云。
>
> 身世远看鸿鹄侣，行藏漫托鹿麋群。
>
> 只怜遗迹成尘土，徙倚危峰念转殷。

古东明有白云山，相传韩国贵族后裔、西汉开国功臣张良曾在此隐居，遗迹在今东明县城东北 20 里处。山有一洞，四周景色幽雅恬静，树木葱笼，历代文人名流常聚于此，并留下诸多吟咏诗篇。相传白云洞口有一湖，湖面宽阔，

205

碧波粼粼，白云于水面荡漾，湖堤垂柳随风而动，湖边有花径，湖中有小岛数围，芳草萋萋，水汽氤氲。每到夏日，红莲遍植，荷叶田田，香风四溢，湖中有"一面亭台三面树，八分池沼六分莲"的诗意，游人到此，可荡舟采莲，倚栏赏月，吸一腔荷香，脱一身热暑。于是，"白云仙洞"遂成"东明十二景"之一。今日"白云仙洞"经过多次整修，依然是人们观光览胜、探幽寻奇的著名景点。

古筑夕晖

据东明旧志记载，古筑夕晖迹在东明县城南40里许，是宋康王时候屯兵的地方。靖康二年（1127），徽、钦二帝被俘，康王赵构北渡黄河，曾在此筑台拜将，招募义军，抗击金兵，后人因名之"康王台"，至明清时期遗迹尚存。

古筑夕晖，是古东明大地仅存的一处堡垒遗迹，明清时期已是残垣断壁，空无人迹。在冷风的吹袭下，草儿枯黄，树枝上仅剩的黄叶也都飘落了，余下光秃秃的树枝，在北风中战栗。时而静悄悄，静得让人窒息，偶尔一股旋风，卷起粒粒黄沙悠悠升空，更有一股莫名的寂寞气氛。时而狂风大作，时而飞沙走石，那气势似要把整个自然界消灭在它的淫威之下，令人畏惧而又无奈。睹此情景，清朝诗人王润民有感而发，赋诗《古筑夕晖题咏》曰：

> 黄尘漠漠海云飐，断址残碑怨夕阳。
> 眺望崇台天地大，由来草树自苍苍。

赤水祯符

据《东明县志》载："旧济阳废县在县西南十里许满城村以西，即古武父城，春秋诸侯会盟于此。而城在济水之阳，故名。汉光武帝实生于是，所谓济阳宫者也。"

由于汉光武帝功业宏大，政声远播，名垂史册，故历代文人学者多有颂扬，弥为可贵的是东汉大书法家、大学者蔡邕写了一篇《汉光武济阳宫碑记》，该碑可称为国宝。

明朝万历进士张尚友在《赤水祯符题咏》中写道：

> 白水真人应谶生，济阳宫里赤光明。
> 嘉禾瑞气千年霭，夜夜还匝武父城。

逍遥园八景

明嘉靖、万历年间，县人、广东按察副使穆文熙解组归里，于县治东关外，引水为池，筑土为园，援庄子《逍遥游》之旨，额曰"逍遥"，建成"逍遥园"一处。

逍遥园中建有八景，曰"云鹤堂"，志翛然尘表而钓弋不及也；曰"俯谿台"，志怀若建瓴而滓污不染也；曰"迟鸿台"，志冥鸿遐思而惊风不害也；曰"采菊亭"，志香虽幽而节高，则飞霜亦不能害也；曰"牡丹亭"，志虽富贵矣，以时落焉而护之者，亦无可如何也；曰"东山亭"，志书读万卷，心在一丘，慕谢太傅之着屐也；曰"芰荷亭"，志花影披身，任他绮罗，效苏坡老西湖之游也；曰"著书楼"，楼之下为洞，曰"招隐"，二者合而一者，志甘作书丛之蠹虫，不为宦海之浮鸥也。

逍遥园建成后，即成为当时东明一大景观。逍遥园的主人穆文熙为此曾作"逍遥园八景"诗，至今仍广为传诵：

> 高台势岿巇，下瞰清流水。横水跨石梁，宛若飞虹起（《俯谿台》）。
> 小构名云鹤，翛然绝世尘。不是篱边鹑，无劳慕弋人（《云鹤堂》）。
> 菊花开岁晚，特地发幽香。节操寒不改，篱外徒飞霜（《采菊亭》）。
> 牡丹号天香，握之如兰蕙。枉杀看花儿，嘈嘈夸富贵（《牡丹亭》）。
> 著书何年就，岁月苦不多。老觉无一字，终日俯沧波（《著书楼》）。
> 亭子带山腰，薜荔绿阶长。幽人着屐来，月下时偃仰（《东山亭》）。
> 亭水环如带，年年长芰荷。衣裳吾自足，繁华任绮罗（《芰荷亭》）。
> 冥鸿羽肃肃，惊风落前后。长天字不成，高台徒回首（《迟鸿台》）。

当时海内耆硕，如新郑高太傅文襄、铜梁张少保襄宪、太仓王太保文肃、王司寇凤洲，以及同属之石少保东泉、刘中丞心田等，无不徘徊斯园，为平原十日之饮，铨部丰度概可想已。所惜洪流几经，沧桑已变，求其万一之似亦不可得，徒增墨客羽士兴车过复痛之叹，令人感慨万千。

今幸有有识之士倡议重建"逍遥园"，并得到有关领导和部门的重视。我们相信，在不远的将来，将会有一座别致的"逍遥园"呈现在人们的面前。

207

千年古刹沙窝庙

沙窝庙南山门

沙窝庙，雅称泰山行宫，沙窝庙是其俗名，位于今东明县城西南10千米处，沙窝镇政府所在地。它规模宏大，建筑壮丽，香火繁盛，庙会兴隆，闻名于冀鲁豫三省接合部的数十县。

沙窝成为敬祀神祇活动的场所，始于中古部落时期。中古时期，沙窝一带依岸傍谷，水绕峰回，陵峻山险，水源充足，是民陵居、殖五谷的氏族社会，人类栖息的理想场所。时颛顼帝居帝丘，命高阳重任南正之官，掌管祭祀天神。高阳重率部居此，命其所居之陵为襄丘。襄丘之北有山，林茂青翠，济水斩陵劈山穿峡而过，湍流瀑降，声震数里，故叫此段济水为响子河。响子河穿山之后，流速渐缓，河面展宽成为渡口，名响子口。响子口碧波荡漾，水势接天，天水一色，山明水秀，紫气贯云，龙盘虎踞，精灵钟毓，气象万千。这正是祭天的好场所，故称其山为青龙山。青龙山，龙栖于水，腾而能上天，成了颛顼祀天的天然祭坛。至今民间流传着高阳重祭天的故事与由祭天仪式演变而成的舞蹈《抬老师》和《打师恨》。

社稷之祀，源于颛顼。沙窝庙中的太社、太稷二祠，与颛顼时期相同，反映着夏以前的祭祀程式。历代王朝都规定，王国、府、州、县祀社稷，不得有配祀，而沙窝庙中太社稷有配祀，是国社稷。沙窝并非帝王都，为何有国社稷？唯一可以解释的是，此种祭祀程式是颛顼时期的遗物。此据亦足以证明，社稷之祀当源于此，沙窝庙成为敬祀神祇活动的场所，始于中古代部落时期。

沙窝庙始建于唐代，碧霞宫前碑刻载："乾封二年青龙山再起，故修天庙以镇。"大意是说，修天庙是因为青龙山再起，建天庙以镇之。乾封，唐高宗李治的年号之一，乾封二年，即公元667年，至今已有1357年历史，可谓年代久远，源远流长。沙窝庙中其他寺庙建筑物并非同一时期所建，而是经历朝历代逐步完善而成。

沙窝庙中城隍庙，始建于五代时期。沙窝无城怎么有城隍庙？原来梁唐交兵，唐夺得澶州，进逼梁都汴梁。为便于攻守，唐将李存审夹黄河修两城，名德胜城，北城又叫卧虎城，即现在的濮阳市。南城在今沙窝镇高墙村以南，东明集镇葛岗集以北，面积虽大，却无多少居民，仅有卧虎寨、兴龙村两个小村，驻兵寥寥。而后梁为拒唐军，任名将王彦章（号王铁枪）为北面副招讨使，驻濮城，深为唐军所惧。李存审慌忙在南城修了烽火台，以加强和北城的联络，同时修了城隍庙，借此鼓舞士气，祈祷神灵护城。所以沙窝庙中的城隍为戎装。后城废而庙存，延续至今。

北宋初年，次第戡平群雄，统一了南半部中国，然后对辽用兵，攻取燕云。沙窝处南京（商丘）至北京（大名），东京（开封）至泰安两条官道的交会点上，响子口成了重要渡口。《开封府舆地考》云："当两京之冲要，为兵家所必争。"故，宋朝在此地设有知寨，名兴国寨，行保护渡口维护交通看管粮草之职事。并建一靖国寺，以鸣灭辽之志。靖国寺中北极殿中有一真武铜像，铜像上铸有"宋端拱元年供奉"字样。端拱，是宋太宗赵匡义的年号之一。端拱元年，即988年。宋太宗曾诏封真武为翊圣将军，所以沙窝庙中的真武为戎装。宋靖康年间，金兵南犯，兴国知寨（一说为东明知县）宋晟招民壮抗金，曾数败金兵，坚持数年，终因无援失败，寺中和尚逃走，庙遂废，东明全境俱为金有。

金大定年间，废靖国寺扩建碧落宫，增建王母殿，改僧为道。扩建庙宇的碑文已脱落，唯显"金大定"三个字的纪年落款。沙窝庙中有娃娃殿，祭祀送子娘娘女娲。娃娃殿始建于何时，没有确切记载，但据沙窝庙保存的古碑刻来考证，建殿时间不会晚于金末。碑刻显示，金朝状元王鹗曾到沙窝庙施金，让和尚念经代其求子。王鹗（1190—1273），字百一，曹州东明人。金哀宗正大元年（1224）状元，入元官至翰林学士承旨、知制诰。王鹗老年无子，自写《承天表》，其妻黄少莲自写《祷子赋》奉献沙窝庙，并舍百金，让和尚天天代为唱诵。后来，沙窝庙住持为了造势，请大书法家、翰林院承旨赵孟頫书丹，把《承天表》《祷子赋》刻碑立于沙窝庙娃娃殿前。据说，赵孟頫为此作《说佛》，赵妻管道升作《天性赋》，同时刻石立于娃娃殿前，至今犹有残碑存焉。

元时，增建三皇庙。清同治三年（1864）重修时，东明知县杨沛泽为之作记。碑文有言："元大德四年（1300），成宗令县立三皇庙。令以三皇为渎说，筑庙于社稷

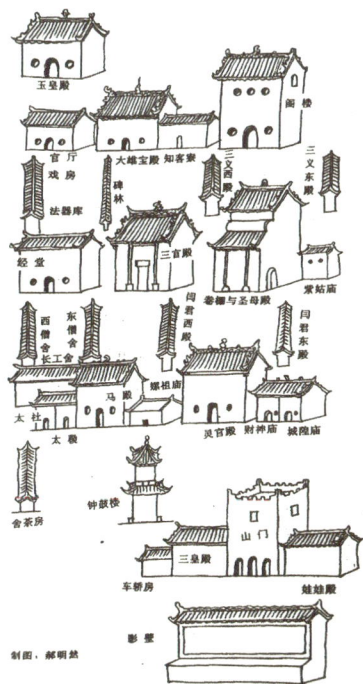

清同治初年重修沙窝庙主体建筑示意图

209

二祠南，坐青龙，面响水。响水，乃北济也。可见三皇庙为县立之庙，且始建于元朝。

明初建马神庙。明洪武初，黄河连年决口，县民避水四散逃亡，县废地荒。明朝廷改耕为牧，在韩村设立马场，置牧马大使管理韩村、海头两个牧场，牧放军马。建马神庙于韩村西，祈祷牧业兴旺。弘治四年（1491）恢复东明建制，嘉靖间改牧为耕，牧场以课赋双收的方法租赁于民。自此，口上诸村相继建立。

明万历年间扩建沙窝庙，改名泰山行宫。万历十五年（1587），东明大旱，田禾尽枯，继之河决荆隆，东明再次着河。次年民大饥，人相食，瘟疫流行，人死相藉。明廷无计，辽饷再增。士民困惑，唯祷于神。于是有识之士，广修庙宇，以利其祝，杜民远游（东岳泰山祷神），以利农桑。在这种动机启示下，沙窝庙于万历十八年（1590）重修，并增建了圣母殿、三官殿，正式命名为泰山行宫。清朝以降，泰山行宫有过两次大修。乾隆七年（1742），金山居士倡导，沙窝首富李小五领衔集资，将原来分散青龙山各处的兴国寺、靖国寺、城隍庙、马神庙、嫘祖庙、白衣庵、圣母殿集中修建于三皇庙与碧落宫之间，外绕一红墙，形成占地50余亩，九进大院，共有殿、堂、楼、舍30余所，房100余间的庙宇建筑群，废弃其他名称，统称泰山行宫。

清咸丰五年（1855），黄河决口铜瓦厢，主流北徙，沙窝再次着河，并成为主洪道。同治二年（1863），黄河西移至现河道，沙窝已成为沙丘连绵之所，庙宇除碧落宫、后阁楼尚露出地面外，其余殿宇全部埋入地下。同治三年（1864），沙窝庙主李小五的后代李武魁联合王沙窝的王合、张沙窝的张学增、齐王集的王增印等首富，集资重修泰山行宫。消息传开，八方捐助，结果建成前有抱厦、脊蹲吻兽、顶覆黄绿琉璃瓦的棂门雕窗正殿五座，灰兽筒瓦覆顶朱门红墙正殿六座，廊房、厢房、列殿近百间，外绕红墙，冲天垛楼山门。整体看古朴固实，肃穆庄严。内植松柏，外环杨林。远看青翠葱郁，溜风霏霏，紫气蒸腾，深邃古奥，似有生机。每当清风微发，柏曳杨欢，铁马叮咚，铃韵平远；风发速变，千姿万态，气象万千，诡秘莫测，宛若仙地佛境一般。这静动之悬异，汇聚成神话故事。这些故事的流传，增强了庙宇的神秘和所谓的灵验效应。

至此，泰山行宫建筑群拥有八进院落，殿堂栉比，院院紧扣，殿殿相连，规模庞大。院院之间，角门相通，殿堂楼舍高矮参差和谐，错落有致，古朴雄浑，相映成趣。从此香客如织，夜以继日，人无停趾，香无断烟。沙窝庙会也日益昌盛，生意兴隆，方圆几百里间，奔走络绎，方轨迭迹，经济繁荣，闻名遐迩。

人文荟萃东台寺

东台寺，亦称福兴寺，始建于后梁贞明三年（917），由僧徒李原创建，迄今已有1100余年，可谓年代深远、历史悠久。

据《东明县志》载：寺之初建，台高丈许，基阔数百步，周围广一里；规模宏大，壮丽一时，并有三宝铜印。由于兵燹祸结，至元代唯存台基。明永乐癸卯年（1423），开州郡僧正张唯诚睹此佳境，命僧人悟景搭起简陋的小屋住在这里。正统元年（1436），僧人道成出于虔诚的善心，不畏严寒酷暑，赤脚化缘募捐，重建前后三殿，雕甍画栋，巍峨壮大；并起盖楼阁，铸钟一口，晨昏听音，参禅礼佛。天顺四年（1460），僧人慧通来居于此，与性海及其徒弟海贵、海善、本广，偕同好善人士孟原等人，鸠工聚材，购买砖瓦，盖造起后大殿，重塑圣像，修建了两边的廊房。成化元年（1465）三月，再次重修，但由于黄河泛滥，年景歉收，财力不济，前后历经五年，至成化五年（1469）十一月方告竣工。至此，福兴寺已成规模，承前启后，可以说能够振兴本教了。为纪念此举，邑人吏部考功司郎中刘辅作《重修福兴寺记》。

为何福兴寺又称为东台寺？据《东明县志》记载：冤句县，东明故县，在东台里李家屯一带。据有关专家考证，黄巢故里就在冤句县治前，黄巢的后人亦持此说。冤句县治所就在今李屯新村西1000米处，西边有一高台，被称作西台，东面有一高台称作东台，后有寺院建在台上，故称东台寺。不管古代用北极命名法，或是八卦命名法，东台和西台都是以冤句县治所为地理坐标命名的。

由于风雨的侵袭，东台寺屡圮屡修。明隆庆六年（1572），清朝翰林袁佑之五世祖袁冒为寺主，主持再次重修。古寺修成后，由寺主之一袁正身撰写重修东台寺碑文，今仅存残碑一角现存寺内，其中有"隆庆六年，袁正身撰文"字迹清晰可见。兹后，岁岁四月初八日，举行庙会，十分隆重。寺内青烟缭绕，香客云集，人声鼎沸；高僧诵经声声萦耳。寺外戏台凌空，曲声欢畅；社会名流前来膜拜者络绎不绝。据袁佑修成的袁氏族谱载：明弘治中期割开立县为东明民，后居袁老家村四世祖袁仁自建"东台精舍"，"为东台里六甲之民"。

万历十年（1582）左右，一次大雪之后，吏部侍郎穆文熙去东台寺游览。寺主袁冒是穆文熙的朋友袁旦的堂兄弟，与穆文熙也多有交往，热情接待了他，并陪他游览了整个寺院。大雪过后的东台寺，风景别致，只见一通梁贞明年间的铜印残碑仆卧廊下，石鼎双龙，积雪弥漫，旷阔无际。寺僧在旁敬献清茶，捧笙吹竽，夷犹良久，固迥然别界。穆文熙睹此佳境，顿觉心旷神怡，诗兴大发，随吟《雪后过东台寺》诗四首：

其一

雪满千岩一径分，上方钟磬远相闻。

劫志不改三天界，残碣犹存六代文。

鼎绕双龙常吐雾，岭攒杂树欲干云。

逢僧问偈何辞晚，好借佛灯续暮曛。

其二

踏雪无妨汗漫游，还从福地一探幽。

天空日月临台转，地古河渠抱寺流。

浮世客来俱是幻，定中人往不知愁。

津梁扰扰吾疲甚，此地相看是沃州。

其三

倚徙招提意不穷，昙云雪后尚飞蒙。

僧传养马看神骏，客有乘轩问大雄。

笛里梵音闻薄暮，锡边龙气想遥空。

不须更说西来意，万虑澄然是此中。

其四

障海慈航未有涯，偶来此地问前期。

黄金铸印看梁代，白社逢僧见义熙。

世远经文余贝叶，雪残佛欲超琉璃。

宰官似是维摩诘，病里禅心故自持。

  袁冒和袁正气、袁正身等寺主及寺内僧众欣赏如此佳作后，无不竖指称赞，并一致请求让其留下墨宝，以作纪念。穆文熙欣然答应在适当的时候，一定满足众人的心愿。万历十四年（1586），穆侍郎命其子光胤代书，并刻碑置之于廊下，完成了他许给众人的承诺，也为后人留下了宝贵的精神财富。

  穆文熙在东台寺留下墨宝，作为至交好友的石星回乡探亲时，来东台寺观光游览，看到老友的诗文，有感而发，当场题诗一首《题东台寺》：

宛转溪桥一径通，上方殿阁郁巃嵸。

白云红叶青宵外，疏柳寒塘夕照中。

六代遗迹宁寂寂，大千世界本空空。

无生欲叩浑惆怅，何处庐山问远公。

数十年后，作为晚辈的袁葵，更是怀着崇敬的心情，也有和诗《咏东台寺和穆先辈韵》流传至今：

万千歧路日为分，钟磬夜沉晓更闻。
谁向空中寻网象，我来石上见遗文。
庄生蝴蝶同蒙国，孺子老人总白云。
一为低回一惆怅，萧萧古寺夕阳曛。

时光荏苒，日月如梭。从明隆庆六年（1572）袁冒为寺主重修东台寺，至清道光（1845）270多年间，东台寺周边村庄耆宿和善男信女及社会名流们，怀着对佛教的虔诚信仰，曾多次不遗余力地修缮东台寺。其间或因战火，或因水患，以及诸多不可抗拒的灾害，都没留下可查的记载。开州琅琊王姓自明弘治末年，由五世祖王纬迁至东台寺东南200米处建村，始称王家村，后改称东台寺村。该村监生王开朝一生信佛，与寺内方丈结为知己，多次为东台寺捐献财物，清道光二十四年（1844）决定自己一人投资，重修东台寺。经过一年多的紧张施工，重修后的东台寺巍峨庄严，光彩夺目，彩塑神像，栩栩如生，龙卷石门高耸，颇为壮观。王开朝亲自书写的"东台寺"三个镏金大字匾额，镶嵌在龙卷石门上方，十分醒目。从此，每年佛祖生日庙会重启，远近香客云集，香火旺盛。到民国三十一年（1942），由于战争的洗礼等诸多因素，东台寺已是残垣颓废。国民党陆军步兵少校连长王基立离开军营返乡，挑起东台寺理事的重担，决定重修东台寺。时值倭寇侵华战争期间，中华民族处于水深火热之中，修寺资金匮乏，杨再田等众乡亲鼎力相助，大殿及东西两廊至1945年终于宣告落成。王基立提议：中国共产党领导全国人民的伟大事业，已经胜利在望，人民盼望国泰民安，福兴再起，决定将东台寺复名为福兴寺，并请著名书法家李思舜题写寺名。

20世纪50年代末，寺内仅存的一口直径1.5米、高1.8米、周围有"东台寺首事王开朝"字迹的铸钟，被投进了土制炼钢炉。1968年，东台寺被拆除，

东台寺 穆文熙题诗碑拓片

所有文物损毁。改革开放以来，社会和谐，国泰民安，东台寺村及周边村庄群众集资重修了东台寺。1984 年，东台寺被东明县政府列为县级文物保护单位。

2001 年，以王裕柏为首事，常顺清为理事主持重修东台寺。农历二月二十四日奠基动工，三月二十日工程告竣，一座巍峨庄严仿古式寺院屹立于东台寺村西北。此后，每年农历四月初八日，庙会照常举行。今日的东台寺，已成为人们观光览胜、探幽寻奇的旅游景点。

东明文庙

东明文庙位于县城中山东街，始建于明弘治十一年（1498）。原占地 53 亩，设有崇圣殿、东西庑房、戟门、棂星门、名宦祠、乡贤祠、郡邑祠、忠义祠、尊经阁（文昌阁）、奎文楼等附属建筑。

历尽沧桑，其他建筑今已无存，唯旧时大成殿幸存。现存正殿 5 间，为歇山式砖木结构，重檐翘起，斗拱建筑。大殿通高 8.80 米，东西宽 21 米，深 11 米，12 根立柱高擎殿顶，格扇门窗，殿顶是黄绿色琉璃瓦，呈菱形花纹。正脊斜脊饰宝葫芦、兽头、鲫鱼、海马、风铃等装饰构件，远看雄伟壮丽，近看玲珑别致。

据《东明县志》记载，唐武德二年（619），诏国立孔子庙；明洪武十五年（1387），诏天下祀孔子，称为大成至圣文宣王，每年春秋二仲月上丁日致祭。随着祭孔之风更加普及，以后增祀了近代名人学士，大成殿遂成为儒家之

文庙大成殿

地。明弘治十一年（1498），知县邓钺修东西庑房各16间，戟门5间。天启元年（1621），知县顾其仁重修正殿。康熙元年（1662），知县陆乔龄与训导张皇零继修。康熙七年（1668），邑民杨继美、王应梦、李挺秀、崔延志等增置殿阶石栏一匝，植柏树40株。同治二年（1863），被黄河淤没。光绪十年（1884），知县孔应笃始议建修，所需款项随地粮征收花捐，每亩制钱6文，三年共收制钱14000余贯，四年后落成。

1986年，由国家拨款翻修，并增设了保护围墙，逐步恢复原貌。殿内陈列着历代石刻、石雕像、石碑20余件，供游人参观。2006年12月7日，东明文庙被列为山东省文物保护单位。近年来，东明县文旅局对大成殿进行多次维修，并在原有的基础上，增加了彩绘、敬水、月台等，大成殿焕然一新、金碧辉煌、雄伟壮丽，成为东明历史文化发展的见证。

第六编

近现代时期（上）

概　述

民国时期，东明行政区划变动频繁。1912年，中华民国成立，东明县署奉令改为行政公署，东明县令改称县署理知事。民国三年（1914），大名府改称大名道，东明属之，东明奉令划分自治区为第11区。民国十七年（1928），改直隶省为河北省，县行政公署改称县政府，县知事改称县长，东明县奉令改为区村制。1936年，东明县隶属河北省第十七行政督察专员公署，划为6个区，区下共编为村。

抗日战争与解放战争时期，抗日民主政府和人民政府处于游击状况与发展壮大之中，行政区划不断变化。1940年3月，东明县抗日民主政府成立，下辖6个区，属冀南六县专员公署。1941年3月，东垣县抗日民主政府（路东东垣县）成立，初辖3个区，后发展到8个区，地跨东明、曹县、考城、长垣四县接合部的广大地区，属冀鲁豫三专署，9月改属晋冀鲁豫边区抗日民主政府第二十二行署。1942年8月，在东明县东北部与菏泽（今牡丹区）西部的接合部建立南华县抗日民主政府，原东明二区与一区东北部的村庄为南华县永华区。1943年1月14日，在东明、长垣、滑县、濮阳四县接合部建立滨河县抗日民主政府，原东明三区武邱集一带归入滨河县。1943年2月初，东考公路以东的东垣县改称东明县，下辖3个区。在东考公路以西的东明、长垣、考城三县接合部另建东垣县（路西东垣县），成立东垣县抗日民主政府，辖7个区。1944年2月，二十专署撤销东明县建制，将其一区划归考城县，二、三区由专署代管。同年，二十专署改称十专署，东垣、南华属之。1945年8月末，冀鲁豫行署代管的二、三区和从东垣县划出的二、三区恢复东明县建制；10月成立东明县民主政府，下辖4个区。1946年2月，改晋冀鲁豫十专署为冀鲁豫第五行政区督察专员公署，东明、东垣、南华属之；7月，南华县永华区划归东明县。1947年8月，撤销东垣县建制，将其辖区并入东明县，同时将永华区划归南华县。1949年5月，撤销南华县，永华区复归东明县。

1949年8月20日，平原省人民政府在新乡成立，东明县属平原省菏泽专署。同时将东明县的武邱集区（抗战前的三区）划归长垣县，将东明县的王浩屯区（抗战前的五区）划归菏泽县，将东明县黄河北岸小濮州一带村庄划归濮阳县，其余部分与长垣县黄河东岸濒河地带的村庄（即长垣县抗日战争前的三区）组成新的东明县，即现今东明县。东明县将辖域内的村庄调整为9个区，共有194个行政村、833个自然村，总人口28万余人。

220

第一节　辛亥革命

武昌起义

晚清时期，清政府日益腐败。自甲午之役割地赔款，庚子之变丧权辱国，内则君主专制余毒依然，外则帝国主义侵凌日甚。国人在此两重压迫之下，如水益深，如火益热，国势阽危，岌岌莫能终日。孙中山、黄兴、宋教仁、廖仲恺、吴玉章等革命志士，生逢其时，乃矢志推翻清朝，建立共和，奔走呼号，鼓吹革命，抱不屈不挠之精神，创空前绝后之大业，组织中国第一个资产阶级政党——同盟会，并提出"驱逐鞑虏，恢复中华，创立民国，平均地权"的革命纲领。孙中山先生更是将它发挥成三民主义——民族、民权、民生。为了实现这个目标，由革命党人领导的起义就有200多次。1907年7月，秋瑾与徐锡麟密谋在浙、皖起义，事败牺牲。12月的云南镇南关起义，孙中山亲自率领群众，与清军陆荣廷部4000余人相持了七天七夜。东明人王梦兰在开封求学期间，接受了孙中山先生的革命思想，立志颠覆清朝，实现共和，于是弃学归里，在家乡创办了"仁义会"，发展会员五六千人，为武装起义推翻清王朝做准备。1911年4月27日，由黄兴领导的广州黄花岗起义失败，许多革命党人牺牲。但这次失败恰如孙中山先生所说："已震动全球，而国内革命之形势，实以之造成矣！"不久，一场最后推翻清朝的大起义终于爆发。

1911年10月10日晚，武昌起义爆发。11日天将晓时，起义军占领了都督府，下午1时40分，起义军将领吴兆麟召集各界代表到咨议局开会，极力荐举黎元洪为起义军统领兼湖北都督。会议决定：以咨议局为军政府，称中国为中华民国，正式举起了推翻清朝、建立共和国的大旗。12日晚，军政府电请孙中山早日回国，电催黄兴、宋教仁速来湖北。13日，军政府以黎元洪的名义，发了《布告全国电》《致满清政府电》以及宣布"满洲"罪状的檄文，号召"颠覆恶劣政府，建立共和国家"。14日，清政府派来镇压起义的河南新军也表示"赞成革命"。

武昌起义的星星之火，很快燃成了推翻清朝的燎原之势。10月下旬到11月中旬，湖南、陕西、江西、山西、安徽、江苏、贵州、浙江、广西、福建、广东、山东等省都纷纷响应，宣布脱离清朝政府而独立。武昌起义的消息传到东明，王梦兰大受鼓舞，随即与河南革命党人策划发动开封武装起义。为了保证起义的成功，王梦兰在家乡组织了两千多人的起义队伍，日夜训练，并按计划参加了开封武装起义，为革命洒尽了最后一滴血。在声势浩大的革命洪流面前，清朝的统治开始土崩瓦解，中国历史上最后一个封建王朝行将寿终正寝。

武昌起义，引起清政府的极大惊慌，忙于10月14日任命袁世凯为湖广总督，然袁世凯借口"足疾"未好，拒绝出山，以此要挟清廷。直到10月27日，清廷因警报迭至，只好任命袁世凯为钦差大臣、节制各路兵马，并于30日下了"罪己诏"，承认以前"用人无方，施治寡术"，发誓愿意"实行宪政"之后，袁世凯才于10月30日动身南下。

11月1日，袁世凯拿下汉口。于是，隆裕太后批准奕劻等"贵族内阁"的辞呈，诏命袁世凯为内阁总理大臣。袁世凯认为时机已到，于13日回到北京，16日就公布了由自己的党羽、老朋友组成的新内阁名单，罢了载涛军咨大臣之职，夺了载沣禁卫军权，把溥仪、隆裕太后完全置于自己的掌握之中。

11月16日，宣布独立的各省代表23人在上海开会，决议民国政府定都武汉，以黎元洪为大元帅。12月2日，革命军彻底击败南京江防营统制、顽固派张勋，张勋率残部渡江退至浦口，革命军占领南京，临时军政府也决定迁都南京。

袁世凯深知武力难以镇压革命，清朝又不得人心，于是便一方面恫吓清朝，逼迫清帝退位；另一方面要挟欺骗革命党，企图从和谈中捞取个人好处，攫取革命果实。

12月29日，由美国经法国返回祖国的孙中山被公举为临时政府的大总统。1912年1月1日（宣统三年十一月十三日），孙中山在南京宣誓就职。孙中山宣誓要"扫尽专制制度之流毒，确定共和，以达革命宗旨，完成国民之志愿"，并提名陆军、海军、外交、司法、财政、内务、教育、实业、交通等九部部长，宣告了中华民国临时政府的成立。

各帝国主义国家，为了稳定地继续侵略中国，英、日、美、德、俄、法等国公使相继劝清廷与南京临时政府和谈。袁世凯见自己夺权已有把握，就一面公开说进攻革命军实有困难，一面密奏隆裕太后：此次开战，"东西友邦，贸易损失已经不小"，"若其久事争持，则难免不无列强干涉"，因此，清帝应该"禅让"以顺民心。同时，袁世凯指使部下段祺瑞联合了28员战将，从湖北打来电报，请改共和，并请让袁世凯作为全权代表和南方对话。隆裕太后只得在2月1日召开御前会议，决定逊位，2月4日诏袁世凯与革命党商磋和谈条件。

孙中山在汪精卫和其他一些人的围攻下，只好表示不仅同意与袁世凯议和，同时表示只要清帝退位，宣布共和，他本人即可辞去总统，让位袁世凯。

袁世凯为了达到自己独揽大权的目的，草拟了优待皇帝、皇族的条件；革命党为了废除君主专制，也同意了这些条件。这些条件的精神是：皇帝尊号不废，待以国君之礼，每年供其新币400万费用，暂住宫中，以后迁居颐和园，宗庙陵寝及其私产，派兵保护；皇族世爵依旧，私产保护，免予当兵，享有一般公民权；满、蒙古、回、藏各族与汉族平等。

宣统三年十二月二十四日（1912年即民国元年2月12日），隆裕太后代表宣统皇帝，正式公布"逊位"诏书。诏书中说：

> 前因民军事起，各省响应，……全国人民心理，多倾向共和，……人心所向，天命可知。予……外观大势，内省舆情，特率皇帝将统治权公诸全国，……

武昌起义和全国的响应，以孙中山为首的革命党和全国人民的长期斗争，终于埋葬了统治全国268年的清朝，并结束了中国几千年来的封建君主专制制度。然而不久，大地主、大买办阶级和帝国主义在中国统治利益的总代表袁世凯篡夺了革命的果实，帝国主义和封建主义依然继续对中国人民的压迫和剥削，迫使人民又开始了新的斗争。

辛亥烈士王梦兰

王梦兰（1886—1911），又名王梦伦，字华亭，今东明县焦元乡大王寨村人。河南辛亥革命11烈士之一。

王梦兰智力过人，自幼发奋读书，以优异成绩考入开封优级师范。为人光明磊落，傲岸不羁，好义轻财，在家乡有口皆碑。目睹清廷腐败，民不聊生，立志革除旧制，为民造福。在开封求学期间，通过与进步师生的广泛接触，进一步了解了孙中山先生的革命思想，眼界大开，救国之心更加强烈，于是弃学归里，发展革命力量。王梦兰在家庭、亲朋的支持下，创办了"仁义会"，对外的宗旨是"振兴教育，强身健体"，以习文练武为名，发展会员五六千人，当时在东明、考城（今属兰考县）、长垣一带影响很大；对内联络革命党人、热血青年，宣传"驱逐鞑虏，恢复中华，创立民国，平均地权"的总纲领，从事革命活动，为推翻清王朝做准备。

1911年10月10日，辛亥革命在武昌爆发，全国各地的革命党人纷纷发动新军和会党武装起义响应，河南革命党人及进步人士大受鼓舞，积极准备在河南省城开封举事，特邀王梦兰参与策划武装起义。经过王梦兰与河南革命党负责人张钟端等人的精心计划，决定于农历十一月三日（公历 12 月 22 日）夜起义，以放火、鸣炮为信号，由张钟端等在开封城内组织师范进步师生和新军中倾向革命的官兵做内应，王梦兰组织外围武装力量从城外攻打，分头同时行动。王梦兰随即赶回东明家乡，日夜奔忙，联络人员，组织了两千多人的起义队伍。按照起义计划，王梦兰辞别了家人，亲率起义军赶赴开封，埋伏在曹、宋二门外东大堤，等候城中一发起起义信号，即攻打开封城门。不料在起义就要爆发之际，起义军内部出现叛徒，清政府派兵于当夜 11 时许包围了设在开封优级师范的起义军司令部，张钟端等数十人正在开会布置起义事宜，来不及转移，不幸被捕。由于突发事件的发生，留在开封里的其他革命党人，在没有指挥机关的情况下，自行联系，决定不能坐以待毙，果断选择了提前起义。于是，起义军点起了大火，发出了起义信号，向清军开枪，开封武装起义爆发。

王梦兰等人正焦急地等候在开封郊外东大堤，忽见未到预定的起义时间，城中火起，并响起了枪声，知道城内出现了变故，已不能按原计划行事，愤然对部下说：“本欲与诸君驱除鞑虏，成就共和大业，今大势已去，若必欲同罹锋镝，于心何忍？愿各归乡里，期后效。无复念兰。”众人听了皆号啕大哭，都不忍离去，誓与王梦兰同赴大义。王梦兰大吼道：“今敌已有防备，大家不能做无谓的牺牲，要保存革命的有生力量。我作为起义的总指挥，必须与城内的同志共赴死难。”说罢带领数十名武艺高强的起义战士，杀奔开封去营救被捕同志。

王梦兰与众勇士奋力冲杀，但由于敌我力量悬殊，战至天亮时，王梦兰身边的战友相继倒下，自己也身负重伤，最后被捕。敌人随即对王梦兰和其他被捕的革命党人进行审讯，河南巡抚亲自审问王梦兰，恶狠狠地说：“千条光明大道你不走，为何专走革命这条死路呢？”王梦兰大义凛然，慷慨陈词：“燕雀安知鸿鹄之志，大丈夫为推翻帝制，建立共和，死得其所！”敌人见利诱严刑都不能使王梦兰屈服，遂于农历十一月五日将王梦兰、张钟端等 11 名革命党人押赴刑场。王梦兰等人戴着手铐，拖着沉重的脚镣，昂首挺胸地走在开封大街上，一路上不断地向民众宣传革命主张，号召人民起来推翻清王朝，建立共和国。开封市民纷纷拥上街头，争睹义士们的风采，不断为英雄们的浩然正气叫好。临刑前，王梦兰等人含笑向众人告别，高呼：“革命万岁！共和万岁！”从容赴义。

王梦兰等烈士牺牲后，由同盟会会员沈竹白以慈善名义收殓尸体葬于开封

南关就义地，后人称之为河南辛亥革命 11 烈士。1935 年，根据当时河南省政府会议决议，将 11 名烈士遗骨葬于一处，立碑纪念。中华人民共和国成立后，开封市人民政府曾将烈士墓妥加修缮。1981 年，河南省人民政府又将烈士墓迁至禹王台公园西北隅，以便凭吊瞻仰，每逢清明节和起义纪念日（12 月 22 日），人们从四面八方赶去祭奠缅怀烈士。

北洋干才赵秉钧

赵秉钧（1859—1914），字智庵，河南汝州人。曾任东明县典史、东明县中汛管河巡检，后被李鸿章、袁世凯所器重，由警政起家，职位渐升。清政府先后授其巡警部侍郎、民政部大臣，民国后陆续担任内务总长、国务总理等职，成为清末民初政坛上的一代枭雄、北洋干才。

赵秉钧父母早亡，家庭十分贫困，后来寄居在舅舅家，其间曾在一个仕宦人家做书童，因天资聪颖，为人有胆识，深得主人喜欢，便提供了读书学习的机会。清光绪四年（1878），赵秉钧参加童子试不第，遂投入左宗棠楚军效力，充任张曜护卫侍从，随军进驻新疆，平定阿古柏之乱，抗击沙俄入侵，东征西讨，作战勇敢，屡建奇功，甚得张曜欢心。及凯旋，张曜巡抚山东，给赵秉钧个巡检的虚衔，仍随而侍之，旋以事忤逆张曜，游走燕赵一带。

光绪十五年（1889），赵秉钧输资为县贰，效力河工，以绩补直隶新乐县典史。光绪二十一年（1895）调署东明县典史，光绪二十三年（1897）调署东明县中汛管河巡检，并署开州下汛中判，仍驻河防。东明县时任知县曹景郕，尝从军关外，充当大府幕僚，见多识广，自命慷慨，卓行特立，有循史之称。曹景郕莅官后访贤拜绅，了解东明县情，与赵秉钧一见如故，大器之，对他说："子功名远大，非吾敢望，其努力国事，勿以此区区者而忽之也。"自是曹景郕凡于捕贼剿穴诸要政，无不咨询于赵秉钧，而赵秉钧亦特为尽力，以报知遇之恩。赵秉钧献计道："公信东匪为良者，预抚之，我看非然。依愚见，东莽多伏戎，捕不胜捕，若尽抚之，不啻养痈。为今之计，唯有择其尤者三二人，抚为我有，俾将以毒攻毒之计，则大事成矣。"曹景郕认为所言极是，就令赵秉钧依计而行。《东明县新志》记载："于是收得黄毛太岁姚二、青头谷二在、蔡四辈、崔黑等，推心置腹，果皆效死。不一年，贼头目如王松林、李照贤、胡修、郭四、单永泰、王铁匠、王占鳌、樊四烟鬼等数十人均就擒伏法，悬首市曹，以昭炯戒，一县为宁。虽曹公勤武所至，而秉钧与有力焉。"为此，曹景郕以功绩卓异晋升知州，旋晋承德知府。而赵秉钧以长于缉捕名，晋知县，分发直隶候补。

光绪二十五年（1899），赵秉钧到天津候缺。是年冬，袁世凯由工部侍郎升任山东巡抚，赵秉钧以乡谊因缘晋谒，袁世凯深契之，倚如左右手，荐赵秉钧为天津北仓大使，旋升充直隶保甲局总办，兼统率巡防营。光绪二十七年（1901）11月，袁世凯任直隶总督兼北洋大臣，驻保定，认为赵秉钧"智勇兼优，长于绳捕"，遂委其创办巡警的重任，并为其奏保知府加盐运使衔。赵秉钧与袁世凯的日本顾问三浦善传一起，参照日本及欧美成法，拟定警务章程，创办保定警务学堂，选募培训巡警，建立起一支500人的巡警队伍，并设立巡警局，维护保定社会秩序。此为中国警察制度之肇始。光绪二十九年（1903），赵秉钧将天津、保定两处的巡警学堂合并为北洋巡警学堂，其后又在各州县设立巡警传习所，建立全省巡警网。光绪三十一年（1905），赵秉钧为巡警局拟定章程十二条，建立健全警察组织制度。是年9月，他带领天津侦探队队长杨以德及200名警察赶往北京，侦破五大臣出国考察爆炸案。袁世凯借机上奏清廷成立巡警部，任命徐世昌为尚书，赵秉钧为右侍郎。光绪三十二年（1906）1月，赵秉钧抽调天津、保定巡警官兵1000余人进京，改组北京工巡局为内外城巡警厅，使北京的警察制度得到实质性改善和确立。于是赵秉钧被称为中国近现代警察制度创始人。

1911年10月武昌起义爆发后，袁世凯东山再起。11月，袁世凯任内阁总理大臣，赵秉钧成为内阁民政大臣总揽警务。1912年2月12日，清帝宣统被迫退位。3月，袁世凯在北京就任临时大总统，唐绍仪为第一届内阁总理，赵秉钧为内务总长。6月，唐绍仪辞职，陆征祥组阁。8月，陆征祥遭国会弹劾，称病请假，赵秉钧代理内阁总理。9月，赵秉钧骗得黄兴等国民党元老的信任，在参议院国民党议员中为赵秉钧疏通，使赵秉钧内阁得以顺利通过，正式任职内阁总理。1913年初，国会选举揭晓，国民党独占优势。国民党代理理事长宋教仁计划组织真正的政党内阁，以限制袁世凯的权力。赵秉钧意识到自己的权位有被夺走的危险，便和袁世凯一起策划暗杀宋教仁的阴谋活动。3月20日宋教仁在上海火车站被刺，伤势严重，延至22日逝世。迫于全国舆论的压力，赵秉钧于7月16日辞职，由段祺瑞代理总理，组织"战时内阁"，镇压"二次革命"。1913年12月16日，赵秉钧复授直隶都督，翌年2月兼任直隶民政长。1914年2月27日，赵秉钧中毒而死，终年55岁，一代枭雄、北洋干才从此谢幕。

第二节　民国前期东明社会状况

民国初期兵灾匪患

1912年，辛亥革命爆发，推翻了清王朝，结束了几千年来的中国封建专制制度，建立了中华民国。然而，民国的建立对东明人来说，并没有带来多少光明。东明处山东、河北、河南三省之要冲，随着南北交哄，干戈时兴，匪盗丛生，黑恶势力横行，东明几无年不驻兵，而又无兵不累及斯民。大多驻军名为剿匪，实与匪通，祸国殃民尤过于匪，因而土匪日益猖獗，三五一伙，明抢暗盗，偷牛劫马或拦路抢劫，天天都有，日有所警。正如清末举人李曾裕在《祭阵亡乡勇》文中所言："自民国建立，土匪益横，东邑界连菏濮，逼近巢穴，小股数十，大股数千，掠村攻寨，绑票劫财，几无虚日。言防御则民力薄，言逃避则用度难。时非无兵也，始而虚与委蛇，匪不惧兵，继而以弹易银，兵与匪通，久则兵变为匪，匪投为兵，兵匪混杂，不辨为匪，不辨为兵矣。闻风胆破，望焰神惊，处飞鸟无依之势。"加上水灾、风灾、瘟疫等自然灾害频发，社会动荡不定，东明人民生活在水深火热之中。

民国六年（1917）夏，东明县东北菏泽县境匪首聚众三四十人，初起时所过地方仅索食而已，民间亦不甚畏之，官更不为置意。渐而购快枪，运子弹，据县东北为巢穴，一些无业游民和失去土地的农民纷纷投奔，匪众越聚越多，称"掌柜"者（谓贼首为掌柜）有数十人，劫掠焚杀，由城东斜而南，复由城北绕而西，蔓延遍及东明全境。是年秋，即出而骚扰县北祥寨各村，架人勒赎。十一月二十日，由城东郝桥过留食，二十三日直扑五霸岗寨北门，被村民自卫还击而走，南入菏泽县境。民国七年（1918）正月、二月、三月、四月内，被侵扰的村庄有阳进集、任寨、刘士宽寨、于谭寨、宋庄、马主簿、唐庄、段庄、葛岗、李千户寨、里长营、袁长营、东明集、小井、杜胜集、南张寨等处，有的村被扰一次，有的则有二三次，或食派饭，或掠牲畜，或掳人口，唯二月四日就在南张寨村伤数人，三月二十四日攻宋庄伤一人，二十六日攻西孙楼寨，焚东门，伤一人，烧屋一座，四月十五日攻五霸岗寨，村民凭寨防守，武装抗拒，击毙土匪一名、马二匹，土匪才退去。

一般情况下，土匪贼众不过数十人或数百人，而民国七年（1918）五月初八日，突有东匪头目老王爷、顾德邻、刘长久、野狸子、范明心、高喜顺、刘佩玉、吴田、黑五等集合大小股万余众，由东北菏泽境蜂拥而来，东西阔十余里，轿十余顶，车数百辆，填塞道途，过二日始尽。住东明集的土匪有老王爷、六王爷、七王爷、高少爷等，其余的住城子、卢寨、贺庄、田行各村，吴庄、裕州集、井店皆受其害。次日夜又由东北来千余人，到东明集一带即去，其大股于十九日至杜胜集（今马头集）迤东，掠去百余人，沿途被扰着数百村，除损失财物外，约计赎用款不下二三十万元。土匪对被掠者非常残酷，贼首讯问，严如官长升堂，两旁罗列多人，绑票累累如囚徒然，一一拷打，逼令供有地若干亩，每地一亩大概索赎洋五六元，实贫者责打放还，触其怒者枪毙，未放出者以绳系手，以猪脬蒙面，以膏药糊眼，置地地窖，粗给饮食，间有困死者，简直暗无天日，惨无人道。

大股土匪离开后，匪首高喜顺率 400 人据刘士宽寨，遣人至五霸冈索快枪 20 支，不与即攻寨。五霸岗没有答应，并予以回击，匪众离去。于是土匪至西孙楼，攻东孙楼寨，东、西孙楼相距里许，东去五霸岗三里余。五霸岗用快枪巨炮遥击土匪东、北、南三面，土匪只余正西一面猛攻，经昼夜未息，进退四五次。东孙楼村民以麦秸成捆焚坠寨垣下，土匪无法靠近，幸驻城大名守备队同县游击队赶来救援，土匪大败，南逃而去。此次村民伤 3 人，土匪死十余人，而曹州镇亦派出 400 人至五霸岗，听说土匪已逃随即离去。土匪由孙楼南窜，入东明集寨中伤数人。大名守备队暨东明游击队追及，剧战 5 小时之久，土匪死伤多人，复向东南窜走。守备队亦阵亡排长 1 名，正兵 1 名，受伤者 1 名。十一月七日，有悍匪 40 余人，每人持快枪 1 支，手枪 1 支，在菏泽县侯庄戏会中掳三四十人北去，至东明城东杨村，被驻五霸冈守备队张连长率所部追击。至任寨与贼相遇，酣战半日，毙匪多名，犹死守不去，会有曹州两营至，隔村夹击，土匪死伤殆尽，生擒数名，逃去者三五人而已。其大股在黄河岸北尚有七八百人，闻信夜遁。

民国八年（1919），土匪攻入高垌，掠去 80 余人。民国九年（1920）六月，守备队离开，月底即有土匪窜至马厂，七月间在武胜桥、于屯、郭斌寨、小胡庄等村架人索食。八月初，县游击队偕同巡警与土匪战于黄河南岸之黄庄。土匪依河堤为护符，县游击队、巡警队分队猛进，毙匪 8 名，巡警伤 2 人，游击队伤 1 人。十一月，土匪攻入郭斌寨，曹州马队闻迅赶到，土匪随即离去。十二月二十二日，驻海头集大名守备队与土匪战于马厂，土匪退入白云垌堆。是岁，白云各乡村民，十室九空，入夏以后又无大雨，至秋犹未降甘霖，早秋减半收，晚秋仅三分，民众困苦已极不堪，至民国十年（1921）灾害并至。春夏之交，土匪在河工黄庄一带不时抢掠，并城东之沙场堆、武胜桥、张楼，城

东南之裕州屯、王官屯、油寨、沙河等村食派饭，掠财物，绑肉票，不可悉数。六月，民团与土匪战于陈里长屯，阵亡 4 人，伤 3 人。其后，山东土匪刘长久率其党羽千余开到东明，公然以黄庄为根据地，日往四外催送食物，民间提如虎狼，俯首下气，奔走供给之弗遑。不久，黄庄下游又出险工，冀南道宪往查，而土匪毫不为意，方托言代做河工，聚集丑类演戏宴饮，施放枪炮以惊道宪，道宪亦无奈何而去，可谓凶横已极矣。嗣于七月三日，因六月初河决县北，水势过大，土匪扬言往城南就食，当即攻破包旗营寨，伤 10 人，掳去 10 余人。翌日至里长营寨外，先登近寨之缪家高楼开枪俯击，弹如雨下，守寨人不能支，里长营遂陷。当时被害村民 20 人，受重伤者 10 余人，掳去五六十人，财物席卷而空，损失及赎人用款当在 10 余万洋之数。县知事高钦飞电告急，兵犹未至，而土匪于八月初复攻东孙楼寨不克，遂入山东境劫掠，旋至江庄、穆庄、王官屯掳数十人去。十三日，河工中汛高村失守，河员俱逃入东明城内，土匪遂占，胆敢由电话局往县署通电话。二十六日，土匪进入于谭寨，伤数人，掳去七八十人，损失财物牲畜无算。九月十日，陆军一团开来剿办，大名镇宪亦率马步四营协剿。然土匪甚狡猾，闻信遂弃高村，沿河由城西南窜至刘楼村，适陆军自长垣开来，渡过竹林河口，土匪先放枪抵抗，该军用大炮轰击，土匪败走东南，至解庄焚杀男女 46 人，烧毁房屋 20 余间，又去东北孟大夫集，有该处社勇百余人截剿，匪北入陈士举屯寨中。该社勇恐众寡不敌，急报知社长何系辰，当即联合大众三千人，进发围攻，互有死伤。无何，陆军骑兵并大名马队均赶至，共相围击，而曹州马队亦到，各攻一面，土匪大骇，乘夜从北面曹州马队中冲出，杳无踪迹。当时，有人对此有质疑，认为曹州马队有故意放水之嫌。是役，陆军阵亡连长 1 名，社勇死 9 名，得土匪遗肉票多名。大名镇宪布置一切即回辕，留陆军一团驻防善后。

民国十一年（1922）春，小股土匪又乘机窃发，横扰小村小户，凡有四五十亩地者亦不能漏网。此等土匪率无巢穴，得票即送入大股贩票分肥，大股匪仍不时往来大河南北以为声势。被扰之村有韩庄、西孙楼、北耿庄、赵官营、乔李庄、文寨，以及濮阳、长垣境并山东菏泽之邻近村庄，无不数被其害。虽县游击队亦常出发，时有捕获，然总未能大加惩创，以绝其根源，故于六月十三日驻黄庄之守备队调回宣化后，大股匪遂复入黄庄。二十二日，大名守备队来，土匪气焰犹未消息，而时疫流行，村民死者哭声相接。七月十九日，土匪率 200 人攻入葛冈寨中，掳去数十人，财物数大车；至裕州屯，又有北来土匪百余人同聚寨中。时有第二区暨濮阳、菏泽联合社会数百人，于二十日进击，方在酣战，守备队同游击队俱至，土匪始北窜逃命，遗肉票 50 余人，社勇阵亡 20 人，击毙、生擒土匪数十人。嗣社会时常至各村搜拿，陆续捕获土匪数十人，由是小股亦渐逃散，暂获粗安。

民国十四年（1925）四月，突有土匪数百人自东北来，盘踞沙堌堆、油楼村一带，日食派饭，勒索金钱。第十区团总纠集团勇进攻，互有杀伤，团勇阵亡二人，土匪亦退去。民国十五年（1926），东南、东北两面匪氛益炽，其间不受骚扰者仅20余里。五月初七日，民团在黄庄剿匪，阵亡4人。六月，东南匪首王留成率百余人突入王菜园村，焚烧屋50余间，击杀村人五名，受伤者2人。七月，该匪首又率众窜至李六屯村北，娄营、五营等村团勇持枪械直入，杀匪十余人，救出肉票1人，团勇阵亡1人，土匪复南窜。而东北土匪相继又起，占据黄庄、刘庄等村，四出焚掠，民多逃避。第十区团总纠合数千人，在马厂围攻，杀匪甚众，团勇阵亡3人。

民国十六年（1927）夏，东明县境东南与鲁豫接壤近处，土匪数百人掠麦劫财，架票放火，无所不至，渐入东明南界，如蔡口、庄寨并曹县之娘子营、孟大夫集、祥符寨、李寨、五王庄等村，无不受其蹂躏，该处居民尽向王进士屯、夏营、五营等寨逃避。当即联络各村民团前往协剿，拿获巨匪陈同乐等4名，缴获快枪、手枪各2支。未几，土匪又据五王庄、庄寨，有四五百人，县乡团勇复集众往剿，互相攻击，相持一昼夜，土匪始遁去。未几，土匪又占据山东境之韩集、安陵等村，大肆焚掠屠杀，人烟几绝。东明四区、六区各民团万余人前往协剿，土匪知众寡不敌，相率逃窜，东南土匪因是寂然。至秋，东北土匪又起，约千人，盘踞黄庄等村，声言复昔日之仇，村民恐慌，争先奔逃。第十区民团集合团勇千余人先行防杜，不意为土匪侦知，乃乘隙而入，沿村放火，临河一带数十村庄半成灰烬，人民叫苦，惨不可言，团勇阵亡3人，又复邀集全境民团往剿，土匪始畏惧而遁。九月，有数千人由东北菏泽西部南扰，渐入东明县境，二区民团截击，昏夜击毙土匪多名，乃宵遁谢集村，受伤3人，次日远逃而去。

民国十七年（1928），虽无大股土匪，亦时有架票之惊，但夜聚明散，少则数人，多则10余人，尚无暴动行为。民国十八年（1929）五月初，俄有股匪200余人自西南来，枪械充足，拥肉票财物五大车，团聚、朱堌寺等村经该区长报告薛凤鸣县长，急邀集二、三、四、五、六各区区长同赴王进士屯议剿；区复咨长垣、考城、曹县、定陶各邻封协助，定期集合夏营村寨。时匪众移驻大马王寨内，闻信具函自称"侠义军"，勿认为匪等语，薛县长遂整队进至祥符寨，与"侠义军"相去三里余。时已昏黑，乃进攻，"侠义军"未作抗拒，乘夜遁去。自此，东南一带旋庆安堵，全境各处亦不见土匪踪影。在这里，因无史料详细记载，笔者大胆推测，这股自称"侠义军"的土匪，与以往所谓的土匪不同，应该是一股具有"劫富济贫"性质的农民绿林武装。

灾难深重的军阀混战

据《东明县新志》卷十八"兵事"记载：民国元建，迄逾 20 年，内讧迭起，干戈时兴。东明当三省之冲，自戊午（1918）至庚午（1930）12 年来，几无年不驻兵，而又无兵不累斯民。该志从几方面记述了军阀混战给东明人民带来的深重灾难。

一是驻军。驻军年月及供应情况如下：

民国四年二月，巡防军第一路步三营来驻防。

民国六年四月，巡防军第一路步四营来驻防。

民国七年五月，巡防军第八路步六营来驻防。

民国七年九月，四省经略使署卫队混成旅来剿匪，约 2000 人。

民国十年九月，陆军九师十七旅耿旅长率所部二十四团，约 1600 人来剿匪。

民国十一年七月，直隶军公署卫队旅三营来驻防。

民国十二年二月，骑兵第二师骑一团、步两团来驻防。

民国十三年十一月，国民第二军约 3000 人来驻防，共用白面 5000 斤、麸子 500 斤、苇席 500 条、麻包 500 条、大车 20 辆。

民国十三年十二月，国民第三军约 18000 人，共提款 7500 元。其司令部用白面 37000 斤、馍 18000 斤，其总兵站用红粮 13500 斤，苞谷 3000 斤、白面 13000 斤，大米 460 斤，咸菜 4000 斤，馍 64000 斤，小米 14000 斤，煤炭 28000 斤，煤油、汽油 500 箱，大车 635 辆。

民国十四年一月，国民第二军骑兵第三旅约 9000 人，经过东明。

民国十四年八月，直隶陆军第三混成旅约 6000 人来驻防，共用小米 25000 斤、白面 25000 斤、麸子 2000 斤、红粮 2000 斤、黑豆 2000 斤、谷草 16000 斤。

民国十五年，冀南镇守使署派员来提款，提用大洋 18107.69 元。

民国十六年二月，东北陆军军长于珍等率所部三旅攻豫不克，退屯于东明，既而复整军下豫。

民国十六年三月，国民第一军第八方面约两万人，与鲁军交战，经过寻去。

民国十八年五月，国民革命军第二集团军骑兵第二师约 3000 人，共用麸子 5000 斤、柴 800 斤、谷草 12000 斤、白面 1500 斤、大车 5 辆。

民国十八年十一月，国民革命军第二十师约 12000 人，用麸子 28500 斤、谷草 37000 斤、柴 1 万斤、白面 3000 斤、大车 30 辆。

连绵不断的战争给东明百姓带来的灾难可想而知。《东明县新志》兵事目作者穆祥仲感叹："上列或为防御，或为经过，或以地理之关系兵家必争，或以应付之方略，掎角收效，蜗斗蛮争，迄去年而始已，而又无一次不累吾民。"又说："唯民十九师之支应，赖关议员兆凤之力得予偿还，则关君可谓无惭代议士之任者已。"说的意思是，以上军队使用地方物资款项，上级政府过后应予偿还，但仅只由于本县人关兆凤，东明县第一个北京大学毕业生，在省议会任议员，念及乡梓之情的努力争取，偿还了一项。其他都只能县里承担，当然最后都摊派到百姓头上了。

二是募兵。各军阀都想扩充自己实力，于是有机会就抓兵。《东明县新志》载："大抵防剿或经过之军，未有不兼为招募者。"所列各年募兵情况如下：

民国五年三月，征滇军后路司令部募兵 300 名。

民国六年十二月，督军曹募兵 350 名。

民国七年三月，绥远都统派员募兵 120 名。

民国七年九月，四省经略使曹卫队旅募兵 94 名。

民国十年八月，陆军九师十七旅募兵 320 名。

民国十一年十月，援赣总司令蔡派员募兵 80 名。

民国十一年十一月，陆军第七师司令部募兵 100 名。

民国十二年九月，湖北陆军第五混成旅募兵 240 名。

民国十三年七月，川黔边防督办公署募兵 250 名。

民国十三年十月，陆军十五混成旅派员募兵 250 名。

民国十四年四月，新编陆军第四师司令部募兵 220 名。

民国十四年七月，直隶陆军第三混成旅募兵 180 名。

民国十四年九月，国民第二军骑兵第三旅募兵 120 名。

民国十四年十一月，直隶督办公署募兵 260 名。

民国十五年五月，冀南镇守使署募兵 260 名。

民国十五年八月，浙闽苏皖赣总司令部募兵 300 名。

民国十五年九月，讨贼联军第一军司令部募兵 160 名。

民国十六年二月，奉军三四方面联合总司令部募兵 280 名。

民国十六年二月，安国军直鲁联军九十二旅募兵 80 名。

民国十七年三月，国民革命二集团第八方面第一军司令部征兵 263 名。

《县志》特举民国十七年征兵，"羽书勒限，急侔星火，磷灰遍地"，善良者都不愿应征，只好出钱雇买，每一个开始七八十元，后来达到一百五六十元。有的无聊子弟视为奇货可居，故意抬高价格，"官绅失色，为难之状，殆难形喻，而当局者弗之恤也"。

三是对地方和百姓的纷扰造成的灾难。《东明县新志》记录了几次军阀混战给东明人民造成死伤等情况：

民国十六年（1927），鲁豫交战，国民二集团军得豫以后，即遣第八方面军为攻鲁之举。东明界在鲁豫，势所必争，而尤以杜胜集（今马头集）一带为战争之场，胜负之关。九、十月间，两军鏖战三次，约10日。到十一月初，国民军知鲁军意志衰退，战斗力大减，就假装败逃，每天退兵200里。鲁军不知是计，落入陷阱，竟乘胜狂追，多次中埋伏，仍不察觉。于是枪林弹雨，一个多月才停下来，杜胜集一带的村落沦为一片废墟。

民国十七年（1928），国民军北伐之师数路并进，中路是二集团军，前锋各军已进至濮阳、清丰，而某军驻滑县、道口间为掎角之师断后。这时东明县属黄河西岸武邱集一带的百姓，为自卫考虑有团练组织，双方发生误会。某军长竟率其全部一万余人兜剿之。百姓没想到会大军压境，就沿堤设阵防守。接着炮火连天，急忙溃退，结果几十个村庄毁于炮火，"断瓦颓垣，黔庐墓墟"，是近10年最惨的一次。

民国十九年（1930），南北交兵，北军某总司令率数万人驻军东明，进攻曹州、济宁，既而中伏、败退于河南考城，又整军再进，改道曹南。山东当局某调遣新编的独立团突然占领东明县城。这个团是由投诚的土匪编制的，驻县之后，见东西就抢，城关百姓无论贫富，无不被抢劫一空。

此外，偶发冲突事件更是层出不穷，如东北杨庄村，触犯了某军，便开枪轰击，死人数十名，烧掉房子百余间。满城等村与某军稍有争论，也被其开枪打死数人。这类事情很多，《东明县新志》写道："本志略为纪实，亦不外唐人天宝之后，感天宝之遗事，伤天宝之乱离，率尔数帙，难尽其一，不过助将来輶轩者之采云耳。"

祸及东明的中原大战

中原大战是1930年5月至10月，蒋介石与阎锡山、冯玉祥、李宗仁等在河南、山东、安徽等省发生的一场新军阀混战，又称蒋冯阎战争、蒋冯阎李战争，因为这次战争主要在中原地区进行，又称为"中原大战"。"中原大战"由中国国民党内北伐战争后各派系因军力编遣肇生不满，失势的国民党左派领导人汪精卫联合反共右倾西山会议派和国民党军阀阎锡山、冯玉祥、李宗仁、张发奎发起，意图夺权挑战蒋介石的南京国民政府，最终以蒋介石的胜利告终。

"中原大战"历时7个月，双方动员兵力110万人以上，支出军费5亿元，战火波及20多省，"双方死伤达30万之巨"，其中至少有一半是冀鲁豫等省的青壮年男子。新军阀对老百姓加捐加税，滥发纸币。战争使工农业生产遭到极大破坏，严重阻碍社会经济的发展，"举凡国家财政、社会经济，两俱枯竭"。

东明县地处战场要冲，政治、经济、社会生活的各方面都受到严重危害。据《东明县新志》记载，其间，东明县县长如走马灯，频繁易人。1930年4月，韩复榘委任的李世传以后，至是年曹仁杰11月上任，八个月间，易县长12人，短者三、二日，十数日不等，均系各方面军队到县时自由委任。出身复杂，无履历、资格可考，更乏吏治可叙，唯有扰民一途。具体情况是：

1930年4月，李世传，韩复榘委任；

4月中旬，袁景泰，革命军25师327团委任；

4月20日，李荣灿，革命军55师164旅委任；

4月25日，李本固，第四方面军总司令石友三委任；

5月21日，哈尔玉，15路总指挥马委任；

5月30日，崔奉吾，第×方面军2师师长刘委任；

6月1日，王鸿恩，山东警备团委任；

6月10日，王石清，第四方面军总司令石友三委任；

6月20日，嵩守相，山东独立警备团委任；

7月，张君保，历届文官考试及县长考试训练均各及格，7月到任，数日被客军逼迫出走，避于长垣、濮阳及县间各区公所，迁延数月，客军自由委任县长曹仁杰去后，始得赴任；

9月，袁兆熊，革命军20师师长许委任；

10月，王鑫轩，革命军骑兵第一师师长刘委任；

11月，曹仁杰，革命军骑兵第一师师长刘委任。不久离去，张君保到任。这种乱象，恐怕是历史奇观，对东明县社会生活环境造成了极大的破坏。

其次是对经济方面的破坏。仅在《东明县新志》卷十八"兵事"中，记载的这次大战，从县内索取的各类物资及款项，数额巨大，大致情况如下：

1930年2月，陆军42师约8000人，用白面5000斤，小米5000斤，谷草9000斤，麸子1500斤，高粱2000斤，大车19辆。

3月，第四方面军总司令石友三率所部8万余人，共用白面50余万斤，馍50余万斤，谷草35万6000斤，麸料27万4000斤，绿豆5600斤，小米3万5000斤，柴60万斤，红粮38万斤，大车800辆。

10月，讨逆军豫东游击队第一、二、三等旅约6000余人，其第一旅用白面5000斤，小米5000斤，红粮3000斤，黑豆3000斤，草1万2000斤，柴1万斤，麸料5000斤。其第二旅用白面5000斤，小米5000斤，红粮3000斤，黑豆3000斤，草1万2000斤，柴1万斤，麸料5000斤。当月，革命军骑兵第一

师人马约 6000 人，提款 1100 元，用铺草 2600 斤，草 1 万 5800 斤，料 14 万 5003 斤，白面 2 万 2500 斤，麦子 4 万 6600 斤，馍 1 万 2000 斤，柴 15 万 8000 斤，红粮 1 万 6900 斤。

12 月，陆军第二方面军 13 师用大车 15 辆。

1931 年 1 月，新编陆军第六旅一营机关枪一连，提款 5 万 2500 元，用馍 23 万 8500 斤，麸子 1 万 2000 斤，柴 42 万 5000 斤，草 5 万斤，大车 35 辆，骡马 105 匹。

8 月，中央十五路骑兵 3 团用白面 2 万 4000 斤，麸料 5 万 9800 斤，红粮 2 万 3700 斤，黑豆 2 万 1500 斤，草 9 万 1000 斤，柴 1 万 5000 斤。

如上所列，只是部分统计，都是有去无回，给东明人民带来了沉重的经济负担。尤其是 1930 年春，山东省政府主席石友三率数 10 万之师进驻东明县城，索取粮秣车辆无算。特别是山东独立团两次焚掠东明县城，城厢一空，毁房 380 余间，杀伤平民 50 多人，可谓荼毒之深，令人发指。不仅如此，中原大战期间，各方军阀在东明境内强征抓夫募兵，据不完全统计有 1100 多人，大多成了战争的炮灰，给东明人民带来了极大的伤害。

第三节　中国共产党在东明的活动

马克思主义在东明的传播

1912 年，辛亥革命爆发，推翻了清王朝，结束了几千年来的中国封建专制制度，建立了中华民国。然而，袁世凯在帝国主义支持下，窃取中华民国临时大总统的职位，在北京建立了地方买办联合专政的北洋军阀政权。民国的建立对东明人来说，并没有带来多少光明，随着南北交哄，军阀混战，匪盗丛生，黑势力横行，瘟疫、水患不断，社会更加动荡不定。东明处山东、河北、河南三省要冲，几乎年年驻兵，干戈迭起，给东明人带来沉重兵灾。同时，土匪明抢暗盗，日有所警，三五一伙偷牛劫马或拦路抢劫天天都有。清末举人李曾裕在《祭阵亡乡勇》文中写道："自民国建立，土匪益横，东邑界连菏濮，逼近巢穴，小股数十，大股数千，掠村攻寨，绑票劫财，几无虚日。"加上水灾、风灾、瘟疫等自然灾害频发，东明人民生活在水深火热之中。

俄国十月革命一声炮响，给中国送来了马克思主义。第一次世界大战期间，欧洲列强无暇东顾，日本趁机加强对中国的侵略，严重损害了中国的主权，中国人民的反日情绪日渐增长。1919年"巴黎和会"上中国外交的失败，引发了伟大的五四运动。

1919年5月4日，北京学生数千人在天安门前集会游行，高呼"外争国权，内惩国贼""取消二十一条""拒绝和约签字"等口号。北洋军阀政府派兵镇压，逮捕学生30多人，继而引发了一场广大群众、市民、工商人士等阶层共同参与的、通过示威游行、请愿、罢工、暴力对抗等多种形式进行的爱国运动。全国各地闻讯纷纷行动起来，积极声援北京学生。在曹州读书的东明籍学生穆青田等人相约返回东明，参加集会游行，在集市发表演讲，介绍五四运动，极大地震动了闭塞的东明，增强了东明人民反帝反封建的意识。在外地读书的东明学子李宜亭、蒋伯昌等带回《新青年》杂志，向亲友介绍，提倡新道德，反对旧道德；提倡新文学，反对旧文学。特别是中国共产党成立以后，中国的革命面貌发生了翻天覆地的变化。

大名七师学生于绍孟、穆成平等利用寒暑假走亲访友、同学聚会的机会，积极介绍马克思主义，讲解中共在民主革命阶段的政治纲领，使马克思主义在东明得以迅速传播，东明人民开始觉醒，一批进步的知识分子接受了马克思主义，给东明建立中国共产党的基层组织做好了舆论准备，奠定了思想基础。

共产党在东明的早期活动

中国共产党在东明的活动始于1927年。1927年1月，在大名七师读书的于绍孟参加读书会，接受了马克思主义，经同学中共大名特支负责人赵纪彬和李大山介绍加入了中国共产党，成为东明县第一个共产党员。4月，大名七师东明籍教员高韶亭经李素若介绍加入中国共产党，是为东明县第二个共产党员。

1927年5月，大名一带的红枪会为反抗直鲁联军的压迫，举行暴动，占领了大名县城，共产党员赵纪彬被聘为红枪会的参谋长。此时，北伐军国民革命军暂编第三军进入东明，并接管了东明县政府，赵纪彬、李大山等来东明联络北伐军，受到暂编第三军政治部主任汪静涵（中共党员）的接见，随派于绍孟、高韶亭回东明。遵照中共北方区委指示，于绍孟、高韶亭以跨党党员身份参加国民党，围绕筹建县党部、掌握领导权、开展群众运动、支持北伐军等任务开展工作。中共党员汪静涵负责东明县政府工作，任命于绍孟为宣传室主任，负责全县的宣传教育，组建宣传队下乡，宣讲马克思主义，介绍孙中山先生的"联俄、联共、扶助农工"三大政策，支持群众运动。高韶亭则进入长垣，筹建长垣县党部。在部队战地党务指导委员会支持下，组建东明县党务指导委员会，

建立国民党员临时登记处；以北伐军东明宣传队的名义，先后在刘楼、王浩屯、武邱集等地组建了农民协会，领导农民开展打土豪、分田地的活动。

蒋介石、汪精卫相继背叛革命后，北方的冯玉祥也开始右转，参与了蒋、汪的反共逆流。汪静涵离开了部队，于绍孟被迫离开东明去了长垣。当时大名七师进步学生穆成平（东明县城东关人）等自编自演了一个揭露国民党由革命走向反革命的活报剧《老农进城》，观众反应强烈，县区党部要员告穆成平诬蔑国民党，攻击区党部，双方对簿公堂。从此，在东明开始了共产党与国民党的斗争。

中共夏营支部

蒋介石、汪精卫相继叛变革命后，于绍孟被迫离开了东明，1928年成为共产党在东明县活动的空白期。1929年初，在濮阳中学读书的盛国昌、盛国典兄弟二人接受了马列主义，经濮阳中学学生管化三（濮阳人）介绍加入中国共产党。寒暑假期间，盛氏兄弟回到家乡夏营村，开展党的工作。

夏营村位于东明县城东南25千米，地处山东、河南、河北三省交界，东明、考城、曹县、菏泽、长垣五县接合部，是个鸡鸣听三省、犬吠惊五县的"三不管"地带，天高皇帝远，反动统治势力相对薄弱。盛国昌、盛国典利用访亲会友的方式进行串联，公开揭露国民党的黑暗统治，秘密宣传共产党的主张，先后发展了沈子明、李荣华、盛同善、贾计新、李怀道、葛义斋、盛国宦、杨新洁、郑东生、胡娃子、胡蒺藜、胡二转等12名共产党员。8月，经中共濮阳县委批准，成立中共夏营支部，盛国昌任党支部书记，沈子明任组织委员，贾计新任宣传委员，这是中国共产党在东明建立的第一个党组织。

中共夏营支部成立后，即肩负起了领导责任，使东明县东

中共夏营支部旧址

南群众的自发斗争变成党领导下的有组织行动。一是领导架户借粮运动；二是筹建武装准备暴动。1929年冬，东明县出现灾荒，村户人家十有八九断炊烟，夏营党支部决定开展"架户借粮""吃大户"活动。李怀道首先在赵真屯组织农民建立互济会，向本村地主、村长李喜郎借粮20石、大洋120元，"吃大户"的斗争迅速燃遍了整个县东一带。

李怀道领导赵真屯借粮胜利的消息很快传遍了远近各村，不少地方揭不开锅的农民自动组织起来，仿效赵真屯的方法。范士屯、李八老一带的穷人纷纷组织起来，支起大锅，向附近各村的富户要粮；刘庄、里长营一带的地主迫于压力，也在这年的寒冬荒春向穷人施舍"义粥"；县东北周寨村一带也组织武装，推选周大黑、周二黑为首领，索富济贫。夏营党支部领导"架户借粮""吃大户"活动开展得如火如荼，但顽固的地主分子是极不情愿的，因此怀恨在心，伺机报复。1930年春节前夕，东明县东北的顽固地主分子串通红枪会，血洗了周家寨，杀死了领头"吃大户"的农民周大黑、周二黑等十多人；县东南的地主策动大刀会攻打范士屯，砍伤了领头"吃大户"的积极分子刘进甲，武装驱赶"吃大户"的人群。地主阶级的猖狂反扑，更加激起了农民的反抗，使"吃大户"的群众运动由经济斗争转向了武装暴动。张五、刘进甲、孙秉寅等先后在李八老、范士屯、棉籽营等地竖起"劫富济贫"的大旗，组建"侠义军"，举行武装暴动，在社会上引起极大反响。

红二十六军独立师

1930年6月初，中共夏营支部召集部分党员分析研究孙秉寅、刘进甲、张五领导的"侠义军"的情况，确定了对待这支武装的态度，决定改造教育这支农民武装，使其成为有坚定信仰和严格纪律的新型军队，遂派李怀道、李元起加入张五部，胡娃子、胡蒌蒌加入刘进甲部，宣传党的政策，整顿农民武装。同时，夏营党支部将这一情况及时报告给中共濮阳中心县委，请求上级党组织速派政治上、军事上过硬的干部来领导这支武装。8月，国民党东明县县长张君保邀集长垣、考城、曹县民团及会道门武装万余人围剿农民军，双方在大黄集一带发生激战。激战中，东明县民团总团长张清克在共产党员于绍孟、进步人士李宜亭的争取教育下，率部200余人投靠农民军，继而增援已接受中共河南省委领导的孙秉寅部和张五部，相继击溃曹县、考城、东明等县民团。

中共直南特委为执行顺直总行委关于直南地方暴动的工作部署，决定以冀南东明、长垣地区农民武装为基础组建红军第二十六军独立师。1930年11月，顺直省代表侯某经夏营党支部引见进入张五部，指示张五、孙秉寅两部计1000

237

余人，800 余支枪，集结于马厂，宣布成立红军第二十六军独立师，孙秉寅任师长，张五任参谋长兼第一团团长，活动在黄河以北的张清克、季七分别任第二团、第三团团长。然后，侯代表去黄河以北的季七、张清克部联络，但久没回复信息。其后，孙秉寅、张五部以红二十六军独立师的名义活动在东明、长垣、考城边界地带。

1931 年 7 月初，红二十六军独立师由东考边界地区进入长垣县河东地区，迅速占领了竹林以南的村庄，形成了武装割据形势。1932 年 2 月，红二十六军独立师以"攻取第八乡，进军至濮阳"为号召率部北进。中旬，攻克东明县西南重镇刘楼，进入第八乡南部。3 月初，孙秉寅、张五率部进攻马军营，遭到敌军炮火阻击，激战竟日，攻坚不下，被迫实施战略转移，又遭到民团与红枪会的分割包围截击，部队分别突围，孙秉寅下落不明，张五率余部百余人退至民权县葡萄架村一带，其余溃散成 30 余股，游荡在东明、考城境内。刘进甲部日趋匪化（抗日战争爆发后，刘进甲投靠丁树本，成为特务团二营营长。1940 年丁树本逃跑后，刘进甲留在东明继续抗战。秋，拒绝日军收买，遭日军围剿遇难），难以驾驭，我党党员全部退出该部，独立师从此溃散瓦解，东明、长垣二县的红军活动结束。

红二十六军独立师是以冀南东明、长垣农民武装组建的红军队伍，其实也只是活动在东明、长垣一带。这支实质性的革命队伍，由顺直省委领导组建，中央军委并没直接领导，但在当时对各方面的影响很大，其光辉的战斗历程、不可磨灭的革命业绩亦将彪炳史册，光耀后代。1932 年 12 月，中央决定恢复红二十六军建制，在中共陕西省委领导下，以陕甘游击队组建新的红二十六军，主要领导人有刘志丹、谢子长、高岗等，主力部队一度发展到 5000 人，动摇了国民党在西北地区的统治。1935 年 9 月正式并入徐海东领导的红十军团，其后在中国革命史建立了不可磨灭的光辉业绩。

中共寿圣寺高小支部

1930 年秋，为了在东明、长垣迅速扩大党组织，直南特委派大名七师总务主任，中共党员李柳范（时属长垣县河东区，今东明县刘楼镇刘庄村人，1929 年由高韶亭介绍加入中国共产党）回到家乡，联合地方士绅、学董孟庆林（清末秀才，水坑村人）、高灵甫（高庄人）、唐富生（竹林村人）、于道平（于庄村人）等，在黄河岸边的原寿圣寺（在今长兴乡竹林村南一里许）初级小学的基础上，扩充一个高小班，招收新生 45 名，改校名为"寿圣寺高级小学"，使党在这一带开展工作有了立足点。

中共寿圣寺高小、东明高小支部书记郭仪庵

1931年春，于绍孟、盛国昌、杨廷钧等中共党员成立东明在乡学生会，并联合李全义、穆成平等进步人士联名上书教育局，倡导自由创办私立小学，为我党在农村创建工作基地提供了条件。李柳范奉直南特委指派去濮阳中学任总务主任，临行向校董推荐中共地下党员、大名七师毕业的郭仪庵（长垣城内东大街人）就任寿圣寺高级小学校长。不久，中共直南特委又先后派中共党员郭子信（河南清丰人）、张雪峰（河北泽县人）、吕鸿安（河北滋县人）、王冠儒（时被派来检查工作，只任课四个月）等人来寿圣寺高小任教，他们利用教学之便，积极在师生中开展革命宣传。经过一段时间的宣传教育，郭子信、郭仪庵在学生中发展了徐作励、任茂田、石文章3名共产党员。1932年5月，中共寿圣寺高小支部在高庄村东南杨树林内成立，郭仪庵任书记，郭子信任组织委员，徐作励任宣传委员，党支部直属濮阳中心县委领导。党支部建立后又发展了徐干臣、王杰然、戴增学、石湘伦、段广花、宋中行、宋中联、刘存、高惠堂、王秀兰、戴克计、徐作宾、李振兴等13名共产党员。

中共寿圣寺高小支部成立以后，党团员便在党支部的领导下，团结进步师生，把革命活动引向附近农村，把马列主义真理及革命理想和贫苦农民的斗争结合起来。1932年冬和1933年春天农闲季节，党支部组织进步师生，先后在寿圣寺周围的竹林、长兴集、大张庄、徐集等十几个村庄开办平民夜校。通过夜校向广大农民宣传党的主张，进行阶级教育和形势教育，唤起农民群众起来反抗剥削压迫，在他们心里逐渐埋下了革命火种。

每年农历正月十六日，是堤东徐集村娃娃桥古会，方圆十几里的人都来赶会。为了扩大宣传，进一步发动群众，中共寿圣寺高小支部于1933年正月十五日夜，开展了一次规模较大的宣传活动，由徐作励、石文章等人秘密书写了很多标语，连夜把娃娃桥会场内外和北起谢寨，南到黄堌大堤两侧的树上、石碑上、屋墙上都贴满了标语。第二天，是传统的休假节日，又加上娃娃桥会，所以赶会的人特别多。大家一发现红红绿绿的标语，都惊喜交集，怀着新奇的心情，热烈地诵读、议论标语上的内容：打倒贪官污吏！打倒恶霸地主！反对苛捐杂税！拥护共产党！土豪劣绅惊慌失措，气急败坏；而广大贫苦农民兴高采烈，纷纷传扬，扩大了党的影响。

1933年5月，濮阳中心县委派胡子英到寿圣寺高小，一方面对师生的革命行动进行表扬，另一方面传达直南特委《关于从地主手里夺回小麦的指示》。寿

圣寺高小党支部忠实地执行了上级指示，支部书记郭仪庵、宣传委员徐作励、党员石文章等，奔赴刘楼、黄堌、苏集、谢寨、苏集、竹林等村进行串联，动员起一支数千人的抢麦大军，仅三天时间，就哄抢反动地主、恶霸的小麦数千亩。通过这场斗争，大长了劳苦群众的志气，大灭了恶霸地主的威风，扩大了党的影响，更坚定了贫苦农民以斗争取得胜利的信念。

1933 年农历六月二十一日，黄河水猛涨，从竹林集附近决口，寿圣寺不幸被洪水吞没，学校被迫停办，但革命的火焰并没有熄灭。次年 2 月，郭仪庵、吕鸿安去东明县高级小学任教，并和在那里工作的共产党员张恩桐取得了联系，继续发展党员，成立了东明县高级小学党支部；党员学生徐作励、戴学增等也先后回到家乡办起了小学，在贫苦农民中发展党员，建立起农村党支部。革命的火焰，在东明大地上继续燃烧，势成燎原。

东明县城乡党组织的发展

东明乡村师范学校（以下简称东明乡师）由东明师资讲习所衍变而来，先设在东明高小院内，1931 年正式独立办学，移居东明文庙内。东明乡师校长由教育局局长兼任，聘穆成平为校务主任，支持校务。穆文平聘大名七师毕业的党员董佩玉、任心斋与教育局指派的关兆瑞、县区党部推荐的宋大任 4 人来东明乡师任教。开学不久，九一八事变发生，日军侵占沈阳，东北三省沦陷，同学们同仇敌忾，义愤填膺，纷纷走上街头，喊口号，撒传单，游行示威。在校内办墙报，开讲演会，揭露日军的侵略罪行，抨击国民党的不抵抗政策。学校的中共党员教员积极宣传党的主张，传播马列主义。1932 年 7 月，中共濮阳中心县委巡视员王冠儒秘密来东明巡视工作，以同学身份住在东明乡师，主持了中共东明乡师支部成立大会，董佩玉任书记，任心斋为委员，直属濮阳中心县委。1934 年 6 月下旬，王从吾代表直南特委来东明检查布置工作，指示东明的党组织应以搞好宣传，扩大党的队伍为基本任务。遵照指示，东明乡师党支部先后在学生中发展李同轩（李茂林）、游秀峰、万子玉、刘自华为共产党员。

中共东明乡师支部成员合影

1932 年 10 月 18 日，中共河北省委巡视员陈源道来夏营传达省委在平原开展游击战的指示，要求夏营党支部收集枪支弹药，训练骨干，随时准备参加濮阳的游击战争。1933 年 8 月，夏营党支部委员贾计新将自制手榴弹 100 余枚送到玉皇庙村，交汪继廷带过黄河，支援濮阳姚家暴动。年底，姚家暴动计划泄露，国民党濮阳县政府派民团前往镇压，暴动被迫提前。当夏营党支部参加暴动人员到达黄河南岸时，姚家暴动已经失败，且国民党刘峙的部队正在沿河布防，大家只好分散潜回夏营。1934 年 2 月 6 日，中共濮阳中心县委委员张大田来到夏营，通知说"姚家暴动失败，要求夏营党支部隐蔽起来，等待时机"。姚家暴动暴露了我党在直南的力量，国民党看到农民武装对自己的威胁，自 1934 年 4 月初在直南制定了收缴民间武装、限制私人办学、派民团下乡清剿、开展所谓共产党员自首运动等防共措施，制造白色恐怖，实行法西斯统治。从此，夏营党支部停止了组织活动，直到抗日战争爆发才恢复组织生活。

1933 年 5 月，中共党员崔桐轩受党组织派遣回到家乡堤东刘庄，积极从事党建工作，先后发展刘五合、崔凤梧、崔冠军、赵三片、李省三、戴智焕入党。6 月，在李柳范家召开党员会议，宣布成立中共刘庄支部，崔桐轩任书记，通过于绍孟与直南特委联系。9 月，原寿圣寺高小支部学生党员分别在徐集、毛店、段庄成立党支部，徐作励任徐集党支部书记，戴增学任毛店党支部书记，段二运任段庄党支部书记。不久，濮阳中心县委派胡子英前来联系，指示由徐作励领导 3 个党支部的工作，直到抗日战争爆发。

中共徐集支部书记徐作励

东明县教育界反贪污运动

1931 年春，共产党员于绍孟、盛国昌、杨廷钧等人经与进步人士穆文平、李宜亭商议，决定联名发起组建东明在乡学生会。不久东明在乡学生会在东明乡师挂牌成立，会务先后由盛国昌、杨廷钧、穆文平负责。6 月，在乡学生会倡导创办私立小学。6 月末，盛国昌、杨廷钧、高月楼等聚集在杨寨杨廷钧家，讨论贯彻直南特委指示、搞好抗日救亡宣传、扩大党的队伍及本县失业青年知识分子就业问题。大家一致认为，办学校可做到一举几得，立即由杨廷钧执笔写《关于增办学校事由呈明教育局代达县政府》的呈子，并让在乡学生会会员中传阅，大造先期舆论，争取社会上各阶层人士支持。

1931 年秋，率先响应兴办学校的倡导，提出创办东明第三区高级小学，受

到三区士绅的拥护。经过大家的积极努力和不断斗争，创办私立小学的议案终于获得批准，东明三区高小以"官办民助"的办学方式开了先河。接着盛国昌在夏营创办了"志同小学"，到1934年全县有简易师范1所、高小4处、女子小学10处、初级小学200余所，在校学生近万名。学校的增多，为失业知识分子广开了就业门路，我党党员以串学为名深入各校广交朋友，发展党员，宣传党的主张。各村初小学成了我党的工作基地。

"官办民助"与"民办官助"学校兴起以后，东明县当局以补贴学校为名，在地亩税中增加了教育捐，可官办资金却迟迟不能到位，拖欠严重，影响了各学校教学活动的正常运行。1934年春，中共党员盛国昌、程伦卿、崔桐轩等通过核算东明全境土地亩数加教育捐数额，和教育局用于教育费用实况加以比较，发现了教育局贪污或挪用了教育经费。他们及时把这一情况告诉进步人士李宜亭、穆文平，大家都很气愤。4月，盛国昌、程伦卿、李宜亭、穆文平共同起草了《教育界反贪污宣言》，以在乡学生会名义在全县教师中进行签名，发起教育界反贪污斗争，扩大了我党的影响，提高了进步人士的威望。当年，杨履谦当选为东明县教育会会长，李宜亭退出国民党，经杨洁斯、李道源介绍加入中国共产党。

1934年2月，郭仪庵、吕鸿安应聘到东明县城内高级小学任教，和已在那里教书的中共党员张恩桐取得联系，建立了中共东明高小支部，郭仪庵任书记，直属濮阳中心县委领导。按照王从吾的"搞好宣传，扩大党的队伍"的指示，党支部经常利用夜晚到县城附近撒传单，以游学的名义到其他学校找老师聊天，借机宣传党的主张。同时领导了校内的反贪污斗争，赶走了思想反动的庶务主任缪文华。

1935年春初，盛国典带着河北省委"发动组织平原游击战争"的指示回东明，指令李怀道等筹建游击队。李怀道变卖家产，购买枪支，收集张五部溃散在东明县东南的人枪，组成了一支拥有50余人枪的秘密武装。他们夜聚昼散，向地主借枪借粮，积储力量扩大队伍，准备建立红色根据地。夏，盛国典从天津回东明后，以筹建纺织厂为名，在东明县城内招收50余名学工，创办平民职业学校，以此为掩护，从事宣传革命和发展党员的工作。不久，直鲁豫边区特委委员刘晏春（化名王孝先）来东明，指定盛国典统一领导东明县党的工作。盛国典随即和在东明城内的李宜亭、穆文平、程伦卿，在河西武邱集的于绍孟，在沙窝高小的杨廷钧取得了联系，准备筹建东明县工委。秋，国民党县政府派民团到县东南清乡扫荡，在夏营胡群居家搜出枪支，在重刑之下，胡群居交代了枪支来源，供出了一批共产党员，李怀道、葛义斋、支良田等30多人被捕，游击队解体，盛国典被迫出走天津。东明县党组织的工作陷入停顿，筹建县工委之事就此搁浅。

盐民揭竿支寨村

东明县地处冀鲁豫三省交界，黄河从西南向东北流经全境，由于黄水浸渗的影响，沿黄百里的土地和村庄变成了盐碱地，盐碱地不长庄稼，当地农民只好靠利盐土熬制小盐谋生。1930年，天津长芦盐业公司买通官府在东明县城设立了盐店，实行"官盐（海盐）"专卖，禁止"私盐（小盐）"上市。1931年，国民党东明县县长高君保不顾人民死活，下令全县严禁做小盐，长芦盐业公司的盐务缉私队常常荷枪实弹骑着高头大马到乡下砸盐民淋盐的盐池、熬盐的盐锅，抢夺制盐的工具，抓捕盐民、盐贩，施以酷刑，敲诈勒索。

东明县北支寨村是远近闻名的制盐大村，也是盐业公司缉私队打击的重要对象。哪里有压迫，哪里就有反抗，支寨村的盐民支悦刚，首先带领盐民走上了反抗道路，逐渐成为颇有影响的盐民领袖。在支寨盐民斗争的影响下，盐民的斗争迅速蔓延到东明县北部、西北部广大农村。

1931年5月，中共濮阳县委扩建为濮阳中心县委，负责领导濮阳、东明、长垣等县党的工作。濮阳中心县委对正在兴起的盐民斗争非常重视，委派共产党员和支悦刚等盐民首领取得了联系，进行形势教育，提高他们的阶级觉悟。中心县委书记王从吾还亲自把支悦刚请到濮阳，进行了诚恳交谈，具体指导盐民的斗争。

1932年4月5日，支悦刚带领支寨及周围村庄的盐民300多人，向东明县政府请愿，遭到反动县政府逮捕，在其秘密往大名押解途中，被支寨、八里店一带盐民武力救回。1932年5月初，以支寨、柳里、郭黄寨、满城为中心，北起黄河边，南至刘楼、东明集，东起葛行、大屯，西达黄河沿，方圆百里以内近百个村庄的盐民都相继建立了盐民协会。5月中旬，东明县各村盐民代表在支寨集会，宣布东明县盐民协会成立（俗称盐池子会），共同推选支悦刚为会长，登记会员1.5万余人。盐民协会成立后，对各村自然形成的组织进行统一调整，设立团队基层组织，成立了钉耙队、

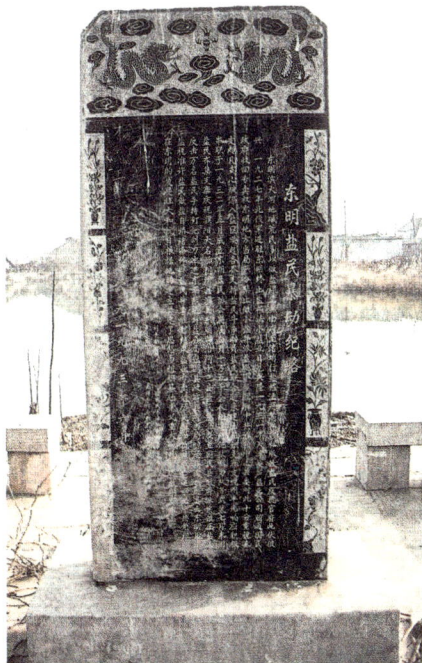

东明盐民暴动纪念碑

刮刀队、红枪队。组织健全，联络方便，一村有事，互相策应，会员们情绪高涨，开展大规模斗争的条件已经成熟。

1932年夏，"两河（河南、河北及山东部分县份）盐民总会"在清丰县古城集成立，王从吾被选为总会主席，支悦刚为总会委员。从此，党领导黄河两岸13县盐民走上了联合斗争的道路，东明县的盐民斗争也由此进入高潮。

1932年8月27日（农历七月二十六日），东明县600余名盐民代表和1万余名手拿钉耙、刮刀、红樱枪的盐民群众齐集支寨村，召开庆祝"两河盐民总会"成立大会。大会分发《告盐民书》等文件、传单，传达总会的决议，部署今后盐民斗争的任务。大会进行中，反动县长派保安队、盐务队全副武装，前往镇压。支悦刚一声令下，盐民奋起反抗，当场打死盐巡3名，其余保安队、盐务队员狼狈逃回城里。盐巡逃走后，东明县盐民协会当即研究对策，认为反动县政府和盐务队决不会善罢甘休，而盐民的斗争情绪正旺，与其坐而待毙，不如举行暴动驱逐盐巡。随即成立以支悦刚为总指挥的指挥部，制订了武装进城的计划，一场大规模的盐民暴动从支寨村爆发了。

8月29日凌晨，支悦刚率全县盐民代表和支寨一带盐民2000余人，从支寨出发，从北门冲进东明城里。盐务队闻讯仓皇跳上马背从城东门出逃，盐民队伍追赶不及折回头冲进盐务局，一举捣毁了盐务队驻地。红缨枪、钉耙、刮刀、铁锨排成一条条长龙，"驱逐盐巡出境""取消盐税""不达目的誓不罢休"的口号声震天动地，响彻云霄。9时许，盐民队伍包围县政府。县长任传藻慑于盐民的巨大威力，不得不和盐民代表谈判，全部接受盐民的要求，盐巡退出东明，取消盐税，准许盐民做小盐，并唱大戏一台，放鞭炮万响，摆酒席100桌，向盐民赔礼道歉。盐民万众欢腾，高歌："东明有了盐池子会，做盐逢官不纳税。"东明盐民的斗争，在党的领导下第一次取得了胜利。

盐民领袖支悦刚

支悦刚，又名支二刚，1886年7月生于山东省东明县菜园集镇支寨村。当时受黄河水浸渗的影响，东明县沿黄长达百里的土地都变成了盐碱地，盐碱地里种不成庄稼，盐碱区村庄的农民只好靠做小盐买卖维持生计。

支悦刚的青年时期，时值清末民初，军伐混战，匪盗猖獗，海盐内运受阻，不少地方食盐紧缺。支悦刚常与人结伙用独轮车推运小盐到河南省辉县、林县等山区进行买卖。路上时常遇见匪徒劫持、税卡强征。支悦刚有胆有识，善言辞、会周旋，常化险为夷，逐渐成为盐贩们的核心人物。因此，考城、兰封、长垣、濮阳的盐贩们宁肯绕道百里，也要来找他结伴同行。

1927年，北伐军进驻东明县，封了盐务局，取消了盐业专卖，致使做小盐者骤增，贩盐业更加繁荣。1930年，天津长芦盐业公司买通官府，收回专卖权，在东明县重建盐务局，在城内设了盐店。盐务局一边销售海盐，一边向做小盐者征税。后来，由于海盐内运量大，小盐就成了海盐独霸市场的障碍。盐务局便实行海盐专卖，把小盐变成"私盐"，严禁上市买卖。国民党东明县政府发文布告不准生产小盐，长芦盐业公司派盐务缉私队下乡砸毁熬盐锅、盐池，抢夺做盐工具，抓捕盐民、盐贩。为了生存，广大盐民奋起自卫，并仿效盐贩的形式团结在一起，联手对抗官府，保护自身利益。见盐巡来得多时，他们就躲开；盐巡来得少时，他们就拿着钉耙、刮刀一起出动，轰赶盐巡。盐民越反抗，盐务队出动次数越多、规模越大。随着斗争的不断升级，盐民们自发组织起来，实行村村联合，作为贩盐首领的支悦刚，自然也就成了盐民们的首领。

1931年5月，中共濮阳中心县委为了推动革命的发展，及时引领正在兴起的盐民斗争。先后派共产党员喻屏、王冠儒、胡子英、支心坡、支超凡等人到东明支寨等盐民集中的村庄，深入了解盐民的生活状况，调查盐巡的破坏罪行及盐民与之斗争的情况，广泛对盐民进行宣传："农民种地，盐民做盐，都是合法的；农民种庄稼过生活，盐民刮土晒盐也是为了生活。"明确说明：盐民做盐是为了解决生活问题，盐巡根本不能干涉，盐民不做盐就活不下去，要活下去就得团结起来，共同反对盐巡的无理盘查。中共直南特委军委书记高克林和濮阳中心县委书记王从吾还把支悦刚请到濮阳诚恳交谈，亲自做工作。支悦刚受到教育，觉悟提高，思想逐步发生了变化，随后几次主动去濮阳，认真听取中共党组织对盐民斗争的具体指导。通过党组织的积极工作和宣传教育，使大多数人接受了驱逐盐巡的主张。

1932年清明节那天，支悦刚带领支寨一带盐民300余人到国民党东明县政府请愿，提出了"只要准许做盐，盐民照拿官税"的主张。县长看到盐民人多势众不好惹，就把这个问题直接推给盐务局出面处理。盐务局不同意盐民的要求，导致谈判陷入僵局。之后，县政

支悦刚纪念碑

府指使盐务局秘密逮捕了支悦刚，盐巡把支悦刚捆在马车内，准备偷偷送往大名。当马车行至支寨东地时，恰巧被盐民支悦桂发现，他当即抓住马笼头不让车走，并义正词严地和盐巡辩理。很快，支寨、八里店的盐民们闻讯后，纷纷拿着钉耙、刮刀、红缨枪跑过来，团团围住马车。盐巡一看事情不好，随即抛下支悦刚，驱车逃跑了。

1932年六、七月间，10余县的盐民代表在清丰县古城集召开大会，成立了两河（河南、河北及山东部分县）盐民总会。支悦刚、支心坡代表东明县盐民协会参加了这次大会，支悦刚当选为总会委员。从此，清丰、滑县、濮阳、内黄、南乐、浚县、大名、东明、长垣、朝城、濮县、观城、范县等黄河两岸13县的盐民，在中国共产党的领导下走向了开展联合斗争的道路。

七七事变后，支悦刚领导组建了东明县北联庄会，并担任会长。他提出"抗日救国、防盗缉私"，依靠武装力量抗击日寇侵略，保境安民，维护地方治安。1938年8月，他积极响应中国共产党的号召，率领联庄会自卫队参加民军，并任东明县民军第四后备大队大队长，与八路军并肩作战，共赴国难。

1940年2月，国民党在冀南掀起了反共高潮，支悦刚被国民党别动队臧八部诱杀于东明县武胜桥村西，时年54岁。

第四节　建党先驱

东明第一位共产党员于绍孟

1927年初，正是春寒料峭时，一个年仅19岁的中国共产党员，受中共北方区委的指示来到东明，他叫于绍孟。

这是一个微弱的星星之火，似乎有些孤独，但却闪烁着异样的光辉和亮点的风采，在黑夜里显得特别明亮。

于绍孟生于1908年，字淑卿，河南省长垣县方里集村人。他出身于布商家庭，家贫但刻苦好学，靠姐夫资助读完了小学。1925年考入河北省立第七师范学校（即大名七师）。

1927年1月，在大名七师参加读书会，接受了马克思主义，经同学赵纪彬、李大山介绍加入中国共产党，当时年仅19岁。1927年5月，大名一带的红枪会为反对直鲁联军的压迫，举行暴动，围攻大名县城，七师被迫放假，于绍孟与高韶亭回到东明，遵照中共北方区委的指示，以跨党党员的身份参加国民党，围绕筹建县党部、掌握领导权、开展群众运动支持国民革命军等任务开展工作。高韶亭进入长垣，筹建长垣县党部，于绍孟则留在东明。中共党员汪静涵负责县政府工作时，任命于绍孟为宣传室主任，负责全县的宣传教育，组建宣传队下乡，宣讲马克思主义，介绍孙中山先生的"联俄、联共、扶助农工"三大政策，支持群众运动。

1927年，蒋介石、汪精卫相继叛变革命后，北方的冯玉祥也开始右转，参与了蒋、汪的反共逆流，他让在部队的共产党员离开部队，停止了执行扶助农工的政策，撤销了战地党务指导委员会。汪静涵离开部队，于绍孟也被迫离开东明去了长垣。

1929年，于绍孟离开七师避居在东明武邱集村李宜亭家，同李宜亭创办东明县第七区高级小学，任语文教员。1930年在武邱集组织东明在乡学生会，领导东明的学生运动，同时担任大名特支的联络员，负责东明、长垣两县党组织之间的联络工作。1934年2月，于绍孟策动张清克、季七两部攻打东明县红枪会头子苏灿然的老巢——霍寨，县西各乡民团随开封行营派驻到东明城内的国民党军一营前往镇压。张、季两部腹背受敌，寡不敌众，季七中炮身亡，张清克率部突围后隐蔽于菏泽、考城。

1937年下半年，奉直南特委指示，同张恩桐组织中共东明县工委，负责军事工作。1938年8月，地下党员张慧僧任东明县县长，于绍孟负责组建东明民军大队，任副大队长。在此期间他具体负责同土匪武装、杂牌部队的联络，同马凤洛、胡萝头、张老五、刘进甲等建立了统战关系。同年9月，东明县举办抗日军事政治训练班，于绍孟兼训练班政治教官，讲授唯物主义、辩证法，深受学员赞许。1939年初，反共顽固分子吴致岑接任东明县县长，于绍孟被迫离开民军大队，回到家乡，从事抗日宣传活动。

1943年初，滨河县建立，于绍孟任四区副区长。同年3月24日，在河西自上村被顽军邵洪基部的寇团诱捕，27日遇害于长垣县的戚寺林，时年35岁。

鞠躬尽瘁的高韶亭

高韶亭（1883—1953），又名高春芳，河北省长垣县河东三区高庄村（今山东省东明县焦园乡高庄村）人。1918年考入直隶工学院（今天津工业大学）应用化学系，1922年以连续四年第一名的成绩毕业。学生时代就接受了马克思主义思想，积极投身革命活动，利用寒暑假以书信联络等方式，最早在家乡知识青年中传播马列主义，唤起民众。

1923 年 7 月，河北省教育厅委派谢台臣筹办省立第七师范学校，并任命其为校长。谢台臣遂辞去省议员由天津赴大名，并聘请晁哲甫、王振华、高韶亭等，协商筹建大名七师学校事宜。9 月，谢台臣聘请晁哲甫任教务处主任，王振华为训育处主任，高韶亭为总务处主任，组成了坚强的学校领导机构。从建校伊始，高韶亭即担任学校总务主任（1923 年 12 月至 1931 年 5 月），并担任物理化学教员，他在教学中，大力倡导"以作为学、经世致用"主张，课外教给学生制革、制胰、照相等技术。他在和同学们一起修整校园搬石头时讲力学，讲授化学理论后，带领学生熬制肥皂，后来发展为制胰厂，生产"荷花牌"肥皂，很受群众欢迎。当时的小工厂有制胰、制革、织布、织袜等，织布厂的织布机达到 20 多台。

直隶大名第七师范当时被称为"红色师范"，教员、学生中多名共产党员。1927 年 4 月，校长谢台臣、教务主任晁哲甫、训育主任王振华、总务主任高韶亭、教师林子仁，由北方区委直接领导的大名特支书记李素若介绍加入共产党。学生李尊荣、李亚光、李大磊、孙锦、崔光照（崔子仪）、郭仪安、吕鸿安等，相继参加了党组织，大名七师党组织有了很大发展。这时全校有党员 30 多名，校内五个班都建立了党小组。在加入中国共产党不久，遵照中共北方区委指示，以个人名义参加国民党。1927 年 5 月，奉系军阀占领大名城，学校被迫解散，高韶亭按照中共校特支布置回到长垣县，从事党的地下活动，帮助建立了国民党长垣县国民党党员登记处，在城内发展王青峰等为国民党员（不久转为共产党员），使国民党开始在长垣建立组织。后来国民革命军到达长垣，高韶亭、王君瑞等曾发动和领导群众割奉军的电话线，并帮助国民革命军张贴标语，援助北伐军。梁寿恺率领的北伐军进攻大名未成功，撤走了。谢台臣随梁寿恺撤退时，曾嘱高韶亭回校维持局面。此时的学校校内驻满军队，门窗玻璃、图书仪器、课桌课椅皆被破坏得狼藉不堪，围墙满布炮眼，墙内外尽皆战壕，战争气氛浓重。在校留守的高韶亭辞职未被河北省教育厅批准，就趁年底一部分校舍腾出的机会筹备开学，当时只让第二班、第三班学生回校了。为了多要点经费，他又招了第七班新生，但未令入学，不过不到一个月，又因经费不支而放假，学校被迫停顿下来。学校经过一年半的停顿，到 1929 年 2 月，谢台臣回大名复校开学，在此期间，高韶亭为协助北伐军北上和学校党组织的活动做了积极的工作，在家乡和大名师范师生中影响很大。

高韶亭在家乡积极宣传马克思主义，把大批知识分子进步青年吸引到党的周围，在他的带领下，家乡许多人跟着他走向革命道路。高韶亭经常和他们一起在高庄家中聚会，探讨中国革命的道路。高庄成为河南长垣、濮阳、东明、兰封、考城等周边几县的红色中心，周边几县的进步青年在高韶亭的教育引导下，很多人走上革命道路。东明县党史上重要人物李柳范，就是在他的介绍下加入了中国共产党，李柳范1929年到大名七师任庶务员、庶务主任，成为高韶亭的同事。

1937年，七七事变爆发，中华民族全民抗战开始。作为化工专家，高韶亭受国民政府派遣，前往抗日大后方重庆，创办国立工业专科学校。而这所学校的根本目的，就是为中国的持久抗战，培养军工人才。高庄村曾有多人跟随高韶亭奔赴重庆，从事军工生产。时国家贫弱，建校任务迫在眉睫。高韶亭被任命为中央工业专科学校筹备组组长，抗日前线炮声隆隆，后方重庆兵工厂建设工地日夜施工。而这所培养军工人才的学校，一面招生，一面用竹子茅草搭起校舍。白天敌机轰炸，晚上用被子捂严门窗上课。大批从敌占区逃亡的学生，被高韶亭招来学习军工知识。高韶亭的小儿子也在敌机轰炸中丧命。因学校经费特别紧张，大批流亡学生没有经济来源，高韶亭都拿出自己的津贴资助学生学习。中央工业专科学校的师生们，在高韶亭的带领下，克服种种困难，用土高炉炼出军工急需的特种钢材，制造出了威力无比的无烟炸药。同时受重庆红岩周恩来、吴玉章的指派秘密送大批师生和抗战人士去延安，为起步维艰的抗日军工生产，培养了大批军工技术人才，有力地支援了中国人民的抗日战争。

高韶亭的同事杨裕民，受八路军总司令朱德特招，奔赴延安，主持八路军黄崖洞兵工厂军工生产，急需要军工人才。高韶亭作为党的地下工作者，把大批进步军工知识青年，通过国民党占领区，送往八路军兵工厂黄崖洞。黄崖洞兵工厂得到高韶亭人才、技术、原料等方面的大力支持。1939年7月21日，杨裕民因奔劳过度，心脏病复发去世。1939年9月18日，重庆文化教育界知名人士和八路军驻重庆办事处在沙坪坝南渝中学礼堂召开"晋东南各界人士纪念九一八、追悼杨裕民先生大会"，各界人士5000人参加了追悼大会，高韶亭是追悼会发起人之一。

在重庆，高韶亭与董必武、叶剑英、刘清扬等革命前辈一起，积极进行党的统一战线工作，扩大党在国统区的影响。长垣县妇女运动先驱傅青惠，是高韶亭的追随者，她以长垣县第一名的优异成绩，考入天津女子师范学院。抗战爆发，随学校南迁，经历河南大学借读，最后也抵达重庆，在四川大学完成学业，与高韶亭结为夫妇。在千难万苦中辅助高韶亭的革命工作。抗战胜利后，高韶亭从重庆回到天津，担任河北工学院财产接收专员，追讨日寇掠走的大学财产，并担任复校后的总务主任，同时参加天津市的地下工作。

1949年1月察哈尔省人民政府成立，高韶亭奔赴察哈尔。察哈尔省是新中国成立之前建立的第一个行政省，省主席张苏（1931年12月至1932年8月在大名七师任教），也是20世纪20年代的老革命，大名七师的党组织被破坏后，

党委派张苏去恢复组织工作，在那里听到高韶亭的名字，听到学校师生对高的才干和道德品质的高度赞扬。经组织同意，高韶亭应张苏之邀，奔赴张家口参加该省的经济恢复工作。10月1日中华人民共和国成立，周恩来下发第一批政府委任状，高韶亭被任命为察哈尔省工业厅副厅长，担负起恢复解放区工业生产的重任。察哈尔省是西北工业基地，高韶亭不负众望，他的杰出才干得到充分发挥，使西北工业在战后迅速得到恢复。高韶亭因多年奔波劳累，1953年在繁重工作中病倒，8个月后，高韶亭走完了他波澜壮阔的一生，被安葬在北京八宝山革命公墓。

为革命献身的盛氏三兄弟

东夏营村有一户盛氏大家族，祖籍庐州合肥县。盛氏先辈对后世要求甚严，希望他们光门耀祖，成就盛氏家族的辉煌。这个大家族中的盛国昌、盛国典、盛国宦是同胞三兄弟，正值青春年华，是盛氏家族最具活力的一代人。

盛国昌生于1910年，盛国典生于1912年，盛国宦生于1905年。1929年，在濮阳中学读书的盛国昌、盛国典，在学校接受了马列主义，加入了中国共产党，利用寒暑假回到家乡大屯，走亲访友，带领一群热血青年在夏营、五营、赵真屯、王屯、游屯等村庄发展了一批共产党员，同年8月在夏营村东北地杨树林中集会，宣布夏营党支部成立，盛国昌任党支部书记，沈子明任组织委员，贾计新任宣传委员，这是中国共产党在东明县建立的第一个党组织，也是菏泽市第一个农村党支部。

同年冬季，根据中共中央六大会议精神，组织领导灾民进行抗税、抗捐、抗租、抗债斗争，组织群众借粮"吃大户"。东明县东部的群众自发仿效，形成了轰轰烈烈的"吃大户"斗争，遭到地主阶级的武装镇压，激起农民的武装暴动。1930年5月，张五、刘进甲在李八老、范士屯等地竖起"杀富济贫"大旗，联合河南省委掌握的棉籽营民团，与红枪会在东明县、曹县、考城三县接合部展开了拼杀。夏营党支部一面将暴

盛国昌（左四）、盛国典（左二），1927年在濮阳中学留影

动情况报告给濮阳县委，一面让党员加入暴动队伍，宣传共产主义，并说服张五等按党的意图行军作战。11月，顺直省委派员改编刘队为红军二十六军独立师。在李立三路线的错误指导下，坚持四年之久的红军运动终于失败。

1930年秋，盛国典考入了天津工学院，盛国昌回到了家乡。1931年春，为了扩大党的队伍，壮大革命力量，团结知识界进步人士同国民党进行合法斗争，盛国昌、杨廷钧、于绍孟等中共党员决定成立全县的学生组织——东明县在乡学生会，并同李宜亭、穆允治等进步人士共同起草了会员章程。不久东明县在乡学生会在东明县城内成立，先后有盛国昌、杨廷钧、穆允治负责。6月，在乡学生会以广办学校、提高国民素质、增加就业率为由，联名上书教育局，倡导自由创办私立小学。这一倡议得到社会各界人士的大力支持，国民党东明县教育局迫于社会各界的压力，答应给办得好的私立学校备案，年拨发办公经费30元。这为失业知识分子自谋职业开了门路，为我党在农村创立工作基地提供了条件。1932年4月，盛国昌在夏营村创办了"志同小学"并任校长。学校分两班制，白天为全日制小学，晚上是农民夜校，夜校课本自编，既教农民识字又讲革命道理。夏营支部用这个办法控制了夏营村，保证了党的活动。同年10月，河北省委巡视员陈源道来夏营，传达省委在平原开展游击战争的指示，要求夏营支部，收集枪支弹药，训练骨干，随时准备拉队伍，参加游击战争。支部决定，由盛国宦出面买枪，训练骨干。盛国宦于1929年入党，是盛家当家人，盛家又是夏营村首富，盛国宦以世道不宁，组建护院队为名，典卖家产，购买枪支火药，并在后院设秘密工厂，制造手榴弹，利用农闲公开在打麦场训练准备参加暴动的人员及自愿参加的村民。

1933年4月，濮阳中心县委书记梁宝森来夏营，查看武器购买情况，见仅购枪10余支，造手榴弹200余枚，组织队伍500余人，认为工作开展不力，并指示："中心县委决定，待姚家、两门暴动成功后，夏营支部要立即行动，尽可能多地夺取附近民团的枪支，带队到两门会合。"8月（农历六月），黄河从北岸决堤，姚家一带被淹，群众无粮，党提出分粮"吃大户"，准备武装暴动，但缺少武器，夏营党支部先后为其提供长短枪12支，自制手榴弹100余枚。在王明路线指导下，上级机关不顾客观环境变化，一味催促，暴露了暴动计划。12月，遭到国民党的武装镇压，姚家暴动失败后，暴露了党在直南的力量，国民党在直南地区制定了防范措施，派民团下乡清剿。1934年2月6日（农历十二月二十三日），濮阳中心县委委员张大田从柿园村赶到夏营，通知姚家暴动失败，要求夏营支部隐蔽下来，等待时机。姚家暴动物资筹划都由盛国宦出面筹措，暴动失败后，讨债者纷纷上门，盛家已资不抵债，盛国宦的身份随时都有暴露的危险。按照濮阳中心县委的安排进行分散隐蔽，如濮阳中心县委书记田

秉和等先后出走陕西。从此，盛国宦下落不明。

姚家暴动失败后，国民党在直南进一步加强了对学校的控制，规定官办学校的校长一律由国民党员担任，民办官助学校扣发或少发官助资金。宣布农民夜校不合教育法，勒令解散。为达到发足教育经费的目的，1934年4月，中共党员盛国昌、程伦卿和进步人士李宜亭、穆允治、杨履谦共同起草了《教育界反贪污宣言》，以"在乡学生会"的名义在全县教师中进行签名，此斗争虽然未能斗倒国民党东明县教育局局长，但使人民看清了国民党的反动腐败，扩大了我党的影响，提高了进步人士的社会威望，促使国民党中左派与右派的公开对立，争取了中间派。同年，杨履谦当选为东明县教育会会长，李宜亭退出了国民党，并加入了中国共产党。

1935年春，彭稼轩任东明县县长后，提倡尊孔读经和"新生活运动"，反对抗日宣传，实行"肃共"政策，引起进步师生反对，中共党员盛国昌、穆文平、李宜亭联合国民党左派人士杨履谦、关兆瑞等，团结进步师生，掀起了以驱逐彭稼轩为目的的全县各校统一罢课斗争，持续半年，迫使彭稼轩辞职离开东明县。年底，东明县各校师生响应北平"一二·九"学生运动，纷纷上街宣传抗日，声援北平学生的反帝爱国行动。代县长陈曙辉持默认态度，抗日救亡活动公开化，宣传声势浩大，救亡呼声遍及全县。盛国昌等人的活动，被东明县国民党县党部侦悉，密告给国民党河北省政府。国民党河北省政府电令东明县政府，缉捕盛国昌、程伦卿、杨廷钧等共产党人。密电内容被李宜亭侦知，李当即告诉盛国昌等10余名党员，催其连夜离开东明县。盛国昌、杨廷钧出走陕西。杨廷钧在宋云绮主编的报社当了记者；盛国昌去了陕北，投奔红军，此去再无消息。

盛国典1935年春带着河北省委"发动组织平原游击战争"的指示回东明县，指令李怀道筹建游击队。盛国典以国民党东明县政府建设科总技术师、代理科长、平民工厂厂长的身份住在东明县城内以筹建纺纱厂为名，招收50名学工，创办了半工半读的平民职业学校，以此为掩护从事宣传与发展党员的工作，先后发展党员10余名。同年夏初，直鲁豫边区特委委员刘晏春来东明县，指定盛国典统一领导东明县共产党的工作。盛国典随即和在东明县城内的李宜亭、穆文平，在河西武邱集的于绍孟联系，准备筹建东明县工委，此时李怀道已拉起了50余人和枪支的秘密武装，采取夜聚明散的办法，向地主借粮借枪，积极扩大队伍，这些行动引起东明县国民党政府注意，经常派民团到县东南地区清乡扫荡。秋，民团在夏营胡群居家搜出长枪1支，在重刑之下，胡群居交代了枪支来源，李怀道等30多人被捕，游击队解体，盛国典被迫出走天津。

抗日战争爆发后，盛国典的肺病日趋严重，身体虚弱，经常呕血，仍坚持做交通工作。1937年9月，河北省委书记李运昌根据中共中央北方局"全党搞武装、抓政权、放手发展自己力量"的方针，派盛国典从天津回东明县拉队伍，参加冀东暴动。盛国典回到夏营后变卖家产购买枪支交张学增、游秀峰组织游击队。张学增于1938年春，在吕陵集拉起300余人的队伍。6月，将部队带到河北省正定县，参加了那里的游击战争。1937年10月末，直南特委（临时）书记刘大凤来东明县，指示盛国典筹建东明县工委，此时盛国典已病重卧床，由中共党员杨新洁用木轮平推车推着赶到了东明县城，找到了穆文平，经穆文平介绍情况，知道了张恩桐已从开封回到了东明县。月底，中共东明县工作委员会在夏营成立，张恩桐任书记，于绍孟、李宜亭、穆文平为委员，负责秘密恢复基层党组织，公开宣传抗日救亡，成立救国会。经这十多天的奔波，盛国典的病情加重且添了新病，生了瘩背疮，既无钱治疗又找不到良医。1938年5月下旬，日寇洗劫夏营。6月，盛国典病故家中。

盛氏三兄弟先后英年早逝，在社会上引起极大反响，人们普遍认为，盛氏兄弟为人诚实，遇事慷慨，是合格的中共党员。他们三兄弟用行动，实践了把一切献给党，为共产主义奋斗终身的誓言，是优秀的共产主义战士，是东明县的骄傲。

教育名士李宜亭

李宜亭（1888—1943），又名全义，号方斋，直隶省东明县武邱集（今属长垣县）人。青年时期即胸怀大志，一心报国，虽家境贫寒，仍奋力求学。在北平师范大学读书期间，受马列主义熏陶，参加了著名的五四运动。

1921年，他学成回乡，先后受聘于长垣县立春亭高级小学和东明县立第一高级小学，任国文教员和历史教员，由于他在教学内容方面主张略古丰今，在教学方法方面主张学用结合，在对待学生方面主张废除体罚，师生平等，因而深受民众欢迎，从而使他成为东明县教育界的知名人士。

他积极拥护孙中山的"联俄、联共、扶助农工"三大政策，于1924年加入国民党。1928年，当选为东明县党部执行委员，当时，国民党右翼掀起反共逆流，他拍案而起，横眉冷对，力排众议，遭到右派围攻。1929年，他决然辞去县党部执委职务，出任县立女子小学校长，后回到家乡河西区，兴办武邱集完全小学。此后，他和共产党员杨洁斯等建立了联系，较系统地学习了马列主义理论。

1932年，黄河两岸盐民运动兴起，他写了《盐榷》一文，表示对盐民运动的热情支持。他还对东明社会状况做了大量调查，以阶级观点写了《民生篇》。

1934年，他毅然退出国民党，经杨洁斯、李道源介绍加入中国共产党。是年，他担任东明县民众教育馆馆长，在馆中增设演讲部，积极向青年宣传抗日救国。

1935年，他再任东明女子小学校长，和共产党员盛国昌、穆文平等团结进步师生，掀起驱逐国民党右翼县长彭家轩的罢课斗争，迫使彭黯然下台。是年，"一二·九"运动爆发，他带领学生上街游行，声援北平学生的反帝爱国行动。

七七事变后，他以抗日救亡为己任。四处奔走，和于绍孟、王汉才、师凤山等在武邱一带发起组织抗日救国会。是年10月，任中共东明县工作委员会委员，着手恢复党的基层组织，领导抗日救亡运动。

1938年，中共直南特委与国民党濮阳专员丁树本建立统一战线，丁委任中共地下党员张慧僧为东明县县长。张到东明后，首先慕名拜访了李宜亭，并聘李为县政府秘书兼民军大队总参谋。是年9月，李协助张慧僧等开办了两期抗日军政训练班，培养了一批基层干部，发展了一批共产党员，迅速在全县掀起抗日救亡高潮。

1939年初，丁树本消极抗战，积极反共，排斥张慧僧，任命顽固派吴致岑为东明县县长，团结抗战的局面遭到破坏。李宜亭羞与为伍，愤然辞职，继续教书。他利用一切机会揭露国民党顽固派破坏抗日统一战线的罪恶行径，并在学生和农民中建立和壮大抗日救国组织，发展共产党员。有人为他担忧，他坦然一笑说："为民族伸张正义，何怵之有？"

1940年3月，县抗日政府建立，他出任首席参议，和县长南偕箓一同代表东明县军、政、民各界参加冀南行政督察专员公署成立大会，并向大会提出六条施政建议，均被采纳。是年6月，日本侵略军发动大扫荡，环境恶化。李宜亭受命去武邱集一带工作。这一带日、伪、顽、杂犬牙交错，势力最大的是土匪司令邵鸿基，邵怀疑李是共产党人，但慑于李的威名，又不敢贸然处置，只有派人暗中监视，而表面却又假惺惺地聘李为高级参谋，加以笼络，李断然拒绝邵的引诱，仍在邵寨教书。

1943年，邵鸿基通过暗探得知李宜亭与中共滨河县委书记蒋中岳有联系，而且从李住处搜出了《新民主主义论》，于是认定李是共产党人，决定置之死地。一天，邵派四名武装特务持帖连夜赶到邵寨请李"赴宴"。李意识到将要发生的一切，他镇定地穿好衣服，向妻子于绍瑞（共产党员）说："我去邵司令那里'赴宴'去了，家里的事交给你了。"说罢昂然而去。

1943年2月27日夜，李宜亭被邵鸿基部别动队活埋在孟岗村北大堤脚下。噩耗传出，沿黄数十个村庄的男女老幼，无不哀恸欲绝，冀鲁豫边区政府在大鲍寨为他隆重举行了追悼大会，挽联是："桃李遍天下，誉满东长濮，一代完人；硕果盈滨河，宜亭出丰碑，余威生辉。"冀鲁豫行署追认他为革命烈士。

宠辱不惊李柳范

李柳范（1890—1961），东明县刘楼镇刘庄村人。曾任长垣县教育局会计、教育委员。其间，他在破除迷信，发动放足、剪发等反封建活动中，做了大量的工作，博得了革新派人士的赞扬。1924年，参加国民党，但后来看到国民党黑暗腐败，倒行逆施，于1928年毅然退出国民党。1929年，他到大名七师任庶务员、庶务主任，由高韶亭介绍加入中国共产党。

1930年，他奉中共直南特委派遣，回乡开展工作。他利用当地士绅望子成龙的心理，与当地社会名流协商，在竹林村南寿圣寺创办高级小学，于当年秋季招收了第一届新生。1931年春，李柳范到濮阳中学任庶务主任。九一八事变后，他公开抨击国民党当局的不抵抗政策，支持爱国的学生运动，遭到国民党河北省政府的通缉，被迫出走天津，从而和党组织失去了联系。在天津蒙难期间，他利用同学关系，先后在河北工学院、天津商业职业学校、天津法商学院任庶务员和庶务主任。

1936年，他参加了由国共两党和无党派人士组成的"华北抗日救亡总会"，负责照顾留津的抗日家属，并搜集日军活动的情报。

1941年，"总会"遭破坏，他于年底返回原籍。1942年春，他千辛万苦步行200余里，到鲁西观城，找到冀鲁豫行署主任、原大名七师教务主任晁哲甫，一是寻找失去的组织关系，二是要求安排今后的工作。组织关系因失去时间太长，不好恢复；至于工作，晁哲甫拟让他就任行署司法处处长，并由组织上妥善安排照顾其家属子女。李柳范不愿给组织找麻烦，就返回家乡。返乡后，他四处奔走，宣传共产党的抗日主张，团结壮大力量，并筹建了县参议室。

1942年，顽固派邵鸿基将东长密委代理书记王克敌、宣传部部长王云捕去，羁押在焦楼乡公所。李柳范闻讯后，立即前往营救，经与焦楼乡乡长焦仲仁密谈后，焦有所感悟，遂将二王暗中释放。后来东长密委采纳了李的建议，聘请焦为县参议员，扩大了统一战线。

同年春，李柳范创办了一所抗日小学。这所小学，成为当时东垣县的最高学府，担负着为党和抗日军队培养人才、输送干部的光荣任务。这所小学处在一块方圆不足20华里的根据地，时常遭受日伪、顽的联合扫荡，因而没有固定的校址，没有任何教学设施，师生只能背着行李"游击"教学。作为校长的李柳范，与师生们甘苦与共，患难相依，并随时注意和上级及各方面联系，分析、判断敌人的动向，以决定师生的行止。学校处境尽管艰苦异常，但由于他办学有方，这所学校的教学质量在冀鲁豫地区还是屈指可数的。在极其严酷的战争

环境中，他的妻子在一次战斗中负伤。由于当时医疗条件差，伤口恶化，终致牺牲。他化悲痛为力量，挥泪安葬了爱妻，又送长子及两个女儿踏上征途，并鼓励他们继承遗志，杀敌立功。他秉性耿直，敢于仗义执言。一次，他曾为一个被错误定为"特嫌"而遭受打击的同志鸣不平，因而招来别人不应有的误解，使他重新争取入党的愿望成为泡影。尽管如此，他的信念毫不动摇，仍然怀着对党的一片赤诚，去进取、去奉献。1946年秋，国民党军队进犯东明，他携家带眷，推着一辆独轮车，逃到黄河北岸解放区，并应聘于昆吾县七区完小任校长。

1948年秋，东明全境解放，他又携家返回家乡。此时，他家的房子被敌人扒去盖了炮楼，家中财产被敌人抢掠一空。但他想的却不是这些，他草草地把家属安排到邻家，就迫不及待地到县里去要求工作。县教育科先是让他在教师训练班讲课，后又让他担任了城关和黄堌两个完小的校长。

1949年秋，他调到供销合作总社任会计；不到一年时间，又调到建设科分管农业；接着，又调到戴河沟农场当技术员。后来李屯林场和附近村子的群众关系紧张，又调到李屯林场当技术员，收拾残局。在不太长的时间里，他连续调动，而且职务每况愈下。这在一般人很可能背包袱闹情绪，可李柳范却是处之泰然，从不斤斤计较，并且干一行爱一行、爱一行专一行。

1956年夏，他正在大田里给农民讲农业技术，省里来了位领导检查工作，发现这个手拿旱烟袋、身穿粗布衣的普通林场技术员，竟有这么渊博的知识，不禁啧啧称奇。经过了解，才知道他是个老革命，有着曲折的经历，是个传奇式的人物。在这位领导的干预下，县里才把李柳范调到东明一中任副总务主任。在县一中时，他仍然保持着艰苦朴素的作风。为保证学生的身体健康，他坚持在学生伙上就餐，倾听学生对伙食的意见；为使教师都能住上宿舍，他甘愿睡在会议室的一个墙旮旯里；为防止危房坍塌，他经常检查隐患，杜绝险情……像这样的例子举不胜举，因而他深受师生的尊敬和爱戴。

1957年，李柳范以67岁的高龄退休了，每月只领取32.5元的退休金。他中年丧偶，晚辈都在外地工作或上学。就是这样一个孤独老人，竟不愿到子女那里去安度晚年，却乐意住在家乡，干点力所能及的农活儿；买个放大镜认真学习马列著作；有时还到附近大队，义务传授农业技术知识。

1961年农历二月十一日，李柳范在姚头农场的一间小屋里，溘然长逝了。他的一位得意弟子为他敬献了一副挽联：刚介耿直人敬畏，平淡无奇亦风流。

第七编

近现代时期（中）

第一节 抗日救亡

抗日救亡运动

1933 年 5 月，冯玉祥在张家口组建察绥民众抗日同盟军举旗抗日，东明人民迅速掀起参战高潮，中共党员李元起、胡二转等 50 余人自发组织志愿队，赶赴张家口参加同盟军。5 月 31 日，国民党政府派中日停战谈判首席代表熊斌与日本关东军副参谋长冈村宁次在塘沽签订丧权辱国的停战协定。消息传来，东明再度掀起抗日反蒋高潮。6 月初，东明乡师学生自发上街查封日货，遭布商抵制，发生冲突，师生闻讯，立即举行罢课，历数日军侵华暴行，抨击蒋介石的不抵抗政策。斗争持续半年，迫使商号全部停销日货。1934 年 3 月，华北时局日趋危急，全国抗日救亡运动普遍兴起，李宜亭召集师凤山、王汉才等人在武邱集成立了学术研究会，以学术研究的名义，注意社会调查，维护民众利益，秘密研究马列主义，宣传抗日救国主张。

1935 年 12 月 9 日，北平大中学生数千人举行了抗日救国示威游行，反对华北自治，反抗日本帝国主义，要求保全中国领土的完整，掀起全国抗日救国新高潮。史称"一二·九"运动。消息传到东明，县城内各学校学生积极响应，纷纷上街宣传，声援北平学生的反帝爱国行动。乡师教务主任穆文平持支持态度，东明县代县长陈曙辉默认，于是抗日救亡活动公开化，宣传声势浩大，救亡呼声遍及全县。1936 年 3 月，根据国民党东明县党部密告，国民党河北省政府下令免去陈曙辉代县长职务、穆文平东明乡师教务主任职务，电令通缉共产党员盛国昌、程伦卿、杨廷钧、尚子茂等人。得到消息后，盛国昌等 10 名共产党员连夜离开东明。东明党组织的工作陷入停顿，党领导的抗日救亡活动暂处低潮。

1936 年秋，濮阳中心县委书记刘晏春派于子元来东明、菏泽、曹县、考城、长垣五县接合部，从事党的工作，并与当地中共党员王石均等人建立了地下交通站。1937 年 3 月，李苏波以直鲁豫边区特委巡视员的身份来到东明，与在东明工作的党员田景如、张恩桐、盛东明、刘五合、于子元接上了关系。并在五霸岗建立了工作点，准备发展中华民族解放先锋队队员，建立民先组织，为东明抗日救亡运动得以蓬勃发展奠定了基础。

中共东明县工委

1937年7月7日，日本悍然向驻扎在北平西南卢沟桥的中国军队发动进攻，中国军队奋起抗击，从此中国人民的全面抗日民族战争爆发。李宜亭和于绍孟、王汉才、师凤山等在武邱发起组织抗日救国会，准备拉起队伍开展武装斗争。10月，为了迅速恢复大名以南各县党组织，建立与扩大共产党直接领导的抗日武装，就地坚持抗日游击战争，北方局军委书记朱瑞批准冀鲁豫边区特委书记张玺的建议，成立直南临时特委，安明（曾用名刘大风）任书记，来直南开辟工作。

10月中旬，安明以河北民军总指挥大名、濮阳两专区民运指导专员的公开身份来东明，到夏营指令盛国典筹建中共东明县工委。盛国典已病重卧床，无法行动，这时恰巧刚从开封回来的张恩桐前来探望并接上了组织关系，遂把这副重担交给张恩桐。10月底，中共东明县工作委员会在夏营成立，张恩桐任书记，于绍孟、李宜亭、穆文平为委员。中共东明县工委成立后，恢复了夏营党支部的组织生活，又陆续建立了五营、游屯、李江庄等党支部，并大力发动群众，组织抗日救国团体。11月，中共东明县工委通过各种渠道营救李怀道、葛义斋、支良田等在押共产党员出狱。

1938年1月，直南特委在濮阳井店召开会议，向全区各县提出三项任务：一是发展党员，宣传抗日的有利条件和前途，提高群众的抗日信心；二是动员坚定的农民、学生和抗日救国十人团骨干，携枪参加河北民军第一路第四支队（以下简称"四支队"），扩大抗日队伍；三是贯彻党的统战政策，争取开明人士、民团参加抗日，防止地主武装汉奸化。当月，中共直南特委派共产党员冯剑仇、李庆斋来东明设立两个兵站，组建了2000余人的人民武装，编入华北民军一支队。李苏波、田景如在东明三区五霸岗一带进行抗日宣传，培养抗日积极分子，发展当地知识青年李临吾、刘润轩、王月仁、祁文礼为民先队员，组建了民先小组。6月初，东明、长垣两县民训指导员办事处在东明城内成立，史少卿任办事处主任，刘禹亭（国民党员）为副主任。办事处向各区委派了民训员，并在五霸岗、焦楼、刘楼等处召开士绅贤达、社会名流座谈会和群众大会，宣讲统一战线和抗日救国会的性质与任务，动员他们出粮、出钱，组织抗日武装力量。

根据国共两党建立抗日民族统一战线总的指导精神，1938年秋，直南特委决定成立八路军驻濮阳办事处东明分处，县工委书记张恩桐兼任分处主任。县工委以此名义和国民党东明县政府及在东明活动的各色武装打交道，加强同他们的联络，建立统战关系。

王浩屯抗日自卫队

1938 年 5 月下旬，日军土肥原贤二师团从濮县董口、彭楼强渡黄河南犯，经菏泽进入东明县东南部，万家村、五营、夏营一带的村庄遭到日军的洗劫、烧杀。农民们亲身经历了亡国灭种的危险，决不坐以待毙，纷纷恢复杆子会等组织，决心武装抗日。

6 月，东明县教育界知名人士、开明士绅杨履谦在东明三区王浩屯召开武城集附近 6 个乡的爱国士绅及抗日积极分子联席会议，成立了联庄会，杨履谦任会长，同时通过了"抗日保家宣言"。以抗日、保家、防匪、锄奸为号召，组建了王浩屯联防队，杨履谦为队长，姚胡臣为副队长，拥有 10 余支步枪。7 月，直南特委委派张耀汉、李鸣亭、于子元来改造这支武装，改名为王浩屯抗日自卫队，杨履谦任队长，张耀汉任副队长，李鸣亭任指导员。下设三个分队，第一分队队长倪洪昌，第二分队队长吕玉良，第三分队队长郭荣松，共 100 余人枪，形成了一支在东明、曹县、菏泽、考城四县边界一带颇有影响的抗日武装。

8 月，自卫队一小部分编入东明县民军常备大队。10 月，在东明、曹县、考城三县接合部，我党成立考城县抗日民主政府，于子元任县长，杨履谦任县政府秘书，从王浩屯抗日自卫队中选出 60 余人的武装，建立考城县大队，张耀汉任大队长，后发展到 500 余人枪。

1939 年 6 月，东明、长垣、濮阳三县边界地区动员委员会成立，杨履谦任主任。以原王浩屯抗日自卫队剩余人枪为基础扩编成拥有 200 余人枪的三边动委会常备队。1940 年春，东明县抗日民主政府成立，杨履谦任东明县自卫总队总队长，常备队编入自卫总队，活动在县南一带。

王浩屯革命烈士纪念碑

张慧僧在东明

1938 年 8 月，中共直南特委与国民党濮阳专员丁树本达成协议，建立了统一战线关系，中共地下党员张慧僧被丁委任为东明县县长。直南特委为了配合张慧僧开展工作，随派张华、杨锐来东明。张慧僧到任后，遵照上级党组织的指示，改组了国民党东明县政府，任命中共党员李宜亭为县政府首席参议，杨锐为民训科科长，民主人士杨履谦为县政府参议兼民军常备大队大队长，组成了名为国民党实为我党掌握的抗日县政府。

张慧僧

张慧僧来东明前，东明刚刚被日军侵犯过，日军的烧杀抢掠引起上层士绅的恐慌和人民群众的顽强抵抗。人民群众要求抗日保家乡，特别是青年知识分子的抗日热情非常高涨。张慧僧从安定人心、稳定社会秩序入手，大力提倡恢复原有的联庄会组织，村与村联防，抗日防匪保家乡。8 月中旬，张慧僧组织万余名武装在县南大黄集召开"抗日救亡，保境安民"誓师大会，宣布成立东明民军总部，张慧僧任司令员，退伍旅长沈得盛任副司令，李宜亭任总参谋。总部下辖常备大队和后备大队，杨履谦任常备队大队长，于绍孟、郝子端任副大队长，共分 4 个中队，每中队 100 人枪，驻东明县城内。后备大队以联庄会为主组成，不脱产原地驻防。陆圈联庄会为第一后备大队，郝子端兼任大队长；武胜桥联庄会为第二后备大队，刘培动任大队长；王浩屯联庄会为第三后备大队，杨履谦兼任大队长；县北联庄会为第四后备大队，支悦刚任大队长；县西红枪会受总部直接指挥。同时，中共直南特委组建黄河支队，司令鲁德明，政委张炜，奉命来东明扩军并进行抗日宣传活动。黄河支队应张慧僧之邀，张炜率部开进东明县城，在西门召开群众大会，张炜作了《抗日民族统一战线与八路军目前的任务》的报告，擎起了抗日救亡的大旗。

1938 年 9 月初，直南特委组织部部长刘晏春指示东明县工委，以县政府的名义举办抗日军政干部训练班。张慧僧兼训练班主任，杨锐、史少卿兼副主任，张晓民任训练班党支部书记兼大队长，训练班举办了两期，共训练抗日军政干部 370 人，其中中共党员 200 余人。训练班学员回原籍后，先后创办各类抗日救亡学校数百所，为抗战培养输送了大批的急需人才，为抗日战争的胜利做出了积极贡献。

中共东明县委的成立与抗日武装的发展

1938年9月初，王从吾代表直南特委找张华谈话，让张华到东明组建中共东明县委。10月初，中共东明县委在东明城内八路军驻濮阳办事处东明分处宣布成立，张华任书记，张恩桐任组织部部长，崔桐轩任宣传部部长，张慧僧、张晓民为委员。同时成立了中华民族抗日先锋队，张华兼任总队长。县委实行集体领导，分工负责，工作落实到人。张华、张恩桐负责党的建设，崔桐轩负责抗日救亡的宣传教育，张慧僧、于绍孟负责统战工作，张晓民负责救国会统筹与组织工作。

1938年10月中旬，中共东明县委机关刊物《红星报》创刊，杨授谦任主编，主要报道东明抗日救亡和党的建设情况。11月，中共东明县委宣传队成立，对外名称为"八路军东进纵队驻濮阳办事处东明工作团宣传队"。50余名宣传员在队长彭惠、陈伯仲、陈玉峰分别率领下，深入农村，利用歌曲、舞蹈、街头戏、墙报、标语、演讲等方式进行抗日宣传，使党的政策深入人心，党的主张化作群众行动的力量，抗日救亡运动开展得如火如荼、轰轰烈烈。

中共东明县委在培养抗日骨干、发展党员的同时，时刻不忘开展统战工作。在李宜亭的协助下，张慧僧以县长身份召集东明知名士绅穆子丹（县城东关人，曾任东明县商会会长）、关兆凤、关兆瑞（刘楼村人）、李凡吾（五霸岗村人）、朱岚峰（朱口村人）、万子玉（马厂人）、李振灵（东夏营人）等人恳谈，征询他们对治理东明与抗日救亡工作的意见。向他们阐明共产党在抗日战争中的地位、方略和在东明建立广泛抗日民族统一战线的设想与意见。他们均表决心站在人民一边，有钱出钱，有力出力，为抗日救国贡献自己的力量。

为了加强基层统战工作，普及救国会组织，中共东明县委从军政干部训练班中抽调20名学员，以县政府民训科的名义组成工作团，李宗毓任团长，张恩桐兼任指导员，分散到全县各乡宣传、指导、组织、完善各级救国会组织。11月中旬，冀鲁豫抗日救国会总会东明分会（以下简称东明抗日救国会）成立，薛兰青任主任，刘锡光（刘鸣珂）任副主任。

在抗日救亡的实践中，东明的党组织得到了锻炼与加强。到1938年，全县发展党员300余人，成立了中共东明县委，建立了2个区委、32个党支部，成为东明人民抗日救亡的领导力量。

1938年1月，丁树本任冀鲁豫边区八县保安司令，负责濮阳、大名、清丰、南乐、内黄、范县、东明、长垣八县的防务。之后，丁部在我党的帮助下迅速扩编，兵力由不足2000人的两个团发展到3个旅、1个特务团、1个补充团，

兵力达 2.7 万余人。国民党政府委任丁树本为冀鲁豫边区民军第二路司令兼八县保安司令。丁有了地位、权力、地盘，开始在统一战线内制造摩擦，限制"四支队"的发展，妄图吃掉"四支队"。为了避免冲突，中共直南特委本着团结抗日的原则，及时把"四支队"拉到大名以北，编入八路军 129 师东进纵队。

1938 年 11 月 28 日，中共直南特委刚刚组建的黄河支队由东明返回濮阳，路经濮阳与滑县交界的牛寨时，突然被丁部二旅旅长张秀昌率部包围缴械，并扣留了支队政委张炜。后由中共直南特委、八路军驻濮阳办事处会同徐向前的代表找丁树本交涉，丁被迫放了张炜，归还了枪支。12 月中旬，陈曙辉、刘汉生领导的八路军游击二支队，挺进东明、长垣，于翌年初春在高庄收缴了王鸿恩匪部的枪械，开辟了东明与长垣两县接合部。1939 年春，丁树本开始按照国民党五届五中全会后制定的《限制异党活动办法》行事，在直南掀起反共逆流。2 月，丁树本撤了张慧僧的国民党东明县县长职务，任命吴致岑为国民党东明县县长。吴致岑到东明不久，即开始推行溶共限共政策，撤换了民训科中的共产党员和进步人士，恢复国民党县党部，举办"乡教团"，培植反共的乡、保长，收买郝子端将民军大队一中队改为保安队，自任大队长，不断制造摩擦，公然武装挑衅，派保安队袭击东明县独立中队，到处捕杀共产党员和进步人士。

1939 年 2 月 10 日，中共中央向全党发出《中央关于河北等地磨擦问题的指示》，阐明我党在反摩擦斗争中的原则和立场，为东明县党组织同国民党反共顽固分子作斗争指明了方向。2 月下旬，中共东明县委主要领导张华、张恩桐、崔桐轩一起到东明与长垣接合部，同那里的战前老党员接上了组织关系，成立了中共东（明）长（垣）考（城）三县边工作委员会，张华兼任书记，李省三任组织部部长，徐作励任宣传部部长，领导三县边的开辟工作。3 月，张华调回濮阳，崔桐轩调到长垣，中共东明县委成立了新的领导班子，王伟民（化名洪建民）任书记，张恩桐任组织部部长，柳涛任宣传部部长。3 月 9 日，八路军 115 师 344 旅特务团、独立团、八路军游击队第二支队等整编成冀鲁豫支队，编 5 个大队，约 4700 人，实行统一领导，杨得志任支队司令员，崔田民任政治部主任兼行动委员会书记，卢绍武任参谋长。整编后，冀鲁豫支队由濮阳、内黄、滑县一带挺进鲁西南地区，发展与扩大武装力量，建立抗日民主政权，扩大抗日游击根据地。5 月，冀鲁豫支队一大队委任李怀道为第四中队队长，让他回乡扩军。李怀道、于太安、孙自端分别在赵真屯、东孙楼、于谭寨设立招兵站，招收了 100 余名新兵（11 月开到濮阳县郎中一带整训、改编，1940 年 5 月纳入冀鲁豫军区独立团）。6 月初，冀鲁豫支队行动委员会和苏鲁豫特委在东明、长垣、濮阳三县边界，成立东明、长垣、濮阳边界地区抗日动员委员会，简称东长濮三边动委会，杨履谦任主任，王斌轩任秘书，并建立了有 200 余人枪的常备队，田培仁任队长。同年10月，三边动委会常备队编入冀鲁豫支队特务支队，于子元任大队长，李苏波任政委，杨履谦任副大队长。中共东明县委根据中央指示精神，决定自筹经费建立武装，8月正式成立东明县独立中队，万文沛任中队长，耿宏任指导员，下设3个分队，共100余人、80条枪，有力震慑了反共县长吴致岑。11月，东明县独立中队被编入豫北地委独立大队二营，营长张继之，教导员耿宏，跟随豫北独立大队辗转豫北。

1939年9月，中共东明县委在豫北地委组织部部长张建廷的主持下在毛相村召开全体委员会，会议决定王伟民、柳涛调回独立支队，组建由韩清华任县委书记、王克敌任组织部部长、杨授谦任宣传部部长、李茂林任农村工作部部长、刘锡光任青年部部长的县委领导班子。县委一班人认真分析了东明时局，研究制定了应变措施：巩固党组织，夺取村政权，发展壮大救亡团体，扩大武装力量，广泛开展抗日救亡宣传活动，揭露国民党消极抗日、积极反共的阴谋，并本着团结抗战的既定方针，在统一战线内展开有理、有利、有节的斗争。同月，长垣三区独立区队在竹林建立，刘铎任队长，共8人、4条枪。这支小武装反顽、抗日、锄奸、反霸，深受群众欢迎，迅速发展到70人枪，不久改称独立中队，次年4月长垣县抗日民主政府成立后，与安廷茂、李书田等人相继组建的地方武装合编为长垣县独立团，县长刘子良兼团长，宋殿彬任政委，刘铎任参谋长，下设3个连，共200余人、180支枪，成为我党一支重要的抗日武装有生力量。

1939年11月9日，占据毕寨的日军将四区联防大队包围在夏营村，双方发生激战。此时与共产党有统战关系的国民党杂牌军胡金泉部闻讯增援。日军被迫撤退，恰又闯进东长濮三边动委会常备队的伏击圈内，常备队突然发起攻击，打乱了日军的作战队形，田培仁率10名骑兵冲进日军，一阵刀劈、枪刺，杀得日军抱头鼠窜，常备队夺得机枪一挺，38式步枪3支，钢盔无数。战后支队首长表彰常备队是一支能征惯战的队伍。

东明集保卫战

东明集保卫战，发生在1939年农历八月初五日，是我县抗战史上以少胜多、土枪胜洋炮的一模范战例。

农历八月五日晨，东明县民军常备大队肖子楚连，在柳园屯与日军作战不利退到东明集，向驻守在此的民军副司令兼后备大队大队长沈捷臣报告了日军要攻打东明集的消息。沈捷臣，又名沈得盛，东明县小濮川（现属濮阳）人，奉天讲武堂毕业，曾在奉军当过多年团长，富有民族气节。九一八事变后，因

不满国民党的不抵抗政策，便称病还乡。1938年8月中旬，东明民军总部成立，东明县县长张惠僧任司令，沈捷臣任副司令，李宜亭任总参谋。民军总部下设常备大队和后备大队两部分武装，杨履谦任常备大队大队长，副司令沈捷臣兼任后备大队大队长，带领百十人枪驻守在东明集。沈捷臣听了肖子楚连长的汇报非常重视，随即做出固守东明集的战斗部署。一面传令城子村驻军（一个排），在村北阻击敌人。一面集合后备大队，做了战前动员，并下了死命令：第一，分段把守寨墙，人在寨在，不准乱跑；第二，打枪听命令，要打近战，不准放空枪；第三，守寨官兵，一律听肖连长的指挥。对此，肖子楚不负众望，也当众表态，要与日本鬼子血战到底，坚决保卫东明集。沈捷臣做好了兵力布防，城子阻击战也打响了。约有半个小时，兵退东明集。

天近中午，日军追至东明集西门外，见有10多米宽的壕沟，积满了水。寨高约有5米，上有掩体和瞭望垛口。砖石结构的寨门洞，紧闭着铁皮包裹的大门。那伙野蛮成性的日本兵，少说也有300人，并不把这个"土围子"放在眼里。一个个如出窝的豺狼，嗷嗷叫着冲上来。肖连长一声命令——打！机枪、步枪、手枪一齐开火，手榴弹接二连三地在敌群中爆炸。鬼子大吃一惊，扔下几具尸体，狼狈逃窜。

午后2点钟，鬼子又发动了第二次进攻。仍对西寨墙主攻，还抬着梯子，在大炮掩护下，慢慢靠上来。但是，还没有攻到壕沟边，他们就各自找个"掩体"趴下来，只是放枪，大炮也打得不紧了。富有作战经验的沈捷臣认为敌人有诈，就冒着生命危险，登上寨墙仔细观察了敌人的动向。他发现有一大队鬼子兵，正不声不响地向寨北边运动。他马上意识到，鬼子用的是"声东击西"战术。便把预备队调上来，在寨西北角拦击敌人。敌人虽然被打退了，但是敌人的大炮更凶了。不但轰塌了寨墙，而且还向村内打炮，守寨官兵与老百姓死伤惨重。沈捷臣认为保卫东明集，不能死守，必须灵活机动。于是，他与肖连长重新做了战斗部署。把守寨官兵撤到村内，准备用巷战肉搏克制日军重武器之优势。又命令肖连转移寨北，以制造假象伏击敌人。肖连长得令，率队悄悄地来到预定地点，一部分埋伏在公路沟里，一部分埋伏在东西沟北。

太阳见落的时候，东明集西北寨墙被炸平100多米，连沈捷臣指挥部的房子也挨了炮弹。却不见一个鬼子冲进来，还是叮咣、叮咣地直打炮。沈捷臣正在纳闷之际，寨北响起了机枪声和呐喊声。他知道这是肖连与鬼子打响了，便集中火力于北寨墙，也对准鬼子开了火。顺沟上来的日军，受到三面夹击，以为是我方来了援军，惊恐万状，一下子炸了锅，乱了阵。有的胡乱奔跑，有的盲目还击，自相践踏，乱作一团。寨西边的日军刚要去救援，也被沈捷臣部阻击在那里。日军的大炮失去了作用，日军头目也失去了先前的威风，缩头龟似的命令退回城子村。这一阵又丢下了20多具尸体。

肖连长深知自己的兵力不足，没有贸然去追，便率队回寨。沈捷臣指令，调集民工抢修寨墙，派人去东明县求援，准备再战。可是，一直等到第二天，再也没有见到日军来攻寨。

这次东明集保卫战，共击毙日军30人，缴获长短枪50余支，轻机枪两挺，大挫了日军的锐气，大长了抗日军民的威风。沈捷臣率部保卫东明集的故事，至今广为传颂。

红旗插上东明城

1940年2月1日，中共中央作出《关于目前时局与党的任务的决定》，指出目前的基本任务在于强固抗日进步势力，抵抗投降倒退势力，力争时局好转，克服时局逆转，随时准备对付可能发生的突然事变。2月9日，八路军总司令部命令宋任穷、程子华统一指挥冀南、冀中、冀鲁豫、鲁西地区的主力部队，共25个团，发起讨顽战役，讨伐石友三、孙良诚部和观城、濮县一带的新八军。3月6日，我军发起西自桥口东至临濮的反击作战，毙俘3000余人，石友三部溃退黄河南岸，占据东明县城，企图以黄河作屏障，阻击我军进攻。

国民党东明县县长吴致岑与石友三互相勾结，狼狈为奸，积极支持石友三对八路军作战。石友三部溃退后，冀鲁豫支队追击石部直逼东明县城，一大队进驻城北，二大队进驻城东与城南，三大队进驻城西，将东明县城团团包围。国民党县长吴致岑见大势已去，玩弄缓兵之计，转而邀请我军进城。我军将计就计，于12日趁机将冀鲁豫支队司令部和二大队开进东明县城。13日上午，在冀鲁豫支队二大队政治处驻地智擒吴致岑，支队司令部立即吹起冲锋号，各部按预定计划，四面发起总攻，不战而胜，俘顽军1500余名，东明县城第一次得到解放。

1940年3月15日上午，召开公审吴致岑罪行大会，判处吴致岑死刑，立即执行。19日，冀鲁豫支队和中共东明县委召开群众大会，宣布东明县抗日民主政府成立，选举冀鲁豫支队二大队政治处副主任南偕篪为县长，东明县教育界知名人士李宜亭为县参议会首席参议。为巩固抗日民主政权，建立抗日根据地，冀鲁豫支队选派了大批干部充实县抗日民主政府，二大队政治处敌工股股长赵玉如任县抗日民主政府秘书，二大队政治处机要文书崔松亭任机关党支部书记兼县抗日民主政府机要文书。同时成立了东明独立团，团长由南偕篪兼任。县抗日民主政府成立后公布施政纲领：坚决贯彻执行抗日救国十大纲领；严惩汉奸卖国贼；保护各抗日群众团体，发动和团结全县人民，坚持抗战到最后胜利；

实行减租减息，减轻人民负担；保护民族工商业；优待烈属抗属。

东明县抗日民主政府在讨顽战役中建立，并在讨顽战役中展开工作。1940年5月15日，杨得志领导的二纵队以3个旅的兵力，在东明再次发起讨顽战役。黎明时，344旅687团3营和退守郝士廉村的敌181师一部相遇，激战两天，歼敌2000余人，俘敌500余人，缴获武器装备一批，石残部逃往曹县、定陶，讨顽战役胜利结束。但由于我方力量有限，为严防敌伪突然袭击，努力扩大地方武装和建立抗日根据地，不久成立了拥有50多人枪的县大队，选派冀鲁豫三大队副营长陈某任县大队长，并将东长濮三边动委会常备队一部改编为东明县自卫总队，陈任总队长，主要活动在东明集以东地区。同时，还建了民主工作队、抗日救国会、自卫队，开展抗日宣传、拥军优属活动，先后建立了6个区政府，李茂林任一区区长，耿北宽任二区区长，王斌轩任三区区长，程新贵任四区区长，游秀峰任六区区长，曹法孟任七区区长。根据群众检举和县委意见抓捕了几名通敌分子，处决了冥顽不化的刘启章。从此，东明抗日根据地形成。

东垣县抗日高级小学

1941年1月，中共东垣县工作委员会成立，毕玉琦任工委书记。3月，东垣县抗日民主政府成立，郭心斋任县长。随后，中共东垣县委、县抗日民主政府决定兴办抗日小学。办学宗旨是：根据抗战形势的发展和具体环境的变化，实现抗战教育与普及教育，把学生培养成有民族觉悟、有民主思想、有知识技能、能担负起抗战建国任务的战士和建设者。中共东垣县委与县抗日民主政府对此十分重视，1941年3月，县抗日民主政府民教科在游击环境下动员35名知识青年，在徐庄（现属牡丹区大黄集镇）举办了为期7天的冬学教师训练班。结业后，在二区根据地广泛开展了冬学运动。县抗日民主政府民教科又选派进步知识分子王山如、杨子静、张春小、李怀仁、王仲立、刘五槐、胡松峰、王焕亭、彭砚卿、姜明珠参加专署举办的师训班。结业后，各自在本村筹办了1—2个班的抗日初级小学。

1942年春，县长郭心斋委任彭砚卿为校长，创建"东垣县第一抗日高级小学"（后称路东抗高），校址设在徐庄，一个高级班23人，一个初级班42人。当时，日伪反动势力十分猖獗，时常出没徐庄一带进行扫荡，学校无法正常上课。1943年春，学校向西迁至丁嘴村，俗称"丁嘴抗日高小"。丁嘴村为我方抗日根据地，但当时环境非常恶劣，日军经常进行大扫荡，杀人放火，无恶不作，民不聊生。当时建校困难，没有教室自己建，没有桌凳自筹木料自己做，发动学生自己带，没有教具、体育器材，教师动手制作，在如此艰难困苦的情况下，师生团结友爱，艰苦奋进，生死与共，发愤图强，学校办得有声有色。

为了提高学生的思想觉悟，使其树立远大理想，坚定抗日的决心和信心，县长王子平、县大队副政委周民轩、二区区长杨鲁峰、文化助理冯培志，都到学校做过政治、形势报告。领导同志结合实际，深入浅出给学生讲抗日救国救民的道理，讲我们必胜的光明前景，鼓励大家要刻苦学习，学好本领，为国为民效力。同时，还经常组织学生参加纪念会、减租减息、斗恶霸、反间谍、学习竞赛等活动，学生们进步都很快，在各方面都取得了优异成绩。丁嘴抗日高小先后向冀鲁豫三中输送三批学生，后来大部分都成了我党我军的中高级领导干部。

1945 年，中共东明县委派党员干部蕲文斋任校长，在学生中发展党员三人，建立了党小组。同时，扩招一个高级班，两个初级班。至此，学校共有两个高级班，四个初级班，共有学生 280 人。1946 年春，又在王屯建立了分校，招收一个高级班，学生 50 人，连同原来的两个初级班，分校共有学生 130 多人。

1946 年 8 月，蒋介石发动全面内战，国民党暂编第三师进攻鲁西南。9 月，大杨湖战役结束，我党政军干部全部撤退到黄河以北，地区沦陷，历时四五年的东垣第一抗日高级小学停办，随部队转战河北。学生们有的继续求学，有的参加地方工作，有的参军，在各自不同的岗位上为中国的解放事业和社会主义建设都做出了应有的贡献。

东垣第一抗日高级小学，仅仅办了四五年时间，但全体师生们用自己的切身行动为抗日救国、打击日本侵略者，为全国解放事业，建立新中国及社会主义建设事业都做出了不可磨灭的贡献，写下了一段光辉历史。

第二节　腥风血雨

日军火烧五里铺

东明县北五里铺是个远近闻名的抗日堡垒村。1938 年，该村建立了党支部和交通站，村外交通沟纵横交错，和附近村村相连，群众抗日团体健全，抗日救亡运动活跃。

1939 年 3 月下旬，国民党濮阳专员丁树本派其独立团从濮阳调到五里铺驻

防。该团团部和二营共约 400 人驻五里铺，一营 80 余人驻郝寨，三营约 300 人驻崔寨，三村呈"品"字形，相距各有 500 米。

1939 年 11 月 8 日，日寇纠集一个师的兵力，乘 800 辆汽车，兵分 8 路对我鲁西南进行合围，妄图以高度机动捕捉我主力作战。在敌我力量悬殊的情况下，我冀鲁豫支队各部迅速突破敌人的封锁线，跳出了敌人的包围圈。而在黄河南岸的丁树本的部队，由于耳目闭塞，丧失了对日寇的警惕，陷入了日寇的包围圈。11 月 11 日上午 10 时许，驻菏泽日寇骑兵 100 余人、步兵 300 余人，携带山炮 2 门，杀气腾腾地闯进了丁部独立团的防区。丁树本急令独立团固守五里铺，掩护其在黄河北部的部队集结转移。五里铺党支部一面发动群众配合丁团独立团二营严密部署，沉着应战，又积极筹备给养，支援该团应战；一面组织本村和附近村民疏散，实行坚壁清野。五里铺枪声大作，杀声四起，硝烟弥漫，日军骑兵纷纷中弹落马，死伤惨重，乱了阵脚。此时，在郝寨驻扎的一营和在崔寨驻扎的三营均按兵不动，给日军重新组织反扑以可乘之机。日军经一阵慌乱之后，组织力量反扑，机枪、大炮齐向五里铺开火。顿时，枪啸炮吼，狼烟滚滚，火光一片。午后，日军部署兵力，从两个方向包围了五里铺，双方对峙。战至天黑，丁部打得枪红弹绝，留下一个排掩护，其余趁天黑从东寨门突围撤走。日寇进攻西门时，排长张玉进率全排战士堵截巷战，短兵肉搏，负伤被擒。日军兵用铁丝穿其锁骨，牵着玩耍，张排长骂不绝口，被日军乱枪刺死在寨墙上。

日寇进村后，见十室九空，便恼羞成怒，疯狂报复，见人就杀，遇房便烧。村民张春成是个残疾人，行路艰难，无法远逃，便躲在村南菜园屋内，被日军搜出后摁在地上，堆上柴草活活烧死，日军围观嬉笑，残酷至极。青年农民张怀印脚上生疮，无法行走，躲在家中厕所里，被日军发现残杀后，扔在地窖中。村民丁喜成被日军用带有毒药的刺刀刺伤，第二天死去。前来走亲戚的青年妇女张四姐和其姑母王张氏躲在寨墙下，日军发现后，用刺刀挑破肚皮，拉出肠子。日寇进村，逐户放火，火光冲天，昼夜不熄，人畜惨叫，惊骇数里，惨不忍睹。据不完全统计，日寇血洗五里铺，残酷杀害丁部被俘士兵、伤兵 28 人，无辜村民 10 人，烧毁房屋 320 间，烧死耕畜 28 头，致使五里铺十余家失去了亲人，500 余人衣食无着，无家可归，90% 的人流亡他乡。

五里铺惨案不仅给五里铺群众带来巨大的生命和财产损失，而且还造成了难以估价的精神创伤，这是日本军国主义在中国欠下的一笔血债，永远不能忘记。

新兴集惨案

　　1938年农历四月，一股日本军欲从东明去攻打开封，当他们探知在通往开封的路上，驻有国民党的军队，便想从侧方包围歼之，当时驻在考城（今河南兰考县堌阳镇）的是国民党一部叫老八处的部队，他们在新兴集驻有一个班。这股日本军便从马头北街找一位姓曹的带路人去春亭，然后上大堤直奔考城。这个带路人把春亭误听为新兴，于是就带领日军朝新兴集直扑而来。4月16日上午9点多的时候，这股日军来到了新兴集村寨墙外，被国民党老八处的一名士兵发现，一看是一队日军，便朝其开了一枪，日军一见有人开枪，便马上散开，摆成战斗队形，用轻、重机枪，向村里疯狂扫射，有几名国民党士兵弃枪而逃，还有7名士兵没跑，躲在村民胡二顺的一间东屋内，日军进村后，发现了他们，就用机枪封住门口，然后放火烧了这座房子，7名士兵全部被烧死在屋里。

　　日军首先从东寨墙根王秀芝家（今王会俭宅院）进村，先把王秀芝的父亲用刺刀捅死在地上，接着放火烧了他家的房子，而后又冲进了西邻王发芝家，本来王发芝的母亲已逃出村外，返回家取件衣服，被日军用枪当场打死。村民张中义的父亲正在东北地锄高粱，听到枪声后，惦记着孩子、老婆，便急急忙忙回家，当走到关爷庙门前时，被日军拦住，朝其腹部开了一枪，见其倒下后还能爬动，穷凶极恶的日本兵又上前去连捅几刺刀，直到捅死为止。村民胡鱼的母亲正在屋里纺花，听到有砸门声，便去开门，刚一开门，就被一日本兵用刺刀捅倒在地，村民胡保珠的二弟听见枪响就翻墙逃跑，刚一上墙，就被一日军一枪打死。这股日军沿东西大街从东向西，先后杀死了村民胡青海的母亲、胡二虾米、王同发的父亲、憨合、赵铁柱、左所成的祖父、赵安柱等几十个老人。

　　另一股日军从村南进入村内，先在村边将正在地里做活的蒋三及其舅父用枪打死在路南，蒋四见势拔腿就跑，没跑几步，就被日军用枪打死在路北。这股日军进村后，先把蔡东岭的父亲和梁长岭的祖父堵到雷家磨屋，用刺刀扎死。有几个日军把从家里抓来的梁长岭父亲用耙齿把双手钉在树上，用刺刀活活扎死，同时被杀的还有梁垛、蔡二孝、冯老三、高允、朝所柱的父母亲。

　　这一天，全村惨遭日军杀害的共76人，多为老人，下午当日本人听说该村是新兴集而不是春亭时，便把带路人杀死在村东北角寨墙下。等日军撤走后，村民们才敢胆战心惊地回村，整个村内哭声连天，血流遍地，其情景令人心怵、惨不忍睹。

在杀人的同时，日军还放火烧房，全村被烧房屋达 580 多间，仅村民王同一家就被烧毁 12 间，还杀死、杀伤 24 头耕牛。

小井惨案

1940 年 1 月 3 日，几百名日伪军坐着 20 多辆汽车，从西北方向来围住在小井的国民党丁树本的部队。丁部得知后，当即出村伏寨壕迎击，当日伪兵逼近时，枪弹齐发，阻敌不能前进，有 10 名日军当场被打死，"皇协军"伤亡无数。战斗相持一个小时，因为丁部的兵力不足，武器不好，顶不住，撤出小井，往牛集方向退去。

万恶的日军杀气腾腾地冲进村，疯狗一般，对村民进行报复，他们舞着马刀，端着钢枪，破门进院，抓人抢劫，奸淫烧杀，无恶不作。见屋内藏的人少，就枪击刀挑，见人多就用手榴弹轰炸。小井村前街杨喜一家 6 口人，被日军杀死 4 口，放火烧掉了房屋；李麻五家 4 口人，有 3 人惨遭杀害，一个不足 3 岁的幼儿幸存下来。一时间，街上、院内；房中尸首横倒竖卧，血流遍地。村民们的惨叫声、哭喊声、鸡鸣狗叫声遍及全村，烟火腾空。

杀人不眨眼的日军，从抓住的村民中，挑出 10 名青壮年，五花大绑，押往村外。亲人见他们被押走，只是落泪，不敢阻拦。他们移动着沉重的步子，走一步一回头，日军嫌走得慢，用脚踢，皮鞭抽，叽里呱啦地叫着。几个汉奸也在旁边催，用枪托摇捣，帮着日本人行凶。出了东门，把他们推拉成一字形，跪在壕沟里的冰凌上。只听一日军叽里呱啦地叫了几声，机枪架在了对面，一阵扫射全部倒下。

这一次，日军杀害村里 88 人，制造了著名的"小井惨案"。

日寇血洗王官营

1940 年 3 月中下旬，国民党濮阳专员丁树本为配合驻扎在东明的顽军石友三部进攻我冀鲁豫根据地，率其主力向石部靠拢。4 月 1 日，其先头部队丁培尧团在里长营村与配合石部北犯的日军陡然相遇，日寇误认该部是八路军主力，当即发起猛烈进攻，丁培尧被迫还击。丁树本之后续部队，见日寇出动飞机轰炸助战，来势凶猛，便畏敌如虎，掉头西窜，致使丁培尧团成了孤军。东明县自卫总队常备队由队长田培仁同志率领 30 余人积极配合，埋伏在东明集以南东兰公路两侧，炸毁日军军火汽车 3 辆，全歼押车日军 10 余人。在县自卫队的配合下，丁团与日军展开激战。日军战至弹尽粮绝，见援兵无望，士气大减，丢下十数具尸体和 10 多名伤兵,仓皇逃回考城。丁培尧得胜自傲轻敌,当晚宿营里长营村。日寇溃败后,恼羞成怒,随即纠合考城、兰封之日军乘汽车 15 辆,带步兵炮两门,于当夜杀气腾腾地向里长营村扑来。2 日黎明,双方交火,丁培尧见日寇来势凶猛,决定脱离战场,避开锋芒,但日军钳住不放,丁团且战且退,上午 10 时许退至王官营村。

王官营村位于东明县城南 25 里处,是一个拥有 200 余户千余口人的大村子。村周围筑有经营百年的土寨,直到抗日战争初期,虽兵灾匪患迭起,战争频繁,始终未被攻破,素有"能打开汴梁城,攻不破王官营"之称。平时,一有风吹草动,附近各村居民蜂拥而至,躲入寨内,成了公认的堡垒村。此时,原驻王官营村的丁树本部,不仅不接应丁团撤退,反而抓兵抓夫先弃寨逃窜,日军尾随赶至,丁培尧见甩不掉日军,决计凭寨固守待援,于是双方在王官营东门外展开了拉锯战。王官营以西驻满了丁树本的部队,但他们均按兵不动,坐壁观战,致使丁培尧团处于孤军作战的被动局面。下午 4 时许,日寇援军分别从商丘、菏泽、长垣、民权乘汽车、坦克,携带各式重型武器赶至,日寇用汽车圈寨,将王官营团团围住,当即从西门发起强攻,妄图速战速决,占领该村。丁培尧团在四面受敌的情况下,不得不顽强应战,日寇攻坚不下,便下了毒手。一时间,步兵炮、迫击炮、山炮、燃烧弹、催泪弹、瓦斯弹齐向王官营村内倾射,炸塌了寨门寨墙,寨内顿时成了血城火海。战至傍晚,仍无援军接应,丁培尧决定:留一营坚守西门,余部冲出东门突围,丁培尧集结兵力,亲率警卫连一马当先发起冲锋,杀出东门后,陷入了日军兵的重机枪阵地,丁培尧中弹身亡,其余官兵伤亡惨重,最终被压了回来。日寇在其坦克掩护下攻入西门,坚守在西门的一营官兵与日军展开了短兵肉搏,在街内与敌连搏三个回合,又将日军压到西门以外,日寇重新集结,改变部署,向村内施放催泪瓦斯,组织骑兵冲锋,全营将士同仇敌忾,操起粪叉、铡刀、切菜刀,冒着呛人的浓烟,吼叫着迎了上去,双方短兵相接,杀声四起,一营长在混战中中刀身亡,在失去指挥的情况下,丁团士兵仍各自为战,奋勇杀敌,但终寡不敌众,多数战死,壮烈殉国。日寇占领了主要街道,法西斯本性发作,疯狂屠杀丁部受伤官兵,有一躲在胡同的丁团士兵,见日军残杀我同胞兄弟,怒火万丈,操起铡刀就冲向街心,一人击退日军一个班的围攻,连砍日军 12 人。最后,该士兵被日军拦腰剁成了三节,仍手握铡刀,张目怒视。

日寇攻占王官营后,派兵在寨内外搜索巡逻,枪杀丁团伤散官兵,烧毁农具、衣物,调戏奸淫妇女,任意杀死无辜。朱永刚是个血气方刚的青年,日军让他挑水,他趁机逃走,被日军抓回后,扒开肚皮拉出肠子,惨痛致死。日军兵心狠手辣,杀人手段繁多,在一夜之间,无数丁团伤散官兵和无辜村民有的

被乱枪刺杀，有的被开膛破肚，有的被扒皮抽筋，有的被割舌剜心，有的被凌迟致死。日本法西斯分子用屠刀制造的白色恐怖笼罩着王官营村，王官营村民面对着亲人血肉模糊的尸体，不敢哭泣，不敢举哀，强忍怒火，悲恸欲绝。

4月3日早饭后，一场更大规模的抢掠与屠杀开始了。日军兵3人一组，10人一队，排成十数行的方阵，前走后跟，同时从村两头拉网般地逐家逐户搜查，刷子般地抹来抹去反复交叉进行十数遭。在搜查中，见男性就抓，见穿紫花衣服的就杀，见粮食就搬，见贵重衣物就拿，见家具农具放火就烧，见牲畜就牵，见妇女公开污辱恐吓。日军兵把抓到的男性村民赶到街上，用绳捆成麦秸垛大小的人堆，耀武扬威端着刺刀团团围住，用木棍枪托劈头盖脸地乱打，这些人疼痛难忍，惨叫声不绝。然后，在这种肃杀恐怖下让既能认识自己亲族又不谙人事的小孩前去认领，凡被喊出名子又讲清辈数地放走，其余的均惨遭杀害，我八路军某部副教导员王月鸣同志在反顽战斗中负伤，住在王官营的亲戚家，就是在这种情况下惨遭杀害的。临近中午，日寇分组放火烧房。大火燃起后，日军兵才携带着抢掠的衣物和牛羊骡马，凶神恶煞般地窜去。

这次日寇血洗王官营村，疯狂推行"三光"政策，残酷杀害国民党丁部伤散官兵及随军民夫千余人，无辜村民近百人（包括外村避难群众），抢走大批牛羊骡马和贵重衣物，放火烧村，给王官营村带来了无穷的灾难，致使一姓灭门，六家绝后，全村十分之一的男性青年惨死在日寇的屠刀之下，毒炮爆炸处数年寸草不生，余毒伤人，事后人们衣食无着，纷纷逃亡山西，人口大减。日寇制造的这次骇人听闻的大惨案，是日本帝国主义者在中国犯下的滔天罪行的又一铁证。

王官营之战，丁培尧团除一个排冲出重围外，其余官兵均在与日寇血战肉搏中壮烈殉国。丁培尧阵亡后，当地群众念其胸怀民族大义，敬佩其与日寇血战到底的精神，以最高礼节、最好的棺木安葬于周官营村北，并为其他殉国的官兵扬幡招魂，春秋与祭。

东明集惨案

1940年古历五月初三至初五日，一伙日寇对东明集村进行了历时3天的烧杀抢掠。烧毁房屋27间，杀死村民21口，奸污妇女数人，牲畜家禽被宰杀大半，日寇的暴行，令人发指。

这天，东明集村民正忙于打麦、合垛。突然，一辆小汽车从南门驶进东明集街心停下，跳下两个日本人和一个翻译。他们向四处张望一番，嘀咕一阵，就去了。地下党员吴金锁等同志得此消息，预感到事情不妙，便组织群众迅速掩藏东西和逃难。11时许，一支200余人的日本军开进了东明集。占驻了沿街一些店铺和民房，封锁了街道和四门。他们住下后，就捉猪、羊，抓鸡、鸭，安锅造饭。他们吃饱喝足后，一个个像死猪一样地睡着了。这一夜，东明集万籁俱寂。

初四日早饭后，日本翻译在街上，鬼呼狼嚎似的喊了半晌，连一个3岁的玩童也没有喊去。日军头目大怒，就开始了灭绝人性的大屠杀和大抢劫。他们三五成群，挨门逐户地抄家。每到一家，一看大门紧闭，就几个人摽着膀子，撞开门，向各屋里打一阵排枪，听听没有动静，接着就是翻箱倒柜，寻找细软的东西和钱粮。抓住男人就杀掉，抓住妇女就奸污，连五六十岁的老太婆也不放过。

在东街卢胡同杀死一名姓赵的理发员，还有一个老太婆（卢唐氏），老人被刺数刀，血流遍地，第二天才含恨死去。日军抢走东西后，又放火烧毁卢丙申堂屋4间；卢鹏起堂屋3间，西屋4间；卢三壮堂屋3间；李麻新堂屋3间；卢义刚麦秸垛1个。

在东大街路南，一伙日本兵哄抢了王长林的杂货店。吃、拿糟蹋个够，又把4间门面放火烧掉，烧死藏在里边的任北风夫妻俩和张新年、刘秋成、任管柱、李广义、李二黄毛、高声远等8人。任北风等人在烈火中，忍受着火烧火燎的剧痛，砸开窗子，跳出火海，却又被惨无人道的日本兵甩进去。等日军走后，从灰烬中找出八具烧焦了的尸体，有的已认不清面目了。村民李根基误认为儿子被烧死，就领回一个烧得缩作一团的尸体。

东门外有几家住户，也未能幸免。李根立、李二馍、李文金、周三书4人相继遭到杀害。临回，又在东小街烧掉夏汴城的堂屋3间、麦秸垛1个。还烧毁肖金良的堂屋1间、东屋2间、门楼1座和室内藏的麦子千余斤。

在北大街路西卢荣恩家，一伙日本兵抓住藏在屋里的卢荣恩、卢富恩、卢新亭、崔四明和高家店的小堂倌黄保庆。杀人不眨眼的日军先对三个上了年纪的老人下了毒手。扎一枪，割下一块肉，疼得老人直叫骂。血气方刚的卢新亭、黄保庆忍无可忍，怒发冲冠，甩开扭着他们的日本兵，直向残杀三位老人的日军扑去。哪知道那几个日军会武术，反把二人打得鼻口流血，折断了胳膊，砸断了腿，在骂声中被砸烂了脑袋。五位无辜的老百姓，就这样被日军残杀了。

日本兵在西街、南街，也是横行无忌，抢劫一空。在一个草棚屋的柴草堆中，找到一位60来岁的老妈妈和她下肢瘫痪的老伴。一个日军兽性发作，欲行强奸，老汉气冲斗牛，骂不绝口，抓起身边的砖头向日军投去。穷凶极恶的日军一连向他开了三枪，头都炸没了。又拉住老妈妈到堂屋强奸，悲愤至极的老妈妈，攒足十分劲，一头撞倒日军，抓起秤砣就要砸，却被另一个日军刺死。

躲在夹壁墙中的老妈儿媳，透过墙缝，看在眼里，疼在心中，却不能吱声。

晚上，日寇为庆祝杀人、放火有功，大摆宴席，吃喝半夜才散。五月初五日，日军满载着抢劫的东西走了，却给东明集村造成了极大伤害和永远的仇恨。这是日本帝国主义侵略者在中国所犯下的又一罪行。

许庄惨案

1941 年农历五月初五日，盘踞在长垣县的日军头目柳川，领一队日伪军杀气腾腾地包围了许庄村。以搜捕共产党的名义，进行了屠杀、大抢劫。

当时，许庄属于长垣县管，驻有国民党三区区部。共产党也有活动，组织地下抗日力量。这天，村民们正忙忙碌碌地收割小麦，欢天喜地地过端午节。转眼之间，万恶的日伪军，把一个安乐的许庄，变成了杀人场。连国民党的三区区部也没幸免，日伪军把通信员刘四牛绑在树上，用马鞭子打着问他："区里人哪里去了？"他说："回家收麦去了。"又问他徐庄谁是共产党，他摇头说："不知道。"日军就把他剖腹、挖心，杀害了。

在陈栓柱家，一群日军视栓柱妻年轻貌美，对其侮辱；其婆母拼死相护，被日军一枪打死了。栓柱妻悲愤交加，宁死不从，和日军拼命厮打。穷凶极恶的日军挑开了她的肚子，胎儿、肠子流了一地。

在刘年生（中共党员）家，日军逼年生妻说出其夫藏在哪里。受过党的教育和影响的年生妻，遇事沉着冷静。她坐在凳子上，一边不慌不忙地给孩子喂奶，一边支吾着对敌人说："他回老家（堤东刘庄）收麦去了。"敌人不信，在屋里翻箱倒柜，砸缸摔盆，找到了她 10 岁的长子刘玄，拉到院中，一枪就打死在他母亲的面前。年生妻怒火顿起，抱着个吃奶的孩子，像疯了似的与日军火拼。日军一侧身，一个汉奸兵对着年生妻就开了枪，母子倒在血泊里。一个未满周岁的孩子，头被炸开，溅了其母一身血浆。年生妻受了重伤，昏了过去。从此，年生妻精神失常，疯癫而死。

在许国胜家，一群日军汉奸硬说许国胜是共产党，逼他说出全村党员名字。许国胜耳朵聋，是位吃粮不问闲事的老人。他也听不懂敌人的问话，只是摇头。一个汉奸一枪把他打倒在地，昏了过去。躲在厨房里的国胜老伴跑出来去救，被日军一刀挑开了肚子，肠子向外流着，她在地上爬着、爬着……死去了。

这就是日伪军在许庄制造的"五五"惨案。这次惨案，杀死许庄村民 8 口，遭枪、刀、棍、鞭伤者数十人，抢劫的财产装了 12 辆太平车，拉去牲口 36 头。这次惨案给许庄村民造成了极大的灾难，有的人家，人财两空。日寇这种罪行，燃起了许庄人的反抗怒火，在党的领导下，很快掀起了抗日保家乡的革命高潮，成了东垣县的抗日革命根据地。

东五营惨案

1939 年，日军回师华北，兵分七路进犯冀鲁豫边区，我主力部队避开敌人，跳出包围圈。驻扎在曹县白茅一带的国民党第四路军一部，由于执行蒋介石的摩擦政策，仍在我鲁西南根据地边缘活动，日军误认为该部就是八路军主力，激战数日，四路军残部 200 余名官兵于农历九月十日退至小井镇东五营村，休整一夜。次日早晨 8 时许，日军乘汽车 5 辆，骑兵马队若干赶至，四路军发觉后，立即四门落锁，凭土寨墙与日军交战。经三个多小时激战，由于火力悬殊，四路军余部被迫向柳庄方向转移，日军追赶到柳庄村北芦苇荡处，激战一阵，四路军余部全部牺牲。

此战，四路军官兵战死 40 人，无辜村民亡 6 人、伤 6 人，都埋在了西五营村北的二郎庙边。剩下的从村西南角撤走，绕过西五营向柳庄转移，叫日军追上又打死了不少，好几年人都不敢从那路过。

东五营遭遇战，是日本侵略军追杀中国军队的一次战斗，战斗中中国军队顽强拼杀，伏寨墙打退日军多次进攻，但终因寡不敌众，装备悬殊，死伤惨重，大部壮烈殉国。

刘楼遭遇战

日寇侵入中国领土，在神州大地上烧杀抢掠，无所不为，早已引起了中国人民的愤恨。1942 年，东明县及其附近群众抗日热情高涨，各种抗日组织纷纷崛起，曾多次给日寇以沉重打击。日寇视我抗日组织为眼中钉、肉中刺。

刘楼村地处东明县城西南 40 华里处。1942 年农历二月初八，驻考城日军 200 余人，乘汽车 8 辆，带机枪数挺，于上午八九时许，突然侵入刘楼古

刘楼十八烈士墓

会，对刚驻刘楼村的中共五分区教导队进行了猛烈围剿。日寇的这一野蛮行径不仅造成了教导队队员的大量伤亡，而且还严重殃及了刘楼及其附近村民。

1942年农历二月初八，早晨八九点钟，前前后后数辆汽车从黄小屯方向火速驶来。到刘楼后，心虚的日本鬼子没有直接驱车入村，而是将车停放在刘楼村南，并当即把车头掉成朝南方向，以备失利后快速逃离。站岗人员没有及时发现敌情，赶集的群众倒先有察觉，并在集市内广泛传播："日军来了！日军来了！"

日本鬼子见人多往西北方向跑，就发动汽车，兵分两路，一路车向村西开，一路车向村北开，狠狠堵截往西北方向避难的群众。霎时间，村里到处是弥漫的枪烟和慌乱的避难人群。很多教导队队员都被打死在了寨墙外的村西北角处（现刘楼镇政府所在位置附近），并遭烧尸。

村民刘铁岭的母亲抱着刘铁岭逃到寨外后，被乱飞的子弹打中，子弹穿透了他母亲的胳膊，又击中了刘铁岭的屁股。村民石兰峰的母亲，当时40多岁，没能及时逃出村寨，在街内被打伤。生意人韩新太伯父，外跑途中，想起了家里的账本，又返回家里去拿，结果被打死在北寨墙下。

日伪军洗劫蔡寨村

1944年，古历腊月二十四日，寒风凛冽，大雪纷飞，村民们都在家里忙过年的东西。清晨，驻东明县城的日伪杜淑部队，出动大批人马到蔡寨一带抢粮。正巧蔡寨村内驻有东垣县抗日民主政府领导下的基干队一个连。抗日战士迅速行动，猛烈射击，阻住了北面的敌人。不大会儿，村东又发现了敌人，接着村北面的敌人依仗人多，又重新集结，向村内猛攻，基干连两面受敌，尽管奋力拼杀，分兵迎战，终因众寡悬殊，不得不掩护着群众边打边撤，向西南方向转移。

日伪军一进村就放火，先后烧了18家的房屋和柴草，接着就是抢粮食、牲口和其他财物。在那苦难的战争年月，家里有存粮的很少，而日伪军却疯狂地搜刮，哪怕是找到一升半碗粮食也得给倒走！结果抢走粮食6000多斤，牲口18头，棉被200多条，烧饭的铁锅被揭走17口，其他衣物无法计算，有的身上穿的衣服也给扒得浑身不剩一条线。一时，全村浓烟翻滚，火光冲天，男女老幼，齐哭乱叫，惨不忍睹。村民贾兰东一家人，全靠母亲做货篮，挨家串户卖点绣花绒线维持生活。那时老人家已经50多岁了，她眼看家里的衣物被抢走，便顺手掂起绒线篮子去藏，被一个当官的人发现，赶过来就夺。老人家一边抓住不放手，一边苦苦哀告："老总，行行好！给留下吧，这是俺一家人的命根子。可怜可怜吧！"那汉奸并不理会，夺了两下没夺走，掏出手枪朝老人肚子上，"噗""噗"开了两枪。老人登时仰倒在地上，那抓紧篮子的手还是不肯放。那汉奸狠命推搡了两下，将篮子夺走了，可怜老人连肠子带血一齐从肚子上喷出来！儿媳一见，扑上去捂，捂着捂着老人咽气了。村头住的老人二胖，随着基干连撤走了，只剩下60多岁的老伴没走。家里穷得叮当响，老伴年年冬天都是穿个补丁棉裤、棉袄，穷到这个地步，也没有逃脱被抢的厄运。几个汉奸兵一进到她家，都跟瞅地猫一样，见啥拿啥，最后两个人抓住她的袄，往两下里一扯，将棉袄脱走了，只落一个光脊梁。接着又将下身的棉裤也拽走了，她只好赶紧跑到地铺上，将乱干草埋在自己身上，来延续孤苦的风烛残年。40多岁的蔡时新，也被扒得浑身不剩一条线，只得捞个破蓑衣披在身上，遮挡冰天雪地的严寒。

日伪军在蔡寨制造的劫难是深重的，它给人们留下了永远也难平复的伤痕！

大年初一火烧杨寨

1942年农历正月初一即春节，虽然处在战争年代，全国亿万人民仍然要在这传统的节日相互庆贺祝福，更要趁机会虔诚祈祷，求得上神保佑，能过上和平、安生的日子。这一天，杨寨的群众都"起五更"，点着蜡烛、灯笼，在各神像、牌位前摆上馒头、肉菜，磕头祈祷。这个时候，天还黢黑黢黑，有人去村东坟上烧纸摆供，忽然发现眼前影影绰绰的，接着传来叽里呱啦的声音，就立即反身回村。一进街头就大声呼喊："日本人从东边来了！都快跑！向西，快，快！"这一喊，整个村庄像蜜蜂炸窝一样，一些人撂下香烛、供品，拖儿带女，扶老携幼，卷席一样拼命向西飞跑！

杨寨，在东明县城西南8里，村西2里就是黄河大堤。当时，大家一跑出村，枪声就响起来了。等到爬上大堤，村里已经燃起了冲天大火。天亮了，村里不断传来乱嘈嘈的声响，人们有家不能归，只得相互偎依在大堤上，任凭寒风吹袭。

原来，一个月前，日寇的两名特工，扮作平民百姓，出城向西南侦探，途中露了马脚，被顽军别动队队员杨广太等人诱至岳寨活埋，日本人的翻译官小红通过暗探，知道了事情的经过之后，就带领日军袭击杨寨，没有捕住杨广太，就放起大火烧了三家的房屋，抢掠了大批财物，满载运回县城。

下午，冻饿了大半天的群众回村，家家门户洞开，有的房屋烧成灰烬，有的财产被抢掠一空，家家箱翻柜倒，衣物、馒头、肉散落一地。全村到处一片狼藉！

好端端一个欢腾喜庆的节日，村民被日本侵略军赶出村外，无家可归。就连周围村庄，如沙河、八里寺、王寨、戴寨等村的群众都惊慌不定，到处躲藏。这就是日本侵略军给杨寨及周围十几个村庄制造的一个苦难的春节！

第三节　奋起反击

东垣县抗日民主政府的建立与发展

1940 年 11 月，中共东明、长垣秘密工作委员会（以下简称东长密委）正式成立，王克敌主持工作，领导东考公路以西和长垣县河东区党的工作。主要任务是：继续整顿恢复党的基层组织，建立隐蔽武装，领导群众开展反"蚕食"、反资敌斗争，建立交通网点，确保黄河两岸交通无阻。

1941 年 3 月下旬，冀鲁豫党委为了掌握日伪杂在东明、长垣的动向，设立东明、长垣对敌工作办事处，冯剑仇为主任，李庆斋为副主任。冯、李分别进入长垣、东明，布置敌工网点。4 月，东长密委根据北方局《关于敌占区及接敌区工作的指示》，增设对敌工作部，简称敌工部，王克敌兼任敌工部部长，梁子庠任副部长，统一领导东长密委的对敌斗争，先后选派 50 余人打入敌人内部，利用各种形式同敌人进行艰苦卓绝的斗争，在敌工战线上取得了辉煌的战果。如派在东明教育界影响较大的穆文平参加县民众教育馆，不久被委任为馆长；派会点日语的罗丕显去当伪警察，很快被委任为警长；彭惠以警察局局长彭子信之妹的身份与伪上层人员进行广泛接触等。他们以特殊身份了解日伪军的动向，随时把情报传送给东长密委，为有力地打击敌人提供了保障。

1941 年 1 月，冀鲁豫三地委（地委书记戴晓东）在东考公路以东和东菏公路以南，中共东明县委交其代管的地区内创建东垣县，成立中共东垣县工作委员会和东垣办事处，毕玉琦任工委书记，杜庆林任组织部部长，杨秀文任宣传部部长，于景书任办事处主任。县工委以东垣县办事处工作队的名义公开活动，整顿、恢复该地区的基层党组织和村基层政权，为东垣县抗日民主政府的正式成立做好了组织与物质准备。3 月初，东垣县抗日民主政府在周集村宣布成立（以下简称路东东垣县），原鲁西南独立团政治部主任郭心斋任县长，县抗日民主政府秘书王斌轩兼任民政科长（不久王向晨接任），曹力人任财政科科长，孙自端任交通科科长，王志刚任公安局局长；并组建东垣县基干大队，郭心斋兼任大队长，张耀汉任副大队长（不久周二勋接任），周民轩任大队副政委（不久任耀庭接任），公开活动在东考公路以东地区，并建立了区、乡、村政权，以敌进我进、敌不进我亦进的姿态，巩固和扩大东垣根据地。至1941年秋，东垣县抗日民主政府已经牢固地控制了原东明县东南部，原长垣县的远东区和考城县的部分村庄，建立了3个区政府和3个区委，根据地人口达10万余人。

1941年6月，中共东垣县委员会成立，毕玉琦任书记，杜庆林任组织部部长，杨秀文任宣传部部长，下辖3个区委，全面贯彻落实中共中央制定的"十大政策"，即加强对敌斗争，实现党的一元化领导，整顿党风、学风、文风，实行精兵简政，建立"三三制"抗日民主政权，减租减息，发展生产，拥政爱民，进行时事教育，审查干部。通过落实"十大政策"，克服困难，坚持抗日斗争，度过了黎明前的黑暗。中共东垣县委根据东垣县所处的位置与斗争环境，决定以巩固根据地为主，把开辟新区与巩固根据地结合起来进行，努力发展武装，改造农村政权，整顿村党支部，发动组织群众，健全群众组织，减轻农民负担。

中共东垣县委根据中共中央《关于抗日根据地土地政策的决定》和《关于如何执行抗日根据地土地政策的决定的指示》精神，积极发动群众，进一步实行减租减息、合理负担和开展反奸、反霸、反资敌斗争。"双减"运动进行稳妥，效果良好，成绩显著，根据地农村发生了很大变化。同时，结合减租减息，整顿党的基层组织、村政权和工、青、妇、民兵等群众组织，调整领导成员，提高了党的战斗力，密切了党群关系，推动了生产，巩固了根据地。在根据地内村政权基本掌握在群众手里，农村社会风气大有好转，偷盗、赌博、迷信等不良现象大大减少，广大农民群众的抗战热情进一步高涨，广大农村掀起了参军、参战、武装保卫家乡和拥军优属的热潮。

1941年7月下旬，教七旅20团配合地方武装，在东明、菏泽间反击菏泽伪军和国民党菏泽县长兼保安团团长张子刚所部顽军的北犯，消灭伪军一部，开辟了五霸岗一带地区。8月初，在考城拔掉了杜楼伪据点，开辟了白茅、大寨、张君墓一带地区。东垣县抗日救国联合会，从10月15日起开展了为期一个月的破路活动，将全县军事要地的土路均挖成深2米、宽3米的交通沟。11月，中共东垣县委、东垣县抗日民主政府根据中共中央军委《关于抗日根据地军事建设的指示》精神，决定扩编完善县大队、区中队，进一步加强民兵建设。县、区均建立武装工作委员会（以下简称武委会），专做民兵工作。东垣县大队扩充至200人枪，县公安大队扩充至30人，区中队扩充至50人，村村建立基干民兵班。

根据抗战形势的发展和具体环境的变化，实现抗战教育与普及教育，把

学生培养成有民族觉悟、有民主思想、有知识技能、能担负起抗战建国任务的战士和建设者，中共东垣县委、东垣县抗日民主政府十分重视兴办抗日小学。1942年春，县长郭心斋委任彭砚卿为校长，创办抗日高级小学1所（后称路东抗高），先在徐庄，后迁丁嘴，共2个班，100余名学生。初级小学发展很快，达到了35所、53个班，几乎村村都有一所初级小学。学校既是教育阵地又是宣传阵地、战斗集体，学生除课堂学习外还积极参加社会实践斗争，为抗战服务。

1942年3月某日，驻新兴集据点的伪三区阎秀瀛保安团，经徐湾、三春集到抗日根据地扫荡抢粮。八路军某部侦察班获得情报，部队首长立即部署骑兵连约300人埋伏在大营村，侦察班埋伏在祥符营，边区地方武装约200人埋伏在陶堂村。上午，伪保安团170多人向三春集进发，刚到陶堂村南地，埋伏在那里的边区地方武装首先发起攻击，接着骑兵连从东部，侦察班从西部迅速赶来投入战斗。经过两个多小时的激战，一举将保安团击溃，共击毙团丁27人，俘虏120多人，缴获轻机枪2挺、步枪100多支、弹药一批。

1942年5月，东垣县广泛建立民兵组织，积极发展地方武装，开展对日伪顽杂的反封锁、反"蚕食"斗争。7月，东长密委组织群众坚壁清野，开展反资敌斗争。8月12日，国民党冀南专员邵鸿基委派的东明县县长张瑞经，诡称在柳里召开联保主任会议，陈廷选到会后，连同两名警卫员一起被捕，全部壮烈牺牲。9月初，东长密委负责人王克敌、王云到安陵集和七地委接组织关系，9月8日返回时，在由裴子岩去四李寨的路上，被突然来此抢粮的顽军邵鸿基部盛希廉团扣捕，然后交给伪七十二乡（焦楼乡）乡长焦仲仁，令其将二王送往邵鸿基总部。东长密委闻讯后，立即派民主人士李柳范以老朋友的身份夜访焦锡侯、焦仲仁兄弟，向焦氏兄弟晓以利害。焦仲仁权衡押放二王的得失后，当晚以假枪毙的方式，偷偷释放了王克敌、王云。从此我党和焦仲仁建立了统战关系。9月，为配合我军发起的秋季攻势，四区联防队经常冲过东考公路封锁线，捉捕资敌的伪乡村长，或给予镇压，或教育后释放，震动了整个路西地区。同时，采取政治攻势，揭露顽军顽政权的假抗日、实通敌、真扰民的面目，挤走了邵鸿基、高树勋委派的顽县长，扩大了抗日根据地。

1942年底，东垣县控制了考城县南彰、张君墓以北，曹县郭小湖西北、东明县东考公路以东，以及公路西侧长垣县整个河东地区，拥有基本区群众20万人、游击区群众10万人的广大地区，在鲁西南抗日斗争史上留下了光辉的一页。

建立政权　驱逐顽敌

智歼郝子端　建立南华县

1942 年 7 月中旬，五分区教七旅根据冀鲁豫军区"积极开辟鲁西南根据地"的指示，由湖西开进鲁西南地区，发起对国民党东明县保安团郝子端部的攻势。9 月初，郝子端部由陆圈转移到岳高寨、马寨、崔寨、西杨庄四村驻防。县交通科科长孙自端得到情报后，火速报告给教七旅。7 日凌晨，教七旅 19 团、20 团从沙堌堆出发，迂回包围郝子端部后，发起突然袭击，在西杨庄生擒郝子端，余敌 2000 余人全部缴械投降。然后教七旅挥戈东进，开辟了东明、菏泽接合部东西 20 千米、南北 30 千米的抗日根据地，在此建立了南华县，成立了中共南华县委和南华县抗日民主政府，杨锦堂任县委书记，林菁华任县长。南华县的建立，将直南与鲁西南两块根据地连成了一片，切断了东明与菏泽日伪军之间的联系，确保了华北与华东之间的交通安全。

赶跑邵鸿基　建立滨河县

1942 年 10 月中旬，教七旅 29 团抽出一个连的兵力改称地区支队，开进东长密委活动的地区，保卫群众秋收。支队经扩编后改名为独立第 3 营，进至刘楼以南地区，抗击长垣县伪三区地方杂牌武装和邵鸿基部在该区抢粮，武装保卫群众囤粮。11 月 8 日，独三旅配合教七旅 18 团、19 团，在东明的马头与考城的孙营间伏击了敌苏鲁豫挺进军第十二纵队马宏图部，歼敌 100 余人，缴获步枪 100 余支，开辟了这一地区。路东东垣县在此建立了 4 个区政府。4 个区中队组成联防大队，以汪涛为主任，领导 4 个区的武装打击盘踞此地的顽杂势力，并以武装工作队的方式深入此地，宣传组织群众，陆续完成建政工作。至此，东长密委活动范围扩大到北起黄河故道、南至陇海铁路北侧，南北长约 73 千米、东西宽 25 千米，约 700 个村庄的广大地区。12 月，八路军 129 师骑兵团奉命开赴冀鲁豫边区，开辟东明、长垣、濮阳、滑县之间滨河地区根据地。成立了濮阳、滑县、东明、长垣四县边界地区委员会和军事指挥部，赵紫阳任书记兼军事指挥部政委，常仲连、李静宜统一指挥 21 团、新四路和滑县大队。不久，21 团在朱口村袭击了顽军邵鸿基司令部，俘虏其特务营大部（邵率残部逃入陇海铁路北侧考城境内），赶跑了邵鸿基，解放了滨河地区。1943 年 1 月 14 日，四地委在赵堤召开群众大会，宣布设立滨河县，成立滨河县抗日民主政府，选举郭涤生为县长；并成立了中共滨河县委员会，蒋中岳任县委书记，张平任组织部部长兼宣传部部长。

重组东明县委　设立路西东垣县

1943 年 1 月 28 日，国民党 39 集团军后方留守人员，在一个步兵营的掩护下北进。由郑子龙、王缵三领导的七分区部队在东、西夏营间河心设伏，战斗持续了一上午，杀敌 10 余人，余敌全部缴械投降，共俘敌军官兵 550 人，其中副师长 1 名，旅参谋长 1 名。缴获机枪 3 挺，步枪、子弹、手榴弹等军用物资一大宗。2 月初，冀鲁豫二十专署在东考路以东，撤销东垣县，恢复东明县，重新组建中共东明县委与东明县抗日民主政府，设 5 科 2 局，辖 3 个区，袁觉民任县委书记，毕玉琦任组织部部长，郝文章任宣传部部长；郭心斋任县长，王向晨任民教科科长，孙自端任交通科科长。在路西，重新组建中共东垣县委和东垣县抗日民主政府，设 5 科 1 局，辖 7 个区，李衡生任县委书记，王克敌任组织部部长，王云任宣传部部长，赵润普任县长，李柳范任教育科科长，段琴堂任交通局局长。组建东垣县基干大队，赵润普兼任大队长，李衡生兼任政委。东长密委工作宣告结束。

"白马团""黑马团""红马团"

在鲁西南一带，每次向八九十岁的老人谈起"白马团""黑马团""红马团"，无不竖起大拇指，啧啧称赞。在抗日战争年代，"白马团""黑马团""红马团"这支充满传奇色彩的骑兵部队，弛骋鲁西南，神出鬼没，机动灵活，英勇善战，多次参加消灭日伪军的战斗，立下了赫赫战功。

"白马团""黑马团""红马团"的正式番号是八路军 129 师骑兵团，其前身为红十五军团骑兵团。在抗日战争时期，这支铁骑，东下太行山，弛骋冀鲁豫，消灭日寇，讨伐顽伪，拔除据点，破袭交通，协助地方党建立党组织，建立抗日政权，建立抗日武装，发动群众开展广泛的游击战争，开辟和巩固抗日根据地，厥功至伟。在鲁西南一带群众中，至今仍然传颂着当年"白马团""黑马团"和"红马团"艺高胆大、英勇善战的神奇故事，成为我军历史上的一段佳话。

1939 年，该团奉命赴冀鲁豫边区开辟抗日根据地。1939 年冬，骑兵团在聊城、阳谷地区休整时，为了便于作战指挥和增强骑兵威力，按照战马肤色分为黑马连（一连）、红马连（二连）、白马连（三连）和杂色马连（四连和特务连），边区群众称之"黑马团""白马团""红马团"。骑兵团行军时距离拉得远，尘土飞扬，见头不见尾，真不知有多少人马，因此连敌人也相信了"黑马团""白马团""红马团"的说法。这样一来，也确实给敌人以极大的震慑力，长了我军的威风。几年来，骑兵团驰骋冀鲁豫边区，主动出击，攻据点，打援敌，反封锁，战灾荒，出奇制胜，以少胜多，屡建奇功。所到之处，敌人闻风丧胆，溃不成军，损失惨重，可谓威风无限。

1942 年底，骑兵团被编入冀鲁豫军区第四军分区，明确的任务是开辟东明、长垣、濮阳、滑县之间的滨河地区。当时，驻东明伪军赵云祥部和流窜在长垣的顽军邵鸿基部，经常不断抓壮丁，抢粮食，人民群众胆战心惊，很不安宁。于是骑兵团连续主动出击，打了好几个胜仗。特别是在 21 团的配合下，在滨河地区大索庄，以迅雷不及掩耳之势冲进敌阵，刀劈枪击，把敌人杀得落花流水，抓获俘虏 500 多人，缴获机枪 9 挺，歼灭了邵鸿基部主力赵子安支队，给这个著名的"反共专家"以沉重的打击。骑兵团以缴获的枪支，帮助滨河县建立了抗日武装。这次战斗，充分地显示了骑兵团的威力，附近的敌人只要听说骑兵团来了，吓得龟缩到据点里都不敢出来。于是，骑兵团乘胜向南挺进，把开辟的滨河新区很快扩大到陇海铁路以北地区。

1943 年 5 月 16 日，驻东明县伪军赵云祥派了一个营到沙窝村抢粮。骑兵团接到情况，立即决定以第二连为突击队。二连连长张起旺、指导员李选贤率部越过黄河故道，乘马迎击。双方在沙窝村展开激战，敌军纷纷倒下，敌营长被当场击毙。此战，我军缴获机枪 5 挺、步枪 300 余支，俘伪军 200 余人。此时正在任姜庄的敌教导大队 100 余人见是骑兵团，虽近在咫尺但不敢增援，率先逃窜。战斗的胜利极大地震慑了敌人，使敌人一听说骑兵团就谈虎色变、魂飞魄散。是年夏夜，伪军华北自治军东进剿共纵队陈立德部用一个营的兵力偷袭高墙村，妄图抢粮。正在此村养伤的骑兵团战士赵云逢顾不上穿衣，操起刀枪和手榴弹跳上一匹耕地的老白马，闯出村外，在村北来回跑了几趟，诡称八路军骑兵团。敌人误以为被我骑兵团包围，一面放枪壮胆，一面突围逃跑。沙窝、齐王集民兵听到枪声，迅速赶到，敌人逃回据点老巢。

不久，骑兵团又绕到东明城东北柏城村伏击抢粮之敌，打得伪军赵云祥狼狈回窜。赵云祥连说"骑兵团惹不得，惹不得"，再也不敢出城骚扰。东明南面考城的伪军也蠢蠢欲动，几次出来抢粮，骑兵团配合地方武装，先发制人都给予其迎头痛击，考城之敌也吓得不敢外出。"白马团""黑马团""红马团"保卫了麦收，打击了敌人，保卫了人民，东明人民由衷地热爱这支人民铁骑，至今念念不忘。

巩固抗日根据地

1943 年 2 月 16 日，汪精卫和平建国军第二方面军孙良诚部 2 万余人，由商丘地区开始北犯。3 月 10 日，孙良诚部窜入濮阳、东明地区，日军弃守东明，孙部接替了日军的防务。其第四军赵云祥部两个师在东明布防，军部设在东明

城内，39师师部驻裕州屯，40师师部驻东明集，控制东考、东菏两公路，以公路为起点，步步向我根据地周围增设新据点，"蚕食"我根据地。

为了打击敌人的"蚕食"活动，中共东明县委在全县范围内建立了40余个民兵联防队，用麻雀战术困扰敌人，打退了敌伪军数十次的武装进攻，粉碎了敌人在我根据地周围建立据点的阴谋，巩固了边缘地区。春播时，东垣县建立民兵联防组织，"一手拿枪，一手种田"，白天结队带枪下田耕作，晚上集体住宿，多次击溃敌人的武装袭击，保证了敌人据点之下无荒田。4月13日早饭后，赵云祥部警备团由东明县城窜到沙窝抢粮。午饭时，被我军区九兵团迂回包围，将敌击溃。一部逃至陈吴街楼上顽抗，战至午后，我俘敌数百人后主动撤走。5月，八路军129师骑兵团驻防河西灰池一带，保卫麦收。15日，伪军赵云祥部800余人到沙窝一带抢粮，骑兵团获悉后，立即派二连越过黄河故道，先围张沙窝之敌，伪军大部被俘；次袭刘沙窝之敌，伪军全部投降。骑兵团马不停蹄，迅速包围后王沙窝伪军，经过激战，全歼守敌。此次战斗，骑兵团全歼赵云祥伪军精锐营，缴获机枪5挺、步枪300余支，俘虏伪军200余人，胜利完成了保卫麦收的任务。自此，骑兵团杀出了威风，令敌人望风潜逃。5月初，五分区民一团开到东考公路以西，以马军营、刘楼、竹林、李焕堂为中心，配合东垣县大队向北、南两面同时推进。南面打垮了伪三区区队，北面攻到东明城下，保卫了麦收，扩大了游击区，巩固了根据地。

盘踞东明的冀鲁豫边区挺进军总指挥部中将总指挥兼第三纵队司令邵鸿基部，到处骚扰、"蚕食"我根据地，袭击我地方武装与机关，残害蹂躏百姓，搜捕抗日干部，先后杀害中共东明县委宣传部部长杨授谦、刘幼林，刘楼区区委书记陈廷选，滨河四区副区长于绍孟，东明县参议会首席参议、教育界知名人士、共产党员李宜亭，作恶多端，民愤极大，东、长、濮、滑四县民众联合要求冀鲁豫军区除掉他。1943年3月9日，冀鲁豫军区骑兵团攻克东垣县小许庄，歼灭邵鸿基部400余人。5月5日，邵部北犯东明，在翟家和西赵堤遭军区骑兵团和21团迎头痛击，俘敌800余人，缴获长短枪数百支、机枪10多挺。邵残部逃至县东乔良屯，在那里成立了一个伪县政府。5月25日，21团奔袭乔良屯，消灭顽县长张瑞经及其保安队，俘敌30余人。邵鸿基部被我冀鲁豫军区数次打击之后，所剩无几，仓皇逃往长垣南部及封丘一带。至此，东明县境内再没有大股顽军窜扰，根绝了他们所建立的顽政权。

1943年9月20日至10月10日，日伪军1.1万余人，在汽车、坦克、飞机的配合下，对冀鲁豫边区进行为期20天的大扫荡。我五分区司令员朱程，二十专署专员袁复荣，民一团团长桑玉山、政委魏明伦等先后壮烈牺牲，东垣县第二区区长贤来轩被捕。10月13日，日军撤回原防，伪二方面军将总部设在东明与濮阳之间的八公桥，伪华北自治军陈立德部奉命增兵东明，进驻东明县城北关，对敌斗争形势进一步恶化。为鼓舞我军民士气，打击敌人的嚣张气焰，10月15日乘敌军扫荡刚回原防，警备松弛之机，五分区20团警卫排派一个10人的小分队，利用夜色掩护越过城墙，摸入东明县城，突袭敌人，消灭敌军岗哨10余人，击伤伪东明县警察局局长。11月16日，为打击"蚕食"我根据地中心区的伪孙良诚部，歼灭其有生力量，巩固和扩大根据地，冀鲁豫军区决定发起濮阳东南战役，于当夜奇袭了孙军总部所在地八公桥。战斗中，孙良诚部副旅长刘侠起义。同时，东明、东垣两县大队率民兵联防队包围了东明境内的所有伪军据点，阻其增援八公桥；东垣县政府率民工万余人破除东明集以南公路10余千米，阻滞开封增援之敌，有力支援了濮东南战役。17日黄昏前，战斗胜利结束，孙良诚总部直属队全部被歼，毙伤数百人，俘伪二方面军参谋长甄纪印及以下官兵3200人，缴获迫击炮2门、重机枪4挺、步枪1900支、短枪90余支、子弹4万余发、电台2部、战马300余匹、粮食数百万斤、兵工厂1所。

濮东南战役的巨大胜利，迫使驻东明的伪暂编第四军赵云祥部改变态势，放弃了在我根据地周围的所有据点，集结于东明县城及东考公路沿线，我军趁机收复了被日伪军"蚕食"的广大地区。1943年，我冀鲁豫军区先后粉碎了日军的春季和秋季大扫荡，冀鲁豫边区从根本上扭转了被动局面，开始取得战争的主动权，转入了战略大反攻。

1944年2月，为了适应对敌斗争的需要，五地委、二十专署决定撤销东明县建制，将其所辖的一区划归考城县，并以此为基地开辟考城地区；二、三区由专署直接领导，保留县大队，改称东垣县第二基干大队，大队长、政委王泽庆兼任二区区委书记、区长，仍活动在这两个区。

1944年3月，中共东垣县委从各区抽出50名有一定组织能力和文化基础的村长、农会长和党员骨干，集中在徐集举办为期15天的"双减（减租减息）"干部训练班。同月，为广泛发动妇女参加抗战和边区建设，东垣县妇联在东垣县根据地中心区，抽出50名村妇联主任、姊妹队队长和妇女工作积极分子，在任庄举办为期1个月的妇女干部训练班。

1944年5月5日，中共东垣县委与县政府在徐集召开附近各村群众及其他各区代表参加的万人大会，布置拥军优属工作，欢送新兵入伍。会上县委书记张治刚、县长赵润普为入伍青年披红戴花，会后县委、县政府领导干部亲自抬轿、牵马送新兵入伍。

1944年6月9日下午，驻东明集的伪二方面军暂编40师戴心宽部，纠合武装到解放区焦楼、赵庄一带抢粮。在东垣县保卫麦收的五分区18团，接到情报，当夜从齐王集出发，开到郝庄、店子集、冯寨布防。10日上午8时许，敌

一个团千余人，闯进 18 团郝庄阵地。18 团立即出击，摧垮敌军一个营的兵力，余敌溃退入郝士廉村。趁敌立足未稳，18 团发起强攻，指挥员带头冲杀，战士们越战越勇，敌军锐气大挫，纷纷放下武器投降。有一股敌军坚守寨墙一角，负隅顽抗，18 团团政委王丕亲临前沿阵地指挥，不幸中弹牺牲。激战 2 小时，歼敌一个营，击溃一个营，余敌逃回东明集。此役共毙俘敌官兵 360 余人，缴获轻重机枪 18 挺、步枪 378 支。

1944 年 6 月 13 日，伪孙良诚部 40 师少将副师长王恭展率直属队 800 余人，兵分三路，齐头并进，妄图闯入东垣县境内抢粮。十分区政委刘星率军分区特务连、东垣县县长赵润普率县大队两个民兵连迎头截击敌人。9 时许，双方相遇于贺庄，激战半小时，将敌中路军击溃，其余两路闻讯逃回东明集。此战，毙俘伪少将副师长王恭展及以下官兵 200 余人，缴获枪支弹药一宗。

1944 年 7 月 1 日，属汪伪系统的陈立德部副司令李英率部 2000 余人，企图由东明逃往河南济源，沿途遭到沙窝、马军营一带村民联防武装的截击。行至小井村时，被我十分区 18 团、东垣县大队包围，双方激战不足一个半小时，即将敌人击溃，俘伪副司令李英及以下官兵 1700 余人，缴获重机枪 12 挺、轻机枪 35 挺、迫击炮 4 门、枪 1000 余支、战马 48 匹、电台 2 部。这次战斗被称为鲁西南战斗史上一个"模范战例"。9 月 13 日，驻东明集的伪军一个团千余人，在葛冈据点伪军掩护下窜到唐庄抢粮，被冀鲁豫军区 18 团 1 营、东垣县四区区中队、民兵联防队包围，激战 1 小时，活捉伪军 70 余人，缴获轻机枪 8 挺、步枪 100 余支、子弹万余发。

随着东垣县抗日根据地的巩固与扩大、民主民生运动的深入开展，贫苦农民的生产条件有所改善，广大群众的生产积极性大大提高，在县委的号召与组织下，东垣县的生产运动迅速高涨起来。1944 年春，在东垣地区以农业生产为主导的大生产运动进入了高潮，自抗战以来，第一次出现了无荒田、无闲田的局面。在东垣县境内除地方武装县大队、区中队外，经常驻有主力部队一两个团，部队官兵在战斗与训练的空隙中自己动手发展生产，减轻人民群众经济负担，不仅改善了党政军民的生活条件，还为大反攻准备了物质、储备了力量。

王高寨保卫战

王高寨行政村隶属东明县长兴集乡，位于东明县城西南 34 千米处，拥有丰富的历史文化和光辉的革命历史，1938 年秋就建立了中共王高寨支部，孔令云为支部书记，王清源、王兆玉为支部委员。接着，先后建立了农会、妇救会、儿童团、自卫队等组织。

王高寨是鲁西南抗日根据地的前哨边沿，村民抗日热情高涨，他们在村四周筑起了寨墙，设立了四门，白天由儿童团站岗放哨，夜里有民兵值班防守，强化了防御，保卫了平安。1943年到1944年，汪涛区长先后两次组织购买枪支弹药，增强了民兵武装，提高了战斗力。接着又以王高寨为前沿阵地，组建了由罗寨、汪寨、李庄、程坡、翟庄等村组成的抗日自卫联防队，由王高寨民兵黄梦麟任队长，遇到敌情需增援时以吹号和放鞭炮为令，其他村民兵前去支援，形成联防的作战能力。

当地大汉奸、伪三区区长陈万诚不断带领伪军下乡派款抢粮，讹诈百姓，打击抗日力量，多次遭到王高寨民兵的痛击。陈万诚对王高寨这个红色堡垒非常恼恨，视为眼中钉、肉中刺，时刻想消灭这个红色堡垒。

1944年6月9日夜，王高寨抗日自卫队接到区里紧急通知，陈万诚派汉奸队长王洪恩带领"黑杀队"偷袭王高寨。自卫队决定先发制人，出其不意，中途截击来犯之敌。当天傍晚，20多名民兵全副武装，一口气跑了5千米，埋伏在李焕堂村北的坟林里。一会儿，100多个伪军顺着大路赶来，有说有笑，毫无戒备，待敌人完全进入伏击圈后，自卫队队长一声令下，步枪、手榴弹同时向敌人开火，敌人顿时乱作一团，抱头鼠窜。汉奸队长王洪恩举起手枪正要反击，自卫队队长一枪击中了他的手腕，其拔腿逃窜，三个伪军被打伤后活捉，其余伪军朝着王店方向拼命逃窜。

为了消灭王高寨抗日武装，1945年农历二月二十六日夜，盘踞在考城、兰封、东明三县的日伪军600多人，在陈万诚的引领下，把王高寨团团围住。王高寨当夜值班民兵王清竹等人发觉后，立即敲起了警钟。顿时，村里民兵和男女老幼手持大刀长矛、锄头棍棒，拥上街头。党支部立即作了战斗部署，自卫队队长王清平带领第一班民兵把守村庄的西南面，农会会长王宪文带领第二班民兵把守村庄的东南面，支部书记王兆玉带领第三班民兵把守村庄的东北面，在王高寨帮助工作的时任区长孔令云亲自负责整个战斗的指挥。

拂晓，敌人向王高寨发起了进攻。持枪民兵迅速靠近围墙坚守阵地，妇救会、儿童团向前沿阵地搬运弹药和砖

王高寨九十六烈士纪念地

头瓦块。敌人在火力的掩护下，组织首次冲锋，民兵们凭借寨墙沉着应战，一群暴徒还没爬上寨墙，便被民兵用钢枪、土炮一阵猛烈扫射轰炸，连滚带爬地退下。

王高寨九十六烈士纪念亭

敌人一连组织了四次冲锋都被民兵击退。陈万诚恼羞成怒，骑着马指挥第五次冲锋，他挥动马鞭在群匪中乱抽，高叫："谁敢退后一步，立即枪毙。"日军队长也骑着高头大马，挥舞着东洋刀叽里呱啦地叫喊。霎时间，硝烟弥漫，炮火连天，王清平带领民兵临危不惧，敌人的手榴弹落在他身边，他捡起来甩向敌人。王宪文老人挥舞着长矛冲向敌人，将爬上寨墙的敌人打了下去。

战斗越来战激烈，双方激战4小时后，我方弹药耗尽，民兵队队长王清平不幸头部中弹，英勇牺牲，南寨门被敌人冲破，敌人蜂拥而入。为了掩护参战的老人、妇女、儿童转移，刘景山、林朝阳、王清林等8人手持长矛，像猛虎一样冲进敌群，与敌人展开肉搏战，敌军大乱，纷纷溃逃，在后面督战的几十名日军一起举枪射击，在弹雨中，8名勇士血洒疆场，全部壮烈牺牲。60岁的农会会长王宪文闻讯赶来，手持长矛，与冲进来的日伪军拼杀。众敌见状，一拥而上，企图活捉王宪文。王宪文机智地绕着打麦场草垛与8个日军周旋拼杀，在一连刺伤3个日军后，被日军刺伤倒地。王宪文躺在血泊中骂声不绝，终因流血过多，壮烈牺牲。

寨门被敌人攻破后，孔令云指挥民兵主力撤到楼上，控制制高点，打击敌人，等待救援。其他人一面掩护全村妇女、老幼和伤员撤到村内楼院，一面坚持巷战，发挥熟悉巷情的优势，利用每一堵墙、每一座房子来打击敌人，日伪军个个提心吊胆，不敢轻易闯入民宅。

战斗在北寨门的王清鹤、王清栋等9人，用仅有的一门土炮和16颗手榴弹打退了敌人多次进攻。弹药用完了，就用砖头瓦块、大刀铁锨与敌人拼杀，使敌人不能从北寨门进入。后来南北敌人合围，200多名日伪军把王清鹤、王清栋多人团团包围，面对敌人的枪口，他们一齐高呼："打倒小日本！"壮烈牺牲。

日寇队长在北寨门杀害几名勇士后，带领200多名日伪军包围了孔令云等人控制的高楼，一面命令用机枪对楼上的民兵疯狂扫射，一面命令伪军往楼道运柴火，企图把楼上的人烧死。妇救会主任冯连如带领女民兵把砖头、瓦块像雨点般砸下去，砸得敌人头破血流。一个民兵从楼上甩下仅有的一颗手榴弹，"轰隆"一声在日军中间爆炸了。日军队长大怒，指挥日军放火烧楼。就在这危急时刻，村东北方向传来密集的枪声和冲锋号声，原来是驻扎在黄固东垣县一大队得到情报，跑步10千米，直奔王高寨增援，向日伪军发起了猛烈进攻。敌人见势不利，仓皇逃命。

楼上的民兵一齐出动，手持大刀、长矛扑向敌人，里应外合，杀得敌人溃不成军。县大队通信员小李一枪将日军队长毙于马下，敌人顿时乱作一团，狼狈逃窜。县大队和自卫队乘胜追击，一直追杀敌人到荆岗、兰通一带才凯旋。

王高寨保卫战，历时5个多小时，歼敌45人，虽有42名英雄儿女壮烈牺牲，但这次战斗极大地挫败了日伪军的锐气，保卫了美好的家园。从此，东明县、东垣县一带人民，把王高寨村誉为"红堡垒"。

军民合力大反攻

1943年2月东垣县建立时，南北由土地张、温寨至王高寨长20千米，东西由程楼至黄河故道宽约12.5千米，村庄120个，约3万人的根据地，周边却聚集着日伪军近万名（其中东明六七千人、考城约千人、长垣约两千人）、国民党的顽杂武装千余人。面对严峻局面，东垣县集中精力搞好根据地建设，巩固人民政权：一是加强党的建设；二是村村建立抗日救国群众组织；三是村村建立统一战线；四是村村开展减租减息、合理负担等民主民生运动；五是开展时事教育，动员全民抗战；六是做好敌伪策反和情报工作；七是实行主力军、地方军、民兵三结合，三种武装取长补短，使敌人无隙可乘。东垣县军民经过一年多的艰苦奋战，以根据地中心区为依托，根据地逐步扩大，至1944年夏，已形成南北长70千米、东西宽25千米、约700个自然村的根据地。建立了7个区，其中一区以徐集为中心，二区以郭寨为中心，六区以李焕堂为中心，这3个区是东垣县的中心区，是巩固根据地；三区在东明县城西，四区在东明县城西南，五区在东明集西及西南，七区在马头西及西南，这4个区为游击区。

1943年初，东垣县（路西）建立后，中共东垣县委与东垣县抗日民主政府对建军工作极为重视。以五分区1个排为基础建立了县大队，在我军较巩固的根据地内先建立区委和区政府，并建立了区中队，先后成立了7个区政府，各区中队陆续都发展到30—50人规模。同时，为适应反"蚕食"、反抢粮斗争，各村都根据自己的实际情况筹集枪支，建立使用钢枪的模范班。各村模范班在区武委会统一指导下实行村与村联防，建立联防队。1944年夏，东垣县基本实

现了区联防，并建立了县联防大队。各级联防队经常配合主力军和地方武装与敌作战，在保卫根据地的斗争中贡献了力量。1944 年 10 月 1 日，中共东垣县委在苏集召开扩大会议，会议重点研究了扩大根据地、缩小敌占区、加强边缘区的问题，决定抽调一批干部到边缘区工作。10 月，伪赵云祥部仓皇南逃，伪豫北剿共独立第一师杜淑部，由滑县接替伪二方面军到东明设防。杜淑部下属 4 个团、1 个独立营，共 5000 余人，在东兰、东菏公路两侧设立炮楼、碉堡，沿路重要村镇均有布防。11 月 22 日晚，东垣县大队配合区中队袭击驻堌阳的日伪军，击伤、俘虏日伪军 37 人，缴获战马 20 余匹。

1945 年 1 月起，冀鲁豫军区在上年冬季攻势的基础上，发起了全面的春季攻势，残存在鲁西南地区的顽杂武装惊惶万状，或困兽犹斗做垂死挣扎，或潜逃外地妄图逃避我军事打击。4 月 24 日，残存在兰封、考城、长垣、东明之间的顽杂武装及各类反共势力 5000 余人，在驻东明伪军的引导下，兵分五路，沿东考公路两侧，向海头集、袁老家一带流窜，妄图逃进郓鄄边界，与那里的顽杂武装会合。东垣、南华二县及原东明的二、三区民兵联防队采取麻雀战术，到处放枪、堵截，迫使敌人不敢进村，不敢停留，在人困马乏、弹尽粮绝的情况下，被迫原路窜回。5 月初，第十军分区根据军区指示，进行了鲁西南讨顽战役，先后歼灭残存在鲁西南地区的 10 余股顽杂武装 5000 余人，余敌逃往陇海铁路以南，我解放区扩展到陇海铁路两侧，根据地中心区得到进一步巩固。6 月 14 日早晨，伪东明县警备大队 200 余人，在副大队长马德仁率领下，以出外抢粮为名，逃出东明县城，找已有联系的冀鲁豫军区驻东明、长垣办事处投诚。其先头部队越过黄河大堤后，与我十分区特务连遭遇。我军事先不明情况，立即开火，毙伤其特务队队长李魁等 20 余人，马德仁没有反抗，率余部 180 余人举白旗投降。事后查明真情，仍按其起义投诚处理。7 月 15 日夜，驻于州集据点的伪军，在机枪营营长李玉山的率领下，在里长营村南向我考城县大队缴械投诚。驻东明的伪杜淑部在连遭叛逃事件之后，不得不放弃小据点，集中在大据点。据点与据点之间不断换防，频繁调动，互相监督，借此苟延其土崩瓦解之势。

1945 年 8 月中旬，东垣县抽调 50 余名干部和 3 个民兵连组成民政工作队，任命段华约为队长、县委宣传部副部长顿玉阁为政治指导员，同县大队和新组建的县第二基干大队、各区中队、武装民兵，开到东明县城附近和东考公路沿线，包围伪军据点，开始大反攻。8 月 15 日，日本天皇裕仁以广播"停战诏书"的形式，宣布无条件投降。冀鲁豫军区当即向日伪军发出通牒，令其向我军投降，命令第十军分区收复东明。8 月下旬，冀鲁豫军区部队兵分两路，一路攻打黄河以北的新乡地区；一路在军区政委苏振华、八分区司令员曾思玉的领导下，攻打长垣。东垣县组织担架队、梯子队、运粮队及武装民兵万余人，随苏、曾部西进，历经10余天，解放了长垣县城。8月25日，南华县反攻营配合地方武装，包围裕州屯伪军据点，击毙伪大队长以下官兵10余人，残敌逃往东明县城内。

抗日战争胜利后，适应时局变化、恢复东明县建制、巩固新解放区被摆上重要工作日程。1945年8月末，冀鲁豫行署决定，将原东明县交专署代管的两个区和东垣县二、三区划出，恢复东明县建制，归十地委、十专署领导。9月初，中共东明县委与东明县民主政府成立，张治刚任县委书记，王子平任县长，初辖4个区。

抗战胜利后的东明局势

抗日战争胜利后，中国面临着两种命运、两个前途的决战。1945年8月28日，毛泽东、周恩来、王若飞、秦邦宪等代表中国共产党飞赴重庆同国民党进行和平谈判。经过43天的激烈交锋，于10月10日签订了《政府与中共代表会谈纪要》(《双十协定》)。《双十协定》签订后，蒋介石并不执行，而是在和平烟幕掩护下加紧向我解放区周边调兵遣将。所以，我党同国民党一面进行和平谈判，一面积极准备迎击国民党的军事进攻。

1945年9月，五分区部队在东明县东北黄河滩彻底消灭东明县伪警备大队。随后五分区派周民轩率一个连来东明，与郑子龙的地方武装合编为东明县基干大队，计300余人，县长王子平兼任大队长，县委书记张治刚兼任政委。同月，中共东垣县委组织机关干部学习中共中央《关于日本宣布投降后我党任务的决定》和毛主席在延安干部会上所作的《抗日战争胜利后的时局和我们的方针》讲话，开展形势教育，广大党员、干部明确了我党与国民党斗争的性质和任务，克服了和平幻想，积极投入了备战。

1945年10月，原汪伪华北治安军第二十四集团军（总司令庞炳勋）暂编第六军军长兼伪独立第十六旅旅长杜淑，被国民革命军收编，任国民党河北保安第十七纵队中将司令，率部占据东明。

10月12日，我五分区在黄庄召开攻取东明县城动员大会。地区武委会主任宋励华作动员报告，号召各级党政群组织紧急动员起来，与各级武委会密切配合，搞好治安防谍工作，严防溃散之敌入侵，保卫根据地人民的安全。会后，宋励华率东明、东垣、南华三县县大队、反攻营及民兵联防队向杜淑部发起持续进攻，一个月内攻克了东明集、黄庄和杜淑部在东明县城外的所有据点。11月底，中共东明县委召开治安会议。会议号召各级党政军民组织，要克服和平

麻痹思想，新解放区要抓紧时机，建立政权和武装，配合公安部门做好防奸防谍和惩办汉奸与破坏分子工作；老解放区要进一步健全治安组织，防止国民党特务潜入，并在全县范围内开展伪军、伪人员自首和群众检举活动。到1946年4月底，东明、长垣两县累计有1200余名伪人员分别向县、区、乡、村各级政府登记自首；被群众检举揭发出会道门团伙、潜入根据地国民党特务、还乡团武装共计12起，缴获枪支24支、子弹500余发，涉案人员100余人，先后公判处决了21名恶霸地主、还乡团骨干分子，这对巩固解放区起了很大作用。

1946年1月10日，国共两党代表签订停战协议。12日，冀鲁豫军区向所属部队及民兵发出停止一切军事冲突的命令。13日上午，五分区在东明县黄庄村东召开军民庆祝停战协议生效大会，并邀请杜淑部部分官兵参加，五分区副司令员宋励华宣读了冀鲁豫军区下达的停战令。2月，中共东明县委在县城以南建立第一区，11月在县城以北建立第七区。东垣县在牛集一带增设第四区，在焦园一带增设第八区。同时，在老区动员一部分村干部参政，充实到各区或工作队。

杜淑缴械投诚

1945年8月中旬，冀鲁豫十、十一分区主力部队奉命攻取东明、长垣、菏泽。十地委武委会主任率十分区武装及民兵，日夜巡回在东明境内，步步向东考、东菏公路沿线逼近，伪政权及其卫队迅速瓦解。盘踞东明的伪冀鲁豫边区挺进军头目杜淑被蒋介石委任为国民党第十七先遣纵队司令，令其就地维持社会治安，暂时稳住了杜部面临的崩溃局面。

杜淑部4个团、1个独立营约5000人来接替伪二方面军在东明的守备，在东考、东菏公路两侧设有炮楼、地堡，沿路村庄均有布防，重要村镇设有据点，如东菏公路的裕州屯、东考公路沿线的辛兴集、马头、黄庄、东明集等村均驻有重兵。东明县城与城外防地均修寨墙、暗堡、鹿寨、簸箕沟、陷壕等工事，杜淑借此对抗我军进攻。

杜淑一到东明就开始了反共反人民的罪恶活动，到处捕杀共产党员和抗日干部，并把被杀人员的头挂在十字街口或城门上威吓群众。许多无辜百姓被扣上"私通八路"的帽子抓进监狱，乃至丢掉生命。杜部官兵经常窜入农村抓夫、抓丁、抢粮、抢财，修筑工事，拉夫绑票，杀人放火，给东明人民造成了深重灾难。解放区军民对杜部恨之入骨，迫切要求拔掉这个"钉子"，冀鲁豫区党委决定采取内线策反与军事压力相结合的办法解决杜淑部。

1946年1月，冀鲁豫军区独立旅在东明成立，东明县大队4个连编入该旅。4月，东明县大队所剩1个排扩编后与东垣县第二基干大队合并组建东明县独立营，王子平兼任营长，郑子龙任副营长，张治刚兼任政委，周民轩任副政委。独立营活动在东明县城周围，严防杜淑部出城抢粮。独立旅在县南边整训，以防陇海铁路沿线国民党军北犯。1946年2月初，豫东纵队司令员魏凤楼、副司令员王启贤根据冀鲁豫军区命令率该纵1团、纵3团和教导队从巨野开进东明县境。司令部与教导队驻贺庄控制东考公路，纵1团活动在袁旗营、包旗营一带，纵3团活动在县西南马军营、刘楼一带。东垣县大队和民兵联防队配合纵3团，防击陇海铁路沿线国民党北犯或杜淑部南逃。我军采取围点打援的战术，截止开封来援之敌，困杜淑部于东明县城内。杜部出城抢粮，我军就用武力压回或诱其出城，在其抢粮的往返路上打埋伏，消耗其力量，削弱其战斗力。2月至4月，豫东纵队配合地方武装连续攻克杜部城外据点50多个，把杜部完全压进了东明县城。在我军事围困与政治攻势下，杜部官兵意志消沉，反战情绪日增。

在军事围困的同时，我五分区副司令员宋励华根据冀鲁豫区党委与军区指示，加紧了对杜淑的劝降活动。杜淑部的特务团团长杜光韬是杜淑的叔伯兄弟，而杜光韬又是宋励华的姨表兄弟，是个有正义感的军人，有弃暗投明之意。宋励华利用亲戚关系，曾三进东明县城，劝杜淑起义投诚，杜淑内心矛盾，犹豫不决，冀鲁豫军区决定对杜部进行武力迫降。1946年5月19日晚7时，晋冀鲁豫野战军第七纵队突然兵临东明城下，用钢炮轰击杜淑司令部周围。杜淑在战则亡、降可生的情况下，被迫通电全国，宣布起义投诚。

1946年5月23日早晨，太阳冉冉升起的时候，杜光韬亲自打开了县城西门，向我军挥帽致意："欢迎八路军兄弟进城！"我军从西门浩浩荡荡地开进东明县城，接替杜部的城防。当天下午，杜部5000余名官兵在我军的监督下开往沙堌堆接受整编。至此，东明第二次获得解放。

第四节　抗日先烈

工委书记张恩桐

张恩桐（1913—1941），武胜桥乡张楼村人。1929年在河北省立第七师范学校经刘汉生介绍加入中国共产党，同年任中共直南特委交通员。1934年任东

张恩桐革命烈士纪念碑

明县城高级小学党支部委员，领导了该校学生驱逐反动教员缪文华、于连科的斗争。1937年10月，任中共东明县工委书记。

1937年底，日军侵入直南地区，烧杀抢掠，无恶不作，给直南人民带来了深重灾难，仅清丰、南乐两县城惨遭杀戮的无辜群众近2000人。濮阳、东明、长垣、滑县等县日军也制造了一系列惨案，使人民群众处在水深火热之中。八路军濮阳办事处建立不久，上级党决定在东明县建立分办事处，由东明县工委书记张恩桐兼任分办事处主任。1938年10月，张恩桐任中共东明县委组织部部长兼民军大队二中队指导员。1939年3月，张恩桐任中共东明县委代理书记兼八路军驻濮阳办事处东明分处主任，并参加东明县抗日军政干部训练班的教学与领导工作。他还和共产党员杨锐、耿宏等人为建立民族抗日统一战线奔走呼号，并对发展地方人民武装做出了积极贡献。同年9月，调入冀南区党委组织部。1940年，入中共北方局太行山党校学习。

1941年7月，日伪扫荡，在随党校医院转移途中，牺牲于山西武乡县武灵山区。

民族英魂杨履谦

杨履谦，字丽庵，号更生，1898年出生于直隶省东明县许寺村（今属牡丹区王浩屯镇）一个较富有的农民家庭。1916年入菏泽私立南华小学读书，1919年五四运动爆发，他同进步师生列队上街游行示威，声援北京学生爱国运动，参加查封日货的活动。

1920年，杨履谦考入山东省立第六中学。他刻苦努力，勤奋好学，崇尚孙中山先生的三民主义，经国民党左派人士刘文彦介绍加入了国民党。1923年，杨履谦转入天津第一中学，次年考入河北大学预科，因生活所迫辍学回乡。

1927年初，杨履谦投军于冯玉祥部张华堂骑兵旅，被委以书记官。1929

年，经王鸿一介绍，他赴宁夏担任西北军爱国将领、宁夏省政府主席吉鸿昌的随身秘书。1930年阎冯联合反蒋，爆发中原大战，杨履谦在一次激战中头部受重伤，伤愈后解甲归田。

杨履谦返回家乡后，于1931年，捐献私有宅基，变卖本村庙产，在本村建立一所小学，让平民百姓的子女入学读书，继而又联络乡绅筹办起王浩屯完小。他自任校长，亲自授课，对学生进行新式教育。不久，他针对东明县教育局扣发教育经费，中饱私囊，造成各级学校开支紧张的情况，联络社会各界进步人士，在东明县教育界掀起反对扣发教育经费的斗争。斗争中，杨履谦被推选为东明县教育会会长。

1935年7月，国民党华北当局与侵华日军签订了丧权辱国的《何梅协定》，激起了全国人民的反抗。杨履谦联合国民党左派人士和教育界进步人士，在东明一些学校组织师生书写抗日标语，反对签订卖国条约，开展抗日救亡宣传活动。县长彭家轩认为这是共产党的赤化宣传，策动反动势力"蓝衣社"成员，到各个学校煽动学生哄赶迫害进步师生。杨履谦联络盛国昌、穆文平、李宜亭等进步人士，领导全县师生掀起了以驱赶县长彭家轩、反对迫害进步师生为内容的罢课斗争。没过多久，在社会舆论的压力下，彭家轩即辞去了县长职务。杨履谦被推选为东明县民众教育馆馆长。

1936年1月，杨履谦等人被东明县党部书记长文九锡视为有共党嫌疑。他无法在此地存身，经应试被录用为河南省洛宁县教育局局长，不久，又转任济源县教育局局长。七七事变后，杨履谦辞去济源县教育局局长之职返回家乡。此时，菏泽社会混乱，民不聊生。杨履谦为保境安民，抗日救国，出任东明县第三区（王浩屯区）民团分队长。他上任后，以王浩屯完小为基地，以该校师生为骨干，联络附近六乡开明士绅，通过了《抗日保家宣言》，建立了抗日联庄会。他领导抗日联庄会昼夜值勤，使各村百姓得以安宁。之后，在联庄会内部，其五弟杨授谦等人成立了"同学联合会"，其四弟杨尚谦等人成立了"胆青社"，组织青年开展抗日救亡。到1938年6月，王浩屯周围40多个村庄先后加入了抗日联庄会，并组成了有46支步枪、70多人参加的抗日常备

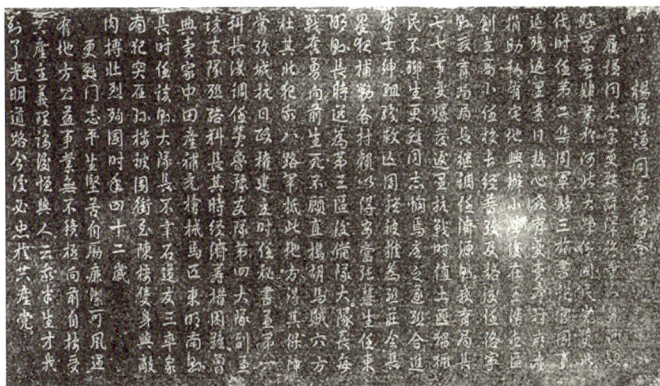

镶缀在鲁西南烈士陵园烈士墙上的杨履谦烈士传略碑文

队。他们边学习，边练武，准备迎击来犯之敌。

国民党濮阳专员丁树本闻之，指责杨履谦组织抗日联庄会与"政令、军令不统一"，"是搞武装割据"，是年7月密令东明县县长樊树华在县城设下"鸿门宴"，宴请杨履谦，企图解散他的抗日联庄会。杨履谦毫不畏惧，带领10名全副武装的队员前往赴宴。樊树华说："抗日防匪，乃政府之事，自作主张，组织军队，不利抗战，不利治安。"杨履谦问道："今年5月，日寇进犯我县东南，蹂躏百姓，樊县长为何不出兵抵抗，不保境安民？县长无兵，国民政府也不派兵救援，又不让我们百姓组织联防，难道就让我们伸出头来等待日寇杀掉吗？我们祖国的锦绣山河就任意让日寇的铁蹄践踏吗？"杨履谦的话使樊树华张口结舌，无言以对，使他企图解散王浩屯抗日联庄会的阴谋没有得逞。智斗樊树华之后，杨履谦更加坚定了抗日救国的决心。抗日联庄会常备队缺少武器，他就典当家产，购买枪支弹药。在他的带动和号召下，常备队迅速扩大。

1938年7月，中共党员张耀汉、李鸣亭等，受党组织的派遣，前往王浩屯争取杨履谦领导的这支抗日武装力量。杨履谦愉快地接受了共产党的领导，并把抗日常备队改名为抗日自卫大队。杨履谦任大队长，张耀汉任副大队长，李鸣亭任指导员，活动在菏泽、东明、曹县三县交界地带。

1938年9月，中共党员张慧僧出任国民党东明县县长。张慧僧聘请杨履谦为县政府参议，同时委任杨履谦为县民军大队长兼第三区民军后备大队长。10月，中共党员刘齐滨、于子元、程力夫等在安陵集创建了鲁西南抗日救国总会，杨履谦任抗日救国总会的武装部部长。不久，中共鲁西南地委建立考城抗日县政府，杨履谦任秘书兼第一科科长，他领导的抗日自卫大队，改称考城县常备队，张耀汉任大队长。在县政府和常备队赴考城的前一天晚上，杨履谦派人到许寺村把自己收藏的3500发子弹连夜献给了常备队。

杨履谦积极协助县长于子元，团结联络各界人士，平匪除霸，进行抗日宣传。考城老北关有一个叫张胜泰的名绅，有200余人的武装，是当地的土皇帝。他既反对日寇的烧杀侵略，又对共产党在这里建立政权有抵触情绪。为团结他，杨履谦在赴任后的第三天，即和于子元一起拜见了张胜泰，通过一番抗日宣传和思想工作，使张胜泰改变了态度，站到了抗日政府一边。

为了增加县常备队的力量，杨履谦给在家当许寺村村长的侄子杨秉三写信，把村里看家守院的15支枪送到考城抗日县政府。时隔不久，杨履谦和于子元以计谋巧妙地消灭了当地土匪"王二响鞭"，为地方除了一大害。

考城抗日县政府在于子元、杨履谦的领导下，宣传抗日，清匪除霸，廉清奉公，纪律严明，受到当地百姓的拥护和欢迎，其政绩很快传到陇海铁路以南，于是宁陵、杞县等地的进步绅士前来参观访问。宁陵县名绅董奇来访时，杨履谦以自己和共产党合作共事的亲身经历，激励启发董奇，使其深受教育鼓舞，回宁陵后，即投入抗日救亡运动，先后组织动员 400 余名青年参加了八路军。杨履谦得此消息后，高兴地说："我奋斗半生，才找到了光明道路，今后我必忠实于共产党。"随之，他把自己的儿子杨廉洁送到延安抗大学习。杨得志部挺进鲁西南后，他又把侄子瑶洁、惠三和侄女兰芝送到八路军冀鲁豫支队参加抗日工作。

1939 年初，杨得志率部挺进鲁西南。时值严冬，部队最突出的问题是吃饭和穿衣。杨履谦利用自己在地方的声望，组织动员王浩屯一带的富裕人家捐衣捐粮。同时，杨履谦以他的影响和号召力，对菏泽、曹县、东明、考城诸县抗日联庄会所辖各村庄发出"文告"，号召各村庄要热情欢迎八路军，积极为八路军提供食宿方便，他的行为受到杨得志的称赞。

1939 年 3 月中旬，根据中共中央指示精神，为照顾统战关系，撤销了考城抗日县政府，考城县基干大队改编为冀鲁豫支队四大队，杨履谦任大队长，李一排任政委。不久，三、四大队合并为三大队，杨履谦改任冀鲁豫支队联络科科长。

1939 年 6 月，鲁西南地委在东明、长垣、濮阳三县边界地区建立了"三边动委会"，杨履谦任动委会主任。为了开展"三边"一带武装斗争，从冀鲁豫支队一大队拨出 100 多支枪，杨履谦又典当田产购买武器一宗，组建了一支拥有 200 余人枪的常备队。7 月的一天傍晚，日军的一支骑兵队夜宿东明集村，50 多匹军马全部关在东明集村南地一个园子里。三更时分，杨履谦和田培仁带领常备队神速来到日军这个圈马的地方。岗哨和看马的日军还没有反应过来，几个队员上前七手八脚便将他们解决掉。杨履谦、田培仁带领队员冲到园子里，骑上马就往外跑，其他战马也跟着一起跑了出来。跑出三四里路远时，便听到追赶的枪声和汽车声。因为天黑，加之道路高低不平，日军没追多远即折头而回。后来，他突破日伪军的层层封锁线，将这批军马送到冀鲁豫支队，受到支队司令部的嘉奖。自此，冀鲁豫支队有了自己的骑兵。稍后，日伪军 70 余名带小炮一门，由东明集据点前往金堤集执行任务。杨履谦于樊寺村附近的一条水沟伏击敌人，毙伤日军 3 人，缴获战马 5 匹、枪支弹药一宗。

驻守在毕寨据点的日军为报复杨履谦，组织了大批人马到许寺村，抓捕了杨履谦的近族叔侄，将杨履谦兄弟 5 人家的房子及近邻百姓的 200 余间房屋及家产一火烧尽。与此同时，国民党濮阳专员丁树本为讨好日寇，下令以 10 万元重金悬赏缉拿杨履谦。杨履谦毫不畏惧，与之针锋相对，悬赏 20 万元通缉汉奸丁树本，旗帜鲜明地同日伪进行坚决的斗争。之后，东明、濮阳、长垣"三边动委会"撤销，杨履谦出任东明、菏泽、长垣、滑县、濮阳五县联防办事处主

任和东明县抗日民主政府自卫总队队长等职。在此期间，他积极宣传共产党的抗日民族统一战线政策，团结争取各界人士参加共产党领导的抗日救亡运动，密切同共产党合作共事。同时，他亲自率部打击日伪军，多次取得战绩，受到地方党组织和冀鲁豫支队首长杨得志的表扬。

1940年6月10日，日军调集15000余人，兵分12路向濮阳、东明等县合围扫荡（因始于农历五月初五，又称"五五"大扫荡），八路军主力部队及时撤出日寇包围圈。杨履谦所率领的东明县抗日自卫总队以及五县办事处常备队，化整为零，分为若干小队，坚持在当地进行抗日活动。6月23日，杨履谦及几个队员夜宿孙楼村。不料，被日伪奸细侦知。次日早晨，抓捕他的汉奸大队人马进村。杨履谦听到外边的叫喊声，感到情况不对，迅速撤至村外。此时，野外庄稼尚不遮人，杨履谦和警卫员赵得法出村不远即被追赶的汉奸发现，被包围在陈楼村附近的一块桃树林里。杨履谦腰部负伤后仍坚持和敌人战斗，赵得法欲携架杨履谦突围，杨履谦坚决不从，说："我已负伤，不能跑动，为保存力量，我掩护，你撤退！"赵得法执意不走，杨履谦以总队长的身份命令赵得法立即撤退。赵得法离去，杨履谦坚持还击敌寇。他的子弹打光了，又与汉奸展开肉搏战。终因寡不敌众，壮烈殉国，时年42岁。

杨履谦牺牲后，地委和行署为他召开了追悼大会。为了表彰和纪念他的不朽功绩，把当时菏泽县的第七区改名为"更生区"，同时又在鲁西南烈士陵园为杨履谦立纪念碑，军分区司令员赵基梅、政委刘星等撰写了碑文。

青年英烈杨授谦

杨授谦（1921—1942），字北征，东明县许寺村（今属菏泽市牡丹区）人。抗日烈士杨履谦之弟。抗战时期曾任中共东明县委宣传部部长、县委书记，革命烈士。

杨授谦出生在一个较富裕的家庭，其父杨文明先是经商，后专事稼穑，把振兴家族的期望全寄托在儿女们身上，他的几位子女都受到良好的教育。杨授谦在弟兄中排五，是13个兄弟姐妹中的老幺，号称十三郎。他自幼聪慧，胸怀大志，14岁就学于王浩屯完小时，闻听北平爆发震惊中外的一二·九学生爱国运动，即组织发起向南京政府请愿活动，虽因故未获准许，但满腔的爱国热血却沸腾不止。他在学校组织的演讲会上，以一篇题为《小朋友怎样挽救国难》的演说赢得场下阵阵掌声。

1936年，杨授谦考入山东省立六中（今菏泽一中）。1937年发生的鲁西南大地震致使校舍倒塌，学校被迫停课。七七事变后，杨授谦义愤填膺，组织发起了同学联合会，积极开展抗日宣传活动。到1938年9月，该组织发展社员500余人，活动扩大到濮阳、东明、长垣、定陶、菏泽等县。

1938年下半年，杨授谦参加了濮阳抗日军政干部训练班，在此期间，加入中国共产党。训练班结束后，他担任中共东明县委机关秘书，负责编印县委机关报《红星报》。报纸撰稿、编辑、排版、油印，全靠他一个人忙碌。编辑部没有固定场所，破草棚、秸秆庵，甚至瓜棚就是办公室，一块纱布在地上展开，铺纸推动油滚，一张张油印的《红星报》便诞生了。

1939年，日军对鲁西南抗日根据地进行大扫荡，包围了许寺一带几个村庄，穷凶极恶的敌人放火烧了杨授谦家的房屋。在群众的掩护下，杨家留家的几个弟兄才得以脱险。他们踏过废墟，按压怒火，更加义无反顾地投身于抗日战场。

1940年上半年，年仅19岁的杨授谦挑起了东明县委宣传部部长的重担。下半年又担任豫北地委宣传部宣传科科长。1941年，鲁西南遭遇大旱，灾情异常严重，大部粮田绝产，只有东明、长垣一带靠近黄河水源，粮食收成尚可。为保障抗日军政给养，杨授谦临危受命，只身前往那里动员群众献粮，经广泛发动群众，很快筹集到粮食20万斤。紧接着又组织人力，调集车辆，冲破东明集敌人的封锁线，顺利地把粮食运到曹县的桃园和韩集，及时保障了中共地委、专署机关和军分区各部队粮食供给，挽救了灾区难民。

1942年春，刚从太行党校毕业的杨授谦接任东明县委书记。赴任途中，不幸遭到反共顽军邵鸿基部逮捕，为了保守党的机密，宁死不屈，被残酷杀害，年仅22岁。

抗日英雄汪涛

汪涛，又名汪贻文，东明县焦园乡甘堂村人。1920年出生于一个较为富裕的家庭，父亲汪燕居，母亲周氏，忠厚传家，世代耕读，在良好的家风熏陶下，汪涛自幼诚实尚义。在他学习了中国近代史之后，就立下了救国救民的远大志向。1937年七七事变爆发，日本帝国主义悍然发动全面侵华战争，国民党华北军政当局，在军事对抗受挫后，席卷南逃，整个华北沦入日寇之手。这时，正在河南商丘高中求学的汪涛，眼看祖国大好山河惨遭蹂躏，无数同胞被屠杀、欺凌，悲愤万分，遂写"国家兴亡，匹夫有责"八个大字，毅然投笔离开学校，步行300多里到濮阳，参加了共产党领导的冀鲁豫抗日救国会。

1938年10月，汪涛进入东明抗日军政干部训练班，学习了《中国革命运动史》《抗日民族统一战线》《游击战术》《中国共产党抗日救国十大纲领》，进一步明确了中国革命的方向，并加入了中国共产党。

1940年4月，长垣县抗日独立团成立，汪涛被任命为一连指导员。5月，日寇对冀鲁豫地区进行扫荡，烧杀抢掠，无恶不作。7月，因长垣三区地方杂牌军暗中通敌，引来考城伪军将独立团包围，后部队被迫转移到河北高陵，改编为专属公安队。不久后，汪涛只身便装，回到家乡，在东明、长垣、考城三县边界地区的焦园乡、王店乡一带秘密开展工作。10月，来到具有抗日基础的王高寨村，先后发展了王兆义、王兆俊、朱保林等加入中国共产党，并暗中成立农会，后又在大王寨宣传抗日革命道理，一个"抗日救国会"组织秘密诞生，汪涛任会长，王兆玉、王凤勉、孔令云任副会长，会员有尹丙先、王玉善等30多人。

1942年是对敌斗争最艰苦的一年，农业遭受百年不遇的旱灾，粮食严重减产，出现了灾荒。同时，日伪顽反动势力猖獗，东考公路以西，除日伪反动势力外，还有顽军邵鸿基的部队驻防，他们虽各吃一方，却又相互勾结，几乎所有地面都在他们的控制之下；东考公路以东，顽军郝子端部与日伪军遥相呼应，无时不在向我抗日根据地"蚕食"、骚扰。

为了更好地开展反"蚕食"斗争，10月，东垣县把在东考公路以西新建的4个区政府联合组为四区联合办事处，派汪涛任主任，四个区中队组成四区联防队，以路东根据地为依托，伺机袭击路西和其他方面的敌人。

汪涛烈士碑

汪涛上任后，上级派他到马头以南宋寨一带的游击区发动群众，遏制"蚕食"，维持华北与华中的交通要道。他便服入村，访贫问苦，帮助农民耕种，宣传抗日道理，提高抗日政府在群众中的威信，使群众提高觉悟，自觉保护我抗日干部，抗击敌人。

汪涛以无畏的胆略和智慧，主持、带领办事处和联防队，在不到4个月的时间里，由几十人发展到100多人，活动范围由娘娘营、南彰、龙山集到焦园、王店和徐集，纵横150余华里，有时就地发动群众，有时护送领导干部过境，有时伏击敌人，也常常远距离奔袭，直捣反动巢穴，狠狠打击了敌人推行"蚕食"的反动气焰，为巩固、扩大抗日根据地做出了不朽的成绩。

1943年1月17日，冀鲁豫二十二专署

在东考公路以西建立东垣县办事处，汪涛为主任。3月，路西另建东垣县抗日民主政府，汪涛被任命为第六区区长，回焦园、王店一带主持建政工作。这里是他的家乡，处于黄河滩区，是东明、长垣、考城三县交界地带，虽然没有大军压境，但地方顽杂反动武装不能低估。所以汪涛到任后便建立了一支有30多支枪的区队，自己兼任队长，让曾在河西受过军事训练的内弟黄尚卿任副队长。

1945年初，六区区部和区队在前罗寨一带活动，已经被提升为区队副的黄尚卿被早已和日伪军勾结的反动地主王保芳、王和甫重金收买叛变，并在汉奸陈万诚的遥控下密谋实施杀害汪涛的计划。4月5日凌晨，黄尚卿带人径直进入区部，用罪恶的双手隔窗向房内开枪射击，将其姐夫汪涛区长杀害在床上，接着又打死了副区长戴渺森、助理员李子颜及4名战士，制造了大刘寨惨案。6月初，东垣县抗日民主政府在王店召开公判大会，当场处决了王保芳、王和甫、王豁子。黄尚卿深知自己罪孽深重，于是四处躲避，隐姓埋名跑到了山东的一个火柴厂当起了工人。直到1955年，长期潜逃的反革命分子黄尚卿被查获，押回东明，判处死刑，就地正法。

第七编 近现代时期（中）

第八编

近现代时期（下）

第一节　解放战争

保卫胜利果实

1946 年 6 月 26 日，蒋介石发动了全面内战，解放区军民在中国共产党的领导下奋起反击，开始了伟大的自卫战争。7 月，为策应中原野战军突围，配合山东战场作战，遵照冀鲁豫区党委的指示，东明、东垣两县均设立战勤指挥部，东明县民主政府县长时尧任指挥长，县委书记张治刚任政委；东垣县民主政府县长张岸任指挥长，县委书记王克敌任政委，在马头、东明集、黄庄、鱼沃等处设立兵站，王子平任兵站司令。东明、东垣两县人民迅速动员、组织起来，随时准备投入自卫战争。8 月 10 日，张岸率 3 个民兵连参加了陇海铁路汴徐段战役；东明县民主政府秘书王向晨、东垣县武委主任曹子端率民工 2 万人，组织担架 500 副随大军行动。东明县公安局局长梁子庠率万余名民工参加破路活动，破坏了陇海铁路兰封至罗王段。9 月 3 日，刘伯承、邓小平率晋冀鲁豫野战军及冀鲁豫军区等部队 5 万余人，发起定陶战役（又称大杨湖战斗）。东垣县地方武装及各区基干民兵连配合冀南军区独四旅、冀鲁豫五分区 13 团，将国民党援军整编 41 师钳制在东明县西南裴子岩一带，阻其东援。东明县县长时尧率 4 个武装民兵连、公安大队 1 个班及民工 2000 余人，携带担架 200 副奔赴定陶战役第一线抢救伤员，运送粮草、子弹。并在马头、东明集、鱼窝、王屯等处设立兵站，接待过往民工与伤员，有力地支援了前线作战。这次战役，共歼灭国民党军 4 个旅 1.7 万余人，生俘整编第三师中将师长赵锡田。定陶战役后，我主力部队撤离鲁西南地区。

1946 年 9 月 16 日，国民党整编 41 师经东明北犯濮阳、滑县；整编 68 师经东明进犯济宁。国民党河北省第十四区督察专员兼保安司令丁树本率保安团及十几个清算队尾随整编 68 师窜进东明，委任褚玉玺为国民党东明县县长，耿畏之为国民党东明自卫总团团长，三青团东长濮分团主任刘禹亭为东明还乡团总团长，叛徒周二勋为县东还乡团团长，胡蒺藜为清共队队长。我东明县党政机关主动撤离东明县城，转移到县城东北六区一带，深入敌后，坚持"县不离县"的腹地斗争。东明县独立营与南华独立营合编为南东大队，郑子龙任大队长。9 月下旬，中共东垣县委决定将县大队升编后所剩下的 1 个连与县长张

岸率领的 3 个基干民兵连混编，成立黄河支队，计 1000 余人，县长张岸兼任支队长，县委书记尚志兼任政委；各区委将随其活动的武装民兵编成武工连，插回本区，开展"区不离区"的敌后游击战。国民党整编 41 师占领东明县城后，沿菏考、东菏、东考公路布防了重兵。为了加强对敌人斗争的统一指挥，东明县委决定建立一个东明地方兵团，县长时尧兼任团长，县委书记张治刚兼任政委，县大队为 1 营，一、四、五、六区中队为 2 营，其余区中队为 3 营。他们紧紧依靠基本群众，坚持在本县开展敌后游击战，不断捣毁敌乡公所，消灭其武装。10 月 6 日夜，董自荣率东明地方兵团 1 营摸进东明西关，闯入还乡团驻居的大院，我方一枪没放，活捉还乡团 200 余人。11 月中旬，张岸率黄河支队到安陵集接受任务，路经国民党正规军与本地还乡团的接合部夏营村，遂让战士们换上国民党军服，进入游屯还乡团据点，收缴了还乡团的武器，拔掉了游屯据点，然后又扮作还乡团通过国民党军的防区，顺利到达安陵集。11 月 23 日，中共东明县委在包旗营召开扩大会议，号召党员干部、人民群众丢掉幻想，准备坚持长期游击战争，武装巩固根据地，保卫胜利果实，并动员民兵参加解放军。

反报复反扫荡斗争

豫皖边战役胜利后，晋冀鲁豫野战军撤回黄河以北休整。国民党新 5 军卷土重来，占领了东明县城，还乡团和反动地主顿时猖狂起来，对我干部群众进行疯狂报复。原东垣县县大队副大队长周二勋，内战爆发后叛变投敌，被丁树本委任为县东还乡团团长，疯狂地向当地党员、干部和家属反攻倒算，民愤极大。1947 年 2 月 19 日，东垣县县长张岸率黄河支队活动在大屯一带，用计在宋庄活捉了周二勋，全歼其所率还乡团匪徒，并趁势消灭了住在宋庄的伪镇长"周二滑稽"一伙。3 月，以黄河支队为基础，与南华县和东明县大队合编，成立南东独立团，张岸任团长，尚志任政委，活动在东明、东垣县南部一带及黄河两岸。

1947 年 3 月，国民党整编 68 师 81 旅驻扎东明，利用还乡团建立区乡政权，推行保甲制度，残害我革命干部群众。3 月 1 日至 5 月 4 日，还乡团和反动地主依仗国民党驻军的势力，采取活埋、扒心、火烧、油煎等残酷手段，杀害中共党员、民兵、军烈属，乃至进步人士、开明士绅 1800 余人。五专署交通局交通科科长孙自端被敌人肢解挖心，壮烈牺牲；去河北送情报的邓王庄村妇女主任顿田回乡后被捕，惨遭活埋。5 月 4 日，东明、东垣两县委在河西武邱集召开"死难人员追悼大会"，提出"赤白对立，派武工队插回本区，开展反报复斗争，惩处一批还乡团首恶分子"。

1947年5月初，南东独立团、东垣县武工队在东垣县境内开展反报复斗争，打下了车乌塂据点，重伤还乡团头目焦嘉相，活捉老君堂倒算头子王协从、竹林集的王小枪。5天行程500余里，作战9次，毙伤还乡团官兵30余人，捕杀倒算头子和有罪恶的保甲长17人。在高庄击溃国民党长垣县保安队与还乡团的围攻，在蔡郭屯粉碎国民党68师1个营的阻截，越过东考、菏考公路进入曹县西南地区。5月中旬，中共东垣县委书记、南东独立团政委尚志带领县区干部及武装迁回到曹县西南，准备参加分区召开的会议，在曹县焦楼村遭国民党地方杂牌张盛太部伏击，不幸中弹牺牲。从此，东明、东垣两县反报复斗争拉开了序幕。6月初，南东独立团、东垣县武工队相继镇压了杀害马军营村公安员张聚盈等烈士的伪保长张白、地主分子刘三虎等人，打击了敌人的嚣张气焰，鼓舞了敌占区群众。6月30日，刘邓大军突破国民党黄河防线，发起鲁西南战役。东明、东垣两县县区干部率武装纷纷插回本地，国民党地方反共势力惊恐南逃。8月初，五地委、五专署决定撤销东垣县建制，将其辖区并入东明县。同时，调整了东明县领导班子，胡汉文任县委书记，张岸任县长，共辖8个区。9月10日，张岸率南东独立团两个连，在夏营村歼灭国民党清共队胡蒺藜匪部，活捉了共产党叛徒、国民党清共队队长胡蒺藜。随即于第二天在大屯召开宣判大会，公开枪毙了胡蒺藜。张岸率部接连清除叛徒、恶匪，打击了敌人的嚣张气焰，还乡团闻风丧胆，纷纷南逃。

1948年1月，蒋介石集团为将我华东野战军阻于黄河以北，切断黄河北解放区和中原野战军的联系，纠合其新5军、整编84师、70师、68师、55师等共27个旅的正规部队，并有大批地方保安部队、还乡团和土匪武装相配合，总兵力20余万人，自2月11日开始，在总指挥、新5军军长邱清泉统一指挥下，对我鲁西南地区进行了100余天的大扫荡。敌人采取合围、"蚕食"、清剿等拉网式扫荡，声势大，用兵多，范围广。4月，国民党整编55师进驻东明县城，以过境拉锯、包围合击、分散清剿等方式，在东明进行长达60多天的反复扫荡，先后杀害我村干部、伤员20余人，抓走青年500余人。

在敌军密布和反复清剿的恶劣环境下，我县区干部仍坚持在本区领导群众开展对敌斗争，并采取分散隐蔽的办法，向群众宣传，打击敌人，镇压告密分子，警告敌镇保人员，尽最大努力保护群众利益。4月10日，东明二区区部进驻西五营。拂晓，国民党68师委任的东明县县长温德恒率领土顽和68师一部1000余人，突然包围该村，并从西、北、东三面发起进攻。二区干部战士仅30余人，力量悬殊，只好从南门突围，突围后2名战士被俘。5月8日凌晨，八区区长陈子平率武工队顺交通沟由西向东转移，在刘官营村北与向西清剿的68师

一部相遇，武工队率先开火，毙敌 10 余人。稍后，敌人向武工队包剿过来，双方激战，区长陈子平和工作队员孔常锁、朱同高牺牲，区委组织委员秦竹娥、宣传委员毕玉领负伤，在其他队员的救护下突出重围，转移到黄河以北。

5 月 24 日，东明二区区部驻在荆台集，区部领导分头到驻地周围村庄宣传目前形势。区长孔瑾斋与代理区副队长刘兰阁、通信员胡常山、战士李富柱在赵真屯村西北，突然发现东明县顽县长温德恒率领的伪政府人员约 80 人。孔瑾斋等 4 人当机立断，集中火力猛烈开火，毙伤敌人数人，活捉温德恒及其财务科科长等 8 人，缴获战马 3 匹、武器一宗，击垮了温德恒这股武装，为东明人民铲除了一害。

全力支援鲁西南战役

1947 年初，中央军委对晋冀鲁豫野战军的行动发出一系列的指示，遵照中央指示，刘、邓首长做了周密的计划与充分准备，计划于 6 月底发起渡河作战，实施中原突破。3 月，东明、东垣两县在黄河北岸的柿园建立了造船厂。4 月，东垣县成立了黄河独立营，修防段段长段华约兼任营长，除武装保卫修堤外，就是收集黄河改道前废弃的旧船只，挑选船工水手参加冀鲁豫区组织的渡河训练。到刘邓大军临近渡河作战前，全区共造大船 120 艘，训练水手 3000 余人。东明、东垣县直机关、县大队已由黄河北转到黄河南，号召群众碾米磨面，为刘邓大军渡河作战做了比较充分的人力、物资准备。

1947 年 6 月 30 日夜，刘伯承、邓小平率晋冀鲁豫野战军第一、二、三、六四个纵队 13 万人，从张秋至临濮集 150 千米的地段上突破黄河天险，发起鲁西南战役，辗转机动割裂包围分散之敌，连续作战 28 天，先后完成了郓城之战、定陶之战、六营集之战、羊山集之战，歼国民党正规军及地方武装总计 6 万余人，俘敌 55 师副师长理明亚，70 师师长陈颐鼎、副师长罗哲东，66 师师长宋瑞珂、参谋长郭雨林等百余名将校军官及以下官兵 4.3 万余人。东明、东垣县武工队及县区干部趁机发动群众摧毁敌乡镇政权，平掉土围子，清除顽杂势力，恢复民

1947 年 6 月 30 日夜，刘邓大军强渡黄河。图为船工运送部队过河情景

主政权。7月11日凌晨，东明、东垣县大队及公安大队在南庄寨西与一股溃败之敌相遇，县大队当即发起冲锋，敌稍作抵抗后缴械投降。我缴获敌电台1部、子弹2万余发，俘获153旅旅部副官主任苏会金、辎重营营长黄伯衡、153旅457团团长王金等48人。

鲁西南战役的胜利，打破了蒋介石以"黄河战略"为中心的整个军事部署。由此，晋冀鲁豫野战军开始了千里跃进大别山的伟大壮举，揭开了中国人民解放军从战略防御转入战略进攻的序幕。

东明县全境解放

1947年8月初，五地委、五专署决定撤销东垣县建制，将其辖区并入东明。同时，对东明县的领导班子进行了部分调整，胡汉文仍任县委书记，张岸任县长，共辖8个区。不久，张岸南下支援大别山，由副县长兼公安局局长梁子庠代理东明县县长。

东明守敌是河北省十四专署专员兼保安司令丁树本，为确保这个立足点，进一步强化其对东明的法西斯统治，在军事上他沿黄河南岸布防，设立谢寨、土地张、马庄等据点，严防解放军渡河，切断南北交通。在政治上，他强化保甲，实行保甲连坐法，增设了特务网，建立了保丁队、镇中队等武装，实行军事特务统治。县、镇、保轮番进行武装清乡搜查，凡家中缺丁少口或留宿外人者，以通共论处；凡和共产党沾边的人，集中审问训话，进行所谓棒喝教育，轻者皮开肉绽，重者死去活来。将粮征光，实行其绝粮防共政策，将青年抓光，拉民夫集中看管，迫其修墙筑寨，弄得东明家家人不安，村村有哭声，青壮年四处避难，土地荒芜。人们对丁树本恨之入骨，纷纷要求消灭他，讨回血债。

10月初，五分区令南东独立团、分区5团和东明县县区武装插入东明境内，兵分数支由边远地区逐步逼近东明县城。接连拔掉毛店、翟庄、马庄、林寨、土地张等据点，烧毁樊庄、霍寨汛部。袭击了胡庄、陈庄、杨庄、程庄、齐王集、刘士宽寨、夏营国民党镇部，捉拿顽杂头目，镇压罪大恶极的反革命分子。敌人惊恐万状，纷纷弃守逃进东明城内和四关。我方在东明境内以张贴标语、散发传单，召开群众会、庆功会、公判会和对国民党军政人员家属的宣教会等方式，宣传人民解放军反攻作战胜利的大好形势，揭露国民党军队的罪行及其必然失败的大势，号召广大人民群众动员起来，支援解放军打败国民党，教育国民党军政人员及士兵家属，动员其为国民党效力的儿子、丈夫及早认清形势，向民主政府和解放军靠拢，立功赎罪，走弃暗投明的道路。这些活

动，不仅鼓舞了我军和地方武装的士气，摧垮了国民党军队官兵思想防线，较好地配合了平汉路作战，而且直接为西线兵团挥师北向，发起菏东考战役创造了条件。

平汉战役后，陈毅、粟裕首长根据鲁西南敌军防御力量薄弱的情况，以华东野战军第八纵队、第十纵队和晋冀鲁豫第十一纵队组成北线兵团，发起菏东考战役，第八纵攻取菏泽，第十纵攻取考城，第十一纵攻取东明，战役于12月28日同时打响。12月27日下午，第十一纵从民权驻地出发，冒着严寒，必须用一夜的时间走完150华里才能赶上预定的打响时间。行军中，战士们自发地唱起歌，非常活跃，情绪高涨，你追我赶，互相帮助，大大加快了行军速度。

为了稳住丁树本，27日上午，五分区南东独立团围绕东明城转悠了3圈，四关之敌惊恐万分，纷纷逃往城内。丁树本自认为东明周围没有共军主力部队，可以安心过一个太平年。殊不知，刘邓大军第十一纵队在王秉璋司令员的率领下正日夜兼程奔袭东明，一天时间，便从民权直驱东明城下，并完成了兵力部署。计划由32旅攻城，33旅打援，另1个旅做预备队，随纵队司令部行动。29日，我攻城部队向东明发起攻击，32旅95团、96团、97团歼敌一部分，攻占了东明城西关、北关、南关，扫清了东明之敌的外围据点。30日下午3时，我军在"打下东明县，胜利献元旦"欢快声中，同时从南门、西门、北门发起总攻。96团在强大炮火掩护下，首先攻占了南门，越过城墙，奋不顾身向城东北角猛追、猛插。当96团追击至街中心时，95团已攻开西门向东冲来，97团攻占北门冲向城东北角。由于我攻城部队四倍于敌，又有强大炮火支援，城墙很快被攻破。丁树本妄图随保安团从城东北角越墙逃走，被95团拦头截回。丁树本逃回其司令部内，束手就擒，其部纷纷缴械投降。保安团团长耿畏之负隅顽抗，率部猛突，被我军当场击毙。突出城外的少数敌军，被我打援的33旅全部截歼。经1小时激战，我军俘敌河北省第十四专员公署专员兼中将保安司令丁树本及以下官兵3000余人，东明、濮阳、清丰、南乐、大名、广平6个县的国民党县长及其率领的顽杂武装4000余人同时被俘。

至此，东明全境得到解放，国民党在鲁西南除菏泽一座孤城外，全部被解放军收复，使华北、中原两地区连成了一片，打通了陇海南北交通，为刘邓、陈粟大军及陈谢兵团协同作战创造了地理上的优越条件。东明全境的解放，宣告了丁树本及其代表的反共势力的彻底失败，结束了国民党在直南的统治，东明的历史翻开了崭新的一页。

黄河高村大抢险

高村位于东明县城北 6 千米处，黄河从这里由南北流向折转向东北，是黄河游荡性浅宽河道陡然变窄的隘口，道窄水深，激流夺注，常出险情。高村险工闻名全河，险工堤段长 3 千米，原有坝 16 道，因道窄水深便于船只通行靠岸，所以这里又是一个天然的码头、优良的渡口，是华北通往华东的咽喉要道。刘邓大军主力跃进大别山后，陇海路两侧到黄河南岸一带，成了我军不可缺少的补给线，高村则成了我方人员、物资南北交流的重要渡口。

1948 年 6 月，黄河归故以来的第二个大汛期到来。中共东明县委由黄河北岸迁回南岸，以县民主政府和修防段为主组成抢险指挥部，由县长梁子库任指挥长，修防段段长郭浩然任副指挥长，下设秘书、工程、供给、动员、武装各股，专抓抢险工作。6 月 20 日，河水大涨，大溜下挫，高村十坝着河，指挥部采取节节对抗，边筹料边抢险。

国民党反动派为苟延其即将覆灭的命运，不顾全国人民的正义舆论和冀鲁豫皖苏千百万人民的生命财产安全，妄图利用伏汛让黄河从高村决口，改道向东南入海，水淹黄河下游的山东、河南、安徽、江苏及河北的部分地区，使这里成为第二个黄泛区，悍然从空中、陆上派遣特务全面袭击高村险工，阻滞抢险工程。7 月 7 日至 17 日，敌机每天骚扰，低空飞行在险工区上空轰炸扫射，且天天升级，由每次 1—3 架逐步上升到 3—6 架，由每天轰炸 7—8 次逐步上升到每天轰炸 10—16 次。轰炸范围，由险工堤段扩大到险工附近村庄，继而扩大到各送料车辆通行的路线，扬言要将险工附近 7.5 千米内的村庄一律炸平。在敌机轰炸的日子里，指挥部王化云、赵明甫、韩培诚等领导，仍旧登堤上坝亲自指挥抢险作业，常常几天几夜连续作战，废寝忘食，虽然数遭不测，仍泰然自若，稳定了军心，鼓舞了民心，带动了群众。工程队员在敌机轮番轰炸下，不顾疲劳，日夜两班轮流作业，千方百计保证抢险工程不停地进行。敌人在空袭的同时，还派遣特务大肆破坏抢险工程，

1948 年高村抢险胜利竣工指挥部人员合影

放火偷烧物料，割断缆绳，混在纤夫里面探听领导干部的姓名住址，扬言要捕杀梁子庠县长等。还武装袭击离工地半里的白店，威逼拷打抢险民工，摸我警卫岗哨，劫持西台集交运的工资麦等，进行恐怖活动。

7月10日下午，十六坝跑墙20米，坝基塌下5米。此时国民党第5军、18军，由兰封、考城北犯，我主力部队转移，敌情险情同时告急。16日下午，水势突变，大溜顶冲十四坝，护坝全部冲垮，裹头坝被冲跑，深达19米的洪流急淘堤脚，堤坡坍塌入河，新安埽尚未做成就被卷入水中，被洪流冲跑，十四坝跌入水中，黄河奔决在即，形成了偎堤大抢险。

7月18日凌晨，国民党整编68师81旅241团配合东明县国民党县长庞绍绪及其乡镇武装1000余人，从菏泽出发，三路分兵齐进，杀气腾腾地向高村险工合击而来。敌人侵占险工后，强集附近村民，清查我治黄人员，搜查我方所备的抢险物料，抢去工资麦8000斤、工资粮3000斤，押着我方被捕人员魏玉斌、刘彩章、孙跃清、韩进德、刘培功及民工多人审回菏泽。20日下午6时许，敌68师81旅241团、243团和土顽1000余人再次合击高村险工。此次更加猖獗，或抢、烧工料，或投之入河，割断堤埽绳缆，拷打抢险民工，勒索钱财，驱散自愿上堤抢险的群众，扬言："谁要抢险，将谁抛入河内。"挖工事，修碉堡、炮楼，炮击黄河北岸，大肆破坏抢险工程，致使十三、十四两坝上跨角坍塌入水，十四与十五坝之间滩地被洪水淘剧，黄河决口的危险再度升级。

事态的发展，引起了全国人民的关注，董必武代表中国解放区救济总会，就黄河抢险问题通过无线电广播，向世界公益会中国服务会会长郝思金斯氏和美国红十字会驻华代表诺德氏发出紧急呼吁。但国民党政府及其军队仍视千百万人命为儿戏，继续盘踞在高村险工工地上，阻止人民群众抢险修堤。

为了千百万人民的生命财产，晋冀鲁豫第十一纵队于7月31日对侵占高村险工的国民党部队发起攻势，国民党军当夜仓皇逃往菏泽。中共中央派边区基干旅和冀鲁豫军区独立旅活动在东明县城东、高村以南沿堤10千米内，防止国民党部队的骚扰。同时县区武装及民兵在县东、县南加紧清剿残顽，肃清土匪，巩固农村基层政权。抢险指挥部率抢险员工趁夜渡至黄河南岸，立即投入抢护，附近各村甚至5千米以外的群众闻讯纷纷自动赶来，平毁敌人所筑的碉堡工事，巩固恢复十三、十四两坝工程。附近民兵自动集合，主动登堤上坝担任巡逻警戒。此时，东明抢险物料已用尽，人力已不足，韩培成、郭浩然到五专署申请支援。8月12日，冀鲁豫区党委作出《关于黄河防汛的决定》。根据决定，冀鲁豫五地委副书记逯昆玉、五专署副专员郭心斋、兵站司令王子平、黄委会主任王化云、中共东明县委书记胡汉文等组成抢险指挥部，实行一元化领导。

8月12日，因敌机轮番轰炸，民工疏散防空，已修起一半的十八坝裂口1

米，险工堤段有 3 处共 70 米猛烈坍塌，致堤顶 1/3 裂开大缝，即将塌入水中。在这危险时刻，郭心斋副专员镇定自若站在坝上指挥战斗，附近村庄的群众闻讯，男女老少纷纷奔向抢险工地，大堤上汇成了人的巨流。夜间风狂雨急，激流咆哮，敌机肆虐，这一切都阻挡不住与洪水搏斗的人民群众。解放军赶来抢险，指战员们跳入水中，用身体组成人墙阻挡洪流。有的用自己的被子装土，送料民工不分昼夜千百辆车运料上堤。离险工 15 多千米的堡城村，因风狂雨骤，道路泥泞，车辆不能行，全村老少一齐背料上堤。苏店村 7 位 70 多岁的老人，冒雨抬砖上堤，全被压倒在泥水里，两位老人硬撑到工地，其余 5 位老人回家后病累而亡。黄委会主任王化云冒雨指挥抢险，发现民工周四被雨淋得走不动，就脱下雨衣披在周四身上，自己淋着雨，指挥抢险，群众都很感动。冀鲁豫行署副主任韩哲一远道赶到黄河北岸，当夜冒雨渡过黄河，一登上堤坝，就指挥抢险，振奋了民心，推动了抢险斗争的开展。五专署普遍动员起来了，大河南北都动员起来了，黄河西岸的长垣县，每天出动太平车 450 辆，从菱河村和坝头镇抢运秸料至河边，再由船运到南岸工地。寿张、范县出动太平车 180 辆，在 100 千米以外驰运麻辫。黄河南岸的菏泽、齐滨、考城三县，出动太平车 900 辆，转运砖料、柳料和秸料，南华县抢运 80 万斤秸料和部分木桩。险工周围车轮滚滚，熙熙攘攘，工地上到处都显现着热火朝天的气氛。

由于人力充足，物料充分，组织得当，十四坝以下 30 多段坝埽半个月内就一段接一段修了起来，实现了冀鲁豫区党委提出的"确保今年黄河不决口"的宏愿。这次抢险，工程浩大，动员广泛，从高村、北东村西七坝开始一直抢修到冷寨大坝为止，全长 1500 米，历时 73 天，牵动 5 个分区、12 个县（南华、鄄城、郓城、寿张、菏泽、考城、齐滨、长垣、滑县、昆吾、范县、东明）的人力物力，投入部队 1 个旅、3 个团，干部 200 多名。共用柳料 1289 万斤、砖 200 万块、麻 40 万斤、小麦 64 万斤、款 42 万元、牲畜 11 万头、木桩 67 万根，累计民工工日 30 万个，完成坝、护岸 47 道段。在这场艰苦的抢险斗争中，先后

黄河高村抢险纪念碑

有 52 名员工群众献出了宝贵生命，156 人受伤。

高村大抢险功在当世，利在千秋。为了纪念这次黄河高村大抢险的胜利，东明县委、县政府和河务部门于 1992 年 10 在东明黄河高村险工落成一座高 16.3 米的"黄河高村纪念碑"，它与黄河隔堤相望，护佑着黄河岁岁安澜，也仿佛无言地向世人讲述着 70 多年前，治黄队伍和东明等 12 县人民冒着枪林弹雨奋勇抢险的悲壮一幕。

支援淮海战役

1948 年 10 月 24 日至 11 月 20 日，五分区直属部队及民考支队，菏泽独立团，考城、民权、东明、曹县、复程等县大队，在陇海铁路以北，民权、考城、东明、曹县东南地区联合清剿残匪，共毙俘残匪 591 人，缴获轻重机枪 33 挺、步枪 1000 余支，六〇炮 1 门。11 月初，二分区基干团和南华、东明、菏泽、鄄城联合大队，在菏泽、东明、南华接合部清剿国民党菏泽县县长张奎生部，俘敌 100 余人，缴获枪械 70 余支，敌 80 余人自首，交出隐藏枪支 60 余支。至此，鲁西南地区国民党残匪全部肃清。

1948 年 11 月 6 日，淮海战役打响。东明县随即建立了县、区两级战勤指挥部，县政府秘书王向晨、县武装部部长曹子端分别任正、副指挥长。12 月 14 日，东明投入了紧张的支前运动，青壮年组成担架队、运粮队，妇女儿童做军鞋、碾小米，日夜不停。曹子端率县大队 1 个排，带担架 200 副随华东野战军行动，参加围歼国民党第七兵团的战斗；16 日，王向晨率县公安大队及由 2000 多名民工、1000 多辆独轮木车组成的运粮队出发，日夜兼程，提前一天把军粮、军鞋运送至商丘兵站，又转运武器弹药至淮海前线。其间，全县 3 次出动民工万余人次，大小车辆 6000 余辆、牲畜 3500 余头，共运粮 150 万斤、军鞋 1.8 万双，有力地支援了淮海战役，淮海战役总前委领导对我县的支前工作给予了高度评价。

妇女组织起来，赶做军衣、军鞋支援前线

第二节　革命烈士

革命斗士穆文平

　　穆文平，字长久，1913年出生在东明县城东关一个比较富裕的穆氏家族。穆荫枫，曾任东明第二区区长，《东明新志》分纂编纂。穆荫桐曾任省议会议员，穆芸田曾任国民党大名县县长、东明师范学校校长。穆荫棠（穆子丹），曾任东明县商会会长。穆伟平、穆成平、穆文平都是中共党员。穆兹久虽为大家闺秀，却有豪侠之气。这一串名单，大多是当时的社会名流，在社会上有相当大的影响。穆文平的少年时代，正值中国历史上军阀混战时期，各派军阀横征暴敛，广大民众饥寒交迫。穆文平看到自己的家乡满目疮痍，决心拯救受苦受难的劳苦大众。1931年在大名七师读书时接受了马克思主义思想，于1933年加入了中国共产党，毕业后回东明一边教书，一边从事革命活动。

穆文平烈士墓

　　九一八事变后，由于国民党的不抵抗政策，我国东北三省相继沦陷，进而日本帝国主义策动"华北五省自治"，妄图进一步灭亡中国。为了保家卫国，穆文平和一些共产党人及进步人士领导群众进行抗日活动，组织学生上街宣传抗日，查封日货。国民党政府为了加强对东明的统治，派彭稼荃任东明县县长。彭上任后，积极"剿共""肃共"，提倡尊孔读经和新生活运动。他们倒行逆施的教育方法引起进步师生的反抗。穆文平、盛国昌等联合国民党左派人士杨履谦，团结进步师生掀起了以驱逐彭稼荃为目的的全县各校统一行动的罢课斗争。师生们把"枪口一致对外，反对日寇侵略""欢送彭县长逐日高升，离开东明"的标语，一直张贴到县政府大门上。当

彭稼荃的小老婆王洪佳和县政府秘书的小老婆邓一梅去简师讲课时，学生便事先将"孝悌忠信不让抗日救国，礼义廉耻专娶小老婆"写在黑板上，弄得她们满面羞愧，灰溜溜地离开了学校。穆文平还号召师生们联合起来，向设在河北省保定市的省教育厅发电上告。不久回电，下令撤销彭稼荃的职务。罢课斗争取得胜利，大大鼓舞了师生们的斗志。1935 年 12 月 9 日，一二·九学生运动爆发，穆文平组织东明县学生积极响应，纷纷上街宣传，支援北平学生的抗日救亡爱国运动。其后，他积极投入救亡活动。1940 年，穆文平任县抗日政府教育科副科长。

1940 年 7 月，日军回师华北，调集大量兵力向东明、濮阳、清丰、内黄发起合围扫荡，对抗日根据地实行铁壁合围，东明县城沦陷。日伪在东明大量增兵，他们进行了连续不断的"清乡扫荡"和五次"治安强化运动"，党的活动转入地下。在这样的情况下，许多人都退缩了，有的甚至变节投敌。穆文平不顾个人的安危四处奔走，向东明各阶层人民宣传我党的抗日救国主张，组织抗日救国活动。按照组织的安排，到城西五阁庙村开粮行，开展地下斗争，秘密地为党工作。后根据党的指示，利用自己在教育界的影响，打入民众教育馆任馆长，活动于敌人的上层机关，做日伪军的分化瓦解工作。1942 年东明成立新民会，穆文平趁机把赵氏修、鲁岚峰、穆允治等拉进新民会，分别任其为东门里分会会长、黄军营分会会长、第一科科长，暗地获取敌人的情报，传递党组织的指示，一些重大的难以送出的情报都由穆文平亲自来送。一次，日军准备派一小队和伪军一中队扫荡于谭寨村。获得此情报后，穆文平立即出城把情报送出，我军在城里通往谭寨的路途中进行了埋伏，当敌人进入埋伏圈时，我军发起猛烈攻击，打得日伪军焦头烂额，狼狈逃回城内，击毙日军 2 名，缴获步枪 30 余支。日伪军扫荡刘楼、沙窝、郭黄寨等村的情报，也是穆文平传送的，由于情报传递及时，不是使敌人扑了空就是挨了打，从而保护了东明党组织和人民群众的生命财产安全。

1942 年大灾荒，日军捉到我方人士不仅用刑残酷，而且监狱条件极差，不给饭吃。穆文平在伪县政府召开的会议上公开提出要实行人道主义，不得克扣犯人的粮食，从而迫使敌人不敢明目张胆地虐待我方人员，并改善了监狱条件。他还利用自己的身份积极争取国民党人士为我党工作，曾参加过抗日救亡的彭子信，在日军侵占东明时被拉出来充当伪警察局局长，穆文平认为彭子信还有民族正义感，是可以争取的，于是与彭子信的胞妹彭惠多次做彭子信的工作。1943 年，我军袭击东明县城时，把彭子信的手指打伤了，为争取彭子信，穆文平带领我地委分区专署代表梁子庠慰问彭子信。经过开诚布公的秘谈，彭子信接受了我党的主张，表示不为敌人办事，不抓共产党人，不捕抗日人员，并掩护其妹彭惠在东明城内工作。由于穆文平在敌人内部活动，难免会让敌人产生怀疑，敌人曾把他抓了起来。在监狱里，敌人抓不到证据就诈他，说他和永华区的二毛有联系。趁犯人放风的机会，穆文平问二毛为什么咬他，二毛说："我连认都不认识你怎么咬你？"他识破了敌人的诡计，积极地同敌人斗争，最后敌人不得不以"查无实据"把他放了。

穆文平不仅自己投身革命，还动员自己的亲人为党工作。1940年，日军占领东明后，我武装部队处于最艰苦的阶段，枪支弹药及医疗药品极为缺乏。穆文平利用和商会会长穆子丹的叔侄关系做工作。穆子丹有民族责任感，冒险弄了一批敌人禁止出售的药品，冲破敌人的层层封锁，分批送出城外，在艰难困苦中帮我方渡过了难关。在穆文平的影响下，他的四姑、东明城名门闺秀穆兹久曾多次冒险为我党送情报。1946年9月，国民党部队占领东明，整个县城戒备森严。穆文平、陈光远等经过一段艰苦的斗争，掌握了东明县伪政府科长以上人员名单和军队的军事布防图，但无法交给东明县政府，最后找到穆兹久，她接受了任务，把情报纳进绣花鞋内，以走婆家为名机智地摆脱敌人，偷渡黄河，穿过游击区到鄄城，走了三天三夜把情报送到目的地，交给了梁子库。梁子库根据送来的情报给国民党东明县县长褚庆玺写了一封信，正告他少作恶，给自己留一条后路。褚庆玺接受了正告，保护了一批我方被捕的区、村干部。1946年5月，东明县城解放。穆文平担任城关区副区长。7月，蒋介石发动全面内战，大举进犯解放区。敌强我弱，我地方武装被压缩到北黄庄一带，那时敌人封锁严密，我地下党与外界失去了联系。当时，穆文平在中共东明县委社会部当干事，做敌工工作。在敌人封锁下，环境极端恶劣，但为了党的事业，穆文平对革命工作的信心毅然坚定不移，不怕牺牲，做了大量工作。他表示："为了革命，不怕死，也不挂家。干革命随时都有牺牲的可能，孩子不是我管的范围，万一我死了，组织上会替我安排照顾他们。"

1947年3月，穆文平到牛口一带了解情况，后经小井、兰考、滨河等敌占区，又过黄河在河北找到我们的政府。不久，又到河南省随政府打游击，仍在社会部做敌工工作。10月，敌人向我政府驻地进攻，在战斗打响时，穆文平因和我方侦察员发生误会而牺牲，年仅34岁。梁子库在《忆文平同志》一文中说："事情发生后，县长张岸同志流着泪跟我说，老穆是个好同志，思想坚定，能机智勇敢地完成任务。他不怕艰难困苦的作风是我们学习的好榜样。"

钢筋铁骨孙自端

孙自端（1900—1947），字正斋，出生于东明县东孙楼村一个人多地少、比

较贫苦的农民家庭。由于家境贫困，经常吃不饱，年幼的孙自端总是搂着母亲要馍吃。长到十二三岁，眼看着富人家的孩子都上学念书了，可自己只能同别家的穷孩子成天下地挖野菜拾柴火。对此，他总是愤愤不平。于是，对周围10多个穷伙伴说："咱们都穷，上不起学，就学打拳吧。学好武艺，练好拳头，好对付那些经常欺负我们的人。"自此，孙自端便跟着本村几个穷汉子学习"梅花拳"。

青年时期的孙自端，方圆十里八村都知道他胸怀正义，爱打抱不平。有一次，他外祖父家族中一个较为富裕的人占了东孙楼村一穷人的地边子。孙自端竟带人打了他的舅舅、老表们。事后，外祖父家要他去"跪门"道歉，父母骂他"犯上"，外人也说他行事"过天"，而他却说："我这个人生来认理不认亲，向理不向人；为这个顾那个，啥事也干不成。"

到了而立之年的孙自端，为生活所迫，推起沉重的洪车子（也叫独轮车），走南闯北，贩运粮食。几遭匪截折本，险些丧命，使他认识到国民党统治下的社会混乱腐朽；沿途大小成群的乞丐哭声震天，随时成为路边上的饿殍，使他产生了同情和怜悯之心，心中燃起愤怒之火。在听到和目击了共产党及其所领导的革命军队的活动，使他又看到了光明，找到了出路。饱经风霜的苦楚，磨炼了他的意志，强健了他的筋骨，使他发誓"要跟着共产党，豁上百十斤，为穷人打天下"。

1935年，孙自端加入中国共产党在本村创建的第一个党支部，并担任支部书记和直南特委地下联络站站长。1937年，七七事变后，随着日军大肆入侵中原，直南特委派共产党员李怀道在东明扩充抗日武装，孙自端很快召集了100余名贫苦农民出身的兵员，安置到本村地主家后院吃住。不久被地主联名告发，被国民政府以"聚众谋反"罪名抓捕，在监狱中度过了两个多月，后经地下党组织营救获释。1938年，孙自端接上组织关系后，在自己家设立秘密联络站并任站长，负责这一带秘密联络和接送路过同志的任务。为工作方便，他卖掉自家6亩地，开起了中药铺和酒店，以此为掩护，广泛接触社会各界人士，搜集敌人情报，党的许多重要文件和情报都是装在药包里由他送出，并且从未发生过意外。同时以酒换取敌人的子弹，积攒起来，送交中共豫北地委。

一人加入党，全家干革命。孙自端的妻子孟氏，无论盛夏寒冬、白天黑夜，只要同志们来了，她就一声不响，马上做饭。大儿子孙廷显，13岁就外出送信、探听、搜集敌人的情报。大女儿孙寸，主动给伯伯叔叔端茶递水，洗补衣服。在孙自端的家，同志们总有一种亲切感、安全感。

几年光景，孙自端家的地被卖得仅剩一亩八分。家中的生活越来越苦，同志们来了，先是东家筹、西家借，后来妻子拿出家什物向邻居换上一升半碗粮。

亲戚、邻居出于好心，常对孙自端说："这几年家叫你弄成这个样子，你不为自己，也不为孩子想想？"可他总是说："为穷人打天下，我什么都能豁上。"

1942年，孙自端任县交通科长兼四区区委书记时，经常肩背粪篓或柴草篮子，搜集情况。9月初，国民党保安团郝子端部到西杨庄村一带驻防，孙自端侦到情报后，火速报给八路军教七旅，教七旅迅速出击，一举歼灭郝子端部2000余人。

1943年孙自端任东明三区区委书记，这里情况复杂，敌伪顽犬牙交错，斗争激烈。他动员组织进步青年参加革命，争取感召各种武装弃暗投明。不长时间便把这里建成红色堡垒。敌人对孙自端咬牙切齿、恨之入骨，他在东孙楼的家多次被抄，家具衣物被毁坏一空。一家7口只好挤在一间破旧不堪的茅草屋里，生活几乎全靠野菜糊口。为诱捕孙自端，敌人曾关押、折磨他9岁儿子和侄儿84天。

1946年，孙自端被调到鲁西南行署交通科，他风里来、雨里去，在枪林弹雨中出生入死，日夜与敌人进行艰苦卓绝的斗争。一家人也是东躲西藏、颠沛流离。大儿子结婚刚三天，家被查封，新娘被迫住在娘家整整三年，致使夫妻相见互不相识。大女儿出嫁后，对外人从不敢讲娘家的真实地址，更不敢承认孙自端是她的父亲，二女儿不到结婚年龄，便被送到婆家当了童养媳。

孙自端革命烈士纪念碑

1947年4月1日凌晨，孙自端回家处理密件，不幸被敌人密探跟踪。伪镇长刘显锡率兵包围了东孙楼村，威逼群众不把他交出来就把整个村子踏平。孙自端泰然自若地从村北的寨墙下走了出来，大义凛然，神态自若地怒视敌人说："我就是孙自端，天大的事由我承担，和老百姓没有关系。"接着几十个敌兵"唰"地一下围了上来，个个端着上了刺刀的枪支，弓着腰围着这个五尺出头的大汉，转了又转、瞅了又瞅，然后其中一个厉声喊道："把手伸出来！"当他们发现此人的右手缺两个指头，便得意地发出一阵狞笑，说道："看来你孙自端今天插翅难飞了。"接着不由分说，便一拥而上，把孙自端牢牢地

捆绑起来。

　　孙自端被捕后，始终威武不屈，面对敌人威逼利诱，严刑拷打，用冒着火苗的大捆香在他身上乱戳乱燎，脊梁、胸脯、面部的肉被烤化成油，一滴一滴落在地上。他咬破嘴唇、舌头，没有发出一声呻吟。"要打要杀由你们，共产党的秘密你们别想得到。"凶残的敌人挖出他的心做下酒物，随后便将烈士的遗体大卸八块。第二天村里人去收尸时，只找到一条殷红的麻绳和一件血肉模糊、烂成条的汗褂，周围的土地洒满了殷红的鲜血。孙自端就这样被残忍地杀害了。

　　1950年4月2日是孙自端遇难三周年纪念日，周围20多个村庄的群众自发出钱，唱起了两台大戏，4000多人到烈士墓前致哀、痛哭。1989年8月，东明县人民政府在陆圈镇政府驻地东500米处，为孙自端烈士竖立起纪念碑，上书杨得志将军题词："孙自端烈士永垂不朽！"

革命烈士杨芳江

杨芳江画像

　　杨芳江（1918—1948），东明县大屯镇杨庄村人。解放战争时期曾任菏泽县县长，革命烈士。

　　杨芳江自幼上学，追求进步。在开封二中读书时，1935年爆发的一二·九运动使他思想受到极大震动，遂积极与同学组织开展各种抗日救亡宣传活动。他们不顾个人安危，走向街头，张贴标语，呼喊口号，发表演说，向广大群众宣讲中国共产党的《为抗日救国告全体同胞书》《抗日救亡宣言》。1937年七七事变后，他毅然离开学校回到家乡，投身抗日救亡革命工作中。

　　杨芳江的家乡地处冀鲁豫三省七县的交界处，这里土地瘠薄，人民贫穷，敌人统治力量相对薄弱。共产党员于子元等人在七七事变前就遵照中共直南特委的指示，在这一带开展革命活动，打下了一定的群众基础。杨芳江回到家乡后，很快就与于子元等同志取得了联系。党组织考虑到他有知识、有文化，思想进步，便让他担任了地下交通站站长。

　　1938年2月，为了建立一支共产党领导下的抗日武装力量，杨芳江等18名抗日积极分子被派到聊城地区范筑先部的第十支队教导队受训，学习军事知识和部队管理经验，为抗日武装的建设做准备。三个月结业归来，正式成立了义合乡抗日自卫大队。为了使这支抗日武装得到巩固壮大，杨芳江到处奔走，积极动员有志青年参军入伍，壮大了当地的抗日力量。其间，杨芳江加入中国共产党。同年7月，抗日自卫大队被改编为范筑先部第三十五支队独立大队，杨芳江任独立大队参谋长。这支队伍频繁活动在东明、曹县、考城一带，采取游击方式打击日伪势力。

1939年7月，中共鲁西南地委成立，杨芳江任地委交通科科长。他经常奔走于鲁西南和濮阳、范县、观城之间，护送党的干部，传送党的情报。由于杨芳江居住的杨庄村地处偏僻，比较安全，所以交通科就设在他家里。苏豫皖、冀鲁豫、太行山的一些过往干部常在他家里食宿。为解决过往干部的生活问题，他变卖了自己的部分家产。1940年，由于我主力部队北撤，国民党顽杂军组织约9000人，兵分数路，对鲁西南抗日根据地进行"围剿"，最后只剩下刘岗、伊庄、曹楼三个村庄。在这生死存亡的紧要关头，杨芳江主动请求担任陪鲁西南地委书记戴晓东去河北救援的任务。一路上，他和戴晓东书记闯过敌人一道道封锁线，忍着饥饿与寒冷，终于安全到达目的地，领来主力部队迅速返回，打退顽军，解了三村之围，巩固了根据地。

1946年11月，杨芳江出任菏泽县县长。次年春，蒋介石指挥国民党军队对解放区全面进攻。杨芳江带领全县的干部和武装力量，坚持上级领导制定的"县不离县、区不离区"工作原则，领导全县人民英勇顽强地开展了游击战争。3月在江庄激战中，他突上盐土堆亲自指挥，腿部负重伤仍不下火线。经过5小时激烈战斗，一直坚持到天黑，胜利突破重围，转移到安全地区。1948年4月，我军主力部队全面转为外线进攻作战，鲁西南地区只留下地方武装牵制敌人。国民党军队及其他杂牌军、还乡团武装趁机又对鲁西南解放区开始了大举进犯。为保存力量，伺机打击敌人，在专署和军分区的统一领导下，菏泽、曹县、定陶、考城等县的干部和武装力量暂时向陇海路一带转移。杨芳江带领着菏泽县政府机关人员及部分武装力量行至河南省兰考县白楼村一带时，突然遭遇国民党大股部队的拦击，激战一天后，率众突围时，不幸光荣牺牲。

杨芳江烈士墓

323

捐躯解放事业的张岸县长

张 岸

张岸（1916—1948），又名张心田，东明县小井镇黄成庄人。幼年就读于本村私塾，后考入东明集高小，好吟黄巢的《咏菊》诗句，慷慨激昂，素有大志。

1934年，张岸考入菏泽南华中学，在校积极参加学生运动，驱逐过学校里的反动童子军头目，反对国民党对学生推行奴化教育。后因学校进驻军警，强迫学生上课，愤然离校。张岸回家后，随父亲学做皮袄。七七事变后，投身抗日救亡运动，参加了东明县抗日军政干部培训班。

1938年8月，杨秀峰、宋任穷在冀南成立了冀南行政公署，建立南宫党校。张岸经中共东明县委组织部部长杨利民介绍，到南宫党校学习。后因党校停办，便转到河北深县抗大分校学习军事，同年底加入中国共产党。

1943年，张岸到考城县政府任秘书，当时考城县县长郭心斋带领县基干大队在前方开展工作，扩大根据地，张岸在后方负责日常的政府工作，巩固后方，发动组织群众，支援前线，有力地打击了敌人。

由于他成绩突出，年轻能干，1945年8月被提拔为东垣县抗日民主政府县长。不久，蒋介石悍然撕毁《停战协定》和政协协议，东明、东垣成了战场。为支援陇海战役，张岸率3个武装民兵连随分区部队作战，负责押运粮草，护送担架，看管俘虏，有力配合了主力部队作战，胜利完成了上级首长交给的任务。不久，东垣县成立黄河支队，张岸兼任支队长。在敌强我弱的情况下，拔据点，除叛徒，纵横东明、长垣、考城，转战黄河两岸，守住了冀鲁豫南大门，震慑了敌人。

1946年6月26日，蒋介石发动全面内战，扬言要3个月消灭中原解放区。9月中旬，定陶战役结束后，国民党整编68师、55师、45师、47师、84师及第四快速纵队，由定陶继续北犯。国民党整编41师一部，经东明县进犯濮阳、滑县。在大军压境、敌顽四起的情况下，张岸率黄河支队，采取游击战、麻雀战，机智灵活地打击了地方敌顽分子。11月，张岸率黄河支队在考城一带活动。一天，接到鲁西南五分区紧急命令，要黄河支队立即集合，到曹县安陵集执行任务。张岸立即集合队伍，急行军百余里，傍晚，在夏营食宿。午夜察觉到误入国民党正规军和还乡团的阵地接合处，形势危机，张岸立即召开干部会议，研究对策。正在大家着急之时，哨兵押来了一个还乡团团丁，经审问是来送信，请国军去游屯吃早饭的。张岸决定将计就计，让战士们换上了国民党军的服装，以假乱真，拔了这个伪据点，消灭了这伙还乡团。

张岸烈士纪念亭

1947 年的一天，张岸率南东独立团驻扎在老家黄成庄。战士们在打扫房子时，从麦糠堆里拉出一个人，送到了张岸那里。他一看是自家的远门姐夫王安宝，也是一个地方还乡团的头目，就骂道："你这杀人的刽子手，我早就想抓你了。"王安宝吓得直哆嗦，哀求道："心田弟，你放了我吧！以后我再也不做坏事了。"不管王安宝怎样求饶，他硬是不放。后来他堂姐抱着他的腿求情，王安宝还是被他亲手枪毙了。

1947 年 2 月，丁树本委任的县东还乡团团长周二勋、清共队队长胡蒺藜，活动十分猖獗，奸淫掠夺，杀害革命群众，当地民愤极大，张岸决定除掉这两个共产党的叛徒。19 日夜，诱敌深入，活捉了周二勋。10 月，在夏营采取杀回马枪的方式，活捉了胡蒺藜。除掉了这两个祸害地方的大害，大大震慑了敌人。

1947 年 8 月初，撤销东垣县建制，将所辖区并入东明县，张岸任县长。不久到冀鲁豫区党委学习，经过短期整训，随李剑波南下支队，支援豫皖苏。

1948 年初，南下支队随晋冀鲁豫野战军第十一纵队南下。2 月到达豫苏皖地区，张岸被分配到萧宿县委任县委书记。9 月 25 日，调任开封市副市长，赴任途中遭国民党特务暗害，车翻于河南淮阳岳飞关一大水坑中，不幸殉难，年仅 32 岁。

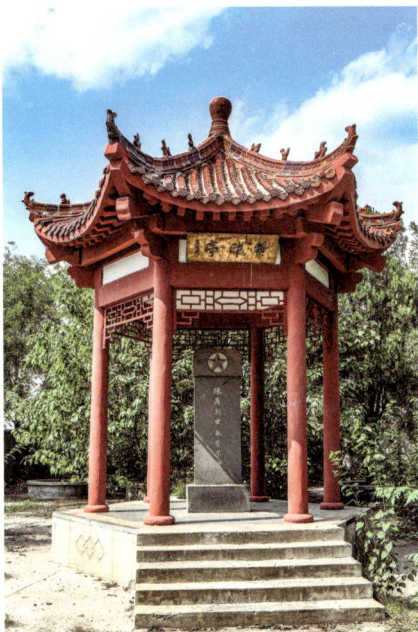

巾帼英雄彭惠　顿田　田兰阁

在革命战争年代，东明县无数共产党人和革命志士为了实现民族独立和人民解放，与敌人浴血奋战，流血牺牲，这其中也有不少巾帼英雄。她们有的和男人一样，走上战场和敌人直接拼杀，有的在敌后搜集情报、传送信息，有的在后方努力生产、缩衣节食支援前线。她们虽为女儿身，但都巾帼不让须眉，用自己的实际行动为革命事业做出了重大贡献。彭惠、顿田、田兰阁等人就是这些巾帼英雄的优秀代表。

彭惠（1921—1947），字思坡，东明县城西关人。1937年于东明简师女子班毕业，七七事变后，积极投入抗日救亡活动。1938年，共产党员张惠曾任东明县县长，成立东明县抗日军政干部训练班，彭惠考入训练班学习，其间加入中国共产党。结业后不久，任八路军驻濮阳办事处东明县救亡宣传队队长。1939年5月，调任长垣县河东区妇救会主任，深入农村，活动于黄河大堤两岸，有时深入今曹县西北安陵集、大杨湖一带。在一次执行任务时，被敌人围到一个村子里，彭惠在群众的掩护下，化装成一农户家的女儿，沉着地纺花、做针线活，蒙蔽了搜查的敌人，度过了险关。1940年6月，东明沦陷，地委派彭惠返回东明城内，以教学为掩护从事党的地下工作。是时，其兄彭子信任东明伪警察局局长，她利用兄妹关系对彭子信晓以民族大义，争取其站到抗日人民一边。彭子信受我抗日政策的感召，表示不做铁杆汉奸，对日军虚与委蛇，掩护其妹在东明城内工作。彭惠以警察局局长之妹的身份与东明城内的伪上层人物广泛接触，开展统战工作，先后争取伪警察局督导范冈甫、伪县府财政科科长沈致远为我军搜集情报，并参与我党在东明城内的地下活动。1946年5月，东明县城第二次解放，彭惠以街道积极分子的身份，动员姐妹做军鞋、送军粮、救护伤病员，全力支援前线。1947年11月，彭惠不幸因病去世，年仅26岁。

顿田（1905—1947），东明县刘楼镇邓王庄村人。1946年加入中国共产党，任村妇女会主任。领导群众斗地主，分田地，带头送子参军。不久，国民党军队进攻解放区，家乡暂时沦陷，她担任我党地下联络员。1947年4月，顿田去黄河北岸送信，敌特暗地跟踪，回来的第二天被捕。敌人用尽酷刑，她被折磨得死去活来，但始终不暴露党的秘密。残暴的敌人用削尖的木棍插入她的腹中，她仍然横眉怒对，坚贞不屈。最后，被敌人活埋在张店村北地。

田兰阁（1914—1947），东明县许寺村（今属牡丹区）人。东明县宣传部部长杨授谦之妻。杨授谦牺牲后，她秉承丈夫遗志，接过丈夫手中的枪，参加了区妇救会工作，日夜奔走各个村庄，宣传动员妇女放足、识字、拥军、参战，一时在更生区传为佳话，树为榜样，大大地推动了该区的各项工作。1947年春，国民党军占领鲁西南，她被敌镇兵搜捕，敌人劝其改嫁，与杨家脱离关系，遭到她的拒绝。敌人烧了她的房子，断绝了她的生活来源，将其软禁起来。她坚贞不屈，绝食身亡，在人生路上书写了为革命事业忠贞不贰的壮歌。

第三节　迎接共和国诞生

南下开辟新解放区

为了更快夺取全国胜利，1948年9月，中共中央政治局在河北平山县西柏坡召开了政治局会议。会议决定，训练大批能够管理军事、政治、经济、党务、文化教育等项工作的干部，南下支援开辟新解放区。冀鲁豫区党委遵照中共中央华北局的指示，决定抽调2185名干部，组成一个完整外调区党委的框架随军南下。1949年1月中旬，五地委召开组织部长会议，传达区党委组织部长会议精神，布置各县抽调干部南下，支援解放江南，开辟新解放区的任务。东明县的具体任务是抽调62名干部组成接管一个县的框架。1月下旬，中共东明县委与县民主政府联合召开全县各级干部大会，动员干部响应毛主席提出的"将革命进行到底""打过长江去，解放全中国"的号召。会上，县长梁子庠带头报名南下，带动了全县各级干部踊跃报名。1月28日前，南下干部名单确定下来。2月21日，梁子庠率62名干部到菏泽城南晁八寨村向地委报到。3月初，按照军事序列，组成中国人民解放军第二野战军第五兵团南下干部支队，我区的干部编为五大队，东明县编为二中队。经1个月的时政学习和军事训练，1949年3月31日，在晁八寨誓师南下，随二野渡过长江，5月初到达赣东北，在此工作了4个月。9月下旬，又奉命随军西进贵州省，接管了正安县，为解放和建设祖国大西南的伟大事业做出了贡献。

欢送南下干部合影

经过辽沈、淮海、平津三大战役，蒋家王朝的覆灭和中国人民解放战争在全国的胜利已成定局。1949年2月起，在"壮大人民解放军，夺取全国胜利"的号召下，在全县开展了声势浩大的参军运动。由于思想发动工作扎实、充分，各项政策落实得好，很快在全县形成了参军归队高潮，3月

4日至14日，52名归队者向县人武部报到。新参军者纷纷报名，体检后招收了250名志愿兵。经过2个月的政治军事培训，这些归队者和志愿兵全被编入中国人民解放军第二野战军第5兵团第17军补充师，并于1949年5月14日誓师南下，参加了解放江南、进军大西南、和平解放西藏的伟大斗争。

中华人民共和国成立

为了迎接共和国的诞生，东明县重视恢复农业生产，深入稳妥地进行土地改革，积极恢复发展文化教育事业等各项社会工作。中共东明县委从1949年2月起，即狠抓民兵整顿，5月实现了小村有民兵班、大村有民兵队、乡有民兵大队。5月中旬，县建立了公安中队。5月13日，五分区从东明公安中队抽调一个排的兵力，和曹县、复程等县组成联防大队，开往曹县东南剿匪。6月，东明县捕获反动分子32人，加强了治安，稳定了民心。

1949年8月20日，中共平原省委员会、平原省人民政府在新乡市成立，共辖湖西、菏泽、聊城、濮阳、新乡、安阳6个专区，东明县归菏泽专区管辖。8月30日，中共菏泽地委召开第一次委员扩大会议，研究确定县、区区划与干部配备问题。根据地委会议精神，撤销南华县建制，将其永华区划归东明，为东明七区，同时在东明城南建立九区。时东明共辖9个区、133个党支部、1628名党员，其中"二战"时期入党的58名，抗日战争时期入党的938名，解放战争时期入党的628名。9月，县委撤销社会部、民运部，保留组织部、宣传部，增设县委办公室。县委书记胡汉文、副书记杜庆林、组织部部长杜望之、宣传部部长刘蔼然、武装部部长曹子端。东明县民主政府，县长张成斋，副县长王向晨、车铁铮，秘书科科长王向晨（兼），民政科科长王赞三，教育科科长郑均濯，公安局局长段一山，司法科科长程广学，财务科科长吴亚洲。

首都军民庆祝开国大典场景

10月1日，首都北京30万军民隆重举行开国大典，毛泽东主席在天安门城楼上向世界庄严宣告中华人民共和国成立！东明县同时也举行了庆祝大会和演出活动。从此，东明人民在中国共产党的领导下，积极投入轰轰烈烈的社会主义革命与社会主义建设。

第四节　风云人物

传奇县长梁子庠

梁子庠

　　梁子庠是东明县一位带有传奇色彩的人物，又做得一手好泥水活，人们都亲切地称呼他"梁二瓦刀"。他的绰号家喻户晓，他的英雄事迹有口皆碑。1919年，他出生在东明县沙窝镇六合村一户穷苦农民家庭。正当日寇入侵、民族危难之际，他于1938年毅然加入了中国共产党，从此走向了革命道路。历任东明县一区抗日救国会主任、区委书记、东垣县敌工部副部长、东明县社会部部长兼公安局局长、副县长、县长等职。1949年随军南下，转战云贵川赣。中华人民共和国成立后，历任水电部第九工程局党委书记，贵州省建筑公司党委书记兼经理等职。

　　梁子庠为人正直，性情刚烈，爱憎分明，胆大机灵，是一把庄稼好手，扬场放磙，摇耧播种，样样拿得起、放得下；他能拉会唱，对地方戏堪称行家；他使枪舞棒，身手不凡，曾经涉足武林；他画庙画，扎纸活，心灵手巧，被人称赞；至于木工、瓦工，更是他拿手绝活。正因为他集多种技艺于一身，所以在革命活动中容易接近群众，深入群众，和群众打成一片。

　　梁子庠18岁时还没有正儿八经的名字，人们还都喊他"二小"。入党时起名梁得胜，有抗战必胜的含义。任区委书记时，化名李明，随母亲姓，有盼望"黎明"的意思。直到"东长密委"隐蔽学习时期，私塾先生张殿荣才给他起了"梁子庠"这个大号，并告诉他"庠"就是学校，劝他一定好好学文化。从此，梁二小才算有了自己的名字。

　　梁子庠从小就认为穷富则命中注定，算命先生也说他"命苦似黄连，挣扎也枉然"。后来他表哥、共产党员李保仓向他讲反抗阶级剥削、阶级压迫的道理，这才使他恍然大悟。从此，他再也不相信命运，再也不相信算命先生那一套了。他憎恨黑暗的旧社会，迫不及待地要求入党，要求参军打鬼子，跟着共产党干革命。

1940年，日寇占领了东明县城，地方上的封建顽固头子纷纷配合日寇疯狂反对八路军共产党和抗日救国会，进行扫荡清乡，捕捉我抗日工作人员，残酷杀害抗日军民。抗日组织遭到严重破坏，党的组织也处于半停顿的被动局面，白色恐怖笼罩着整个东明县。在严峻的形势下，有些干部和党员思想动摇不敢活动了，但这并未动摇梁子庠对革命的坚定信念。时任东明县委书记的张治刚在回顾这段对敌斗争工作时，对梁子庠评价很高。他说："当时的区救会主任梁子庠同志表现特别好，在极其恶劣的条件下仍坚持工作，没有被气势汹汹的敌人所吓倒，丝毫也未挫伤他的斗争锐气。梁子庠对党的工作，海枯石烂心不变，天塌地陷志不移。"

这年6月，梁子庠根据组织的安排，隐蔽下来，坚持地下斗争，居住在北东村大师兄梁玉山家里。一天他正在大树下拉锯，有个地主凑过来，说他是八路，他连忙把话题岔开。那家伙继续纠缠，于是他正言厉色地说："你说我是八路，拿出证据来！"那家伙一看不对劲，气哼哼地走了。他不能在北东村待下去了，便到高堌村姐姐家里借住，以卖煤油做掩护。一次外出执行任务，被敌人抓住关押了好多天。由于在审讯时他巧妙周旋，说自己只是个卖煤油的，敌人始终没发现什么破绽，才幸免于难。

1941年春，伪保长董凤芝把梁子庠叫到保部，训斥道："你要安分守己，当好老百姓，不得到处乱跑。"训罢，董凤芝的一双贼眼盯着他，想从他的神态里看出点什么。梁子庠不慌不忙地答道："我是种地的，指望刨坷垃吃饭，从来不干别的。去年秋天，我正在家里睡觉，半夜三更过八路，叫我送他们过河。我说我害怕，叫保长知道了可了不得。军队里有个人告诉我：叫我送的那个人叫安法乾，是专员，如果出了事，不出三天他们就会敲碎那个保长的脑袋。"董凤芝听着听着，只吓得浑身直冒冷汗。看到这种情况，梁子庠故意压低了声音接着说："那姓安的还说，八路军从来说话算话，不放空炮。"董凤芝连连摆手说："算啦，算啦，你没有事，回去吧！"

这一年灾荒严重，部队缺医少药，梁子庠通过伪县政府的司机刘三，搞到了一些药品。他把药品装到小笆斗里，用手巾扎严，装成走亲戚的样子，一天一夜行走200里将药品送到了军分区。回到家里，亲眼看到妻子正用小棍给5岁的女儿往外拨大便，泪水顺着妻子憔悴的面颊淌下来，见此情景，他忍不住一阵心酸。顿时感到，这些年欠家里人的太多了。自从当上八路，自己担风险且不说，妻子儿女也跟着受苦，一家人过着缺吃少穿的日子。梁子庠身上的公款自己从不花费分文，用他的话说："这些钱是党的活动经费，比命还要珍贵。"梁子庠经常神出鬼没，巧妙地打击敌人。一次，南霍寨有个坏蛋叫任六，残忍地杀害了我方两名儿童。梁子庠气愤极了，他孤身一人成功地抓获了这个坏蛋。再有一次，敌人警察所长扬言三天之内抓住梁子庠。这个坏蛋做梦也没想到，深更半夜他睡得正香，突然一只大手把他从被窝里抓了出来，枪口对准了他的脑袋，等他认清眼前这条汉子正是梁子庠时，吓得胆战心惊，像小鸡啄米一样直磕头，连喊："小人该死，梁爷爷饶命！"还有一次，一个敌军官给士兵训话时胡吹："梁二瓦刀被国军活捉了，三天之内将就地正法。"话音未落，只听，"砰"的一声，那个敌军官的帽子不翼而飞，梁子庠出现在敌官兵面前，威严地说："你看我是谁？我就是梁二瓦刀，瓦住谁的头，谁就得丢命！"吓得敌官兵个个目瞪口呆。等到那个敌军官狂叫"给我抓住他"时，梁子庠早已无影无踪了。后来，在敌军中流传着这样一个咒语："谁要是坏良心，就叫他出门碰见梁二瓦刀。"

梁子庠墓

梁子庠有时装成卖菜的，将情报藏在菜捆里；有时把情报写在薄棉纸上，缝在衣服棉套里；有时把情报填在鞋帮里；有时把情报装在烟袋管里……他多次与敌人周旋，总是化险为夷，较好地完成了党交给的各项任务。

1948年夏秋之交，梁子庠成功领导了影响全国大局的黄河高村险工大抢险，为期73天，这成了他后半子与水利打交道，领导大规模水利工程建设的开端。梁子庠善于学习，"密委"时期闭门读书三个月就可以写自传。在领导水利工程建设中，学中干、干中学，成为行家里手，工程师们认为他是专家。同年11月，梁子庠率领东明县1万多名民工，顶风雪、冒严寒，支援淮海战役前线。一个多月，东明县出动大车、小车6000辆，运送小米45万千克。他的爱人也日夜忙着做军鞋，夫妻俩夫唱妇随，一心扑在支援淮海前线。

1949年初，梁子庠作为东明县县长，带头响应党的号召，告别家乡父老乡亲，踏上了南下的征途。梁子庠有句口头禅："我老梁自幼干革命，为了革命不要命！"这是他为党为国尽忠的座右铭，也是他一生的真实写照。1985年12月23日，长空落泪，大地含悲，梁子庠病逝，享年66岁。

开国将军张希钦

　　张希钦（1911—1998），原名张锡庆，东明县城东关人，家住城区文庙街。7岁上小学，12岁上高小。因家境困顿，一年后他被迫辍学，随父亲到河南洛阳和郑州一带谋生，后又一路奔波来到上海。为了生计，13岁的张希钦到北洋军阀淞沪护军使署通信队当了勤务兵。1928年，张希钦到军阀孙传芳的后方留守处谋职。一年后失业，又开始了颠沛流离的生活。1930年，具有文化功底的张希钦考入南京中央陆军军官学校，成为黄埔军校第八期一名学员。1933年，张希钦从军校毕业，本应等待学校分配的他面对"长城抗战"战事正酣，眼见国民政府的软弱退让，义愤填膺，毅然离开南京，直奔千里之外的北平，先在河北易县一支从长城撤下来的义勇军中做兵运工作，后将这支队伍带到张家口，并加入了察绥抗日同盟军，被编入中共领导的18师第2团，历任连长、突击队队长。同年，受到爱国情怀的鼓舞和革命思想的影响，张希钦光荣地加入中国共产党。抗日同盟军失败后，1934年夏，张希钦经组织介绍到西安杨虎城部步兵训练班任炮兵队队长，并担任杨虎城创办的陕西省蒲城县尧山中学教师，后任杨虎城警卫营连长。1936年12月，张希钦参与了震惊中外的西安事变。

　　1937年11月，张希钦因中共党员身份暴露，离开西北军，到山西战地总动员会任参谋主任。1938年夏，调晋西北战动总会抗日第七支队任支队长。1939年，任山西新军暂编第一师参谋长，后任副师长、代理师长，参加了晋西北历次反扫荡和百团大战诸战役。1942年冬，任晋绥八分区副司令员兼参谋长，指挥晋绥军区八分区六支队围攻山西汾阳大川北侧的解和堡村日军据点，俘获击毙日伪军30余名。之后，同罗贵波等率部对日军作战，直到1945年8月15日日本投降。

　　1946年初，国共两党签订了停战协议。3月，代表贺龙司令员赴太原与阎锡山进行停战谈判，同阎锡山及驻汾阳、中阳的敌人进行了坚决斗争。1946年夏，解放战争开始，他指挥吕梁部队在晋中平川、晋西南打击敌人，切断太汾公路，攻占罗城、孝义镇、尧九峪、双池、石口等据点。

张希钦纪念碑

配合了南线陈赓纵队作战，恢复和发展了晋中解放区。同年冬，指挥吕梁部队及太岳军区第24旅胜利完成攻取永和、大宁后，继续协同陈赓纵队解放隰县、中阳。同年底，任西北野战军第二纵队参谋长，参加保卫延安战役。后在毛泽东、周恩来、彭德怀直接指挥下，参加了青化砭、羊马河、蟠龙、沙家店、宜川等著名战役。1947年至1948年，张希钦率部队先后参加了中条山、运城、黄龙山、瓦子街和西府、关中、永丰、荔北等战役。1949年，张希钦任第二军参谋长，参与指挥咸阳、西安战斗。同年任第一兵团参谋长，参与指挥固关、临洮、青海、张掖等战役战斗。9月，国民党驻新疆部队宣布起义，张希钦奉命进军新疆。

中华人民共和国成立后，1950年张希钦任新疆军区参谋长，1955年任新疆军区副司令员兼参谋长。其间，重点开展改造起义部队、剿匪、经济建设等重大工作，协助王震组织部队完成了钢铁、电力、煤矿等一批基本建设项目。1955年9月，张希钦被授予少将军衔。1958年，张希钦进入高等军事学院学习。1960年毕业后在军事科学院战争理论部历任副部长、部长。1962年任新疆军区副司令员。1975年任原南京军区副司令员，1978年兼任参谋长。1985年经中央军委批准退居二线，退休后并没有留在环境舒适的南京，而是举家搬迁到曾经战斗过的新疆生活，得到中央军委的高度赞扬。张希钦先后当选中国人民政治协商会议第六届全国委员会委员，第五届全国人民代表大会代表，中国共产党第八次、第十二次全国代表大会代表。曾荣获一级独立自由勋章、一级解放勋章和一级五星功勋荣誉章。1998年12月24日，张希钦因病医治无效，在北京逝世，享年88岁。

剧作家王焕亭

王焕亭

王焕亭（1916—1966），又名王洪涛，东明县大屯镇王屯村人。幼年在本村读私塾，后入乡村高小读书，17岁入中药铺当学徒。抗日战争爆发后，参加八路军东进纵队宣传队，1939年加入中国共产党。

1941年春，任东垣县抗日民主政府教育科代理科长。曾率领一部分有志于创办抗日教育的知识分子，冲破日伪顽的重重封锁线，参加冀鲁豫边区五专署举办的抗日小学教师训练班。结业后，领导创办抗日小学10余处。后辞去科长职务，致力于王屯小学的教学工作。经过辛勤努力，把一所原来只有一个教学班

的初级小学，扩充为具有五个班的抗日完全小学，成为东明县第一抗日高级小学的重要分校。他喜爱古籍，尤喜戏剧、乐器和戏剧创作，创办县立高小旭光剧团。解放战争时期，任冀鲁豫民艺剧社宣传股股长，先后编导了《官逼民反》《穷人恨》《血泪仇》等一批揭露国民党反动派挑起内战、杀戮无辜、惨无人道的优秀剧目，在教育人民、抨击邪恶方面，发挥了重要作用。

1947年建团的枣梆演出团，始称工农剧社，后改称民生剧社，隶属冀鲁豫二地委文工团，王焕亭任社长。1948年受冀鲁豫二地委宣传部领导。中华人民共和国成立后，王焕亭先后任菏泽专区豫剧团团长，平原省文化局戏剧审查委员会委员，华北行政委员会文化局剧目组成员，河北省豫剧团编导室主任、梆子剧院艺术室副主任、戏剧家协会副主席。他先后编导的剧作品有《桃李同春》等10余部，历经30年而不衰。其中，豫剧《天波楼》收入《中国地方戏曲集成》；河北梆子《杜十娘》进京参加建国十周年庆典；与曹禺合编的大型现代京剧《战洪图》，演出后曾轰动海内外，后被多剧种移植演出，并改拍成电影在全国各地放映；大型豫剧《桃李同春》《三叩门》于1964年荣获河北省戏剧会演剧本、演出、音乐三项奖。他常与中国著名剧作家曹禺、田汉、老舍和京剧表演大师梅兰芳研究戏剧创作，为中国戏剧事业的发展做出了重大贡献。

王焕亭一生勤奋、勤俭，作风正派。在战争年代，含辛茹苦，经受了艰险、困顿的磨炼；新中国成立后进入大城市工作，依然粗装布履，始终保持着"老八路"的作风。1961年，他患了肝炎，仍带病坚持工作五年之久，在病中，为扶植新人，指导青年进行剧本创作，奋不顾身，直到逝世前三小时，仍在执笔写作。

他严于律己、宽以待人。在生活上、工作上、思想上都能诚恳地帮助同志，在人们的心目中留下了极为深刻的印象。1966年10月7日，王焕亭病逝的噩耗一传出，凡熟悉他的同志无不悲痛万分。中国戏剧家协会河北分会等有关单位为他隆重举行追悼大会，虔诚缅怀，沉痛哀悼，并把他的遗体安葬在保定烈士陵园。

王焕亭留给子女的唯一财产，就是几本已经出版的剧本和一叠正在修改中的文稿，而却给我们民族留下了大量精神财富。他的事迹将永存史册，他的精神将千古不泯。

王焕亭与梅兰芳畅谈

主要参考文献

1. 司马迁著：《史记》，岳麓书社 1988 年 10 月版。

2. 龚延明等：《中国通史》连环画（珍藏版），上海人民美术出版社 2013 年 12 月版。

3. 朱效明主编：《中国菏泽文化丛书·中国菏泽概览》《中国菏泽文化丛书·中国武术之乡》，中国文史出版社 2007 年 8 月版。

4. 贾凤英、孙凤云主编：《菏泽文化通史》，山东人民出版社 2017 年 12 月版。

5. 李福禄著：《庄子志》，天津古籍出版社 2020 年 10 月版。

6. 王建新著：《定陶史话》，山东画报出版社 2015 年 5 月版。

7. 程宪芳主编：《〈东明县新志〉译注增补本》，菏泽日报 2002 年 12 月版。

8. 王守义主编：《东明县志》，中华书局 1992 年 7 月版。

9. 赵望秦主编：《明史解读》，华龄出版社 2006 年 12 月版。

10. 钟明伟主编：《东明的牌坊》，中华书局 2012 年 12 月版。

11. 杨芳相主编：《黄河的记忆》，中华书局 2009 年 9 月版。

12. 王守义、李济仁主编：《东明人物萃编》，鲁菏新出准字（1993）1-95-2，1993 年 1 月版。

13. 张荫麟、吕思勉、蒋廷黻著：《中国史纲》，陕西师范大学出版社 2007 年 7 月版。

14. [日]稻叶君山著：《清朝全史》，上海社会科学院出版社 2006 年 3 月版。

15. 宋广民、刘杰标注：《民国长垣县志（标注本）》，西安地图出版社 2021 年 1 月版。

16. 孔建民主编：《东明县旧志集成（点校本）》，线装书局 2018 年 9 月版。

17. 刘青峰主编：《大河烟云》，菏泽地区新闻出版局鲁菏出准字：91-1-011，1991 年 6 月版。

18. 宋玉环、刘青峰主编：《中共东明地方史（第一卷）》，银河出版社 2010 年 9 月版。

19. 程宪芳主编：《东明金石录》，线装书局 2016 年 10 月版。

图书在版编目（CIP）数据

　　史话东明 ／ 中国人民政治协商会议东明县委员会编 ；
陈银生著 . -- 北京 ：中国文史出版社， 2024 . 9.
　　ISBN 978-7-5205-4847-2

　　Ⅰ . K295.24

　　中国国家版本馆 CIP 数据核字第 202477JX53 号

责任编辑：蔡晓欧

出版发行：中国文史出版社

社　　　址：北京市海淀区西八里庄路 69 号　　　邮编：100142
电　　　话：010-81136606　81136602　81136603（发行部）
传　　　真：010-81136655
印　　　装：山东黄氏印务有限公司（0531-83183333）
经　　　销：全国新华书店
开　　　本：787mm×1092mm　1/16
印　　　张：22.25
字　　　数：250 千字
版　　　次：2024 年 9 月北京第 1 版
印　　　次：2024 年 9 月第 1 次印刷
定　　　价：168.00 元